天津市重点出版扶持项目

焚林
FEN LIN

潘安传

丽端 著

天津出版传媒集团
百花文艺出版社

图书在版编目（CIP）数据

潘安传. 焚林 / 丽端著. -- 天津 : 百花文艺出版
社, 2021.4
ISBN 978-7-5306-7936-4

Ⅰ. ①潘… Ⅱ. ①丽… Ⅲ. ①潘岳(247-300)-传
记 Ⅳ. ①K825.6

中国版本图书馆 CIP 数据核字(2020)第 207484 号

潘安传·焚林
PAN'AN ZHUAN FENLIN

丽端　著

出 版 人：薛印胜	选题策划：唐 嵩 刘 勇
出版统筹：安子宁	责任编辑：唐 嵩
助理编辑：李 楠	装帧设计：秋羽视觉

出版发行：百花文艺出版社
地址：天津市和平区西康路 35 号　邮编：300051
电话传真：+86-22-23332651（发行部）
　　　　　+86-22-23332656（总编室）
　　　　　+86-22-23332478（邮购部）

网址：http://www.baihuawenyi.com
印刷：天津新华印务有限公司
开本：880×1230 毫米　1/32
字数：312 千字
印张：12.5
版次：2021 年 4 月第 1 版
印次：2021 年 4 月第 1 次印刷
定价：54.00 元

如有印装质量问题,请与天津新华印务有限公司联系调换
地址：天津东丽开发区五经路 23 号
电话：(022)58160306
邮编：300300

人见其表，莫测其里

目录

第 一 章

回　京

披沧流以特起,擢崇基而秀出。

——潘岳

太康七年的八月,虽然天气已经立秋,洛阳城却依然笼罩在异常的酷热之中。就连东宫中侍立在廊下阴凉处的内侍宫女们,没多久都汗出如浆,浸透了后背上薄薄的一层縠绉纱衣。

艳阳高照,刺得人睁不开眼睛,仿佛天地都变成了一个烧得通红的窑炉,要把每一个塞入炉膛的血肉之躯烤成干,焚成灰,最终化为缥缥缈缈无知无觉的一缕青烟。终于,一个面色苍白的小宫女还来不及抹掉额头上密密麻麻的冷汗,就身子一晃,"咕咚"一声栽倒在廊下。

"愣着干什么,还不赶快弄走?"掌管东宫内侍的寺人监董猛紧张地瞅了一眼正殿,赶紧吩咐人将晕倒的小宫女抬下去,"跟个雪人儿一样不济事,以后不许她到正殿侍奉!"

眼看有人七手八脚将中暑之人抬走,董猛听正殿内没有动静,心中暗暗放下了心。这天气如此之热,是个人都有被烤化了的感觉,就连董猛自己也觉得手足虚软头昏脑涨。于是他赶紧挺直脊背,暗暗振作精神,目光照旧投向了廊外的庭院之中。

与始终静悄悄的正殿内不同,此刻东宫宽大的庭院内,正传来一阵阵嘈杂的声响,那是庭边几棵高大的槐树上挥之不去的蝉鸣,高亢刺耳的声音钻入耳膜,越发让人焦躁不安。蝉鸣声中,还夹杂有人时而欢喜时而懊恼的叫嚷:"哈,我逮到你了!""居然敢跑,再尝尝本太子的游龙棍！"

果然不愧是太子殿下，旁人都如同糖人一样被热得瘫软下去，只有这东宫之主的太子仿佛一个泥坯，在炉火般的炙烤中反倒越来越坚硬抖擞。董猛心中默默感叹了一句，双眼仍然尽职尽责地落在太子司马衷身上，看他回过手中长长的竹竿，在一旁小内侍捧着的蜂蜜罐子中一搅，竿头顿时裹出一团黏稠的蜂蜜，向着树梢上振翅高歌的夏蝉粘了过去。

"粘住了，粘住了！"见一袭得手，早已年过二十的太子顿时如同孩童一般跳起脚，兴高采烈地欢呼起来。然而就在他收回竹竿，想要观察自己的战利品时，身后的正殿内却忽然传来"啪"的一声脆响，明显是什么东西被狠狠摔碎的声音，吓得司马衷手一抖，竹竿连着粘住的夏蝉一起掉落在方砖地上。

"太子呢？叫他过来看看！"正殿中隐隐约约传来愠怒的声音，让司马衷原本在太阳底下晒得通红的脸越发涨成了猪肝色。他捏着手指慌乱地搓着上面沾染的蜂蜜，脚下却也像被蜂蜜黏住了似的没有挪动分毫。

"太子殿下，太子妃请您赶紧过去。"见司马衷不动，一个宫女匆匆忙忙地从正殿跑出来催促。司马衷不能再装没听见，只好硬着头皮走进了正殿。

殿内四周都放着冰块，明显比外边凉快了许多，可是司马衷额头上的汗水却滚得越发急了。他看了一眼脚下还来不及收拾的水盂碎片，又偷瞄了一眼坐在书案后一言不发的太子妃贾南风，期期艾艾地开口："太子妃找我有事？"

贾南风抬起眼，冷冷地瞥过司马衷被汗渍浸得微微发黄的衣领，压下心中的嫌恶，将手中一卷文书递过去，没好气地道："太子自己看吧。"

太子妃贾南风虽是一介女流，却极为关心朝政，每日都会派人去抄录朝廷奏报，在东宫内细细研读。司马衷不能理解贾南风对政治的热情，却也不敢去管。好在贾南风除了初嫁那半年想要逼丈夫用功读书，后来就彻底灰了心，由着司马衷每日在东宫游手好闲消磨时光。

司马衷虽然愚笨贪玩，但自小在东宫内被太傅司马攸、少傅卫瓘等人教导了多年，好歹字是认得全的，因此很快就看懂了贾南风递给他的奏报抄本。却原来是天子司马炎想招隐士皇甫谧出山做官，封他为太子中庶子。皇甫谧却不领情，专门呈上奏表推辞了。

司马衷被奏报上一堆冠冕堂皇的场面话搅得头晕，便抬起头呆呆地盯着贾南风，不明白她为什么要发这么大的火。贾南风见他一脸懵懂，方才发泄过的火气又腾地蹿了上来，恨铁不成钢地咬牙道："天子想仿效商山四皓的例子，请皇甫谧辅佐太子。那老儿却根本不领情，而天子竟就这样放过了他！现在还不知道外面有多少人在看咱们东宫的笑话呢。可太子殿下刚才在做什么？今儿个一共抓了多少只鸣蝉？"

"呃……八只？九只？不对，我去数数……"司马衷认真地思考到这里，眼见贾南风眼神不善，当即把后面的话吞进肚中，重新坐回座席，脸上摆出一副谦虚好学的神情来，"太子妃刚才说什么三四……"

"商山四皓！"贾南风咬着牙纠正了一句，无奈地解释，"当年汉高祖刘邦的太子刘盈仁弱，吕后为了提高太子的朝野声望，专门请了四个在商山隐居的大贤者来辅佐太子，称为商山四皓。如今天子也在为太子你操心，太子好歹振作一点……"话还未说完，贾南风蓦地一声大喝，"大胆！"

这一声舌绽春雷，顿时将司马衷吓得一抖，眼神赶紧从旁边伺候果盘的宫女身上收了回来。那宫女则吓得体如筛糠，跪在地上不住磕头，露出一段雪白细腻的脖颈："太子妃饶命！"

"当着我的面都敢做出这轻贱样儿，背地里还不知道怎么勾引太子！"贾南风早已被司马衷心不在焉的样子勾起了满腔怒火，偏偏不能朝他宣泄，当即一巴掌将那无辜的宫女扇在地上，"来人，拖出去杖四十，让其他人好好看看她的浪劲儿！"

　　眼见那宫女哀哭着被人拖了出去，司马衷只觉得汗水如一只只小虫从鬓边爬过，蜇得他懊恼不堪。他蓦地一推书案站起身来，正要开口喊一声"住手"，却不防贾南风凉凉地斜睨了他一眼："太子怎么了？"

　　"不怎么，不怎么……"司马衷一惊，顿时把满腔豪情都吞了回去，急中生智一拍脑袋，"我突然想起，该是去向父皇请安的时候了！"说完他不敢去看贾南风脸上的冷笑，逃也似的跑出了东宫。

　　内侍禀告太子求见的时候，天子司马炎正带着皇后杨芷在濯龙池边纳凉消暑。自从娶已故皇后杨艳的堂妹杨芷之后，司马炎对这位貌美娇柔的新皇后十分宠爱，便渐渐疏远了桀骜冷漠的贵嫔胡芳。加上胡芳毫无争宠之意，杨芷无论地位和恩宠都无人可以争锋。于是当初那个娇弱胆怯的少女胆气渐壮，越发有了后宫之主的威严气派。

　　对于太子司马衷的突然到来，司马炎虽然心中有些惊讶，还是命人即刻将他宣到了濯龙池边。眼看太子满脸通红，薄薄的夏衫都被汗水粘在了脊背上，司马炎立刻命人赐给司马衷一杯冰酪，温言问道："太子有事吗？"

　　司马衷原本正大口饮着冰酪，被司马炎这么一问，顿时呛住了。他捂着嘴巴惊天动地地咳嗽了良久，又赶紧跪下谢罪，支吾了半天，终于红着眼睛道："儿臣不想回东宫了。"

　　司马炎一愣，皱起了眉头："说什么浑话？太子是东宫之主，不回东宫想回哪里？"

　　"儿臣……儿臣……"司马衷原本就心里委屈，听司马炎口气有些严厉，顿时眼泪汪汪，半晌才嗫嚅道，"儿臣不想当这个太子了……"

　　"你说什么？"司马炎似乎不敢相信自己的耳朵，怔了一会儿，忽然猛地将凉榻边的小几一拍，"你再说一遍！"

　　司马衷一向害怕父亲，见司马炎这么一发作，哪里还敢开口，只是伏在地上不住发抖。

　　"陛下息怒，别吓着了太子。"一旁的皇后杨芷连忙扶着司马炎在凉榻上躺好，又亲手端起一盘冰湃的葡萄呈到司马炎面前。作为太子司马衷的姨母，杨芷知道杨家的一门荣宠都系在太子身上，自然不愿意这对天下最尊贵的父子之间产生嫌隙。

　　"说吧，你是不是听到了外面什么闲言闲语？"司马炎伸手推开面前的琉璃盘，眼睛一瞬不瞬地盯着伏在前方瑟瑟发抖的儿子，竟从他的怯懦惶恐中看出了一丝辛酸。他闭上眼睛无声地叹了一口气，尽量口气温和地道："你不要多想，你是嫡长子，太子之位坚不可摧。你只要立身持正，好生读书，又何惧宵小之辈以讹传讹？"

　　"是……"太子听司马炎这么一说，无言可辩，只好讪讪地磕头谢恩，爬起身坐在一旁混些瓜果点心吃。然而当司马炎示意他可以回东宫之时，太子却又想起了什么，面露踌躇，期期艾艾地就是不肯告退。

　　司马炎心中不耐，知道这个儿子的脾性，索性直接问道："太子不肯回东宫，是因为太子妃吗？"

　　"啊！"太子不料父皇说出这句话，吓得一抖，手中的半截甜瓜掉在了衣襟上，"不，不是的……"他脑子里闪过贾南风横眉怒目的表情，顿时思绪一片混乱，只是下意识地否认。

　　"那究竟是为什么？"司马炎盯着太子懵懂的脸，心中一阵气闷。他早就知道太子妃贾南风在东宫中的恶行，甚至生过废掉她将她囚禁到金墉城的念头。可原先他一直顾及贾南风父亲贾充和母亲郭槐背后的家族势力，后来又因为齐王司马攸之死朝局动荡，急需安抚人心，因此暂时没有处置贾南风。可是如今司马攸已经死了四年，政局平稳，他已经再没有之前那么多顾忌了。

　　"因为，因为……"司马衷汗如雨下，几乎要哭出声来，终于嗫嚅道，"儿臣一直没有儿子……"

　　司马炎一怔，联系司马衷此来的前言后语，顿时心中透亮。司马衷与贾南风成亲数年，贾南风不仅对太子四周的女人严防死守，甚至杀死怀孕的宫人，就是为了不让别人生出太子的长子。然而贾南风至今却只生了两个女儿。太子膝下无子，加上外界对太子的能力颇有疑义，因此就连太子本人也焦虑不安起来。

想到这里，司马炎不禁微微一笑。他就着皇后杨芷的搀扶从凉榻上坐起，对太子吩咐了一句"随朕来"，便施施然迈出凉亭，沿着小径绕濯龙池而去。

司马衷不明白父亲的用意，却不敢违拗，只能亦步亦趋地跟在后面。

濯龙池是后宫内最大的池苑，偌大的池边花木扶疏，山石掩映。即使暑热难耐，望着一顷汪汪碧水，依然让人心旷神怡。绕过一片白鹤停驻的芦苇洲，前方隐隐传来欢笑叫嚷之声，却是几个年龄不等的孩童，正光着脚丫在池边踩水嬉戏，而更多的内侍和宫女们则战战兢兢地围在他们身边，全神贯注地照看着安危，连帝后与太子驾到都未曾发现。

"好好看看。"司马炎抬手对身边的侍从们做了个噤声的手势，回过脸朝微微喘气的太子司马衷笑道。

"是。"司马衷不明所以，却只能听从司马炎的吩咐，用力瞪大眼睛朝那几个孩子看去。只见他们个个莹润如玉、衣饰华贵，落在司马炎眼中竟没有多少差别。司马衷揉了揉瞪痛了的眼睛，继续用力去看，还是没有看出个所以然来。

"父皇，是父皇来啦！"就在这时，一个戏水的孩童突然发现了远处的天子圣驾，顿时清脆地呼喊起来。一时间，四周的内侍宫人们忙不迭下拜俯首，而那几个孩童也赶紧跑到岸上来，叽叽喳喳地拥过来向司马炎和杨芷一行行礼。

听他们乱纷纷地喊着"父皇"，司马衷脑子再迟钝，也醒悟过来这些孩子是父皇这几年的后宫所出。自从泰始年间广充后宫，加上灭吴之后将吴国后宫之女尽充掖庭，此刻司马炎后宫的女人已不下万数，实在是历朝之最。因此几年之间司马炎添了好些皇子皇女,司马衷作为长兄都无法一一辨认过来。

几个孩子中有机灵的已经认出了司马衷,见过帝后之后又乱哄哄转过去给太子行礼。司马衷还没有从懵懂中恢复过来,只是手忙脚乱地将他们扶起,口中一迭声地说着:"弟弟请起,弟弟请起。"

司马炎在一旁看着,微笑不语。然而当司马衷扶起排在最后的一个小小孩童,口中照例重复着"弟弟请起"这四个字时,司马炎却突然开口:"他不是你弟弟。"

司马衷一愣,伸出的手便不知该放到哪里好。司马炎看了一眼紧张得满脸通红的司马衷,又看了看跪在地上鲜藕一般粉嫩的小人儿,心中一叹,淡淡开口:"沙门,你不是想知道自己的爹爹是谁吗?还不赶紧给你爹爹磕头?"

这两句话有些长,司马衷一时没有听懂是什么意思。然而那五六岁的小人儿却已经醒悟过来,仰起头仔细瞧了瞧司马衷,忽然小嘴一瘪,委屈地看向了司马炎。

"沙门,快叫爹爹啊。"司马炎不明白平素乖巧听话的小孩为什么就是不开口,顿时有些着急。

"他……他不像我爹爹……"叫作沙门的男孩涨红了脸,眼睛里蓄了一包眼泪,"我爹爹不是那个样子的……"

"胡说,你怎么知道爹爹应该像什么样子?"司马炎知道沙门平素和其他皇子厮混一处,此番确实有些为难了他,因此一直和颜悦色,直到现在语气才有些严厉起来。

"我爹爹……应该是陛下这个样子的……"沙门说到这里,终于"哇"的一声哭了起来,手足并用地就往司马炎脚下爬过来。在他心目中,自己的爹爹就应该如同司马炎这般端正威严,却哪里会像太子司马衷那样只会呵呵地傻笑。

"沙门！"司马炎皱起眉头后退了一步，随即狠狠瞪着一旁发呆的司马衷，"太子，沙门大名叫作司马遹，是你的亲生骨肉。你还不过来相认？"

司马衷先前一直懵懵懂懂不明白发生了什么，此刻听司马炎如此清楚明白地说出来，只觉得晴空一道霹雳，吓得他本能地后退了两步，差点被一块石头绊了个跟头。身子乱晃之际，胳膊却猛地被人攥住，仿佛铁钳一般牢不可摧，却是天子司马炎及时扯住了他。等司马衷好不容易回过神来，那小孩已经对着他磕下头来，口里含含糊糊地叫着："儿臣司马遹，见过太子爹爹。"

眼看太子被这一拜拜得目瞪口呆，脸上的神色是惊吓大于惊喜，司马炎轻叹了一声，微微笑道："太子还记得当年成亲之时，朕派去教导你夫妇之仪的谢才人吗？她在你东宫住了些时日，回来之后便有了身孕。朕原本想将她送到你的东宫，却听说太子妃骄悍善妒，常有谋害怀孕宫人之事，便将此事隐匿了下来。如今沙门已经长大，太子妃又一直无子，这便让他和谢才人一起回到东宫正名，也免得外头那些朝臣一直为东宫的事情饶舌。"

这番话，司马炎说一句，司马衷就唯唯诺诺地应一声。等到司马炎说完了，司马衷也哆哆嗦嗦地伸出双臂，将叫作司马遹的小孩轻轻搂了搂。过得一阵，司马遹的生母才人谢玖也应召而来，听说天子命她即刻随太子回东宫，虽然不敢违抗，却忍不住面露惊惧之色。

司马炎自然知道谢玖惧怕的是谁，不禁勃然作色道："是朕下旨让你们母子去东宫的。若是有人胆敢为难，朕自然会为你们做主！"

眼看谢玖依旧惶恐不安，而司马遹也趴在母亲怀中眼巴巴地盯着天子，母子俩都是一副楚楚可怜之态，皇后杨芷犹豫了片刻，终于上前道："陛下，皇孙回东宫是大事，要不就由臣妾亲自送他们去吧。"

"也好。"司马炎恨恨地盯了一眼太子司马衷手足无措的模样，转而向皇后杨芷道，"皇后到了东宫，若是有人无礼也不用顾忌，尽管拿出你皇后的威严来！"

"陛下放心，臣妾理会得。"杨芷点头应了，果然带着太子、谢才人和皇孙司马遹一起往东宫去了。

这边太子刚认了儿子，那边早有人将此事飞报给了太子妃贾南风。因此，当太子司马衷领着谢玖和司马遹刚一走进东宫，贾南风早已亲自拿了一把宝剑挡在道路中央，用剑尖指着谢玖冷笑道："你什么时候和太子生下的儿子，我怎么不知道？如今随便找个小孩就想塞进东宫来做皇长孙，你们做的是哪门子的春秋大梦？要是心里没鬼，就让我在这小孩身上划一剑，让他和太子来个滴血认亲！"一边说，一边果然作势用剑刺来，吓得谢玖抱着儿子滚倒在地，司马遹更是号啕大哭。

"皇后驾到！"正闹成一团，猛可里有人高声叫道。贾南风一怔，两旁却已有人冲上来，将她手中宝剑夺去。

"皇后驾到，太子妃还不向皇后见礼？"见东宫众人齐齐下拜，唯独贾南风还站在原处，皇后车驾前的内侍高声重复了一遍。

贾南风咬一咬牙，只好跪了下去，眼睁睁地看着皇后杨芷的车驾驶进东宫，径直停在了正殿前。

宫人将皇后杨芷从车驾内搀扶进殿，司马衷、贾南风和谢玖母子便重新进殿见礼。杨芷刚才亲眼见识了贾南风在东宫的嚣张气焰，心中有气，有心杀杀她的威风，便命众人平身，单留她一个跪在地上，居高临下地道："太子妃是名门之后，行事也须端庄谨慎才是。先前若非太子妃擅杀怀孕宫人，天子又怎会将皇孙隐匿西宫，时至今日才让他与太子父子相认？如今皇孙已经正位，天子不日还要另行册封。还望太子妃拿出嫡母的气度，慈和亲善。否则招来天子降罪，又有何益处？"

这番话杨芷自认说得入情入理，对太子妃也是一片好意，不料听在贾南风耳中，却满是讥诮嘲讽。她抬起眼睛看了一眼坐在上位的皇后杨芷，想起她比自己还要小两岁，当年做女儿时在自己面前也是一派柔弱畏缩之态,却不料如今做了皇后,就可以用婆母的口吻来管教自己了。这一番对比,让贾南风心中颇为不忿,当下也不回应,只是面无表情地跪着,恍如未闻。

"太子妃以为本宫是在危言耸听吗?"见贾南风一副油盐不进的模样,杨芷心头暗暗恼怒。她少女时虽然性格温软,但当了几年皇后又深得司马炎宠爱,渐渐开始享受起权力带来的滋味,不知不觉行事比以前大胆了许多。此刻她被儿媳贾南风怠慢,气恼之下口不择言,冷笑道:"太子妃大概不知道吧,每一次你在东宫打杀奴婢,都会有人上报天子。上一次天子已经决定要废黜你的妃位,若非本宫向天子进言'贾充对社稷有功,应该福荫他的后辈。贾妃年少,正是女子嫉妒的时节,还请陛下宽宥',只怕你现在已经不在东宫,而是被囚禁在金墉城中了!"

眼看贾南风果然变了颜色,杨芷心中得意,只道是自己恩威并施,终于可以收服了她。于是杨芷再接再厉,命人捧出一卷文书,呈到贾南风面前:"这是李夫人所著《女训》,请太子妃亲手抄录十遍,好好反省日后如何对待皇长孙母子。"说着,她也不在东宫多加停留,在太子司马衷等人的恭送声中,登上车驾扬长而去。

贾南风没有按照礼仪去恭送皇后,只是一动不动地跪在原地,只觉得心如死灰。她当初自愿顶替妹妹贾午嫁给太子司马衷,原本就是断绝了自己的一切后路想要博取最高权力,然而如今走到这一步,不仅太子长子的位子被别人横刀夺去,连带自己的太子妃之位也岌岌可危,那她守在蠢笨的太子身边苦苦压抑、苦苦挣扎又算是什么?

伸手拿起皇后杨芷留下的那卷文书,贾南风缓缓打开,看见上面写着:"……心犹首面也,是以甚致饰焉。面一旦不修饰,则尘垢秽之;心一朝不思善,则邪恶人之。咸知饰其面,不修其心,惑矣。夫面之不饰,愚者谓之丑;心之不修,贤者谓之恶……"一个个工整的墨字,仿佛一颗颗钉子,钉入她血肉模糊的内心。

这是李夫人所写的《女训》。而这个李夫人,正是父亲贾充的前妻、贾荃的生母,那个因为自己的阻拦至死也没能葬入贾家坟茔的李婉!

杨芷让自己亲自抄写李婉的《女训》,这不是双倍的嘲讽是什么?

"杨芷,今日的羞辱,来日贾南风必当十倍百倍奉还!"贾南风心中暗暗嘶吼出这句誓言,却转头对着一直守候在身边的心腹内侍董猛道,"准备笔墨,待我抄好之后,你着人送到皇后的明光殿去。"

"是。"董猛见贾南风面色铁青,不敢多言,连忙叫人将笔墨纸砚一应备好,伺候贾南风跪坐在书案前。贾南风努力平静心气,果然一丝不苟地将那《女训》抄了一遍又一遍,连晚膳都没有吃。她写到掌灯时分,直到董猛在一旁轻轻唤了一声"太子妃",才停笔看着他:"什么事?"

"天色晚了,太子让奴婢来问,今晚安排皇长孙母子歇息在何处才好?"

董猛话音未落,只听"啪"的一声,却是贾南风将手中毛笔猛地掷到了砚台里,溅了书案上一层斑驳墨点。董猛眼明手快将贾南风刚抄好的一沓《女训》抢救下来,又用袖子擦去案上黑墨,这才低低地道:"太子妃,来日方长。"

"你找人收拾一个偏殿给他们。"贾南风的脸色恢复如常,仿佛没事一般重新铺开了纸笺,颤抖的手也渐渐平稳。一直写到夜半,终于将十沓《女训》抄写完成。

眼看贾南风神色疲惫不堪,董猛立刻叫人伺候太子妃安寝。贾南风却突然想起了什么,转头对董猛道:"对了,今天朝廷的奏报可抄录好了吗?"

"都抄好了,要不太子妃明日再看?"董猛小心劝道。

"明日又有明日的奏报,还是今天一并看了吧。"贾南风说着,勉强用了一碗豆粥,又强撑着坐回了书案前。

董猛知道这位太子妃的性子,不敢违逆,赶紧将几卷奏报奉上。贾南风随意打开一卷看了一会儿,忽然眼神一凝,目光聚焦在短短的一行吏部调令上:"怀县令潘岳,迁尚书度支郎。"

"潘岳要回京了?"贾南风喃喃说出这句话,蓦地发现董猛正全神贯注地看着自己,一副随时待命的姿态,便将那卷文书塞进他手中,吩咐道,"去查一下,潘岳回京,是谁为他出的力。"

夏末的暑气就仿佛窑炉中爆裂的木炭,很快就只余下一地灰烬,虽然还带着余热,却再不足让人生畏。待到九月过半,秋高气爽,云淡风和,天子司马炎下诏,按照往年惯例,亲自率领宗室百官到宣武场点校三十六军。

宣武场位于洛阳城北大夏门内宣武观前的邙山脚下,由于要迎接天子和群臣车驾,一早便有禁军清理了道路,宣武场外更是专门划出空地,用以停驻各王公大臣家的马车和仪仗。

"殿下,让马车走慢点吧,这样下去您的身子受不住的。"一辆驶向宣武场的青盖马车内,随车的年轻侍臣伸手稳住主人摇摇欲坠的身体,担忧地规劝,"殿下出门早,就算马车慢些,也不会耽误天子校军的时辰。"

被称为"殿下"的是一个十六七岁的少年,穿着司马家宗室藩王特制的朱砂色朝服,腰间四彩的赤红绶带上挂着标志身份的白玉双印。不知是不是头上的长冠太过沉重,还是马车在疾驰中太过颠簸,少年一张犹带稚气的脸苍白得厉害,越发显得斜飞入鬓的双眉黑得醒目。

"殿下,太妃一早吩咐过……"见少年主君毫无反应,似乎根本没有听见自己说什么,年轻的侍臣望着小主人额头上细细密密浸出的冷汗,颤着声音继续规劝。

"董艾!"少年藩王终于不耐烦地呵斥了一声,随即喘息着朝车厢外挥鞭的车夫吩咐了一句,"再快……再快些!"

车夫不敢违抗主人的命令,马鞭再度落在拉车的马匹身上,装饰着云母赤漆的车轮辘辘滚动,迅疾地碾过了官道车辙中一枚较大的石块,引得车厢一阵巨震,几乎将车内的少年藩王从座位直颠扑到地上。

"殿下小心!"侍臣董艾顾不得礼仪,下意识地紧紧抓住少年藩王的胳膊,好不容易才将他拉回座位上。看着主君越发苍白虚弱的神色,董艾不明白一向深居简出的小主人为何一反常态,执意要参加这次冗长无聊的校军仪式,甚至比其他诸侯王还要匆忙迫切。

似乎是看出了臣下不敢出口的疑问,身穿王服的少年压下胸中烦闷欲呕的不适,轻轻弯了弯嘴角,竟露出一个孩童般纯真满足的微笑来。末了,他解释一般对满脸关切的董艾低低道:"你不懂的,我心里高兴得很。"

等马车终于到达宣武场外,由于时辰还早,空场上的车驾寥寥无几。少年藩王心中一松,虚弱地靠在车壁上喘息了一阵,终于积蓄出精神,将车厢的窗帘掀开一条缝隙,向尘土飞扬的官道处望去。

过了一会儿,陆陆续续有不少亲贵和官吏的车驾到来。他们见到这驾早早到达的青盖车上标志身份的黑幡,不由都是一惊,顿时就有人想过来见礼。然而董艾得了少年吩咐,只推托说小主人身子不适,暂时不能行礼,将凑到马车近前的诸人一一挡驾。众人知道这少年藩王地位极尊,偏又数年来称病不出,便不敢坚持,纷纷客套两句,自顾进宣武场去了。

那董艾站在车前,一双眼睛直往前来宣武场的达官贵人身上张望,却不知主人这次巴巴地赶来,究竟是为了见谁。今日天气虽不十分炎热,但阳光浓烈,在日头下站久了便生出一身细汗来。他正望得眼花缭乱,不妨车厢内忽然传出一声颤抖的吩咐:"快,快扶我下车!"

董艾跟了小主人三年,一向只觉得他被太妃管教得温顺沉默,甚少喜怒之色,今日这一连串的举动大是反常。然而不待他细想,车帘一掀,却是那少年藩王早已迫不及待,自顾就要下车。董艾慌忙伸手去搀扶,少年藩王却只虚虚地在他胳膊上一借力，便合身从车辕上跳下。他原本身体欠安，在车中颠簸了半天越发虚弱，这一跳几乎要去了半条命，若非董艾全力拉住，顿时就要跌倒在满是沙石的地面上。

"殿下小心！"董艾话音未落，少年藩王已经猛地挣脱了他的扶持，踉跄着朝前方奔去。董艾大惊之下拔脚去追，却见小主人已经一把拉住了一个身穿公服的官员，惊喜地叫道："檀奴叔叔，你终于回来了……"说到后面几个字，已是语声哽咽，几乎难以成句。

被突然冲过来的少年吓了一跳，那官员蓦地转过脸来，让董艾顿时看得呆住了。董家祖父辈也是仕途出身，这几年来董艾身为王府侍臣，各色达官贵人、风流名士也见识了不少，却从未见过谁能比得上眼前这个官员的俊美面容、超逸气质。哪怕他只穿着六品官吏的低微服色，依然仿佛从神仙画卷上翩然而下，皎然独立，就连宣武场上扬起的沙尘也不能沾染他分毫。

"檀奴叔叔，你不认识我了？我……我是山奴啊！"见对方没有什么反应，少年藩王只觉得心里一阵发慌，呼吸不由自主地急促起来。

"原来是齐王殿下，臣有礼了。"那六品官员正是刚从怀县调回洛阳担任尚书度支郎的潘岳。此刻他只是匆匆一瞥面前喜形于色的齐王司马囧，随即后退一步，深深一揖。

"檀奴叔叔不必多礼。你前些日子刚回京我就想来看你的，可是……可是我身子不便……今天好不容易趁这个机会出来。我一早就在这里等着檀奴叔叔，想多和叔叔说几句话……"虽然四年未见，司马囧还是像小时候一样神色亲近。他捉住潘岳的衣袖，迫不及待地想要向他诉说离别后的情形。潘岳却不动声色地扯出衣袖，彬彬有礼地微笑道："多谢齐王殿下厚意。不过臣现在还有事，能否先行告退，改日再来拜会殿下？"

"啊，叔叔有事就去忙吧……"司马囧此刻也察觉了潘岳脸上的冷淡神情,脸上的笑容一点一点地消融下去,终于默默垂下了僵直的手臂,不死心地补充了一句,"一会儿等叔叔忙完了,山奴再来找你。"

"多谢殿下体恤,那臣便告退了。"潘岳不置可否,视线在司马囧酷似其父司马攸的眉眼上一扫而过,随即毫无留恋地转过身,大步向官道那边驶来的一行华丽车驾走去。

司马囧呆呆地立在原地,看着潘岳混迹在一群官吏之中,殷勤地朝着马车上下来的某个达官贵人行礼。那张俊美无俦的脸上带着笑意,嘴唇开启不知在说着什么恭维寒暄的话语,就连刚才淡漠的眼眸也转瞬间掀起了波光——司马囧只觉得又是一阵心慌气短,即使艳阳高照之下也遍体生寒,他不由自主地抬起手臂,紧紧攥住了胸口的大氅。

"别在这儿杵着了,想等别人看你的笑话吗?"一个凉凉的声音蓦地在司马囧耳边响起,带着惯有的愤世嫉俗,"你难道不知道潘岳这次能回京,就是靠打通国丈杨骏的关节?此刻杨骏来了,他自然得上赶着去奉承,却理会你这没用的齐王做什么?"

"大哥!"司马囧早听出说话之人是自己的长兄司马蕤,不由自主地皱了皱眉。自从父亲司马攸将司马蕤出继给早逝的叔父辽东王后,司马蕤和司马囧两兄弟之间便产生了隔阂,再也不像小时候的海奴和山奴那样,可以无拘无束地在一起奔跑嬉戏。

"我知道你想说檀奴叔叔不是那样的人。"司马蕤捏着嗓子模仿司马囧虚弱的语气,眼睛却一瞬不瞬地盯着远处陪在国丈杨骏身边的潘岳,唇边漾起尖刻的冷笑,"你尽可为他辩解,不过刚才他看见你病成这样,可有问候过你一句,甚至多看你一眼?不过也对,若是他还像以前那样死心塌地地跟着齐王府,只怕这辈子都会被贬在穷乡僻壤,却又哪里回得了洛阳?"

"大哥,别说了……"司马囧在太阳底下站了一阵,早有些头晕目眩。虽然不愿承认,他却知道大哥司马蕤的话句句在理。他虽然得以继承了父亲司马攸的爵位为齐王,地位尊崇,封邑众多,却除了一个爵位再无任何官职。当年拥戴父亲的亲朋故旧也贬官的贬官、外放的外放,剩下的一些朝臣看到自己年少病弱,更是与齐王府几乎断绝了往来。就算这四年来他心心念念想将潘岳从怀县调回洛阳任职,也根本是心有余而力不足。此番潘岳转投了杨骏门下,他又有什么资格去劝阻和埋怨?

"可是,是谁也不该是姓杨的!"司马蕤看着潘岳尾随着杨骏一行消失在宣武场的辕门之内,忽然狠狠地往地上吐了一口唾沫,也不再理会司马囧,自顾大步生风地走了。

司马囧扶着董艾在原地站了一会儿,待得眼前的眩晕散了,也勉力抬起脚步,跟随众人进入了宣武场,走进专给宗室诸王准备的遮阳凉棚。

此刻,棚下已经聚满了司马家宗室。司马囧虽然爵尊,到底辈分较低,一进来便赶紧给三叔祖平原王司马干和四叔祖汝南王司马亮见礼。司马亮是个敦厚人,见司马囧病容显著,赶紧将他扶起来,担忧地道:"许久不见山奴,怎么还病得这么厉害? 一定要善加珍重,免得我们这些老人们担心……"说着似乎想起了司马囧英年早逝的父亲司马攸,竟有了些哀戚的模样。

"多谢四叔祖关心。孙儿一直在服药,大夫说多休养就没有大碍的。"司马囧赶紧赔笑道,"今日也是觉得身上爽利了些,才得以参加这点校大会。"

"你齐王府的大夫不济事,待会儿我向天子请恩,派几个太医给你好好瞧瞧。"司马亮说到"太医"二字,见司马囧脸上神色有些古怪,顿时醒悟他父亲司马攸就是被太医误诊而死,不由有些讪讪。

"瞧什么瞧,我瞧山奴挺好的。"平原王司马干忽然插口道,"什么都好,连这病,也是病得极好的。"

他此言一出,旁边几个宗室子弟就忍不住掩住了嘴。他们都知道这位平原王脑子不太清楚,否则怎么会连别人的病都能称赞一声好?

司马囧看了一眼司马干,见老头子满面红光,一副嘻嘻哈哈的模样,便也跟着笑了笑,借口身体不适,在一个清静角落里坐了下来。

诸侯王所在凉棚位于点校台右手,正对的恰是世家朝臣所据的凉棚。司马囧状似眯着眼睛养神,藏在眼睑后的双眸却暗暗盯着对面凉棚中一个雅逸超群的身影。不知道是不是累计八年的外放生涯太过抑郁艰苦,司马囧发现,潘岳和自己以前记忆中的那个檀奴叔叔有了一些不同。这不同绝不是指年龄的老去,而是气质的转变。虽然潘岳始终微笑着与国丈杨骏及其僚属寒暄交谈,司马囧却固执地认为潘岳是抽离于那群朝廷新贵的存在。每一次潘岳的眼光扫向自己这边,司马囧都会感到一阵口干舌燥的紧张。他极力想从潘岳的眼神中捕捉到什么,潘岳却总是不经意地掠开眼风,似乎视线中根本就没有齐王司马囧这个人。

紧攥住的手心里满是汗水,司马囧只觉耳鸣眼花,身子一斜,顿时被一旁随侍的董艾扶住。董艾见小主人脸色青白,知道他此刻身体必定十分难受,忍不住劝道:"殿下不如回府去休息吧,这样硬撑着怎么能行?"

然而还不待司马囧开口,校场辕门处已传来黄门的高声通报:"天子驾到!"

一听天子司马炎到来,两侧凉棚中的宗亲贵臣连忙整肃容仪,躬身下拜。今日是点校三十六军的大典,乃是国家所重的武备大事,因此天子司马炎乘坐的是四匹马拉的戎车。车上不仅配备着金鼓、羽旗、幢翳,还架着弓弩与长矛,一路旌旗摇摇,直驶入了宣武场中。

待到车帘掀开,司马炎步履沉稳地走下马车来,众人才发现,乘坐那辆戎车到来的还有另外一个人。那是一个二十多岁的青年,虽然身着宗室王服,举手投足间却自有一股英武沉稳之气。此刻他亲手搀扶着天子司马炎,一步步登上了宣武场正中的点将台,随即不声不响地侍立在司马炎身后,渊渟岳峙,让众臣忍不住多看了几眼。

司马囧认得这个青年名叫司马柬，是已故元皇后杨艳亲生之子，太子司马衷的嫡亲弟弟，前不久才改封为秦王。司马柬一向行事低调，与长年深居东宫的太子一样极少抛头露面，却不料今日在宣武场上一亮相，竟得到了与天子同乘一车的荣耀。如此说来，天子对秦王司马柬的重视并非一天两天了，可他究竟是想培养秦王日后辅弼太子，还是另有所谋呢……

司马囧心中疑惑一闪而过，却不敢多想，连忙随着众人重新向落座的天子跪拜行礼。他虽然年轻，但齐国乃是大国，无论爵位等级还是封邑数量在诸侯王中都首屈一指，因此便与三叔祖司马干和四叔祖司马亮一起排在了宗室队列的最前端。

天子司马炎显然也注意到了这位鲜少露面的少年齐王，视线不由在司马囧身上多停留了片刻，随即发现司马囧与他的父亲司马攸不仅容貌相似，就连那恭敬端方的做派也一脉相承。虽然此刻司马囧在初秋天气里极不合宜地披着保暖的大氅，加上层层叠叠隆重的礼服越发显得一张脸青白虚弱，司马炎还是很难在心中生出多少同情怜悯之情，冷淡地转开了眼睛。

因为司马炎清楚地记得，当年的司马攸正是这样的年纪，正是这样的脸孔，差点让自己丢掉了晋王世子的位子。那段心惊胆寒患得患失的日子，是司马炎一生中最阴霾的记忆，就算如今当了二十多年的皇帝，也依然会在午夜梦境中带给他隐秘的恐惧。

司马囧并不知道天子心中转过的心思。他只是随同众人一起行完礼，重新回到自己的座位上坐下。正犹豫着要不要称病先行告退，却听司马炎笑着对一旁相陪的汝南王司马亮道："前几日朕让秦王核查三十六军的士兵名册，这孩子竟一下子便检校出若干错漏谬误之处，让朕十分欣慰。今日让他协助主持校军，熟悉营务，日后必为我司马家的千里驹！"

"陛下圣明。"汝南王司马亮顺势恭维道,"秦王封地关中乃是天下形胜之地,扼守洛阳门户,地势险要,也只有秦王这样沉着机敏、见识器量都无人可及的亲王才可镇守,保我司马家天下万世无忧。"

"秦王听听,你四叔祖把你夸成什么样子了?"司马炎大笑着回头去看秦王司马柬。司马柬则只是谦虚地微笑着,向司马炎和司马亮行礼逊谢。

这父慈子孝、其乐融融的景象落在齐王司马冏眼中,仿佛溅起的火星,灼得他眼中一痛,赶紧像没有看见一般转过头去。

"秦王今天的风头连太子都压过去了,你还不赶紧去套套近乎?说起来,秦王可比潘岳有用多了。"耳边又响起了大哥司马蕤讥讽的声音,让司马冏心头一紧,藏在衣袖中的手指不由自主地颤抖起来。

视线在宣武场上排阵操练的军士身上胡乱碰撞了一阵,司马冏终于越过人群的缝隙,看到了自己想要看到的人。然而那个人远远地站在国丈杨骏身后,自始至终没有向苦苦企盼他的少年投来哪怕轻微的一瞥。

裹紧身上的大氅,司马冏觉得自己火热的一颗心渐渐冰冷下去。自从父亲司马攸死后,他四年来一直牢记着父亲临死时的叮嘱——将潘岳视为父亲一样对待。可是如今他终于见到了那如师如父的人,司马冏却强烈地感受到:自己又一次成了孤儿。

第 二 章

对 策

> 枢机之发,荣辱之徵。怨岂在大,纤介是兴。
>
> ——潘岳

齐王司马冏到底没有坚持到点校大典结束。就在司马炎亲设的积弩、积射二军入场操演之时,司马冏匆匆向天子告罪,被仆从搀扶着离开。

"这小齐王年纪轻轻,怎么就是一副病入膏肓的模样?"

"不知道。有人说是胎里带出来的病,和他父亲齐献王是一样的。你没看齐献王就是药石无灵,英年早逝的吗?"

"若果真是这样,竟是上天不肯眷顾齐王一脉,枉费齐献王在世时的贤达声名了……"

身旁官员们的低声议论传入潘岳的耳中,让他原本凝定在阵型操演上的视线轻轻一斜,眼角的余光顿时捕捉到了那个跟跄远离的少年背影。然而这一瞥并未对潘岳造成任何影响,甚至连周遭官员提到了司马攸的谥号"齐献王",也不曾在他平淡如水的面容上掀起任何波澜。

"安仁,一会儿点校大典结束,你暂且多留片刻,我有事相商。"忽然,坐在前方尊位上观礼的国丈杨骏转过头来,对潘岳吩咐了一声。

"是,杨将军。"潘岳点头答应。自从把女儿杨芷嫁给天子司马炎为皇后之后,杨骏就从一介县令提拔为临晋侯、车骑将军,故而潘岳以"杨将军"相称。虽然潘岳此刻担任的职务为尚书度支郎,与车骑将军并非从属,但潘岳此番是托杨骏的关节才从怀县调回洛阳,因此毫无疑问已是杨骏门下之人。

近年来,杨骏虽然与弟弟杨珧、杨济并称朝廷"三杨",但无论才华、声名还是功绩都无法与两个弟弟相提并论。大弟杨珧擅长政务,多年前便是司马炎心腹,为除掉齐王司马攸立下首功,此刻正担任卫将军的重要职务;小弟杨济武艺高强,不仅在三军之前射杀猛兽,还担任过伐吴副帅,为一统天下立下大功。与他们相比,身为大哥的杨骏除了生了个做皇后的女儿,其他便一无是处,少不得为人讥笑。杨骏也急于摆脱自己只靠裙带攀升的口实,四处延揽人才收入门下,竟有些饥不择食之感。因此一旦潘岳托人自荐,杨骏便不顾潘岳是齐王旧党的身份,费了些人情将外放八年的他调回了洛阳。

杨骏示恩在先,潘岳少不得要投桃报李。此番杨骏有事吩咐,潘岳不敢怠慢,果真一直等到点校大典结束众人纷纷离去,方见杨骏领着一人走到了自己面前。

"这是我府中主簿朱振,已经跟随我多年了。"杨骏向潘岳介绍了一下身边这个神色委顿的中年人,又指着潘岳对朱振道,"安仁昔日曾参与修撰《泰始律》,对律法乃是大大的行家。若是他都救不了你,本将军也没有办法了。"

"还请潘郎君救救下官!"那朱振一听杨骏之言,原本死鱼一般暗淡无光的眼珠顿时亮了亮,连忙一揖到地。

潘岳先前听杨骏提到这个朱振追他多年,心中便已有了数,当即礼数周全地回了一揖,客气道:"朱主簿有事请说。但凡潘岳能够帮忙之处,必定不敢推辞!"

"那就烦劳潘郎君了。"朱振眼见四下闲人都走得干干净净,偌大的宣武场上只剩下他们几人,便哑着嗓子开口道,"前几日下官向主公告假,回乡处理田产事宜。不料村中有一波皮闲汉,非说我家的一块土地是强占自他家,撒泼耍横要我家归还。下官被他滋扰不过,命从人将他赶走。不料从人们下手重了些,那泼皮回家之后竟然死了! 如今他的家人越过县令去刺史府控告下官主谋杀人,口口声声要下官给那泼皮偿命。所以还望潘郎君能想个办法,帮下官了结这场官司,也好让下官可以安心辅佐杨将军。"说完,朱振又是深深一揖,满目都是希冀乞怜神情。

朱振这番话虽然经过刻意修饰,潘岳心中却已大概明白。想必是这朱振仗着主公杨骏的势力在乡间强夺地产,殴死人命,偏他又是杨骏心腹,杨骏便铁了心要保他性命。此番杨骏故意让朱振来向自己求救,一方面是考察自己是否有值得重用的才能,另一方面,也是要通过这件人命官司将自己与杨家牢牢绑在一起,不容自己调回洛阳后过河拆桥。

想清楚了这几点,潘岳只觉心头一派通透,顿时微微笑道:"朱主簿的情况,潘某大概已经明白了。虽然自古以来民间都传说'杀人偿命,欠债还钱',但既非朱主簿亲自动手,此事未必没有转圜的余地。"

"可就算不是死罪,徒、流之刑只怕也是难免。"一旁的杨骏忍不住开口,"朱主簿是我府中股肱,一日也离他不得。安仁可有办法将他的罪名由大化小,却又不伤及我车骑将军府的清名? "

"这……"潘岳知道杨骏、朱振之意,既要徇私枉法,又要名正言顺,沉吟了一阵问,"当日动手时,可有旁人看到? "

"有村民数十人围观。"朱振头上沁出一层冷汗,嗫嚅道,"何况那泼皮临死前一直骂不绝口,四邻皆知他与下官的恩怨,所以怕是掩盖不得。"

潘岳点了点头,默然不语,只是背着双手,在宣武场的黄沙地上来回踱步。经过刚才上万名中军士兵的列阵操演,原本松软的沙土被踩踏得一片坚实,也让潘岳的心渐渐硬如铁石。他猛地抬起眼睛,朝提心吊胆的朱振问了一句:"死者与朱主簿可是同宗? "

"对,我们同村的都是朱姓,所以算是同宗。"朱振擦了擦额上的冷汗,补充道,"不过年代久远,我家与他早没有瓜葛了。"

"既然是同姓同宗,自然不会没有瓜葛。若是刻意寻访,他与朱主簿说不定是五服之属。"潘岳说到这里,见杨骏和朱振都是一脸懵懂,随即淡淡一笑,"世人拜汉高祖刘邦所赐,只将'杀人者死,伤人及盗抵罪'视为金科玉律,却不知我大晋依据儒家礼制刊定法律,已经将五服纳入法典之中,纳礼入律,礼律并重。因此就算犯下同样的罪过,只要双方五服亲疏不同,处罚也会相应不同。这'准五服以制罪''同罪异罚'的条款,在《泰始律》中俱有首创。只是《泰始律》颁布推行至今不过数年,影响不彰,常人尚秉持数百年来'杀人偿命'的简单理念,难怪朱主簿会为此忧虑。"

"将五服纳入法典,这是什么意思?"听了潘岳的话,不仅朱振,就连杨骏都有些好奇起来,"依安仁的意思,就算是亲手杀人,也未必会判死罪了?"

"所谓'准五服以制罪',就是根据血缘亲疏所服的丧服不同,将亲属关系划分为五等:斩衰、齐衰、大功、小功、缌麻。判罪之时,也以五服亲疏为量刑的标准。"潘岳在贾充的司空府中参与修订了数年律法,对于晋朝标榜儒家礼教而制定的《泰始律》如数家珍,"根据五服之制,亲属相犯,以卑犯尊者,处罚重于常人,关系越亲,处罚越重;若以尊犯卑,则处罚轻于常人,关系越亲,处罚越轻。所以若是朱主簿能证明死者乃是朱家五服之中的小辈,哪怕是族孙、族弟、表婿,等等,都可以算在五服之内。那么朱主簿就算误伤致死,也自可以依照律法从轻发落。"

"对对。那泼皮若是我族中晚辈,我是以尊犯卑,自然可以减轻处罚!"朱振大喜,继而又一忧,"可是万一他连五服中最末一等的缌麻都算不上,那可怎么办呢?"

"这个倒是容易!"杨骏难得显摆一下自己的能力,不以为然地挥了挥手,"当年我外放为官,知道乡间宗族族谱错漏颇多,你随便找个乡老把族谱改一改就是了!"

朱振一愣，随即眉开眼笑："主公言之有理。自黄巾之乱后，乱世已近百年，各地族谱早已散佚缺失，我确实该找人好好修订一下！"

"如果死者乃是五服晚辈，那朱主簿这管教不严、训诫误伤的罪名，该怎么个判法？"杨骏见潘岳站在一旁不说话，开口询问。

"只需要罚金抚恤便可结案。"潘岳缓缓松开袖中握紧的拳头，不紧不慢地复述着律法。

"对对对。我只想教训教训不懂事的晚辈，下人们却不知轻重失手伤人，绝对非我本意！多谢潘郎君指教，点拨之恩，没齿难忘！"朱振早已喜出望外，当即恭恭敬敬地给潘岳行了一个礼，又向主公杨骏拜别，匆匆忙忙地去了。

潘岳暗暗舒了一口气，转眼见杨骏仍旧站在一旁，不由将刚刚松弛的肩背重新绷紧，向杨骏躬身道："杨将军还有别的吩咐吗？"

"当日你妻舅杨歆说你足智多谋，有国士之才，我只当他是言过其实。今日一试，果然名不虚传。"杨骏盯着潘岳俊雅清逸的身影，若有所思，"如今你只做个尚书度支郎，确是委屈了大才，不如将你调到廷尉府，尽展你精熟律法之长。安仁你看如何？"

"多谢杨将军厚爱，但此事还需从长计议。"潘岳说到这里，眼见杨骏脸色一沉，鼻翼两侧的腾蛇纹越发深刻，知道此人气量狭小极易记仇，连忙道，"潘岳能从偏僻怀县回迁京中，早已深感杨将军大恩，怎敢不竭忠尽虑，为杨将军筹谋？只是我身为齐王党旧人，素来为天子不喜，今天能担任这位卑事冗、高门不屑的尚书度支郎已是天子容忍我的极限。廷尉府执掌天下刑狱，位显权重。若是杨将军因为此事惹得天子不快，岂不是潘岳的罪过了？杨将军的美意，潘岳感激不尽，铭刻在心，日后必定效死以报。"

潘岳这番话入情入理，又字字句句为杨骏着想，顿时让杨骏先前被拒绝的不满不快消失得干干净净。他故作豁达地哈哈一笑，亲切地拉着潘岳往宣武场外走去，半真半假地道："安仁说以后要为我竭忠尽虑，本将军可都记下了，只希望安仁日后不要忘了才好。"

"若没有杨将军，潘岳只怕今生只能老死僻乡，又怎能有重入洛阳的机会？何况就算入了洛阳，若无杨将军照拂，在朝中也无立足之地。这点自知之明，潘岳还是有的。"潘岳将杨骏送上豪华的驷马安车，苦涩一笑，颇有自怨自怜之意。

"安仁知道就好。"杨骏满意地听着潘岳感恩戴德之语，伸手捋了捋颔下三绺黑而直的胡须，"不过调任廷尉府之事，我心已决，只是以后找个合适的机会好了。"

"那就先谢过杨将军了。"潘岳恭恭敬敬地向杨骏的马车拜别，直到官道上扬起的沙尘将杨骏的车驾都遮没了，这才用力掸了掸被杨骏握过的衣袖，转身慢慢走开。他心里明白杨骏执意要将他调入廷尉府，不过是嫌他此时担任的尚书度支郎是个没用的浊官，哪里比得上在廷尉府中执掌律法，可以助杨骏网罗百官、翻云覆雨——杨骏此人的野心，绝不仅仅满足于当一个空具头衔的国丈而已。

其实于己于人，潘岳都知道接受廷尉府的任命是一个更好的选择，但他刚才还是忍不住拒绝了杨骏的提议。因为他知道，一旦答应了杨骏的要求，方才诸如朱振之类的事件就会层出不穷，甚至越演越烈。可是他也知道，自己迟早会答应杨骏的要求，因为一旦决定跳入泥潭，就只会越陷越深，再无回头的可能。

离京八年，潘岳在洛阳早已没有了住所。不过他与杨容姬只是夫妻二人，别无子女亲眷，初回京时暂居在大哥潘释家中，如今稍事安顿，便租了延熹里一套极小的宅院，权作安身之处。

从宣武场回到住处，天色已是黄昏。袅袅炊烟从延熹里一排排的民居中升起，带来呛人的烟火味道，却让潘岳有一种难言的亲切与安心。

因为他知道，此刻妻子杨容姬必定守候在家中，等待自己回去与她共进晚餐。这么多年来，哪怕太多的东西已经失去和改变，唯有这份温暖的守望不会更改，就像一只在水面上辛苦盘旋了一天的飞鸟，临到黑夜，总会知道湍急的流水中有一块永不移动的礁石，让疲倦的它可以安心地蜷伏在上面，度过充满未知的漫漫长夜。

想到这里，潘岳归心似箭，也不待仆从搀扶，撩起官服前摆从马车上径直跳下，却在望见前方家门时顿住了身形。

狭窄的条石台阶下，此刻正站着五六个年轻汉子。虽然打扮寻常，那精悍的身形和明锐的眼光却绝非普通人所有。见潘岳到来，为首的一个汉子连忙躬身行礼，低沉着嗓音客气道："来的可是潘郎君？我家殿下正在里面等候。"

"殿下"两个字让潘岳皱了皱眉。以前如此称呼的那个人已经不在了，而现在凭空到来的这个"殿下"无论是谁，他都不愿再与之扯上干系。

"你们的主人是齐王?还是东莱王?"潘岳站在台阶下，背着手不再挪动脚步。齐王司马冏，还有从辽东王改封为东莱王的司马蕤，除了带着司马攸血脉的这两个孩子，他想不出还有哪个司马家的藩王会屈尊来到自己的家中。可是现在的齐王和东莱王，早已不是当年他可以抱在怀中逗弄的山奴和海奴了。

"启禀潘郎君，小人们的主人既非齐王，也非东莱王。"那为首的侍卫侧开身子为潘岳让出通道，仍旧躬着身毕恭毕敬地道，"潘郎君进去看看就知道了。"

潘岳点了点头，不再多说什么，径直穿过两侧的王府侍卫，推开了虚掩的家门。

他第一眼看到的是妻子杨容姬。而杨容姬察觉丈夫回来，便从铺陈在天井中的茵席上站起身，朝他盈盈一笑。随着杨容姬站起来的，还有原本坐在主位上的一个年轻人。他大约二十多岁年纪，眉目端正，穿了一身式样简单却质地上乘的天青色暗纹宽衫，头上戴着一项白玉小冠。此人虽然是士人打扮，神情却较普通士人更为深沉内敛，毫无当今世上所流行的清高放诞之态。见到潘岳前来，那年轻人怔忡之余，又赶紧含笑致意。

见潘岳同样面露惊异之色，杨容姬赶忙介绍道："檀郎，快来见过秦王殿下……"

"见过秦王殿下。"潘岳迅速恢复了常态，向秦王躬身行礼。他委实没有料到，先前在宣武场的点校大典上深受天子司马炎宠爱、风头出尽的秦王司马柬，怎么会突然出现在了自己家中。

"潘郎君免礼。小王贸然来访，实属唐突，还望潘郎君海涵。"虽然是天子司马炎的嫡出第三子，秦王司马柬的态度却十分谦恭有礼。他双手将潘岳扶起，与他重新在茵席上落座，这才微笑着开口道："不知尊夫人是否提过，当年她在宫中之时，对小王曾经颇多照拂。如今小王已经出宫开府，听说潘郎与尊夫人回京，便特地前来探望，以表当年的感激之情。"一面说，一面叫侍从呈上礼物，除了四十匹上好的丝帛，还有一只髹漆彩绘的首饰匣子。

"殿下太客气了。其实当初在宫中之时，是妾身多承殿下照拂才是。"杨容姬见潘岳容色中颇有倦怠之意，便笑着接过话头，"那时候殿下还是汝南王，尚未成年出宫。如今十余年过去，难为殿下还记得当初的事情。"

"怎么会不记得？那时候若非我任性妄为，也不会连累杨姐姐被胡贵嫔责罚，如今想起来都心中不安……"司马柬说到这里，猛地意识到自己对杨容姬说出了旧日称呼，不由有些窘迫。他原本就不擅辞令，此刻见潘岳虽然面带微笑，却隐隐有拒人千里之意，顿时讷讷住口。当年他年少气盛，听信了太子妃贾南风之言将杨容姬引荐给父皇，却不料侍寝当天杨容姬莫名其妙挨了一顿板子，让司马炎不得不放弃。司马柬虽然不够机变,内心却相当聪明,很快就猜到了杨容姬的用意。今日他鼓足勇气来到潘家,一来是向杨容姬表达故旧之情,二来则是想亲眼见见杨容姬的夫婿潘岳是否真如传言中那样风姿绝世,让杨容姬宁死也要苦苦守候。

"殿下的礼物太重,臣实在……"莫名的尴尬气氛中,潘岳正想开口,司马柬却急切地打断了他:"潘郎君无须推辞,小王这次还有事相求。"

"哦?殿下请说。"潘岳的眼睛从秦王府下人抬上来的礼盒处收回,眼观鼻鼻观心地坐在茵席上,不知是出于礼貌还是出于不耐,视线刻意地避开了司马柬局促的表情。

"秦王妃身有妇人隐疾,医官多有不便,所以……"司马柬咬一咬牙,索性和盘托出,"所以想请尊夫人能不时到王府为秦王妃看诊。区区薄礼,不过是预付的诊金罢了。还望潘郎体谅小王的苦衷,予以应允。"说完,他长出了一口气,只是定定地坐在那里,紧张地等待着潘岳的回复。

潘岳侧头看了看杨容姬,见她一双清亮的眼睛也望着自己,便轻轻一勾嘴角,淡淡道:"医药之事,臣从不干涉,全凭内子自己做主。殿下要问,就直接问内子好了。"

司马柬没料到潘岳会如此回答,顿时求援一般朝杨容姬望去。见杨容姬略略点了点头,司马柬才尴尬地笑了笑:"这样再好不过。过几日秦王妃会亲自派人来接尊夫人入府,并不会耽搁太久。"说完,他见潘岳只是略略点头并无他言,便站起身来告辞,"既然如此,小王就不多打扰了。"

"恭送殿下。"潘岳也不挽留,站起身淡淡一揖,将秦王司马柬送了出去。

等司马柬带着手下侍从离开,杨容姬关紧大门,这才转身向潘岳道:"秦王心地善良,当年你托胡贵嫔转交给我的那首离合诗,若非秦王事后承认是他托人从宫外抄来,只怕先皇后不会善罢甘休,我和胡贵嫔都罪责难逃。"

"我知道,秦王为人仁厚端方,是宗室里不可多得的君子。"潘岳明白杨容姬是嗔怪自己方才对司马遹太过冷淡,不由苦笑了一下,"可是我实在对他亲近不起来,他毕竟……是那个人的儿子。"

"我知道,所以不会强迫你。"杨容姬走到潘岳身后,伸出双臂从后面紧紧地抱住了他,将脸贴在了他温热的后背上,"不过秦王如今圣眷正隆,我若是能与秦王妃亲近,日后说不定对你也有裨益。"

"阿容,我不想你也卷进来……"潘岳正要说什么,却感觉到箍在自己身上的双臂一紧,随即杨容姬的声音便在耳边轻轻响起,吹气如兰,直拂进他的心底:"夫妇同体,檀郎,这是我应该做的。"

潘岳没有再开口,只是闭上眼睛,静静地享受着与杨容姬肌肤相亲的温柔与心安。过了良久,杨容姬才放开了他,走到茵席旁的小几前,打开了司马遹送来的髹漆礼盒。

鲜明锃亮的漆盒之中,是一组五支女子所佩戴的簪笄。奇怪的是,这些簪子并非寻常的花样,而是打造成斧、钺、戈、戟等兵器的形状,而每一支簪子的质地则各不相同,分别为:金、银、象牙、犀角、玳瑁。这些簪子用料考究,做工精良,簪头兵器虽然形制缩小,却栩栩如生,英气凛然。

"你不知道吧,这是洛阳新近流行起来的头饰,叫作'五兵佩'。我们先前一直住在怀县,所以没见识过。"见潘岳定定地看着这几支怪异的簪子,杨容姬笑着将它们重新放入漆匣之中,"你若不喜欢,我以后不戴便是。"

"你喜欢便戴好了,没关系。"潘岳看着髹漆匣子中冷光闪动的五支锋锐长簪,心中一动,隐隐生出一分不祥的预感,"只是如今太平盛世,却在妇女之中流行起这种杀伐之物,不能不说是一桩怪事。"

尚书度支郎的职责是核定天下租赋物产,为朝廷收支衡入量出,名位不高却事务烦冗，乃是一个高门士族不愿担任的浊官。不过好在这个职位属于尚书台，能接近内廷机枢，加上潘岳有意了解政局，很快便能打听到一些秘不外宣的宫中大事，比起当年在怀县任职时的闭目塞听有着天渊之别。

潘岳的顶头上司乃是度支尚书，再往上便是尚书台之首尚书令。尚书令卫瓘此刻还兼任太子少傅，常常到东宫去为太子司马衷讲学。每每有人问及太子进学的情况，卫瓘一张清癯儒雅的脸就会阴沉下来，皱着眉头一声不吭。他虽然不说太子司马衷一句不是，但所有人都知道这位尚书令大人对太子的态度。就连当初他的女儿卫瓘称病出宫，逃过与太子联姻之事，都传说是卫瓘暗中谋划。

卫瓘并没有刻意掩饰自己对太子司马衷的失望和担忧。以前他可以通过寄望齐王司马攸辅政来纾解，等到司马攸死后，卫瓘的失望和担忧就冲破了他明哲保身的理念。潘岳听说，就在不久前，卫瓘在凌云台的宴会之上假装酒醉，抚摸着天子司马炎的御座连连哀叹："这个座位可惜了。"明明白白地影射太子司马衷不配继承皇位。

因为卫瓘担任太子少傅，加上其他官员也含蓄地提过"太子有上古淳朴之风，而当今世上却充斥诸多虚伪之事，所以怕太子会受到蒙蔽"，司马炎虽然满心不悦，却也无法一味打压这种言论。于是仿佛是为了给卫瓘，也是给天下人一个交代，凌云台宴会之后，司马炎便让臣子张泓到东宫去，将一些尚未处理的国事让太子批复。为显示公正，司马炎还特地将东宫官员们都召唤到卫瓘面前宴饮，以防他们为太子捉刀代笔。

过了一些时候，张泓带着太子的批复归来，虽然言辞粗陋，但方略思路尚算清晰明白。看着天子司马炎扬扬得意的模样，卫瓘就算知道使臣张泓是太子妃贾南风一党，这份批复必是张泓与贾南风等人拟定，却无法开口戳穿他们君臣夫妻之间的诡计，只能违心地跪地谢罪，直呼"老臣该死"。

卫瓘是三朝老臣,当年钟会谋反,全凭他以一己之力平定,对晋朝建立建有大功。天子司马炎这样搪塞他,无异于宣示了他力保"立嗣以长不以贤"这条宗法铁律的决心。加上司马炎甚是钟爱太子骤然冒出来的儿子司马遹,时常称赞这个乳名沙门的皇长孙酷肖先祖司马懿的长相气质,更是摆明了司马炎已经将晋朝第三代皇帝都已选定,百官无须再对此事聒噪了。

宣皇帝司马懿是司马炎的祖父,当今活着的人们没有一个见过他年少时的模样,所以司马炎非要说皇长孙像高祖父,没有任何人可以批驳。何况如今齐王司马攸已死,百官失去可以寄托希望的目标,也就只能任由天子司马炎将皇太子、皇太孙的顺序一一排好,将司马炎的血脉一代一代流传下去。

听说广陵地方有天子气,司马炎便迫不及待地将皇长孙册封为广陵王。于是太子司马衷的位子在左摇右晃了十余年后,最终如同不倒翁一样稳固下来,朝中关于储君的争执也终于平息。可是偏偏在大家都以为尘埃落定的时候,天子司马炎忽然对太子的嫡亲弟弟秦王司马柬大加赞叹,甚至下旨将他的封邑增加到八万户,顿时又引发了新的震动。

当初晋朝建立时,齐王司马攸以景皇帝司马师嗣子之尊,被封到大国齐国,封邑两万户,已在诸王中首屈一指。就连身为皇叔的司马干、司马亮等人,封邑也不过一万户左右。如今,司马炎却将各位封于中原的皇子食邑通通增加到五万户,秦王司马柬更是以八万户独占鳌头,无异于重重地打压了其他诸侯王的地位。这种皇室帝系"强干弱枝"的做法,毫无遮掩地宣示了天子司马炎唯我独尊的私心,也让听闻此事的潘岳不禁心生恍惚:若是此刻司马攸还活着,他会怎样应对如今的局面?

朝中纷纷纭纭的传闻不时搅动着潘岳的心绪。不过他的心已经结上了一层冰壳,就算内部再有什么波动,表面上都依然冷硬如铁石一般。

特别是此刻,当潘岳打开家门,一眼便看到那个蜷缩在阶下的单薄身影时。

"檀奴叔叔……"似乎感应到潘岳的到来,倚靠在石墙上的少年蓦地睁开了眼睛。不知是因为冷还是病,少年的脸色白中泛青,嘴唇也病态得毫无血色,然而他暗淡无神的眼睛却在看见潘岳的刹那间如灯火一般点亮,又随即被扑面而来的寒意熄灭。

"齐王殿下?"潘岳无奈地朝少年躬身一礼,心中暗暗叹了一口气。前些天在宣武场时,他已经故意言辞冷淡,只盼这位小齐王识趣而退。可是如今这病弱少年居然孤身一人找上门来,连个仆从也不带,不禁让潘岳暗暗头痛。

"还是叫我山奴吧,檀奴叔叔……"小齐王司马冏此时只穿了一身寻常便装,眉目温润,看上去就如同邻家少年一样柔和乖顺。他撑着墙站直身子,见潘岳袖着手毫无帮扶之意,心中一痛,努力平静道:"自我父王去后,叔叔一别四年,音信全无,山奴心中一直挂念……"他偷眼去看潘岳的神色,见他只是站在原地不动,也不知道听进去了多少,不由得手足冰冷,强笑道,"我今天好不容易一个人跑出府来,檀奴叔叔都不肯让我进家里去坐坐吗?"

"寒舍简陋,只怕有污齐王殿下玉趾。"潘岳说到这里,见司马冏的呼吸陡然急促,撑着墙面的手指也深深抠进了夯土中,顿时想起他身染沉疴,于情于理都不该将他扔在门外,便躬身道,"既然殿下坚持,就请进吧。"

走进门内,听见动静的杨容姬照例迎了出来,却在看到司马冏的时候骤然一愣。司马冏乖巧地朝她一笑,主动招呼道:"杨婶婶,我是山奴,您还记得我吗?"

"当然记得。"杨容姬的视线迅速从司马冏青白的脸色上掠过,随即不自然地笑了笑,"殿下请坐,妾身这就去准备蜜水。"说着,她收敛起担忧的神情,疾步走到偏房里去了。

见司马冏失望地看着杨容姬离开的背影,潘岳不待他落座,便开门见山地问:"殿下此次来访,有何见教?"

司马冏原本想从杨容姬那里寻回昔日与潘岳夫妇的温情,却未能如愿,心底越发抑郁。他转身看着站在自己面前的潘岳,只觉得这个人离自己近在咫尺却又遥不可及,比当初洛阳与怀县的距离还要遥远,顿时心中泛起一阵悲酸,红着眼眶问:"檀奴叔叔还记得我父亲临死前留下的话吗?"

"殿下有话不妨直说。"潘岳似乎觉得司马冏的话太过孩子气,略有些烦躁地催促。

司马冏似乎承受不起潘岳的冷漠,闭上眼睛略略喘息了一下,蓦地双膝一屈,"扑通"一声跪在潘岳脚下,哽咽道:"山奴无能,难怪檀奴叔叔不耐。可是我此番厚颜前来,确实是走投无路,特来请檀奴叔叔相助的!"

见到山奴下跪,潘岳下意识地侧开了身子。他看着脚下的少年微微抽搐的肩膀和泪水盈然的眼睛,无奈地放缓了语气:"殿下不必如此。若是臣力所能及,必定不会推辞。"说着,他跪下去扶住司马冏的双臂,拉着他一起站了起来。

被潘岳的话语和举动鼓起了勇气,司马冏紧紧闭上双眼将眼泪咽下,终于哑着声音说出此行的来意:"今日天子下诏,让我和母亲搬出齐王府,说是……说是要把齐王府改赐给秦王居住……"

此言一出,连潘岳也是一怔:"此话当真?"

"诏书已到,自然是千真万确!"司马冏见潘岳想要抽手后退,连忙反手抓住了他的手臂,仿佛落水之人紧紧抱住了一根浮木,"我找人辛苦打听,隐约听说是太子妃向天子提到我母亲这些年睹物思人,身心抑郁,所以建议给我们换一个住所。而且齐王府宽阔宏大,只我和母亲居住太过寂寥,不像秦王刚刚娶亲,封邑又多,只有齐王府的规制才能配得上他的身份……"

"齐王殿下特地来告诉臣这件事,究竟是什么用意呢?"潘岳见少年越说越是激动,特别是提到"太子妃""秦王"等字眼儿时眼中掩饰不住的愤恨,不禁打断了他。

司马冏一窒,似乎被潘岳问住了。他定定地盯着潘岳波澜不惊的脸看了半晌,仿佛做梦一样喃喃道:"我和母亲要被赶出家门了,檀奴叔叔难道不该想个办法救救我们吗?"

"'赶出家门'这四个字用得不妥。齐王府原本就是天子赏赐,齐王与太妃就算搬出,天子自然会另行赐予新府。"潘岳冷静地回答,"何况再过两年齐王殿下便要成年大婚,按照惯例也须去往封地,无须在洛阳居住……"

"不,不是这样的!"司马冏双眼通红,不顾一切地反驳,"就算那个府邸是天子所赐,可我从小到大都生活在那里,那里的一草一木都与我血脉相连,那里就是我的根!更何况父亲和母亲在那里一起生活了十几年,母亲所有关于父亲的记忆和思念全都寄托在那个宅子里。如今骤然要我们搬离,岂不是就像活活拿刀剜母亲的心?作为臣子,我就算被褫夺爵位流落街头也不敢抱怨。可是身为人子,我又怎能眼睁睁地看着母亲再一次承受巨大的痛苦?父亲过世之后她一病不起,几乎随父亲于地下。如今连父亲的旧宅旧物都要失去,岂不是要她活生生心痛而死?"说到这里,司马冏强忍多时的眼泪终于夺眶而出。他再度跪倒在潘岳脚下,伸手紧紧抱住了他的双腿,大哭道:"父亲死后,我们已经一再退避,只求自保。可是如今天子却对齐王府欺凌至此,你说我们应该怎么办?"

"既然天子已经明文下诏,自然只能奉诏行事。"潘岳没有低头去看跪在身前悲愤交加的司马冏,双眼只是平平直视着门外中庭中一枝叶色转黄的杏树,低沉地道,"齐王殿下若是为这件事找臣,臣也没有办法。"

"难道檀奴叔叔忘了四年前，你在我父亲临死时说过的话吗？"司马遹见潘岳不语，只当他真的忘了当日情形，不由得冲口而出，"你那时对我父亲承诺，以后就算粉身碎骨，也一定会保护我的安全！"

"不过是让殿下搬个家而已，何必说得那么严重？"潘岳似乎是被司马遹的口无遮拦激怒了，当即后退一步，用力将衣摆从司马遹手中扯出，冷笑道，"等到殿下真有性命之忧时，再来要求潘某粉身碎骨不迟！"

"檀奴叔叔……"司马遹毕竟只是个少年，一再受到潘岳的冷遇，心中再有热焰万丈也终被浇得一片冰冷。他慢慢从地上站起身，目光如同刀锋一样一寸寸刮过潘岳的面容，忽然轻轻一笑："山奴还有最后一个问题，请檀奴叔叔赐教——叔叔的两鬓之上，为何突然有了这许多白发？"

潘岳一怔，随即脱口道："'虚薄乏时用，位微名日卑。驱役宰两邑，政绩竟无施。'殿下若是读过臣在怀县做的这首诗，自然就明白臣为何会陡生华发了。"

"我知道了，你不满职位低微，难出政绩，所以才投靠国丈杨骏，回到洛阳来谋求仕途。"司马遹见潘岳只是抿着嘴唇不发一言，只当他是默认，方才的一腔怨怒顿时像烟花一样鸣放尽了，胸腔里只剩下空荡荡冷冰冰的一层死灰，"是山奴无能，不能在仕途上对潘郎君有什么裨助，所以还是敬请潘郎君去结交新得势的杨家和秦王吧。"说着，他也不告辞，径直转过身，走出房门去了。

潘岳没有出声挽留，也没有跟上去相送。他只是生根一般站在原处，目光胶着在司马遹微微有些佝偻的背影上，看着他摇摇晃晃地步下台阶，慢慢经过从隔壁院墙上伸展过来的杏树枝条。一阵风过，几片黄叶从枝头掉落，飘摇沾在司马遹肩头。可那单薄的身体却似乎连这区区落叶的重量都无法承受，下一刻，司马遹身子一晃，沿着墙根软软地倒了下去。

"殿下！山奴！"还不等潘岳回过神来，厢房檐下已经冲出一个人来，正是一旁默默守望的杨容姬。她将司马囧的头扶起来靠在自己怀中,转头焦急地朝潘岳叫道:"檀郎,快来帮我把他抬进房中!"

潘岳此刻见司马囧双目紧闭,满额都是滚落的冷汗,顿时心中一紧,只得跑到庭中,与李伯一起将司马囧抬入卧室榻上躺下。眼看杨容姬摸着司马囧的腕脉沉吟不语,潘岳忍不住问:"脉象如何?山奴究竟是何病症?"

"脉象端直而长,按之硬而发紧,如按琴弦,应该是弦脉。"杨容姬缓缓思索道,"一般而言,邪气滞肝,气郁不利,虚劳内伤,中气不足,都有可能导致弦脉。我记得山奴小时候身体康健,此时青春年少本不该有这种脉象。若说是因为他父亲之死而气郁致病,在王府中将养了这几年,也不该如此严重才对。这其中,必定有我们不知道的隐情……"

"气郁不利,虚劳内伤?"潘岳看着司马囧昏迷中已然紧皱的眉头,心下一沉——司马攸死后这四年间,自己与齐王府再无往来,邸报上也没有关于小齐王和齐国太妃的任何消息,就仿佛他们母子已经淹没在洛阳的芸芸众生之中。可是如今看来,在这几乎被人遗忘的四年里,司马囧和他的母亲贾荃孤儿寡母,势必经历了许多不为外人所知的艰辛苦楚。

这个十六岁的少年的心里藏着太多的秘密,并不像他表现出来的那样单纯。潘岳的心思转到这里,忽然想起一事:方才司马囧的言谈里,竟提及他知道秦王司马柬与自己的来往,难道他暗地里派人偷偷窥视自己的一举一动,甚至有可能,司马囧本人就曾在自己的家门口数次徘徊?

一念及此,潘岳不由重新审视起那张与司马攸酷似的少年脸庞。同样是十六岁的年纪,司马攸因为相救嵇康之事触怒了司马昭,最终丢掉了世子之位,从此被命运推向了深渊。那此刻十六岁的司马囧呢?他是否也会因为一时的意气用事,重蹈他父亲的覆辙?

似乎感受到了潘岳的注视,病榻上的少年微微睁开了眼睛。他先是
茫然地四下望了望,待看到站在身边的潘岳,脸上顿时露出了一丝喜
色:"檀……"

"殿下先别说话,喝点水吧。"杨容姬制止了司马遹,又瞟了潘岳一
眼,示意他过来帮忙扶起司马遹,让少年斜靠在软垫上。随后杨容姬亲
手端来一碗蜜水,用小勺轻轻搅了搅,递到司马遹面前。

"多谢杨婶婶,我自己来。"司马遹接过水碗,感受到薄薄的瓷碗外壁
传来的温热,让他先前被冻僵的心也微微有了活气。他端起碗呷了一口
蜜水,眼睛偷偷地瞥向潘岳,却正迎上潘岳若有所思的目光。两道目光
一碰,司马遹忽然有些心虚地垂下了眼睛。

"殿下能否告诉妾身,你所患的是何种疾病,日常里吃的都是什么
药?"杨容姬坐在榻边,仔细地观察着司马遹的气色,关切地询问。

"……"司马遹怔了怔,没有回答,只是犹自抱着那只瓷碗,不肯抬起
眼睛。

"殿下……"杨容姬还想追问,司马遹却赌气一般提高声音道,"潘郎
君说没有性命之忧就与他无关,那你们何必来管我得的是什么病?"

听到这样孩子气的回答,杨容姬苦笑一下,侧头去看潘岳。然而还
不待她开口,外面已经响起了一个高亢的声音:"潘郎君在家吗?我家杨
将军有要事,请潘郎君立刻过府商谈!"

一听这熟悉的口音和气势,潘岳立刻明了,当即转身就朝外走去。
然而还不待他迈出脚步,衣袖已猛地被人扯住,却是半靠在榻上的司马
遹猝然一扑,顷刻摔到地上:"哪个杨将军,是国丈杨骏吗?"

"臣有公事,还望殿下莫要阻拦。"潘岳不愿在杨家仆人面前暴露司
马遹的身份,压低了声音回答。

"公事? 他是车骑将军你是尚书度支郎,职位毫无相关,他有什么公
事需要你去他府中商量?"司马遹蓦地叫嚷出这句话,自己也觉失态,立

刻捂住自己的嘴深深埋下头去,含糊不清地哽咽道,"你可知道,就是这个杨骏、杨珧兄弟,仗着是天子新宠,在我父亲病重时屡屡到家中催逼我们上路,父亲他……可以说就是被杨家兄弟逼死的……"

"过去的事情,就不要再说了。"潘岳见司马囧掩面悲戚,趁机摆脱了他的阻拦,径直往外走去。

"潘郎君既然执意要去,就请让我先走一步,以免看到你同流合污的模样!"司马囧见自己说什么都是无用,心中悲愤抑郁之气无可发泄,索性在地上一撑站了起来。他几步抢在潘岳之前,推开站在大门前的杨家仆从,踉跄着朝延熹里的街道上奔跑而去。

"潘郎君,这是怎么说……"那杨骏派来的仆从不认识司马囧,只能揉了揉被司马囧撞疼的肩膀,讶异地抱怨。

"一个不相干的无知小辈,还请足下不要与他计较。潘岳代他赔罪了。"潘岳说完,回头望了望追至廊下满眼担忧的杨容姬,跟随杨家家仆出门去了。

第 三 章

迁　府

存亡永诀，逝者不追。

——潘岳

自从潘岳一番指点，教主簿朱振脱去杀人之罪后，国丈杨骏对潘岳顿时大加重视。这些日子来，但凡他向天子和朝廷提交的奏报文书，都要私下交给潘岳过目润色。而潘岳斐然的文才与对时政的洞见果然为这些奏报增色不少。杨骏因此屡屡被天子司马炎称赞，对他的信任倚重也渐渐有了追平两个弟弟杨珧、杨济之势。

弘农杨氏也算是世家名门。但自从东汉以来，特别是杨家最有才能的杨修被曹操所杀之后，杨家在朝中的势力便一蹶不振。直到杨家女儿杨艳、杨芷先后成为晋朝天子司马炎的皇后，沉寂数十年的杨家才有了重新兴盛的势头。作为皇后杨芷的亲生父亲、杨家掌事一辈中年纪最长的杨骏，不仅肩负着光耀杨氏门楣的重担，也暗暗立下超越弟弟杨珧和杨济的决心。

这种双重的野心，让杨骏主动充任天子司马炎的心腹爪牙，哪怕得罪宗室朝臣也在所不惜。这次他迫不及待将潘岳请到府中商议的，正是刚刚从天子那里揽来的一项棘手任务——请齐王司马冏母子搬家，将齐王府改作秦王府。

这原本不是什么大事，以小齐王司马冏冲幼之龄、赢弱之质，就算抬也把他母子抬了出去。可是齐王司马攸才死了不过数年，他昔年的声望清誉犹在。若是司马冏闹将起来，不仅杨骏办事不力，连天子司马炎的面子上也不好看。

见杨骏紧缩眉头，潘岳宽慰道："杨将军不必多虑。以齐献王恬退冲淡之风，就算他活着也势必愿意与秦王置换府邸，更何况他如今魂魄高居太庙之中与众位先帝为伴，又怎会斤斤计较于这种身后小事？"

"要是小齐王也这么想就好了。"杨骏稍稍松了一口气，国丈的架势顿时重新抖擞起来，"秦王是我的外孙，我这做外公的自然要为他将开府之事办好。若是有谁胆敢违抗圣旨，不论他是什么身份，本将军都会奏明天子，绝不姑息！"

"杨将军说得是。秦王乃是天子嫡子，日后有拱卫太子的重任，置换府邸这种大事，确需派遣得力之人加以筹措。"潘岳顺着杨骏的话头附和道。

"要说得力，谁又能比得过潘郎？不如就请潘郎亲自出马，去劝谏齐王母子搬家吧。"潘岳话音未落，外面已经响起了一个肆无忌惮的声音，随着脚步声步步逼近。

"见过杨将军。"潘岳心中暗暗一凛，面上却不动声色，只是站起身朝来人谦恭一揖。

此杨将军非彼杨将军，乃是杨骏的二弟卫将军杨珧。他上下打量了一番潘岳，见他没有异常的表情，便皮笑肉不笑地道："听闻潘郎曾与齐献王交好，想必与齐国太妃母子也是相熟的。所以这个重任，必定非潘郎莫属了！"

"二弟说得极是。不知安仁意下如何？"杨骏得了杨珧的提醒，顿时也殷切地望向了潘岳。

"既然两位杨将军都信任下官，潘岳敢不从命？"潘岳知道自己此刻毫无退路，索性含笑点头。

"既如此，那就请潘郎即刻前往齐王府吧。"杨珧的眼睛紧紧盯着潘岳，仿佛一条在猎物面前伺机而动的毒蛇，"我已经调集了三百禁军，会一路护送潘郎。若有意外之事，他们自可帮潘郎应对。"

他刻意将"意外之事"这四个字加重了语气，想要观察潘岳的反应。可惜潘岳似乎并没有听出杨珧的深意，只是如常地向杨骏、杨珧拜别，果真出了杨府，与那三百禁军一起朝寿丘里的齐王府而去。

"二弟，为何如此匆忙将潘岳遣去齐王府，可发生了什么事吗？"杨骏一向将潘岳视为自己的手下，对杨珧的颐指气使有些不满。

"无论有没有事，都应该让他去走这一遭。"杨珧阴鸷的目光落在潘岳身影消失之处，拈着稀疏的胡须冷笑道，"这个潘岳以前是齐献王司马攸的心腹，大哥就算要用他，还是保持些警惕为好。你别忘了，齐献王最后是怎么死的。"

"所以你故意差遣潘岳去逼小齐王母子搬走，其实是想试探于他？"杨骏看着弟弟那高深莫测的表情，想起多年来他就是这样傲慢地将自己踩在脚下，不禁心中不服，"司马攸死了好几年了，若非我将潘岳召回京来，谁知道他会老死在什么穷乡僻壤里？潘岳是个聪明人，小齐王现在无权无势，能不能活到成年都未可知。他背叛我去投靠司马冏那小儿，又有什么好处？"

"大哥说得确实有道理。可方才我碰见去召唤潘岳的家仆，听他说在潘岳家里见到一个可疑的少年，虽然不知身份，也听不清与潘岳说了些什么，但神气中对我们杨家可是不满得很呢。"杨珧说到这里，见杨骏果然变了脸色，便点到为止，没有再说下去。

就在杨氏兄弟议论之时，潘岳已经随着三百禁军离开杨府，骑马直奔齐王府而去。周遭的街道越来越熟悉，潘岳握着缰绳的手也渐渐收紧——自从四年前在那面宽阔的朱漆大门前吃了闭门羹之后，他再也没有来过位于寿丘里的齐王府。当初府前车水马龙的热闹景象已经一去不复返，如今大门外青石板铺就的空地上，只零星地撒落着几片早凋的落叶。所谓门可罗雀，便是这番寂寥境地了。

不过今天没有路人敢于从齐王府前借道而过，却并非因为列队而来的三百禁军。早在披甲执锐的禁军队伍走到街口之前，骑马领队的潘岳就看见齐王府的正门诡异地大大敞开，一个高大的人影默默伫立在大门正中，不言不动，仿佛海边一块等待浪潮扑打的礁石。

随着马蹄不断向齐王府踏近，那个人在潘岳眼中的形象也越来越清晰：他是个十八九岁的少年，身材挺拔，肤色白皙，有一张比中原人轮廓稍深的面庞。少年头戴远游冠，身穿朱砂色大袖外袍，衬以绛纱，缀以黑缘，越发显出领口一袭素绫中衣雪白无瑕。除了正式的宗室藩王冠服，少年身上佩玉垂组，革带黑舄，腰间还悬着一把白玉为柄的七尺长剑。这样隆重庄严的装扮，无疑为少年增添了不可言说的高贵与威势。虽然他只是势单力薄地一个人站在大门处，领头的禁军将领却不自觉地缓下了脚步，随着潘岳轻轻抬手，三百人齐齐在距离齐王府大门十丈开外处停止下来。

少年冷冽的目光在禁军乌压压的阵型上扫过，随即如同利箭一般钉在了领队的潘岳身上。他看见潘岳不慌不忙地下了马，从容优雅地朝自己走过来，就仿佛多年以前，这个人如同春风一样拂面而来，姿容高妙，风度绝伦，让倚门偷窥的小小孩童满怀孺慕叹羡。可是现在——少年蓦地一咬牙，伸手握住了身侧的白玉剑柄，迎着潘岳的眼睛冷冷道："敢问潘郎君前来，有何贵干？"

"臣潘岳，见过东莱王殿下。"认出少年乃是司马攸的长子司马蕤，潘岳微笑着走上台阶，躬身一礼。等他站起身时，发现司马蕤的眼睛正不自觉地瞥向自己头顶，这才恍然惊觉：时光荏苒，当年只到自己肩膀的海奴已经和自己一般高了。

潘岳身材颀长，留在司马蕤孩提时代的记忆中，永远是天人上界一般高不可攀。如今当他骤然发觉他们之间已经没有了身高的差距，心中对潘岳残留的那点依恋眷顾也就随之消失无踪，当下冷笑一声，轻蔑地道:"潘郎君为何不回答本王的问题？"

"启禀殿下,臣此番前来,是奉旨请齐王更换府邸的。"潘岳恭谨地回答,"还请东莱王殿下行个方便,臣好进府面见齐王。"

"别人要进府面见齐王可以,可是你偏偏不行。"司马蕤朝着潘岳踏近一步,面上含笑,眼中却冷芒闪烁,"檀奴叔叔,我以前只知道你文才出众,却不料这为虎作伥的本事,叔叔也拿手得很啊。"

"臣此番前来,要见的是齐王府主人。东莱王殿下早已被过继出府,与齐王府并无干系,不知有何资格阻止臣面见齐王？"潘岳不想再与司马蕤纠缠下去,一面肃声回应,一面朝着齐王府大门靠近。

"你大胆！"司马蕤见潘岳浑不将自己放在眼中,一张白皙面孔顿时憋得通红。他抢步拦在潘岳身前,握住剑柄的手猛地一抖,立刻就要拔剑而出。

"东莱王！"潘岳转头看着司马蕤怒发冲冠的模样,才知道被父亲司马攸出继乃是司马蕤一生最大的隐痛,情急之下喝道,"此剑若是出鞘,只怕东莱王难担抗旨之罪！你与齐王府早已无瓜葛,何必要强为他们出头？"说着,他不再看向司马蕤,目光越过少年藩王的肩头望进齐王府中,见几个仆人正躲在门后偷窥情形,顿时高声叫道,"烦请速速禀告齐王,臣潘岳奉旨而来,请齐王务必拨冗一见！"

"禀告潘郎君,我家齐王殿下卧病多日,实在难以起身见客。还望潘郎君多多体谅,改日再来吧。"大概联想到当日司马攸被逼离京时的情形,一个管家模样的人凄凄哀哀地回答,而其他仆从则跪在地上,抬起袖子用力擦着眼睛。

潘岳认见他们大多是侍奉过司马攸的老家人,不可能认不出自己的身份,索性也不掩饰自己对齐王府的熟悉:"既然齐王殿下患病,那这府中做主的便是齐王太妃。袁伯,烦请你向太妃禀报,就说尚书度支郎潘岳奉旨前来拜见！"

"放肆!"司马蕤早已不满潘岳隐藏在谦恭之下的倨傲,忍不住怒道,"太妃是何等尊贵的身份,你一个外臣,有什么资格见她?"

"殿下既然知道太妃身份尊贵,那么是否接见微臣,自然也由太妃做主。"潘岳的回答针锋相对,偏又语气恭敬,有理有据,噎得司马蕤一时作声不得。眼看少年藩王一双大而清亮的眼睛被自己气得发红,潘岳只装未见,随手解下腰间所悬的一个香囊,交给熟识的齐王府仆人袁伯:"烦请将此物转呈太妃,她看了之后自然会做出决定。"

袁伯双手接过香囊,有些犹疑地望了望司马蕤,最终点点头,快步去了。

老仆一去,齐王府大门处的气氛顿时僵冷下来。三百禁军固然只是在原地列队听候命令,潘岳也气定神闲地站在门外不发一言,似乎对事情的后续发展胸有成竹。东莱王司马蕤虽然疑惑潘岳那个随手解下的香囊中藏着什么玄机,却不便开口询问,只能用手指死死握住白玉剑柄,感觉到冰凉的玉石已被自己握得发烫,上面雕刻的花纹更是深深地烙进了自己的手心中。

四周的空气一片静谧,只有远处鸟雀的鸣叫若有若无地传来,司马蕤甚至可以听到自己转动脖颈时颈骨发出的咯咯声。等到脖颈的转动停止,他才蓦然发现自己的目光再次正对着潘岳的方向,而潘岳的嘴角噙着一丝疏淡的微笑,视线却落在齐王府大门的诸多铜铸门钉之上,似乎在好奇地默数着那些铜钉的数目。被忽视的感觉再度从司马蕤的心中升起,仿佛火舌一般舔得他喉咙发干眼角发涩——是的,从来都是这样,无论他是垂髫孩童还是行将弱冠,无论他是不得宠的王府庶子还是衣冠隆重的宗室藩王,那个人都从来没有正视过自己。哪怕刚才自己气峙山岳剑拔弩张,在那个人看来,只怕依然是虚张声势的幼稚把戏,只能博得他心底的哂笑而已。那个人清澈如镜的眼中,永远只能映照出父亲、嫡母和山奴的身影,而永远没有那个躲在角落里卑微仰望的大公子海奴。

"太妃有命,请潘郎君入内觐见!"终于,袁伯气喘吁吁的通报打破了尴尬的沉闷,让冰冻一般的空气再度流动起来。潘岳接过袁伯还回来的香囊重新系在腰间,朝依旧木雕一般杵在大门正中的司马蕤拱一拱手,微笑道:"烦请殿下挪步。"

看着那张熟悉的脸上志得意满的笑容,司马蕤只觉得心中如被针刺,身子禁不住微微一晃。等到潘岳再度重复了一遍请求,司马蕤抬眼看着几个紧跟到潘岳身后的禁军,终于慢慢地侧开身子,放他们进入齐王府中。

潘岳知道杨珧之所以要自己率领禁军前来,一方面是增加对齐王府的威压,另一方面则是对自己的监视。因此他也不顾司马蕤脸上一副鄙夷自己狐假虎威的神色,带着几个禁军径直走入了内宅。

这齐王府潘岳以前来过多次,一楼一台、一廊一桥俱熟稔于心。他一步步走得缓慢,想起八年前自己最后一次来到这里,却是被司马攸责以祸累羊太后身死,让自己离开洛阳,从此不许再踏入齐王府一步。如今他终于再度回到了这个地方,却早已时过境迁,物是人非。就连那个难得对自己疾言厉色之人也化为烟尘,再也不会重现。

心中刚掠过"物是人非"这四个字,潘岳就觉得有哪里不对劲。他不着痕迹地望了望四周的景致,发现房屋布局并无丝毫变化,远处的一泓碧池也依然波光粼粼。可是究竟是哪里不一样了,竟让原本富丽堂皇的齐王府失去了生气,就仿佛随着前主人的去世,变成了一座压抑死寂的陵墓。

眼前渐渐出现了熟悉的垂花拱门。潘岳记得,十六年前,自己正是拂开门上垂落的蔷薇花枝,看见司马攸抱着刚出世的山奴站在门后廊下,手忙脚乱地叫自己帮忙对付哇哇大哭的婴儿。对了,蔷薇花枝……潘岳的眼眸猛地一缩,此刻那粉白的女墙之上,已经再也没有了娇艳怒放的蔷薇花,取而代之的是墙边一株矮小的翠柏,显然栽种不过两三年而已。骤然之间,仿佛笼罩在头顶的荫翳被灵光刺破,潘岳恍然明白了齐王府的改变——以前府中所种植的各种五彩花卉已经全部铲除,无论廊下还是园中,通通替换成了颜色苍郁的松柏。此刻秋风送爽,原本正是各色菊花争奇斗艳之时,偏偏偌大的王府中不见半点喜庆鲜艳,目光所及之处,只有一片暗淡翠色,漠漠如伤心之人枯寂的眼睛。

"太妃请潘郎君入内叙话。"廊下侍女的声音惊回了潘岳的心神,他赶紧整肃仪容,缓步走入房中。跟在他身后寸步不离的几个禁军,则分立在正房之外,将房内的一切动静观察得清清楚楚。

"臣尚书度支郎潘岳,见过齐国太妃。"潘岳按照礼制,不敢直视端坐在主位上的女子,低垂眼睑下拜行礼。随即他听到了一声含糊的嘟囔,正不辨其意,一旁的侍女已经代为传话:"太妃请潘郎君起身。"

"谢太妃。"潘岳一丝不苟地谢了,这才抬起头,看清了和自己说话的女人模样,不禁微微一怔。自从在青州道上驿馆一别,时间只过去了四年,可此刻贾荃的面貌,却仿佛一夕间老去了十岁不止,眼角细碎密集的皱纹尽显苍老憔悴。她原本一向爱好华服美饰,此刻却只穿了一件毫无修饰的素白衣裙,头上也没有什么插戴。若非潘岳知道司马攸的三年丧期已过,还会以为贾荃依旧在为丈夫服丧。

贾荃似乎并没有在意潘岳的错愕,目光缓缓扫过门外侍立的禁军。似乎是印证了多年来染有疯疾的传言,贾荃的眼神仿佛一只失偶的孤狼,警惕,疑惧,却又含着随时会爆发的暴戾,让潘岳的心不由提了起来。

好在贾荃很快就收回了目光,只是眯起眼睛,细细打量潘岳。她似乎已经不太认得潘岳的模样,想了半天才终于嘶哑着声音问:"你们来干什么?"

"臣特来向太妃请安。"潘岳恭敬地回答。

"骗人!"贾荃蓦地柳眉倒竖,提高了嗓音,"我听山奴说过了,你们想要逼我们搬家,对不对?

"'逼'字臣不敢当,不过是奉旨前来问询太妃,搬迁是否有不便之处? 若是府上人手不足,臣所带禁军三百人,尽可供王府差遣。"潘岳垂目回答。他知道自己所说的虚伪,也知道贾荃并不会相信。但贾荃既然已经放自己入内,想必不会像挡在门口的司马蕤一样,徒劳地做出负隅之抗。

"原来你们是来帮我们的。"贾荃乖戾地笑了笑,僵硬地伸出一只枯槁的手去拿身边的茶盏,手指却颤抖得厉害,顿时将那青瓷茶盏碰翻,茶水顺着紫檀木的几案滴滴答答地流了一地。眼看侍女们手忙脚乱地过来收拾,贾荃直勾勾地盯着簟席上的水渍发了一阵呆,突兀地抬起头来对潘岳道:"搬家是大事,闹不好是会触犯神灵的! 你赶紧给我找个术士来占卜吉凶,否则我才不敢搬! "

听到这番出人意料的话,潘岳蓦地抬起眼,和贾荃略显呆滞的眼神一触即分,随即拱手笑道:"臣不才,自幼也曾研习过易理,不如臣现在就为太妃占卜一卦如何? "

"你会占卜? "贾荃一双眼睛狐疑地在潘岳身上扫了几扫,终于微微抬了一下左手,顿时有侍女取来卜筮所用的蓍草,放在潘岳座前的小几上。

潘岳默数了一下几上蓍草正好是五十根,便除去一根以为太极,左右手分别持起余下的四十九根蓍草,从右手抽出一根夹在左手小指之中。然后他右手拈动,开始分数左手中的蓍草,并以笔墨记录下来。如此几番反复,先算卦象,再观爻变。潘岳终于将满把蓍草扔回几面上,抬头对贾荃道:"启禀太妃,臣占卜所得,乃是泰卦第三爻。"

见贾荃面露不解,潘岳对一旁的侍女道:"麻烦去查一下卦书,将泰卦第三爻的爻辞抄给太妃。"那侍女望了一眼贾荃,见她没有反对,不多时便找人抄来了爻辞,却是"九三:无平不陂,无往不复;艰贞无咎,勿悔恤其孚,于食有福。"

见贾荃皱眉似乎不解其意,潘岳直起身微微一笑:"臣斗胆为太妃解说一下。这句爻辞的意思是没有只是平地而没有陡坡的,没有只出去而不回来的。处在艰难境地中坚守正道就没有灾害。不要怕不能取信于人,安心享用自己的俸禄便会得到福分。"

"无平不陂,无往不复,没有只出去而不回来的……"贾荃心里默默地回味了一遍这几句话,一直紧绷的脸终于露出了一丝松动,"既然神明有所指示,我们就搬吧。"

"多谢太妃成全。"潘岳面露喜色,向贾荃再拜,又补充道,"臣记得昔日齐王有长史名温裕,为人精干。太妃可传他负责打理迁府事宜,必定事半功倍。"

"自从齐献王去世后,温裕就不在齐王府了。"贾荃漠然回答。

"既然如此,臣就斗胆命人协助王府仆从整理行囊。"潘岳说到这里,正要转身出门,身后忽然传来一阵杂沓的脚步声,接着便是重物坠地的声音:"娘,你怎么能就这样答应搬出去? 这里是我们的家,这里的一草一木都是爹爹当初留下来的啊……"

"山奴,你不好好养病,跑出来做什么?"贾荃不料儿子司马冏竟从病榻上赶了过来,使劲一拉他跪砸在地上的身子,触手却纹丝不动,不禁气恨骂道,"什么一草一木,你没看当初那些花木都让我派人铲尽了吗? 草木既然可改,换个府邸又有什么?"

听到他们母子的对话,潘岳忍不住回头一望,正看见司马冏伏在贾荃膝上,抬起一张病态苍白的脸直勾勾地看着自己。少年的眼中蓄满了泪水,充盈着难以置信的震惊和绝望——他不能相信,正是这位他刚刚还冒险求助的檀奴叔叔,转眼已经带着披甲执锐的士兵,亲自上门来要将自己母子赶出家门。眼前这一幕,岂不正是当年杨骏、杨珧兄弟带人逼迫父亲带病上路的重演? 不,此刻的这一幕,因为面前这个人颠倒的角色,因为自己的愚蠢和幼稚,其实比当年更加残酷,也更加荒谬。

尽管心中硬如铁石,潘岳还是不禁被司马冏的目光刺得避开了眼睛。"臣潘岳见过齐王殿下。"他顺势低下头,朝司马冏拱了拱手,算是尽到礼数,"既然太妃已经答应搬走,齐王殿下于忠于孝,都没有反对的理由。请殿下命人即刻收拾清点,秦王那边,可是一直在等着搬进来呢。"

潘岳的语气虽然谦恭,道理上却咄咄逼人,噎得司马冏气息一室,眼前一黑,只能看着潘岳逆光而立的身影簌簌发抖。见齐王母子无话可说,潘岳淡淡一笑,就要转身而出,迎面却见东莱王司马蕤快步踏上台阶,将他堵在了门内。

"潘郎君急什么?秦王早搬进来一天,也未必会给潘郎君加官晋爵。"司马蕤口中讥讽的虽然是潘岳,眼神却直直落在仍旧伏在贾荃膝上的司马冏身上,半是怜悯半是鄙夷地道,"此刻这齐王府的主人还是齐王本人。就算天子已经下诏,臣下依然可以上书劝谏,请天子收回成命。若是齐王自己不敢,便由本王代为上书如何?"

"大哥,你……"司马冏听出了司马蕤的讥嘲,顿时面红耳赤,嗫嚅着不知该如何应答。然而就在他的窝囊模样让司马蕤越发鄙视之际,一直端坐不动的贾荃却猛地将膝上的司马冏一掀,站起身朝司马蕤走了几步,冷笑道:"你的意思,就算我是齐王的亲娘,也做不得这王府的主?"

"臣不是那个意思。"贾荃毕竟曾经是司马蕤的嫡母。虽然出继之后司马蕤不再与她母子相称,也不便与她当面争执,只好缓下口气道,"臣的意思是说,太妃染病多年,宜加静养,不该为这些事情劳神……"

司马蕤的话还未说完,就听"啪"的一声,贾荃已经一记耳光重重地打在了他的脸颊上。"你是什么东西?也敢当着众人说我疯了不该管事!"贾荃的眼中满是疯狂的戾气,指着被打蒙了的司马蕤骂道,"你与齐王府早已没有瓜葛,今天跑上门来,是专门来害我们母子的吧?别以为你撺掇山奴抗旨不遵被天子怪罪,你就可以夺了这个齐王的位子去!告诉你,你这辈子就是个区区封邑五千户的东莱王,永远别想压过山奴的头上去!"

"不,我不是这个意思!"司马繇被贾荃尖刻恶毒的指责激红了眼睛,捂着被打得发烫的脸颊叫道,"这里是我小时候住过的地方,至今我娘的旧居还是原本的模样。你们若是搬了出去,我今后还上哪里去缅怀我娘?"

以前的侧王妃胡姬向司马攸投毒失败,自缢身死。这件事作为齐王府中的隐秘,被司马攸强压下来,因此外间并无人知晓。此刻贾荃听司马繇提到旧事,不禁心头怒火更盛,狂躁地尖声叫道:"来人,把东莱王给我赶出去,以后都不许让他进府!还有那贱人以前住过的院子,立刻派人过去,把里面的东西都给我砸了,一件都不许留!"

"母亲息怒!"在一旁呆了半晌的司马冏终于看不过去,踉踉跄跄地扑过来,拉住了贾荃的胳膊。"大哥,你还是先走吧……"他急切地望着司马繇,嘴唇颤抖着几乎说不出话,"至于侧王妃的遗物,我会……"

"你会干什么?我早说过了,一件都不许留!"贾荃似乎明白了司马冏要说什么,怒不可遏,用力挣扎着想要摆脱儿子的阻拦。

司马繇知道贾荃发作起来便不可理喻,握在身侧的拳头紧了又紧,终于"哼"了一声,重重地一拂袍袖,大步往外走去,很快就在苍松翠柏间消失了踪影。

司马繇的动作粗鲁,转身间厚重的礼服大袖便顺势抽在了一旁潘岳的身上,挑衅意味十足。然而潘岳似乎没有在意东莱王无礼的行为,只是淡淡地朝几个候在廊下的禁军吩咐了一声:"传令下去,帮齐王迁府。"

耳中贾荃的叫骂和司马冏的哀劝渐渐远去,直到再也听不到了,潘岳才放慢脚步,缓缓吐出憋闷在胸腔深处的那口气。妻子疯癫,长子暴躁,次子羸弱,齐献王司马攸留下的这些家人,难怪天子司马炎可以放心地将他们搓扁揉圆了。桃花杳去，流水无情，这座被松柏萦绕得如同陵墓一般的齐王府，注定在死寂中走向衰落。只不知能否如方才蓍草显示的卦象一样，无平不陂，无往不复。他们母子被驱逐出这里之后，还有再搬回来的一天吗？

取得齐王府同意迁府的承诺后，潘岳没有多加停留，再度前往车骑将军府向杨骏、杨珧复命。等到他应付完杨氏兄弟的盘诘终于可以回家时，已是夕阳西下，从巷陌间穿来的微风携着地上的枯叶，在他脚下卷起阵阵寒意。

家中正房里空荡荡的，听仆人说秦王妃请了杨容姬前去看诊，尚未归来。潘岳点了点头，随口吩咐一声晚饭等夫人回来再吃，便疲惫地坐在簟席上，手肘撑着身边的凭几，伸手揉按着突突跳痛的太阳穴。

窗外红光满天，竟是难得一见的火烧云，将洛阳一半的天空染得血一般殷红刺目。潘岳只朝天边望了一眼，就承受不住一般闭上了双目，然而眼前的黑暗中依然有一片鲜红缓缓漫溢，挥之不去，无声却又顽固。

门外忽然有一道人影闪过，让潘岳蓦地抬起了头。他定睛去捕捉那记忆中熟悉的身影，门外却似乎什么都没有，甚至连一点声响都不曾发出。

不对，自己刚才明明看见了的！潘岳猛地一推凭几站了起来，连鞋子都顾不得穿，三步并作两步冲出房门，眼中所见却只是邻居家越墙而过的那株杏树，残剩的黄叶在夕阳的映照下发出点点亮光。他茫然地看了一会儿，又转头望向门廊的尽头，猛可里看见一个人站在那里，一言不发地望着自己。

"桃符，是你吗？"潘岳失声唤了出来，朝那人走近了一步。

那人没有回答，只是随着潘岳的靠近不着痕迹地向后退去。他一双眼睛一直瞬也不瞬地看着潘岳，似乎有千言万语，又似乎不屑于再吐出一个字。

潘岳又走上两步，却绝望地发现他与那个人的距离始终无法拉近。"桃符，我今天逼你的家人搬出齐王府，所以你来责怪我了吗？"潘岳只觉得心中刺痛，喉口一紧几乎无法出声，"对不起，可是我必须这样做……"

那个人默默地看着潘岳痛苦的表情，没有什么反应，站了一会儿，终于向着围墙那一头飘然而去。一阵风过，吹起他淡如云烟一般的衣衫，就连那几不可闻的叹息，也如烟雾一般消散无踪。

"桃符，别走，等等我！"潘岳见他渐行渐远，心头大急，快步奔上去想要拉住他。然而走廊的尽头便是院墙，那人烟雾般的身体固然可以穿墙而过，潘岳触手所及的却只是一片冷硬冰凉。眼看那人直要融化进天边那片血一般刺目的火烧云中，潘岳忍不住拍打着墙面，绝望地大呼起来："桃符，桃符……"

"檀郎，檀郎！"耳畔忽然传来一个声音，由远而近，让潘岳猛地一颤，睁开了眼睛，才发现自己不知什么时候已经伏倒在凭几上，手掌还死死地按压着冷硬冰凉的木质几面。

"今天累着了吧？居然就这样睡了，小心受凉。"耳畔杨容姬温柔的声音再度响起，让潘岳终于回过神来，撑起身子朝她笑道，"你回来了？累不累？"

"我只是去秦王妃那里坐了一会儿，哪里就累了？"杨容姬怜惜地拂开潘岳面颊上一丝散落的头发，端详了丈夫一会儿，声音低沉下来，"倒是你，今天辛苦了……"

"你知道我今天做了什么？"潘岳奇怪地问。

杨容姬缓缓点了点头，望向潘岳的目光越发有些心疼："你去齐王府让他们给秦王挪地方，秦王府自然都知道了……"

"嗯。"潘岳应了一声，没有再说什么，暗中却明白定是有人讥嘲自己为了巴结圣眷正隆的秦王,居然不顾廉耻欺凌旧主齐王的家眷。对于这种议论,他以为自己早已做好了心理准备,却不料如今杨容姬只是略略暗示,他仍然觉得手足发冷,指尖发麻,下意识地攥紧了拳头。

"对了,阿容,你暗中帮我去联系一个人。"潘岳忽然道,"以前齐王府的长史温裕,你也认得的。你见到他后,悄悄帮我传一封书信。"说着,他抖擞精神,铺纸拈笔,顿时写了满满数页。

"你要他……檀郎,此事若是被发现,你们都是一个'死'字!"杨容姬看着潘岳写下的文字,陡然心惊,"万一温裕他……"

"温裕为人忠直,当年在驿馆为桃符处理后事时,便与我有程婴、杵臼之约。这几年来我们暗中也有不少联系,他不会出卖我的。"潘岳将信纸折好交给杨容姬,宽慰地笑了笑,"我搭上杨骏这条船回到洛阳,目的为何,你不是最清楚吗?"

"为了保护赵氏孤儿,程婴、杵臼只有早死晚死的区别而已。你究竟要当程婴,还是杵臼?"杨容姬瞪圆了眼睛问。

"这个比喻不当,夫人教训得是。"潘岳连忙做出请罪的样子,赔笑道,"不过夫人大可放心,你夫君聪明得很,怎么可能计划刚刚开始就死于非命呢?等温裕看过这封信,你一定要叮嘱他将信烧掉。"

杨容姬的眼眸黯了黯,终于点了点头,将那封给温裕的信收好。她从书案上拿来一张帖子,递到潘岳面前:"对了,这是石崇今天派人送来的请帖,邀你去他家赴宴的。你自己看吧。"

"怎么又是他?"潘岳拿过帖子来随意瞄了一眼,便随手往身边一扔,冷笑道,"我不是已经回绝过多次了吗,怎么他还是不死心?"

"毕竟也是十多年的老朋友了,你就去一次又何妨?"杨容姬嗔道,"这次他派人说了,这宴会原本就是为你而设……"

"什么叫为我而设?谁不知他每次宴请宾客,都是为了炫耀家财。"潘岳烦躁地将杨容姬的话堵回去,"他爱炫富我管不着,可要拉我围观,却恕我没有兴趣奉陪！"

"我知道你看不惯他，可也不该将他得罪了。"杨容姬怜惜地抚了抚潘岳跳动的额角，待他将今日积累的愤懑倾泻尽了，才压低声音劝道，"再说，如今石崇官拜散骑常侍，深得天子器重，将来说不定于你也有帮助……"

"我明白的，容我想想吧。"潘岳发泄了几句，心态渐渐恢复了平静。他知道杨容姬说得有理，如今自己的处境，自然是多一个朋友也是好的。然而如今的石崇，早已不是当年鲁莽任性的少年游侠，也不再是官微言轻的修武县令。十余年的时间，对潘岳是地狱般的烈火；对石崇，却是一派扬扬得意的春风。

由于善于贿赂巴结权贵，石崇早在潘岳初次离京担任安阳县令时，就已被升任为城阳太守。后来晋朝大举兴兵伐吴，石崇抓住机会积极参与，灭吴后果然被封为安阳乡侯。就是在这次灭吴战争中，石崇率领从修武县带出来的那群心腹武士，大肆搜罗吴国宗亲权贵之家的财宝。加上他以前当地方官时常常劫掠客商，回到洛阳时已是家资巨富，无人可及。

当时世风奢侈，宗亲贵族之间争相炫富，尤以天子司马炎的舅父王恺为最。石崇从外地进京，难免被洛阳权贵看低，因此石崇便盯住国舅王恺斗富，果然收到了奇效。

听说王恺家用糖水洗锅，石崇便命人用蜡烛当柴烧。要知晋朝时蜡烛都是用蜂蜡制成，价格高昂，普通人家根本承受不起。因此石崇的奢侈举动一鸣惊人，顿时吸引了整个洛阳的注意。以前的洛阳首富王恺自然不服气，上巳节里沿着洛水北岸架设起四十里的紫丝步幛。却不料石崇早已探得消息，故意在洛水南岸架设起五十里的锦缎步幛，再度生生压了王恺一头，引发了上巳节游春人群的轰动。王恺大失颜面，跑到外甥司马炎面前抱怨。司马炎为了帮舅父扳回胜局，索性从宫中府库里搜罗出一株高达二尺的珊瑚树，特地赏赐给王恺。王恺得了这株稀世奇珍，得意扬扬地请石崇过府来观赏。不料石崇只看了一眼，便取过一柄铁如意，将那株珊瑚击碎。眼看王恺气得七窍生烟，石崇则不慌不忙地笑道："这不值得恼怒，我现在赔给你就是。"于是一声令下，仆人们顿时从石崇府内搬来了十几株珊瑚树，有的高达三尺四尺，与原先王恺那株类似的更是数不胜数。于是这场旷日持久的王恺、石崇斗富大赛，最终以石崇完胜而告终。石崇富可敌国的名声，顿时光耀天下，如日中天。

众人艳羡之余，自然也好奇石崇如何白手起家，挣出这泼天一般的富贵，然而石崇却始终讳莫如深。潘岳熟知石崇底细，更是在修武县亲历过石崇豢养盗贼、杀人越货的勾当，因此对石崇的豪奢高调不仅不羡慕，还多了几分憎恶，回京之后面对石崇的多次邀请也屡屡借故推脱。然而更让他绝望的是，石崇这样肆无忌惮暴殄天物的做法，洛阳的权贵们不仅不谴责，还纷纷效仿，就连天子司马炎也参与其中，丝毫不以奢靡浪费为非。

"都邑之内，游食滋多，巧伎末业，服饰奢丽，富人兼美，犹有魏之遗弊，染化日浅，靡财害谷，动复万计。宜申明旧法，必禁绝之……"司马攸当年所书《节省议》又在潘岳耳边回响。然而司马攸却不知道，他死后数年之间，洛阳城中的铺张奢靡之风愈演愈烈，再也无人可以遏制。

虽然对石崇的所作所为大不以为然，但潘岳终究还是听从了杨容姬的规劝，同意前往石崇的府邸赴宴。

数年前，潘岳也曾到性喜豪奢的驸马王济家中赴宴，那一条用簇新铜钱铺就的炫人眼目的"金沟"，至今还让他记忆犹新。因此对于石崇府邸的奢靡景象，潘岳一早便有了准备。

然而当他踏入石府，被仆人引到举行酒宴的大厅时，所见也并不比当初王济家更为夺目。沉香木、夜明珠、鲛绡帐、水晶盘，这些上天入地才能搜罗来的奇珍异宝，由于近年来洛阳权贵们奢侈之风的兴盛，已经成了所有巨富之家的标配，并不能再为石崇天下首富的身份增加分量了。

"哎呀安仁，你终于肯赏光了！"听说潘岳到来，主人石崇连鞋子都顾不得穿好，便风风火火地迎了出来。近十年未见，石崇的身材已经有些发福，不再像年少时那样矫健轻捷，脸上也多了几分志得意满和油滑世故。他亲热地拉起潘岳的胳膊往里走，脸上的笑容却在触及潘岳鬓边的白发时略略一僵，过了一会儿才感叹道："我原本还想说安仁你风采依旧，不料也鬓生二毛了啊。"

"我这些年来僻居乡野，沉沦下僚，自然比不上你春风得意、心宽体胖。"潘岳笑着回应。

"胖是胖了，心却宽不了，这不还在为你操心吗？"石崇见潘岳面露疑惑，不禁拉着他加快了脚步，意气风发地道，"你且看看，我今天还请了谁来？"

此刻宽阔的宴厅之中，已经到了不少客人，都是洛阳城中的官吏名士，有潘岳认得的，也有不认得的，少不得一一见礼。由于多年来潘岳的美名才名太盛，有些没有见过他的客人便面露好奇惊叹之色，情不自禁细细打量。好在潘岳从小已经习惯了这种场面，倒也举止自若，不以为意。

等到围在身边的人渐渐散开，石崇放眼一望，忽然大笑道："原来殿下躲在这里，怪不得方才一直不见。"说着，拉了潘岳就要上前见礼。

潘岳随着石崇走了两步，却见一张玉石雕琢的食案之后，半卧着一个身穿朱红宽衫的年轻人。他的头枕在一个美貌侍女的膝盖上，一只手紧握着美女的纤纤玉指，另一只手则举着一只鎏金镶宝的凤头酒壶，不时地就着壶嘴喝上一口。眼见石崇潘岳到来，他也不起身，只是乜斜着因为酒色过度而发红的眼睛，满脸都是桀骜不羁之色。

这等放浪形骸的名士作风，在当时宴会上早已见惯不怪，然而还是让潘岳心中一沉。因为他已经认出来，这个年轻人不是别人，正是司马攸的长子——东莱王司马蕤。

"宴席还没开始，怎么殿下就喝醉了？"石崇也看出了司马蕤满脸的乖戾，赶紧打个哈哈笑道，"待会儿正宴开始，殿下可要和安仁多亲近亲近。就算以前有什么误会，一起喝喝酒乐和乐和，笑一笑也就过去了——安仁，你说是不是？"石崇一边说，一边别有深意地看向潘岳。

怪不得石崇说这番宴会是为自己而设，却原来是想让自己与东莱王重归于好……潘岳刹那间明白了石崇的心思，不禁有些感激，又有些无奈。虽然在齐王府与司马蕤不欢而散，甚至已经结下了仇怨，但海奴毕竟是自己从小看大的孩子，以前自己也曾手把手教他们兄弟读书习字，如今看他沉溺酒色颓废消沉，潘岳仍不免有些心疼，当即躬身拱手道："臣潘岳见过东莱王殿下。"

潘岳既已先行见礼，按理司马蕤也应该起身还礼才是。然而司马蕤只是一动不动地躺在美人膝上，满布血丝的眼睛定定地看着潘岳，嘴角渐渐露出一个恶毒的笑意。就在石崇提心吊胆琢磨着怎么打圆场的时候，司马蕤忽然猛地侧过头，"哇"的一声吐了侍酒美人一身的秽物。

在别人施礼的时候呕吐是极其失礼的事情，但石崇还是庆幸司马蕤没有来得及说出更加失礼的话。他偷觑了潘岳一眼，见他已经直起了身子，玉石雕琢一般的脸上也没有特别的神色，不由暗暗放了心，赶紧大声呼喝仆人端水来给东莱王漱口净面。

见其他客人们听到声响，纷纷朝这边望来，石崇急中生智，对众人笑道："东莱王喝多了，不过却正好给了我一个向大家卖弄的机会呢。"

"哦，石侍郎是不是又有什么宝贝给我等开眼啊？"似乎早已熟悉了石崇炫富的套路，当下一个客人好奇地问。

石崇微微一笑，转身命令刚才被司马蕤吐了一身的侍酒美人将衣裙脱下。那美人不敢违抗，小心地将身上原本淡红色的外裙解开，只着中衣隐入帘后。石崇则命人将那件被污物沾染的衣裙拿到院中,在铁丝上展开挂起,点火焚烧起来。

在众人惊异的目光中,那条展开的衣裙在火焰中簌簌抖动,不仅没有化为灰烬,颜色反倒越发鲜洁亮丽。等到一盏茶的工夫后,火焰熄灭,石家的仆人拿起那条衣裙一抖,顿时又引发围观的客人们一阵惊叹——裙上的酒水秽物早已无迹可寻,整条衣裙簌然如新,似乎才用剪刀剪去最后一根缝线,还带着绣娘手指上淡淡的余香。

"这是——火浣布?"潘岳猛地想起古书上记载的海外奇珍,不由脱口问道。

"没错,就是它。"石崇压抑着自己的得意之色,极力平静地道。

"原来这就是火浣布,脏污之后不用水洗,用火一烧就洁净如初!"

"听说此物产量稀少,海外呈贡给朝廷,天子也仅仅得做了一件衣衫呢。"

"哎呀,你们看这些奉酒的美人全都穿着一模一样的衣裙,居然全都是火浣布所制。石侍郎之富贵品位,尽藏于这些细枝末节,真是高妙得很啊!"

听着众宾客的交口称赞,石崇不禁开怀大笑,招呼大家重新入席。他特地将潘岳的座位安排在自己身边,笑意盈盈地小声对潘岳道:"安仁你大概还不知道,上次天子做成了那件火浣衫,特地到我府上来做客炫耀。我就故意穿着普通的衣服迎接他,却让五十个奴仆都穿起了火浣衫……哈哈,你说,我现在算不算得上天下第一的富翁了?"

"富可敌国,说的就是你这种人了。"潘岳敷衍着点了点头,"不过你如此妄为,天子居然没有说什么吗?"

"他比不过我有钱,就算是天子,又能说我什么?以前他在王济家吃了人乳小猪,气得中途退席,后来不也不了了之了吗?所以当今天下,有钱才是天理,就连皇帝也管不着的!"石崇畅饮了几杯美酒,已经微微有了醉意,哈哈笑道,"说起来还要感谢你呢。若非当初阿容因为你是天下第一美男子对你死心塌地,又怎么能促成我痛下决心,挣出了这份天下第一的家业?"

见石崇越说越是兴奋,潘岳唯有含笑敷衍。此刻宴席已开,除却每人食案上流水价送上来的水陆奇珍,石崇还专门传来了几十个身穿锦绣、头饰金玉的美貌侍女,命她们跪坐在客人们身后,为他们斟酒布菜。

潘岳姿容俊美,举止优雅,从一进石府开始就引来无数女眷眷恋偷窥,此刻能侥幸陪侍在他身边的两个美人更是兴奋得满面酡红、星眸闪动,柔若无骨般凑到潘岳身边,温香软语,殷勤劝酒。

虽然出身士族,但潘家门风清谨,加上八年的艰难外放,让潘岳根本难以适应洛阳贵胄间这种奢靡放诞的氛围。没过多久,他就招架不住,只能借口更衣,匆匆离席前往厕所。

待到小仆将他引到如厕之处,潘岳顿时又是一惊。只见这里不仅铺陈着紫纱所制的帷帐、绣金织锦的垫席,还挨挨挤挤地站着十几个身穿绫罗、艳丽夺目的婢女。她们手上捧着各色的香袋、香膏,一见有客人到来便笑语相向,伺候他们洗手净面,甚至她们每个人的口中都噙着西域传来的异香,一旦开口,温热的香气便萦绕盘旋,挥之不去。

眼看潘岳如此俊美夺目,偏生表情又是如此惊讶窘迫,美女们不禁笑着围拢过来,排队施礼:"请问郎君,是来这里更衣的吗?"见潘岳不答,又有一个美女笑道:"启禀郎君,这里备有各色新衣,不知郎君中意哪一款?待郎君更衣之后,婢子们还要伺候郎君再更一次衣呢。"

潘岳随着她们指示的方向,果然看见厕所旁边的衣箱内整整齐齐地码放着各色新衣,俱质地上乘,做工精良。原来在石崇这里,除了以"更衣"为雅称代指如厕外,还要真正更换一次衣服。这样奢华的厕所,实在是闻所未闻,也亏石崇想得出来。

潘岳前来更衣原本就是逃席,却不料这里比宴席上更加难以忍受,只好挥退身边莺莺燕燕的美人们，重新回到席上。此刻宴席中已经传了歌舞，悠扬的丝竹声中，一队身穿轻薄纱衣的舞姬正在大厅正中盘旋起舞，而石崇则用玉簪敲着食案，和客人们一起放声而歌："上金殿，著玉樽；延贵客，入金门；入金门，上金堂。东厨具肴膳，椎牛烹猪羊，主人前进酒，弹瑟为清商，投壶对弹棋，博弈并复行……"端的是一派富贵温柔、歌舞升平的奢靡景象。

"来，檀奴叔叔，海奴敬你一杯！"潘岳刚刚坐定，忽听一个含糊的声音在耳边响起。他遽然转头，正见东莱王司马蕤摇摇晃晃地从座位上站了起来，暗淡的天光从他背后的大门内射进来，将他长长的黑影直压在潘岳的食案之上。

这是今天见面以来司马蕤对自己说的第一句话，潘岳一怔之下，还是端起面前的酒杯，朝着司马蕤遥遥一举，仰头喝下。然而就在他刚刚放下酒杯之际，司马蕤已经狠狠一瞪潘岳身边的两个侍酒美女："愣着干什么，还不赶紧给潘郎君满上？我认识了他十九年，这就要和他一口气喝上十九杯！"

"殿下的心意臣领了，只是臣不擅饮酒，还请殿下恕罪。"潘岳眼看司马蕤又是一杯酒直灌下去，担心他这样不要命的喝法会糟蹋身体，不由得劝道，"殿下也少喝些，身子要紧。"

"哈，为什么要少喝？你没见盖酒坛子的布烂掉了，酒糟肉却可以保存得更久吗？"司马蕤酒后发热，索性扯开衣领，在自己健壮的胸膛上拍了拍。打了几个酒嗝，司马蕤见潘岳身前的酒杯依然纹丝未动，脸色一沉，被酒精烧得通红的眼中顿时闪过戾气："主人都说要我们言归于好，檀奴叔叔却不打算给海奴面子？"

"臣对殿下，自然从无不敬之心。只是臣多年来极少饮酒，今日已到极限，实在是不能再喝了。"见司马蕤酗酒之后衣衫凌乱，举止粗鲁，潘岳沉着脸回答。

"那是你不知道酒的好处。"司马颙嘿嘿冷笑道,"我听说江东张翰写过一篇《酒德颂》,里面说'使我有身后名,不如即时一杯酒'。还说可以借酒亲近鬼神,与逝者的魂灵沟通。檀奴叔叔不肯试试吗?"

"鬼神宜远,逝者不追。我也不要身后名,只要生前事。"潘岳固执地回答。原本他也不是不能再喝,只是看到司马攸之子堕落到如此地步,心中闷痛,偏就不愿遂了司马颙的心愿。

"好、好、好!"司马颙连说了三个"好"字,不再理会潘岳,霍然走到大厅正中,振臂高呼道,"孤王有一个疑问,不知主人肯回答否?"

司马颙是皇室宗亲,地位尊贵,他这么一开口,石崇赶紧挥退了一众舞女,悠扬的丝竹之声也戛然而止。"殿下有话请讲,石某必定知无不言。"石崇此刻也有了几分醉意,斜倚在一群穿着火浣衫裙的美人身上,笑容可掬地回答。

"那好。孤王想问,石侍郎你与王国舅,究竟谁更有豪气?"司马颙直盯着石崇问。

"殿下何出此言?"石崇一愣,举到唇边的玛瑙杯顿时停住了。他与国舅王恺斗富斗得沸沸扬扬,世人皆知王恺一败涂地,如今司马颙却故意问出这个问题,究竟是什么意思?

"孤王有一次去王国舅家中赴宴,国舅为使宾主尽欢,特地下令但凡客人饮酒不尽者,便处斩他身边的侍酒美人。有个官儿不信,就是抵赖不喝,结果身边的美人被拖出去斩了两个,顿时不敢再找借口,大醉而归。世人都感叹王国舅气度豪迈。"司马颙说到这里,斜睨了一旁的潘岳一眼,阴恻恻地道,"如今这个宴席上也有人装腔作势不肯喝酒,石侍郎何不也仿效王国舅的做法,将侍酒不力的美人斩上几个,这才不会输给王国舅的气势啊。"

"哦,这件事听上去倒还有趣……"石崇明显感觉到身边美人们微微发起抖来,心中虽不赞同,却也不便当面驳了司马颙的颜面,只是笑道,

"只是这些美人儿千娇百媚,石某可下不了手。只怕在座诸位,也没人愿意做这监斩官吧。"此话一出,席上在座的客人们忙不迭地点头。

石崇的话明明已经给司马颖铺了台阶,司马颖却不领情,仍旧站在大厅中间大声道:"只要主人同意,孤王愿意做这监酒官加监斩官!"

此刻夜幕已经降临,大厅内全靠上百名侍女手持金花烛照明。层层叠叠的烛光映在司马颖高大健美的身体上,不知怎的让潘岳陡然觉得一阵心悸。还不等石崇回答,潘岳已经忍不住道:"此举万万不可!"

"哦,这事王国舅做得,为什么石侍郎就做不得?"司马颖笑着朝潘岳望过来,橘红色的灯火在他脸上闪耀,仿佛带着嗜血的狰狞,"石侍郎乃天下首富,家资亿万。一个奴婢又值多少钱?别说十个八个,就是成百上千的奴婢,石侍郎也杀得起!"

"东莱王!"潘岳万料不到自己从小看大的海奴口中会说出这样残酷血腥的话,不由怒道,"若是你父亲看到你这个样子,还不知会如何痛心疾首!"

"我父亲?"司马颖仿佛听到了什么最滑稽的笑话一般,笑得不可自抑,眼角都沁出了泪花,"我父亲是辽东悼惠王,名讳司马定国。他三岁就过世了,哪里会来管我?"

潘岳一愣,这才想起司马攸早已将司马颖出继,从名分上他们已经没有了父子关系。可司马颖毕竟继承了司马攸的血脉,行事言语却为何与司马攸判若天渊?心头正恍惚间,司马颖已经大步走到潘岳席前,抢过侍酒美人手中的酒壶,满满地斟了一杯酒:"既然我是监酒官,就从潘郎君这里开始吧。你若是不喝,我只好命人将你身边的美人一个一个拖出去斩了!"

"海奴……"潘岳见他举着酒杯直凑过来,口中酒气熏人,下意识地往后避了避,压低声音道,"齐献王一生清明,你是他的亲子,不该玷污了他的名声……"

"你现在是杨骏手下红人,还提那个死掉的齐献王做什么?"司马繇像一头急于进攻的野兽那样磨了磨牙齿,再度逼近一步,见潘岳还想躲闪,猛地一手按住了潘岳的后脑,一手举着酒杯就往他口中灌去,大笑道,"纵然潘郎君不爱惜人命,孤王却不想两个娇滴滴的美人掉了脑袋,少不得逼你喝上一杯了!"

"东莱王住手!"石崇的座席离潘岳最近,此刻一见势头不对,连忙推开身边的美人们扑了过来。然而他醉酒之下步态蹒跚。而血气方刚的司马繇自幼练习弓马,又占了先机,见前一杯酒被潘岳伸手打翻,顺手又抄起案上酒壶,伸手钳住潘岳的胳膊,将细长的壶嘴再度往他口中塞去。

"来人,快把他们拉开!"石崇一巴掌推开慌乱躲避的侍酒美人,大声发令。而其余在座的客人也纷纷从惊讶中回过神来,七手八脚地扑过来,终于将司马繇从潘岳的食案前拽开。

"你还有脸提我父亲?你是他的总角之交,怎么他没死多久你就投靠了他人?"司马繇徒劳地挣扎了几下,不顾自己满身淋漓酒水,通红的眼睛依然直勾勾地盯着前方的潘岳,恨不得用目光在他身上戳出几个洞来。

此刻潘岳衣襟上也被洒了大片酒浆,嘴唇更是被坚细的银质壶嘴戳破,渗出鲜红的血迹来。他从袖子里掏出一块手帕,先抹了抹嘴唇,又使劲擦了擦沾湿的衣襟,这才冷冷对司马繇道:"东莱王此言差矣。良禽择木而栖,良臣择主而事。就算是嵇康的好友向秀,在嵇康死后也出仕侍奉我文皇帝。潘岳既然从未标榜过要当竹林名士,又有什么好惭愧的?"

"大言不惭,我实在没想到你潘岳的面皮有如此之厚!"司马繇使劲挣了两下,见还是没能挣脱石家奴仆的"搀扶",索性借着醉意大骂道,"杨骏的爪牙朱振殴死人命,却在你的指点下逍遥法外。你这样为虎作伥，难道不怕天谴吗？"

"殿下此言又差矣。朱振乃是死者从父，五服之内分属小功，以上临下，按照我大晋《泰始律》，原本就要从轻论罪。臣不过是为他们详解了一番律法，何错之有？"潘岳仍然好整以暇地回答。此刻他虽然唇边犹带血迹，襟上酒渍未干，然而端坐在席上气定神闲，风姿俊爽，依然让人一见而生仰慕之心。与借酒装疯声嘶力竭的司马繇相比，高下立判。

司马繇自然也意识到了这种微妙的差别，哪怕自己已经长大成人、身居王爵，在潘岳面前永远如同一个胡闹的孩子一般，博不到世人的理解与支持。更让他绝望的是，这一次他在潘岳眼中再也看不到往日的怜惜和包容，而是真真切切的厌恶与不屑。

既然已经从漠视到厌恶，那索性再升一级，变成不共戴天的仇恨吧！司马繇只觉一颗心在胸腔里熊熊燃烧，恨不得将这副身躯烧成齑粉，当下口不择言地骂道："什么狗屁律法，都是骗人的玩意儿。既然以上临下无罪，那我是藩王你是臣子，就算我要你醉死在这里，又算得了什么？"说着骤然发狠，竟挣脱了旁人的劝阻，再度朝潘岳扑了过去。

"东莱王，你醉了！"石崇此刻已有准备，闪身挡在潘岳身前，阴沉地拦住了司马繇。他此番设宴，原本是想规劝潘岳和司马繇和好，而司马繇先前满口答应，此刻却一而再再而三地挑衅，让作为主人的石崇忍无可忍。石崇原本也不是什么好脾气的人，这些年发迹之后性格越发骄纵恣肆，顿时也不顾司马繇的身份，大声吩咐道："东莱王醉了，你们赶紧去将他的从人叫来，接东莱王回府！"

此言一出，无异于下逐客令，司马繇的脸顿时涨得通红。"君子报仇，十年不晚。潘岳、石崇，你们等着！"他咬牙放出这句狠话，袖子一扫拂落了几只杯盏，随即被东莱王府的家仆们搀扶着离去。眼看一场欢宴如此收场，有谨慎的客人忍不住小声朝石崇劝道："东莱王是宗亲藩王，石侍郎这番得罪了他怕是不好吧？"

"石某这辈子得罪的人不少，多一个也无妨。"石崇冷冷回应。司马繇虽然是宗亲，却只是个无权无势的没落藩王罢了。石崇仗着财势，连天子司马炎都敢嘲讽，区区一个东莱王，还到不了让他忌惮的地步。

"安仁，你没事吧？"转头见潘岳坐在原处面露怅然，石崇关切之余，也忍不住有些埋怨，"东莱王劝你喝酒，你喝就是了，何必拂了他的面子？"

"我只是真的不喜欢喝酒。"潘岳苦笑着回答。他已经忘了，自己是从什么时候起开始害怕饮酒的。他害怕那种带有神奇力量的液体，一旦进入身体，会冲破他刻意构筑的防线，勾起灵魂深处平日里被完美掩藏的东西。而那些东西，是他最深的秘密。

第 四 章

显 灵

孤魂独茕茕,安知灵与无?

——潘岳

杨骏始终觉得,自己是当今世上最憋屈的人。

虽然出身名门,但从杨骏少时弘农杨氏便已没落,杨骏成年后只做了些高陆县令一类品秩低微的小官。好不容易等女儿杨芷当上了皇后,凭借天子司马炎的宠信掌握了朝廷大权,杨骏以为自己从此便可以扬眉吐气,却不料世家公卿们看他的时候,还是与当年看高陆县令一样翻着白眼。

因为国丈的身份,天子司马炎封杨骏为临晋侯,顿时将杨骏抛入了舆论的风口浪尖。那些看不惯他一步登天的世家公卿们讥讽说:"临晋临晋,便是凌驾于晋朝皇室之上,这不就是大乱的前兆吗?"逼得杨骏手忙脚乱,连连上表推辞。幸亏司马炎坚持,才将他的爵位定了下来。

杨骏除了当上皇后的女儿杨芷,另外还有一个小女儿。看到弘农杨氏的门楣因为自己父女的缘故重新光耀起来,杨骏便寻思为小女儿结一门好亲事。他挑来选去,看中了琅琊王氏的美男子王衍。却不料王衍不仅一口拒绝,还将杨家媒人提交的拜帖、书信,用过的簟席、茶杯等一并付之一炬,谁和他提到杨骏求亲之事便和谁翻脸。杨骏知道琅琊王氏心高气傲,只好忍气吞声退而求其次,想将女儿嫁给大司农郑默的儿子。郑默虽然做得没有王衍那么决绝,却顾左右而言他,任杨家媒人软磨硬泡也不肯松口。杨骏受了这几番羞辱,又急又怒却无计可施,只能打落牙齿和血吞。好不容易将小女儿嫁给了河东裴氏,却不料亲家翁裴楷不仅不与他私下往来,即便公事场合碰了面,语气也不咸不淡,甚至连正眼都不肯施舍给杨骏一个。

杨骏从小被两个弟弟杨珧、杨济压过一头,如今又被这些自诩清高的世家大族羞辱,心中的怒火早已如岩浆一般沸腾激荡,只恨不得找个机会震裂大地喷薄而出。

这一日,杨骏下朝时碰见了镇军大将军胡奋,正寻思和他寒暄两句,却不料胡奋远远瞥见杨骏后佯作不知,转身绕路就走。杨骏邪火上蹿,顿时命令随行的骑兵策马而上,堵住了胡奋一行的去路。眼看胡奋和他的几个侍从被困得犹如瓮中之鳖,杨骏只觉心中畅快,故意耽误了些时间才施施然坐车来到胡奋身边,傲慢笑道:"两者争道,尊者先行。胡大将军难道连这点礼数都不知道吗?"

胡奋的目光扫过耀武扬威的杨府骑兵,最终在趾高气扬的杨骏身上一瞥而过:"杨国丈说得是,那便请先行吧。"说着淡淡一笑,退到路边,仰头欣赏起了天边的悠悠浮云。

虽然言辞谦卑,但胡奋脸上的表情却明显没有将杨骏放在眼中。杨骏原本生得须眉俱淡,隐隐有阴柔之相,此刻怒意又生,声音越发尖酸起来:"尊者行路,难道胡大将军不该行礼相送吗?"此言一出,明摆着是要胡奋倒身下拜了。

胡奋乃是千军万马中厮杀出来的大将,先前已是约束手下极力隐忍,哪里受得了杨骏再三再四的刁难?当下他双目一凝,牢牢地盯住了杨骏的脸,声音低沉却清晰道:"杨国丈仗着女儿的身份越来越强横了。可是你纵观史书,凡是与天子结亲的人家,最后没有不遭灭门之祸的。杨国丈是嫌这一天来得太晚,想要加速它的到来吗?"

这番话分量极重,就仿佛九天之上的霹雳,一个接一个地在大地上炸响。杨骏气得耳中嗡鸣,好半天才憋出一句话:"你的女儿胡芳,不也嫁给了天子吗？"

"我的女儿在宫中只是给你的女儿当奴仆而已，于国于家都不可能造成任何影响！"胡奋冷笑着回敬。杨骏的女儿杨芷贵为皇后，这些年来在宫中仗着天子宠爱颐指气使，在宫中颇得罪了不少人。虽然贵嫔胡芳逆来顺受，与世无争，近年来只是僻居在承光殿中抚养女儿武安公主。作为父亲，胡奋还是对女儿的处境颇感不平。

杨骏本就才智平庸，被胡奋这句话一呛，一时竟无言可对。见胡奋背靠光秃秃的宫墙凛然而立，在杨家骑兵狼群般的包围中恍如蓄势待发的猛虎，杨骏蓦地想起此人乃是枪林箭雨中厮杀出来的名将，不知亲手取过多少条人命，心中顿时一凛，后背上渐渐生出了寒意。

虽然忌惮胡奋的名将风范，不敢当面逼迫太甚，杨骏在回程路上却越想越是咽不下这口气。刚刚回到府中，他就迫不及待让人将潘岳召来，让他立刻想个办法，将胡奋论罪下狱。

潘岳从杨骏的只言片语中猜到了事情的缘由，踌躇了一会儿道："胡奋自宣皇帝时便效力军中，于今已是四朝老臣，素来忠心耿耿，治军严明。明公想要找出他的罪过，只怕不容易办到。"

"要是容易办到，我还叫你来做什么？"杨骏余怒未息，在室内急促地来回踱步，顺手将一幅五色珠帘扯下来掷在地上，踩上一脚恨恨道，"胡奋诅咒我有灭门之祸，我若不报仇，还有何面目见人？如今就算他无罪，你也要给他制造个十恶不赦的罪名出来！"

潘岳知道杨骏一向心胸狭窄、睚眦必报，却不料他因一时之争，竟要将胡奋置于死地而后快。看着杨骏因为愤怒而涨红的脸，潘岳思忖了一阵，终于缓缓开口："明公暂且息怒，听下官一言。今日明公与胡大将军在宫墙下相争之事，势必已经传播出去，说不定连天子都已有所耳闻。若是此刻明公便有所行动，势必落人口实，对明公不利。"

"我就知道你会这么说！"杨骏瞪着潘岳，失望渐渐再度变成恼怒，

"除了让我忍，让我等，你们还会说什么？既然你和旁人说的一样，也不用再待在这里了，快点出去吧！"

杨骏的反应早在潘岳的意料之中，当下也不着忙，只拱手笑道："说起来，下官还要恭喜明公呢。经过今日之事，只怕天子对明公的信任，又要加深了！"

潘岳自少年时便深谙游说之道，就连深沉狡黠的司马昭都能被他说服，何况不学无术的杨骏？果然此言一出，便成功吸引了杨骏的注意，顿时让他忘了才下的逐客令，紧盯着潘岳问："安仁何出此言？"

"明公可曾想过，为什么明公从未做错过任何事情，却自当上国丈之日起，便常常被小人诽谤攻讦？然而不论小人如何诋毁，天子对明公的信任却从未减轻，甚至托付以朝廷重任？"潘岳又问。

"他们……他们是嫉妒我！"杨骏从未认真思考过这种问题，只能凭借本能回答。

"嫉妒是其一，但还有更深层的原因，容下官为明公辨析。"潘岳负手而立，侃侃谈道，"东汉外戚乱国，教训深重。因此，曹魏立国后自魏武帝曹操开始，三世皆以贱民之女为皇后。魏文帝曹丕甚至颁布诏书说'后族之家不得当辅政之任……若有背违，天下共诛之'，从而杜绝了外戚势力的兴起。而本朝无论宣皇帝、景皇帝还是文皇帝，都从未有过扶持外戚执掌朝政的先例。因此当今天子以大权赋予明公贤昆仲，号称当国'三杨'，实在是百年来未有之事，难免会引得人心浮动，议论纷纷。而天子又为何会做出这样违背前朝旧制的决定，难道是因为朝中无人，唯有杨氏可以信任吗？"

见杨骏露出若有所思的神情，潘岳知道他自己必定想不出答案，索性接下去道："天子圣明，自然知道如何安排朝局才能稳定社稷，也为日后太子顺利继任奠定根基。以往天子的倚靠，一是藩王宗亲，二是世家大族。可是经过齐献王司马攸一事，天子却已看透，不论宗室还是世家，都有离心离德的时候。只有皇后所在的杨家，才会始终对天子和太子忠贞不渝。"潘岳稍稍喘了一口气，调整好因为吐出"司马攸"三个字时微微凌乱的气息，继续道，"如今齐献王虽然已经去世，但朝中对太子仍然颇多议论，让天子甚为忧心。明公是太子的嫡亲外公，膝下又只有女儿没有儿子，自然是天子放心倚重的最佳人选。本朝建立之始，宗室和世家居功甚伟，故而不可动摇。但当今天子如此倚仗明公，便是精心栽培的第三种力量。在天子看来，只有用外戚牵制根深蒂固的宗室与世家，形成三足鼎立，朝局才有平衡的均势。"

"天子良苦用心，我杨骏怎敢不效死以报？"杨骏此刻终于明白为何自己对于天子司马炎如此重要，不由多生出了几分信心，"可安仁刚才为何说，我与胡奋交恶，天子对我反倒会更加信任？"

"政事与兵权，乃是天子手中最重要的力量。天子将政事委托给明公，兵权却始终掌握在司马家的诸侯王，特别是天子亲生的几个皇子手中，这样才能互相制衡，不至于某一方有能力威胁天子。明公平素与某些世家大族有嫌隙，不党不群，恰正是天子爱重之处，而胡奋在军中数十年，威望隆重，天子只怕还隐隐担心明公与他交厚，损伤天子对朝局的安排。所以今天这件事，传到天子耳中，只怕天子还要暗赞明公一声'识大体，知轻重'呢。"潘岳说到这里，再度拱手为礼，"恭喜明公，只怕日后辅弼太子的当国大任，就要落在明公身上了！"

"安仁说的，确实有几分道理。"杨骏心知潘岳恰正说中了天子司马炎的苦心孤诣，却暗暗有些不服——天子想让自己牵制宗室与世家，可反过来自己也时时受到宗室与世家的牵制，那自己这憋屈的日子，何时才是个尽头？不过这尽头似乎也不是遥不可及。一旦日后太子登基，自己作为太子唯一可以仰仗的外公，情势与如今便会大不相同。现在虽然只能忍和等，却须提前做一些布置才是。

想到这里，杨骏暂且将胡奋之事抛开，却提到了方才听有司呈报的一件异事。

原来，就在齐王母子搬离旧府将府邸让给秦王那天，供奉在太庙中的齐献王司马攸的灵位前，忽然多了一张纸笺，竟赫然是司马攸的手笔！太庙官员见了这张纸笺，吓得魂不附体，连忙呈报杨骏。杨骏随即命令封锁消息，在事情查清之前不能惊动天子司马炎。

"安仁以前与齐献王相熟，且来验证一下这幅字的真伪。"杨骏将一张一掌宽的青麻纸递给潘岳，细长的眼睛中掩饰不住几分忐忑。

潘岳接过纸笺，只见那纸笺上写着两行字"庶事不可以不恤，大本不可以不敦"。意思是处理事务不可以不体恤，执行原则不可以不厚道。恰是针对此番逼迫小齐王母子搬家所发议论。感到杨骏一双眼睛瞬也不瞬地盯在自己身上，潘岳仔细看了一阵那熟悉的字体，随即面露惊异之色："这确实是齐献王的笔迹！"

"果真是真迹？"杨骏吓了一跳，却不敢相信，"齐献王的书法为当世楷模，模仿他的人数不胜数，我看这多半是有人仿造。"

"齐献王的法帖虽然流传天下，但有些细节依然是难以模仿的。"潘岳指着纸笺上那个"事"字说，"齐献王以前曾对下官说过，他平生最得意的就是这折笔藏锋的写法，其他人就是想学也学不来。因此这字迹就算有人伪造，也如鬼斧神工，几可乱真了。"

"哼，我看就是宵小之辈心存不轨，故意肇事想要蛊惑人心！"杨骏不肯相信齐献王司马攸显灵之说，故意撑起气势道，"对了，上次我提到让安仁转到廷尉府任职之事，不知你考虑得如何了？本来也不着急让你履职，可如今出了冒充齐献王妖言惑众的事，本将军正需要你这样的人才揪出幕后主使，以正视听！"

听杨骏再度提起此事，潘岳心中顿时一紧。他知道杨骏想要他到廷尉府中借律法之名陷害异己，之前他已经推脱过多次，如今这情势，若是再坚辞不受，只怕就会引起杨骏的怀疑了。

想到这里,潘岳狠一狠心,躬身拜道:"多谢明公提拔。只是潘岳有一言,需要提前禀明。"

因为杨珧屡屡提醒,杨骏心中一直对潘岳存有疑虑。此刻见他终于答应到廷尉府任职,杨骏顿时高兴起来:"安仁有什么话就说吧。"

"明公以国士待我,潘岳安敢不以国士报之?明公放心,潘岳必定殚精竭虑,为明公筹谋大业。"潘岳说到这里,见杨骏盯着自己等待下文,便四下看看无外人在场,压低声音道,"廷尉府执掌天下刑名,平决诏狱事务。潘岳若到职,必为明公手中刀斧,任明公驱驰。只是能阻碍明公之人势必位高权重,潘岳就算能够侥幸扳倒,自身也势必受到牵连。非是潘岳惜命,只是玉石俱焚之下,只求能为明公的大业克尽全功,也算是死得其所。"

"我明白你的意思,一旦要用到你,必定是用来对付最有威胁之人。"杨骏见潘岳说得郑重,顿时也严肃起来,"安仁放心,无论将来发生什么,只要你对本将军忠心耿耿,本将军自然不会亏待于你,更不可能不保全你的前程和性命。"

"那潘岳就先谢过明公了。"潘岳又拜了一拜,这才释然笑道,"至于胡奋、王衍等人,根本不足为虑。一旦明公执掌天下大权,扫除他们不过就像掸掉灰尘一样容易。"

"你说得对,现在挡在我前面的,并不是他们。"杨骏抚了抚下颌的三绺胡须,眼神闪动,似乎在冥冥中盯住了某个目标。随后他对潘岳吩咐道:"既如此,我立刻就让吏部安排,调你到廷尉府任职。你可不要辜负了本将军才好。"

"是。"潘岳低下头,轻轻答应了一声,拱手告辞离开。等到他一路走出杨府很久,才发现自己笼在袖子里的双手仍然如行礼时一样互相交握,指甲却已在虎口上掐出了深深的血印。

就算明知道会在泥沼中越陷越深,一个人在下坠的时候,总还是本能地感到恐惧。

天空中不知何时飘起了细雪，米粒大小轻薄的雪霰一点一点打在潘岳的脸上，为滚烫的肌肤带来针扎般的寒意。潘岳紧了紧披风的领口，在台阶下默默站了片刻，待翻滚的心绪平复了好些，才放松早已绷得酸痛的肩背，推开家门走了进去。

由于天气寒冷，窄小的庭院中空荡荡地没有一个人，就连平素听到响动就会迎出来的杨容姬也不见了踪影。潘岳有些疑惑地往正房走去，才到门口，就听见里间传来了杨容姬低低的笑声："对了，这样才乖，我给你把头发梳一梳好不好？"

她是在与何人说话，侄儿伯武吗？潘岳略觉奇怪，伸手掀开了门帘。外面寒风瑟瑟，细雪纷纷，屋内却烧着炭火，温暖的气息扑面而来，将潘岳的心也熏得软了。他迈步进屋，见杨容姬跪坐在席上，正动手去拆身前一个男孩头上散乱的发髻。

听见门口有响动，男孩显然吓了一跳。他顾不得扯痛头发，小兔子一般从杨容姬身边窜开，下意识地往墙角的薰笼后躲去。

"别怕，他不是坏人。"杨容姬爱怜地追过去，将瑟瑟发抖的男孩抱在怀中，转头朝潘岳笑道，"想不到吧，居然会有人对檀郎畏之如虎。"

"他是谁？"潘岳看着男孩从薰笼后露出的半个小身子，奇怪地问。

"我只知道他叫睿儿。"杨容姬轻拍着男孩的肩膀，安抚着他紧张的情绪，"刚才我见你久久不归，便到门外迎候，恰好看见这个孩子缩在院墙下冻得厉害。我问他姓甚名谁，家住何处，他除了说自己叫睿儿，其他一概不说。我看他又冷又饿，便将他领回家来了。"

"睿儿？"潘岳念出这个名字，见藏在杨容姬身后的男孩大着胆子朝自己看过来，不由笑着招了招手，"过来吧。"

"你……你不是……来抓我的？"男孩紧张地小声问，一双乌黑灵动的眼睛上上下下地打量着潘岳。

"我有那么可怕吗?"潘岳从未被人怕成这样,顿时有些哭笑不得。他摸了摸自己的鼻子,朝男孩友好地笑笑,心中却猛地掠过一个念头——那个男孩害怕的,不是自己,而是自己这身来不及换下的官服。

眼看男孩身上的衣服虽然凌乱肮脏,质地做工却俱是上乘,潘岳对男孩的来历顿时有了几分怀疑。他佯装无事走进里间,换了家常便服出来,却见男孩已经端端正正地跪坐在食案前,正大口吃着老仆刚送上来的热气腾腾的汤饼。

此刻男孩的发髻已经被杨容姬梳得整整齐齐,脸上的污迹也被洗得干干净净,毫无遮掩地露出一张雪白俊秀的小脸来。虽然已是饿极,但他的坐姿和吃相仍然十分优雅克制,显见从小就受过严格的教养。潘岳正琢磨着要怎么问出男孩的真实身份,却猛地发现男孩从袖子里露出的半截手腕上,赫然印着一条鲜红的鞭痕。

难道这孩子,竟是一个身份贵重的逃犯?潘岳脑子里迅速将洛阳的公卿世家过了一遍,却一时想不出有哪家犯了株连满门的罪责,于是故意提醒杨容姬道:"阿容,一会儿等睿儿吃饱了,给他洗个澡换身衣服吧。"

"不……我不……"男孩手一抖,筷子掉在碗上发出了清脆的响声。他手忙脚乱地捞起筷子,朝杨容姬求救一般望过去:"不洗……澡……不换……换衣服……"

"没关系,不洗就不洗。"杨容姬见孩子满眼惊慌,心下疼惜,连忙柔声安慰。此刻她和潘岳都已经看出来,男孩有轻微的口吃,一旦精神紧张,口吃就会越严重。

男孩安下心来,没多久就把一大碗汤饼吃得干干净净。潘岳见杨容姬目不转睛地看着孩子,目光盈盈满是爱怜,显然也早已发现男孩手臂上的鞭痕,而男孩身体上被衣服遮掩的地方,究竟还有多少他们没有见到的伤痕？若不是因为这些不欲示人的伤痕，男孩又何必对洗澡换衣如此排斥？

心中微微发疼，潘岳这才意识到自己对这孩子也生出了爱怜之心。说来也是，若是当初杨容姬不曾入宫，不曾在宫中伤损了身体，只怕他们的孩子，也和现在这个睿儿一般大，一般玉雪可爱吧。虽然小心地从不曾在杨容姬面前流露一星半点的遗憾，但是潘岳知道，自己的心中，其实是多么盼望能有一个孩子的。

毫无疑问，杨容姬的心里也怀着同样的感情，所以才会对这个萍水相逢的孩子如此尽心。见睿儿吃完之后睡眼惺忪，显然在外流浪了许久早已人困体乏，杨容姬便体贴地在外间铺好床，招呼男孩去睡觉休息。

"等一等。"见男孩跟着杨容姬要走，潘岳硬下心肠，走到男孩身边蹲下，轻轻扶住他的肩膀问，"睿儿，告诉叔叔，你家在哪里？"

"……"睿儿看着潘岳近在咫尺的脸，不敢直视，低下头咬着嘴唇没有回答。

"你若是不告诉我，叔叔就只好带你去河南尹府衙，请官府调查你的身份了。"感到手掌下细小的身体开始微微发抖，潘岳面无表情地说。

"不……不要……"睿儿的眼眶红了，他想躲到杨容姬身后去，身体却被潘岳牢牢圈住无法逃离。

"檀郎，算了，要不等明天……"杨容姬见睿儿脸色煞白，双肩耸动快要哭了出来，心下大是不忍，连忙出言相劝。

"不行，这件事一定要问清楚！"潘岳难得地将杨容姬的话堵了回去，双眼依然直视着睿儿道，"或者你告诉叔叔，你要到哪里去？"

后面这个问题显然比前面的要容易些，睿儿抽噎了一会儿，终于含含糊糊地道："我……我来找……找舅舅……"

"你舅舅住在延熹里？"潘岳见男孩点了点头，追问道，"那你舅舅叫什么名字？明天叔叔带你去找他。"

"我舅舅……舅舅叫……"男孩嗫嚅了一会儿,终于吐出潘岳等待已久的三个字,"夏……夏侯湛。"

"你是夏侯兄的外甥?"潘岳微微一惊,放开了扶在男孩肩膀上的双手。夏侯湛的府邸确实在延熹里,只是早在四年前夏侯湛就因为受司马攸的牵连而被逐出了洛阳。这件事难道睿儿不知道吗?不过也是,四年前睿儿只有六七岁,大概还不明白舅舅究竟去了哪里,所以如今出了事,就一门心思来找舅舅求助。

想起孩子凭着幼时的记忆,一个人穿过洛阳城蛛网一般的大街小巷来找舅舅,潘岳就不忍心告诉他夏侯湛远在千里之外的事实。杨容姬则叹息了一声,伸出手臂轻轻揽住男孩,带着他往刚收拾好的厢房走去。

等杨容姬安排好睿儿,从厢房里走出来的时候,她惊讶地发现潘岳不知何时已经站在了院中。此刻天色已经黑透,夜风越发凛冽,清冷的月光从黑沉沉的云缝里透出,投射在潘岳玉石雕琢一般的身躯上,越发显得寒意逼人。杨容姬心中一凛,顿时有了不好的预感,轻轻走过去站在潘岳身边,悄声问:"站在外面做什么?"

"我知道睿儿是谁了。"潘岳转身看着杨容姬,眼神幽深发亮,"我一会儿就送他回家。"

"睿儿究竟是谁?他的家在哪里?"杨容姬回想起刚才好不容易哄得睿儿答应脱衣上药时,那细嫩的身子上一道道鲜红的鞭痕,一颗心越发揪得紧了。

"睿儿姓司马,他的家,就在琅琊王府。"潘岳一字一字清晰地道。

"琅琊王?"杨容姬脱口呼出这三个字,这才反应过来此琅琊王非彼琅琊王。早在咸宁四年的时候,一向觊觎潘岳的琅琊王司马伦已经被改封为赵王,驻守在邺城。而此时洛阳城中的琅琊王,则是天子司马炎的堂弟司马觐。

"夏侯湛的妹妹夏侯光姬是琅琊王妃，所以夏侯湛是睿儿的舅舅。而睿儿，就是司马睿，是如今的琅琊王世子。没错，事实应该就是这样！"潘岳的语气越来越笃定，也越来越凝重，"琅琊王世子走失是大事，所以我们应该及早将睿儿送回家去！"说着，他举步就朝睿儿安睡的厢房走去。

"等一等！"杨容姬蓦地拦住了他，急切道，"如果睿儿是琅琊王世子，那他一身的伤是从哪里来的？你没见到先前他蜷缩在街角里孤苦无依的模样，也没见到刚才他担忧害怕不敢入睡的模样。如果他父母俱在，身份显赫，又怎么会沦落到这个地步？"

"王府深重，隐秘之事甚多，并不是我们能够知道的。"潘岳见杨容姬依旧拦在自己面前不肯让步，耐下性子道，"就算我们不直接将他送回去，派人去王府送个信，让他们自己来辨认总可以吧？"

"不，不要派人，至少不要是今晚……"杨容姬被夜风吹得冰凉的手紧紧抓着潘岳，眼中慢慢蓄起了泪光，"睿儿受了惊吓，一直不肯让人靠近，好不容易才安心睡下了。就算要送他走，也让他安安稳稳睡一觉再说……"

"不行，不能耽搁。"潘岳虽然知道杨容姬心疼睿儿，但琅琊王世子失踪可是惊天动地的大事，若是拖延一夜，还不知整个洛阳会有多少衙门会闹得人仰马翻，又有多少人会因之获罪。他心中焦急，再度迈步，却见杨容姬依然不依不饶拦在面前，终于忍不住焦躁起来："我们私藏琅琊王世子，若是被有心之人诬陷，可是要犯下大罪的！"

"那我们可以假装不知道他是琅琊王世子！"杨容姬也急切地道，"难道你想不明白吗？睿儿身上那么多伤，又不肯说出他家住何处，只能说明这些伤就是他的父母长辈折磨出来的！他好不容易逃出家门来找舅舅，我怎么忍心……怎么忍心亲手将他送回火坑里去……"说到这里，她的泪水终于再也无法忍住，低低啜泣起来。

"你体谅得了他，却为何体谅不了我！"白日里与杨骏虚与委蛇的疲急感深深袭来,潘岳蓦地只觉得头痛如裂,陡然伸手按住额头,踉跄着后退了一步。待到视线重新清晰起来,他反手抓住杨容姬搀扶住自己的手臂,终于重新站稳了脚步。

"檀郎,你怎么了?"杨容姬蓦地想起一事,心中忽然一片冰凉。潘岳自幼聪慧过人、心思敏感,比普通人思考得更多,相应地承担的痛苦也更多,因此少年时便被孙登诊断出忧思过度脉结伤脾的症状,只是仗着年轻体健并未显露。可是杨容姬联想起他如今不时发作的头痛心悸、焦虑失眠等症状,心中忽然明白——在经过八年的忧患放逐之后,丈夫年少时埋下的病根此刻正在重新萌发。可是这一次,就算她情深爱笃、深谙医理,还能是他的良药吗?

"我很累,阿容,你不要闹了。"头痛并未消散,潘岳没有精力和杨容姬争辩,提起一口气重新举步朝厢房走去。虽然他也心疼那个饱受虐待的孩子,但他却不能让那份同情毁掉他多年的苦心筹谋。因为齐王司马攸的关系,天子司马炎向来对潘岳不满。所以潘岳自回京后就一直躲在尚书度支郎平凡琐碎的事务中,绝不引人注目,也不敢行差踏错。可今天他已经被迫答应了杨骏的要求到廷尉府任职,一览无遗地成了杨骏党同伐异的爪牙,日后必定不可避免地被抛上风口浪尖。若是再因为这个琅琊王世子引来什么风波,甚至只是引发天子司马炎的更多关注,那么他殚精竭虑,甚至不惜伤人自伤的计划,就会功亏一篑。

而他这一生,大概已经没有下一次机会了。

"那你让我……亲自给睿儿说……"两难之中,杨容姬终于不得不做出让步。她阻止不了丈夫,却也不忍再逼迫他,只好抢在潘岳身前,轻轻推开了厢房的门。然后,她蓦地愣住了。

门后,睿儿光着脚,默默站在地上,怀中还紧紧地抱着一个枕头。看到房门打开,他猛地仰起脸来,颤抖着嘴唇小声道:"我不……不回去……"

"我们刚才说的话,你都听见了?"杨容姬赶紧扯过被子将他包裹起来。此时,孩子全身冰凉,颤抖得仿佛寒风中失巢的雏鸟一般。

"我不……不回王府!"睿儿蓦地挣脱被子,伸手抱住了杨容姬,将脸埋在了她的怀中。虽然他没有直接回答,却毫无疑问地验证了潘岳方才的推测。

"睿儿乖,你不回琅琊王府去,你爹娘会担心死的。"杨容姬伸手轻轻抚摸着睿儿,敏感地察觉到他细瘦的脊背上一道道突起的鞭痕,声音也忍不住哽咽起来。

"不,他们才……才不会担心……我娘……嫌弃我……我父王……父王只会喝酒……醉了……就打我……"睿儿结结巴巴地说着,越说越是伤心,蓦地放声大哭起来,"我不……不回去,我偷偷听到……父王喝醉了骂……骂我娘……说我不是他亲生的……"

"你父王喝醉了说的话,是当不得真的。"杨容姬紧紧地将号啕大哭的男孩抱在怀中,一迭声地安慰,"你娘是夏侯家女儿,琅琊王正妃,举止端淑,门风严谨,你怎么可能不是你父王的亲生骨肉?如果这是真的,你娘怎么还能好端端地当着她的王妃,你又怎么能一直做着琅琊王世子?好孩子,听婶婶的话,乖乖回家去吧……"

"不……回去,父王……父王会打死我的……我要找……找舅舅……"睿儿哭得更厉害了,像一根菟丝子一样紧紧地缠着杨容姬,无论杨容姬怎么劝慰也不肯放手。

"你舅舅夏侯湛现在野王县当县令,根本不在洛阳。你这是要到野王县去找他吗?"嘤嘤的哭泣声中,忽然响起一个冷淡的声音,却是潘岳在一旁等得不耐,抱着手倚在墙上冷笑道,"世子今年也有十岁了吧?若是遇事都像这样,只会哭,只会跑,哪里有一点司马家男儿的担当?怪不得你父王不喜欢。"

这几句话仿佛尖利的针,瞬间刺痛了睿儿的心。就在杨容姬担忧潘岳的话说得太重时,睿儿慢慢放开了杨容姬后退两步,低头抽噎着道:"就算我不……不哭,不……不跑,他们也……也不喜欢我,嫌弃我不会……不会说话……"说到这里,饶是他忍得全身发抖,还是有大颗的泪水从眼眶中滴落,砸在他赤裸的双脚上。

"口吃的毛病,只要心情放松勤加练习,就能够矫治过来。"杨容姬拿来睿儿的鞋袜,亲自为他穿上,看着男孩通红的眼睛微笑道,"姊姊相信睿儿,一定能治得好的。"

琅琊王是无权无职的闲王,对世子的唯一要求是顺遂世风,做一个擅长清谈的名士。因此潘岳完全可以想象,当心高气傲的琅琊王夫妇发现儿子口吃的缺陷之后,会是怎样的失望和嫌弃。看着杨容姬和睿儿相处在一起时的和谐情景,潘岳心中不禁再度生出对这个孩子的怜爱之情,放缓了声音安慰道:"对,这位杨姊姊懂得医术,她说能治好就一定能治好。"

"真的吗?可是……可是……"想是预感到此事的艰难,睿儿先是一喜,随即再度露出了悲哀的神色。

潘岳走上几步,拿过自己的一件外衣裹在睿儿身上,牵着他的手走到门边。"世子偷跑离家,迟早必须回去认错。"潘岳感觉到睿儿的手偷偷往外抽,便顺势放了手,看着眼前的门槛道,"世子如果愿意自己跨出这道门槛,我便送你回王府,同时保证让你的舅舅尽快回到洛阳。虽然这次回去免不了责罚,但以后有了舅舅的带领,你想去哪里都名正言顺。若是世子不愿意,明早就请自行离开,就当我们从没有见过。"

"舅舅……真的会……会回来吗?"睿儿满眼期冀地看着潘岳,见他笃定地点了点头,终于颤巍巍伸出一只脚,跨过了厢房的门槛。随后他转头去看杨容姬,却见她含笑凝望的眼中满是鼓励,一咬牙将另一只脚也迈出了房门。

"走吧。"潘岳不再耽搁,吩咐仆人准备马车,当先朝大门处大步走去。听着身后如影随形的脚步声,他心中暗暗地叹了一口气。自己给予的选择,对于十岁的孩子来说确实有些残酷。但也只有这样,才能逼迫软弱的孩子自己站起来,勇敢面对自己的人生。

拉着睿儿登上马车,见孩子脸上犹有泪痕,潘岳不由从袖子里取出手帕递了过去。月光从车厢外照进来,映得睿儿的脸发出莹白的光,晃花了潘岳的眼睛。有那么一瞬间,睿儿的脸和潘岳记忆中另一张苍白哀戚的面孔重叠起来,耳边也蓦然响起了一声熟悉的呼唤:"檀奴叔叔,你不认识我了?我……我是山奴啊!"随后,便是一阵悲哀到无法自拔的低语,"我和母亲要被赶出家门了,檀奴叔叔难道不该想个办法救救我们吗?"

"山奴……"潘岳失力地靠在车壁上,只觉得额头两侧再次泛起了针扎般的疼痛。山奴,为什么你和睿儿一样,遇事只会哭泣哀求?你要什么时候才会像你的父亲一样,学会面对与担当?可惜我如今,连像对睿儿那样的关心,都不能再给你了。

"叔叔……山奴是……是谁?"睿儿毕竟是孩子,虽然内心忐忑不安,还是按捺不住自己的好奇。

潘岳一怔,难道方才自己无意中吐出了山奴的名字吗?他蓦地坐正身子,将裹在睿儿身上的外衣紧了紧,强笑道:"没什么,睿儿听错了。"

太康九年,在杨骏的安排下,潘岳从尚书度支郎调任廷尉平。而作为对杨骏知遇之恩的回报,潘岳向这位大肆招揽人才的国丈推荐了野王县令夏侯湛,说他清名高卓,才堪大用,说服杨骏同意将夏侯湛调回洛阳。

晋时廷尉府沿袭汉朝旧制,长官廷尉执掌天下最高司法之权,乃是品秩两千石的高官。廷尉之下设置有廷尉平一职,虽然品秩只有六百石,与尚书度支郎相差无几,但这个职位平决狱事,掌断律法,位卑而权重,低调却关键,就仿佛是为潘岳量身定做一般。因此杨骏颇为自己的这番安排扬扬自得。

此刻天下颁行的正是潘岳昔年在贾充府上参与修撰的《泰始律》，对潘岳而言驾轻就熟。他上任没多久，便将昔日积压下来的陈年公案一一复核清理，博得上官一致赞誉。也正因为这个理事如神的名声，主管洛阳治安的河南尹府将一桩棘手案件转了过来，请廷尉府协助调查。

说这桩案件棘手，并非虚言。一是报案人乃是当今天子最为宠爱的秦王司马柬，二是案件的内容，乃是秦王府中屡屡出现酷似已故齐献王司马攸的鬼魂，惊扰得秦王府家宅不安，胆小的秦王妃甚至再三泣请秦王上奏天子，想要搬出秦王府另寻新宅。

齐献王司马攸的鬼魂？卷宗上这几个字刹那间吸引了潘岳的视线。他仔细地将秦王府的诉状看了几遍，发现所谓鬼魂之说从秦王司马柬一家搬入原来的齐王府后便已现端倪。刚开始是值夜的婢女在后宅的游廊间见到了诡异飘忽的身影，然后是书房里的白纸上莫名其妙出现了字迹。秦王妃惊吓之际偷偷请术士到府中查看，术士说是府邸旧主齐献王灵魂不散，须得以三牲果品供奉，才能请他离开。秦王妃按照术士吩咐焚香祷请，却不料没安静几日，又有仆人看到有身影轻飘飘地在后花园的池塘中踏波而过，并说那身形容貌分明就是当年的齐王司马攸……如此一来，秦王府上上下下都惊惧不安。秦王司马柬无法，只好具书给河南尹府衙，请求他们予以调查。

秦王司马柬是当今天子面前的红人，河南尹哪里敢怠慢，当即派人到秦王府守候多日，却一无所获。河南尹不敢说秦王和秦王妃疑神疑鬼，秦王司马柬偏偏又不依不饶，因此只好将卷宗转交廷尉府，请他们协助查办。

"廷尉府只管拘人，却不拘鬼神。不知贵上将此案转来，是何用意？"潘岳看完卷宗，随手往书案上一抛，冷冷地开口。

"我家府尹的意思是，齐献王在天有灵，理应安居太庙，与诸位先皇为伴。如今频频回返旧宅,殊为怪事。因此……"河南尹府的小吏见潘岳面无表情,与他头戴的獬豸冠一样庄肃而严厉,不由心下微怯,"因此我家府尹怀疑,是有歹人冒充齐献王滋扰秦王府。偏偏秦王一口咬定是齐献王显灵,我家府尹又不能搜检内宅,只好请廷尉府协同侦缉,也好在天子垂问之时互相做个见证,证明并非我家府尹懈怠王事……"

"知道了。烦请回禀尊上,说说廷尉府会详查此案。"就在小吏以为潘岳要一口回绝之时,潘岳却点头收下了卷宗。小吏松了一口气,赶紧回去复命。潘岳却一动不动地坐在原处,低眉沉思了许久。

等到潘岳终于恢复常态,他命人将卷宗收好,随即便像彻底忘却了这件事,下值之后照样去找好友夏侯湛吟诗作赋、诗酒相酬。夏侯湛家资巨富,潘岳便屡屡搭车同游。二人皆姿容俊美文采风流,因此世人便称他们为"连璧",传为美谈。

河南尹那边架不住秦王府催促,就王府闹鬼之事又派人来问过几次,潘岳才懒洋洋地指定了某日前去查看。到得那天黄昏时分,潘岳换下官服,又摘下头上象征刚正不阿的獬豸法冠,这才吩咐从人:"告诉夫人,今晚我不回家吃饭。"

一身便服的潘岳到达秦王府时已过了掌灯时分。按理说此刻拜访乃是十分无礼之举。但秦王司马柬听说来人是为齐献王显灵一事专程前来暗访,还是吩咐仆人将潘岳引入府中,在偏厅相待。

在厅中等待的时候,潘岳无意中发现一旁陈列的花卉果品中,有两只雕刻得十分精致的水鸟。他随意踱步看去,却见那水鸟乃是用春季极难得见的鲜桃雕刻而成,一青一红,相互依偎,恰正像是一对喁喁低语的交颈鸳鸯。

见潘岳仔细研究着那鸳鸯的雕工,一旁陪侍的王府仆人笑道:"这是我们秦王殿下雕的。廷尉平难道也有兴趣?"

"秦王殿下很喜欢雕刻水果吗?"潘岳的眼睛盯在熟悉的刀法造型

上,佯作不在意地问。

"是,殿下没事的时候就喜欢雕着玩,多年来都是如此。"那仆人点头道,"殿下雕好之后,就将它们摆放在经常出入的屋子里,时时都要替换的。"

原来是这样。仿佛一根线串起了散落在远处的珠子,潘岳深深吸了一口气,收束起探往更远处的线头,重新回到客位上坐好。过了一会儿,本已上床歇息的秦王司马柬重新穿戴整齐,快步从里间走了进来。

"臣廷尉平潘岳,见过秦王殿下。"潘岳长跪起身,向司马柬见礼。

"原来潘郎君现在廷尉府供职,小王不知,还请见谅。"司马柬显然有些惊讶,连忙朝潘岳还礼。想是记得以前潘岳对自己态度冷淡,司马柬客套之余,竟还带了几分窘迫。

"臣职位低微,迁调之事秦王不知也是常理。"潘岳随口两句话化解了司马柬的尴尬,随即开门见山地说,"臣此番前来,一是探查殿下所诉的异状;二是有事不明,想要请教秦王殿下。"

"廷尉平但问无妨。"司马柬此刻也恢复了平素的沉稳,不疾不徐地回答。

"既然那幻影只是在夜间出现,目睹的又只是些卫士奴仆,殿下何以认定那幻影就是齐献王?"潘岳说到这里,虽然碍于尊卑之礼不能审视司马柬的眼睛,但那一掠而过的通透目光,却让司马柬暗中一凛,放在膝上的手指不为人知地抽动了两下。

"廷尉平不知,如今秦王府的仆从中,有不少是与齐献王熟悉之人。"司马柬收敛心神,慢慢地道,"当日齐王迁走之时,因为新府容纳不下,便遣散了齐王府中部分旧人。小王见他们生计无着,心生恻隐,收留他们依然在这里侍奉。所以那幻影虽然只是在夜间惊鸿一瞥,依然有老仆可以认出他就是齐献王。"司马柬说到这里,见潘岳只是矜持地笑了笑,并不予以置评,便命人呈上一张纸笺,"这是小王书房中一夜之间出现的,请廷尉平验看。"

潘岳接过纸笺,见上面写着八个字:"见亡戒危,睹安思存。"正是司马攸的笔迹,与前些日子在太庙司马攸灵位前平白无故出现的纸笺如出一辙。他心中有数,口中却只是淡淡道:"若这真是齐献王所写,倒是很关照秦王殿下啊。"

"小王自知德薄,没有资格居住在齐献王的府邸中,只是天子有命,不敢不从罢了。"司马柬再度有些窘迫。他不擅辞令,虽然心中明白,面对潘岳略带嘲讽的口吻,却一时不知该如何分说。

潘岳暗暗冷哼了一声,站起身来拱了拱手:"既如此,麻烦秦王殿下安排个可靠下人,为臣指点一下那幻影出没之处。另外,臣今晚打算留在王府探查情形,也烦请殿下允准之余,告诫相关人等切勿走漏风声。"

"既然要保密,那就不用下人,小王亲自带廷尉平探看便好。"司马柬站起身来,见潘岳不声不响紧跟在后,终于忍不住问,"廷尉平黉夜到来,想必是断定那幻影今夜还会出现?"

"臣略通卜筮之法,料定今日阴气大盛,适合鬼神出没。"潘岳高深莫测地回答。他自然不会告诉司马柬,他自卷宗中看见秦王府也出现司马攸笔迹之后,就知道此事与温裕有关。而从温裕那里探知那"鬼神"出没的计划,自然不是难事。

见潘岳还是一贯的拒人千里之外的神色,司马柬便没有再追问下去,只是领着潘岳走入后宅,将那诡异幻影出现过的地点一一指明。

这座王府的后宅以前潘岳来过多次,虽然如今换了主人,楼台屋舍的大局却是丝毫未改。潘岳跟着司马柬走了一圈,心中已经大抵有了数,便指着远处一座小巧的湖心亭道:"臣今夜就在那亭中守望,殿下自可回去安歇。"

司马柬见那湖心亭四面都是开阔水面,确是个观察四周的好地方,加上先前的传言中,齐献王司马攸的鬼魂每每在湖面上踏波而行,便点了点头道:"廷尉平独自苦守无聊,不如小王相陪如何?"

"殿下是贵人,阳气鼎盛。若是殿下在,只怕魂魄就不敢现身了。"潘岳微笑着拒绝了司马繇的要求,语气虽然谦和,却含着十分的坚决。

"那……辛苦廷尉平了。"司马繇不再坚持,目送着潘岳顺着水面上的木桥走入湖心亭中,渐渐隐没在夜色中看不见了,这才转身离开。

潘岳没有点灯烛,身边也没有任何仆从侍卫,就那么一个人静悄悄地坐在亭内的石几后,任初春夜里的寒意一点点蚕食掉体内的温暖。他记得曾经有过无数次,他和司马攸一起坐在这视野开阔的湖心亭内,或饮茶,或对弈,身边不时传来山奴和贾荃欢快的嬉闹声,还有海奴远远站在水岸边安静的身影。只是当自己有所觉察凝目望去时,海奴就假装路过一般匆匆转身逃开……这一切在脑中如此清晰,就仿佛刚刚发生在昨天。可那时谁会想到,这湖心亭里外的每一个人,都遭遇了他们从未料想的变故,要么死了,要么活成了另外一个人。哪怕是自己,也被当年的天真理想焚烧得面目全非了吧……

回忆如海,心绪如潮,即使全身已经冻得一片冰冷,心中却始终有一点滚烫的火种蛰伏不熄,支撑他度过这漫漫长夜。就在潘岳以为这一夜终归是要白白等待之时,忽然,湖水一角的荷叶丛中,忽然升起了一道白色的飘忽的人影。

修筑在王府后宅中的这个湖,其实不过是一个宽大的池塘。池岸上原本花木扶疏,却因为当初齐王太妃贾荃的缘故,全都被齐齐铲去。秦王夫妇虽然有心恢复旧貌,但冬季刚过,新栽种的花木尚未长成,所以偌大的池塘附近空空荡荡,只有东南角还残留着一片枯荷。此刻那人影从枯荷中飘然而出,寂然无声,隐藏在衣袍下摆内的双足步态从容,竟果真的在池塘的水面上踏波而行。

早在那人影出现之际,潘岳已经矮下身子,借助夜色中的石几掩住了身形。他隔着石几两足间的缝隙望出去,发现那人影已经走出荷丛,堪堪立在了距离湖心亭不远的水面上。轻柔的水波在他飘摇的衣摆下荡漾,隐约的雾气在他挺拔的身姿旁浮动,仿佛明晦相间的云朵,衬托得那人影更如同凌空而降的仙人,至轻至幻,至清至灵。

有那么一瞬间,潘岳几乎真的相信,世上真的存在着不灭的灵魂,可以凭借着自己的意志在人间肆意游走。他慢慢地从石几后直起身子,一瞬不瞬地盯着那个背对自己站立在水面上的人影,无声无息地朝他伸出手去。

远处忽然传来一声惊呼,显然是巡夜的秦王府仆从也发现了水面上的人影,甚至看见了站在人影背后的潘岳。这声惊呼惊起了树上的宿鸟,也惊动了那个原本一动不动踏波而立的人影。下一刻,那个人影迅速地往身后的湖心亭看了一眼,随即迈开脚步,重新朝着那片长满枯荷的角落走去。

虽然只是惊鸿一瞥,潘岳还是借助粼粼的水光看见了那人影的模样。仿佛一柄重锤在胸中大力撞击,潘岳蓦地无法呼吸——那张匆匆转开的面孔,长眉入鬓,眼眸温润,果然和死去的齐献王司马攸一模一样!

脑中虽然空白了一刹那,蓄势待发的身体却抢先做出了反应。就在那人影转身离开的时候,潘岳双手一撑翻过湖心亭的围栏,踏着早已看准的方位,朝着那人影追了过去。

下一刻,远处早已被齐献王显灵吓得动弹不得的巡夜人们,看到了一幅不可思议的情景:来自廷尉府的潘郎君动作迅捷地跃出湖心亭,踩着湖水朝不远处的齐献王鬼魂追去。他的举动显然让齐献王的鬼魂大吃一惊,仓促间竟被潘岳拽住了胳膊。可惜不过一眨眼工夫,齐献王的鬼魂便挣脱了潘岳的阻拦,恍如轻烟一般掠过荷丛,转眼便消失在层层叠叠的殿宇阴影里。而潘岳被鬼魂一推,从水面上踩空跌落,半个身子都浸入了满是枯荷的池水中。

秦王司马柬先前其实并未离开,此刻见状连忙从隐身之地奔出,急

切地吩咐仆从将潘岳从池水中拉起，又命人立刻准备热水和干衣供他
清洗更换。

初春的池水冷得刺骨，让潘岳忍不住浑身颤抖，牙关轻颤。然而最
让他觉得寒冷的却不是被池水浸透的下裳，而是方才拽过那个人影的
右手手指。此刻那五根手指就仿佛被冻成了冰凌，仍旧保持着先前屈伸
的姿势，无法恢复如常。

那个人影，不是司马攸。人死如灯灭，如凋零的花朵落下枝头，混入
泥土再无踪迹。就算相信灵魂九泉有知，它们也终不能重返尘世。潘岳
低头看着自己弯曲着似乎想要抓住什么的手指，终于慢慢地将它们重
新握紧。哪怕只是握住一片虚空，也再不会生出虚妄的幻想。

那个人影的左手腕上一片光滑，根本没有司马攸那道伴随了一生
的伤疤。所以当他同样掉进池塘里的时候，当年年幼的司马攸会不顾性
命将他救起，而今天这个人，却只是挣脱了他的挽留，惊慌逃离。幸亏现
在他已经长大，池水只会带来寒冷而非死亡，他也再不需要任何人来拯
救了。

"廷尉平？"等潘岳更衣完毕重新出来见礼，忐忑了良久的秦王司马
柬终于忍不住开口询问，"廷尉平打算如何处理此事？"

"那要看秦王殿下打算如何处理此事。"潘岳意味深长地回答。

司马柬的嘴角抽搐了一下，终归淡淡一笑："今晚巡夜当值的仆从都
在门外等候，廷尉平有话要问他们吗？"

"臣既然来了，那就问一问吧。"潘岳随着司马柬走出房门，果然看见
台阶下的庭院内黑压压排着几十个人。他借着四周亮起的火把将那些
人细细打量了一遍，忽然问道："今夜是谁在宜心园值守？"

"是老奴。"一个头发花白的老者躬下身，声音在夜风中显得有些颤
抖。

潘岳眼神一凝，认出这个老仆乃是昔日在齐王府侍奉的袁伯，而巡

夜的守卫中,也有几个昔日齐王府的熟悉面孔。看来司马柬说他收留了不少齐王府旧人,并非虚言。

虽然和袁伯相熟,潘岳此刻却摆出一副六亲不认的模样,端起廷尉府官员的架子问道:"本官问你,方才你在宜心园的时候,可看见了什么异象?"

"回禀郎君,不曾有什么。"袁伯皱起眉头想了想,慢吞吞地回答。

"是吗?"潘岳冷笑了一声,"可是本官方才明明看见,那人影是朝宜心园的方向去了!你若是什么都没觉察,那还值的什么夜,秦王还留着你做什么?"

似乎没有料到潘岳会突然发难,袁伯顿时吓了一跳。他抖着身子想了想,改口道:"方才老奴在值房时,似乎看到有一个白色的影子在窗外半空中一闪而过。但不知是不是老奴眼花看错了,所以不敢乱说……"

"自秦王入住以来,你是不是一直管理宜心园?"潘岳打断了袁伯的絮叨,继续问。

"是。秦王殿下体恤老奴年老,宜心园又一直空置,就让老奴在那里看园子。"袁伯战战兢兢地回答。

"听说前几次你也看到过那个人影,并信誓旦旦地指认那就是齐献王,为什么现在又不承认?"潘岳毫不留情地追问。

"老奴是怕说错话,招来郎君怪罪……"袁伯再也顶不住潘岳的严厉喝问,"扑通"一声跪倒在地,声音陡然激动起来,"潘郎君既然这么问,老奴也不怕惹祸——这几次真真正正是齐献王显灵了!老奴伺候过齐献王十几年,他的样子是决计不会看错的!何况留在这里的齐王府旧仆并非老奴一人,他们也可证明那人影确实和齐献王长得一模一样……"

"知道了。"潘岳显然对袁伯的絮叨毫无兴趣,转向秦王司马柬道,"秦王殿下,臣问完了。还请入内叙话。"

"好。"司马柬揣测不出潘岳的心思,只好点了点头遣散众仆,和潘岳重新回到屋内。侍女新点起几支蜡烛，层叠的光影顿时充满了这间花厅，也映出了案几上那一对雕工精美的水果鸳鸯。秦王司马柬的手轻轻一颤，下意识想要提起袖子挡在前面，却又担心欲盖弥彰，终究没敢有所动作。

"湖心亭四周的池塘里有什么，秦王殿下当真不知？"就在司马柬暗中走神之际，潘岳忽然开口问道。

"有什么？"司马柬一抬眼，恰好看见潘岳眼中洞察而讥诮的表情。

"池塘的水下树立着一些暗桩，所以人可以佯装在水面上行走。"潘岳注视着司马柬的表情，淡淡一笑，"当然，秦王殿下也可以解释说搬进府邸不久，从未派人探查过水下的秘密。"

"那廷尉平的意思是说，所谓齐献王的鬼魂，是有人装扮的？"司马柬故作惊讶，却自知并不成功，索性坦诚道，"小王也曾如此怀疑，却不知那人为何要做出这种行径，又为何能在巡卫森严的秦王府来去自如？"

"不管那人有何目的，殿下都想利用他达到自己的目的，不是吗？"潘岳见司马柬的神色悚然一变，知道自己推测不错，越发胸有成竹地浅笑道，"在别人眼中，齐王府是洛阳仅次于皇宫的华贵居所。但在殿下看来，却不过是雕梁画栋的陷阱囚笼罢了。如今闹出齐献王鬼魂作祟的传言，正好给了殿下向天子要求搬离此地的借口——不知臣说的，对也不对？"

"原来廷尉平也看出来了。"司马柬愣了一下，随即苦笑一声，转头剔了剔跳动的烛焰，"将这座齐王故府赐给小王，是太子妃向天子提议的。尚书令卫瓘提请天子考察太子的处事能力，太子妃少不得对小王多了猜疑。她故意把小王推到齐献王的位子上，原本是为了提醒天子前车之鉴。却不料天子竟然真的颁下旨意，倒让小王骑虎难下，眼看着一步一步走到齐献王的老路上去了。"

"所以这座王府，对我不仅是陷阱囚笼，还是汤镬烤架，再待下去，只怕日后尸骨无存。廷尉平既然看透了小王的困境,还请不吝赐教,救我一命!"司马柬越说越是悲愤,忽然长跪而起,对潘岳一揖到地。

"殿下何出此言?"潘岳知道秦王司马柬所言并不夸张,却依然冷嘲道,"如今殿下圣眷隆盛炙手可热,朝臣中也有推举殿下取代皇太子的意思。说不定过不了多久,殿下就不必住在这里,而是要搬到东宫去了!"

"这种市井流言,廷尉平真的会相信吗?"司马柬苦笑了一声,"且不说古语有云'废长立少,于国不祥',当今天子更是必须坚守长子承继的铁律,否则又如何解释当年文皇帝传位给他,却不归政于景皇帝嗣子的举动? 如今,天子为了确保太子的地位,大力称颂皇孙,又将有天子气的广陵封给他,明摆着态度绝无更改。那些散播天子要改封小王为太子的人,不是愚蠢,就是居心叵测。当年若非他们这样推波助澜,齐献王也不至于英年早逝了!"

想不到,这个平素低调木讷的秦王,一颗心竟是如此通透。潘岳想起那神秘字条上"见亡戒危,睹安思存"八个字,虽然是司马攸文章中的旧句,恰也是司马柬此刻处境的写照。虽然眼下如日中天,但一旦天子司马炎驾崩,愚笨无能的太子继位,司马柬作为新帝的嫡亲弟弟,势必会陷入各派势力水火不容的斗争之中。稍有不慎,就会重蹈齐献王司马攸的覆辙,死于非命。

"廷尉平若是不给小王指一条生路,小王就长拜不起。"司马柬这番话语对任何人都不敢开口,今日却迫于形势对潘岳坦白,索性抓住他再也不肯放手。

"当初齐献王被迫离京赴死,臣也无能为力,如今又怎能救得秦王殿下?"潘岳想起五年前病卧荒村残驿的司马攸,对照如今鲜衣怒马、前呼后拥的秦王司马柬,只觉满腔酸苦,无以宣泄。天子司马炎逼死了司马攸,如今却又一手将儿子司马柬打造成第二个司马攸,还让他居住在司马攸的故府。这难道不是冥冥中天道循环,注定要让司马炎的子孙承受报应吗?

"齐献王是为时势所迫,非人力所能更改。可如今天子身体安泰,小王未雨绸缪,应该还有补救之法。"司马冏显然早已分析过自己的处境,自然不会轻易放弃,"廷尉平若是今日不吝赐教,小王日后必当报答!"

这句话无异于提出了一场交易,因此话音消散了良久,屋内依然一片沉默,只有蜡烛燃烧的烛芯发出轻微的毕剥声。而座席上两个人黑长的影子,则在晃动的光晕中逐渐倾斜,最终交叠在一处,仿佛达成了某种协议。

"臣有一事不明,还请殿下赐教。"半晌,潘岳缓缓地问,"臣与殿下素无交往,殿下今日却不避忌讳坦承其事,不知为何对臣如此信任?"

"因为,我信任尊夫人。"司马冏咬了咬嘴唇,声音有些滞涩,"我觉得,能让当年的杨姐姐不惜拼上性命守候的人,必定与众不同。"

潘岳抿起嘴唇,轻笑了一下,没有再问下去。"依臣对王府布局的分析,那冒充齐献王鬼魂的人影,是从弘训宫方向经宜心园进入的。"良久,就在司马冏心中越发忐忑之际,潘岳出人意料地转回了最初的话题,"弘训宫自羊太后去世之后一直空置,留守的宫人疏懒懈怠必不可免,所以那人从弘训宫翻墙进入王府,并不是一件难事。"

"廷尉平的意思是?"司马冏并不是机敏明辨之人,一时没有领会潘岳的意思。

"殿下想借助鬼神之说离开齐王故府,从而摆脱成为第二个齐献王的命运,并非根本之策。一旦府中泄露消息,传入有心人耳中添枝加叶,只怕殿下逃不脱欺君之罪。那时远虑未除,倒先惹来近忧,实在不是明智之举。"潘岳见自己几句话果然说得司马冏面露忧急,摇头叹道,"依臣之见,殿下还是命人拔去池底木桩,再加强与弘训宫相邻方向的值守,切不可再给人借道潜入王府的便利。至于齐献王显灵一事,殿下便将原先提交给河南尹的情状重新誊录一遍,请天子定夺罢了。"

"嗯。那小王只向天子陈述事实，绝不做任何猜度推断。"司马柬随口应着，心中却想起父皇司马炎如今沉迷后宫声色、疏怠朝政，自己只能祈祷他能通过司马攸显灵一事，体察到自己的尴尬处境。"可是东宫那边，却又要如何化解才好？"

"东宫所忌惮的，无非是如今天子厚爱殿下，难免威胁到太子的声望。"潘岳看着司马柬年轻端方的脸，淡淡一笑，"臣确实有一策，不过就看殿下舍不舍得了。"

"小王从未有不臣之心，哪里还有什么不舍得的？"司马柬不假思索地回答。

"既然殿下果真能舍得天子的宠爱，舍得洛阳的繁华，舍得日后在朝廷中一人之下万人之上的尊荣，那臣就直说吧。"潘岳的视线掠过司马柬，最终落在那一对用鲜桃雕刻的鸳鸯上，语气里依然带着无法掩饰的轻嘲，"齐献王死于被迫离京之际，那殿下反其道而行，何不自请离京就藩？从此以后，天高水远，不仅再不必居住在齐王故府受幽魂侵扰，也远离洛阳城中一切纷争，正所谓'极宴娱心意，戚戚何所迫'，更不必担心身家性命不得保全了！"

"离京……就藩？"司马柬喃喃地重复了一遍这几个字，原本充满期冀的目光渐渐灰暗下去。

"看来，秦王殿下还是有舍不得的东西。"看着司马柬惶惑的神情，潘岳哈哈一笑，站起身拱手道，"殿下慢慢思量，臣先告辞了！"

夜风凛冽，加上潘岳先前落水，回到家中已是鼻塞脑热，大有风寒之兆。然而他却一把抓住想给他切脉的杨容姬，匆匆将她的手压在掌下："事情有些失控，你明早借抓药之机尽快去见温裕，叫他不要把齐王府卷进来！"

"难道你和温裕他们做的事，齐王太妃和山奴知道了？"杨容姬问。

"比这还要严重得多。幸而我说服了秦王，将事态控制了下来。"潘岳打了一个喷嚏,下意识地攥紧了身上的衣袍。

"这是秦王借给你的衣服吧。"杨容姬拿过一床被子将潘岳捂了个严严实实,"是秦王那边就好办。就算你说不通,我也可以帮你去说。"

"不用了,我还不到要靠夫人救命的地步。"潘岳低头看了看自己被裹成粽子一样的身子,忽然恨恨地抿了抿嘴唇,"别只给我捂被子,赶紧让我把身上的衣服换了。秦王府的衣服,我才不要穿!"

第　五　章

偷　窥

伏膺饮泪，感今怀昔。

——潘岳

上巳节过后，洛阳的春意便一天比一天来得逼人。桃花才刚凋谢，嫩绿的新叶还没能撑出场面，转眼便被其他花卉迫不及待地压了下去。雪白的梨花、粉红的樱桃花、紫红的杜鹃花，还有五颜六色的牡丹、芍药，都像波浪一样，一丛赶着一丛迫不及待地盛放开来。而瑟缩憋屈了一个冬季的人们，也在脱掉厚重的冬衣后筋骨松快、神清气爽，年轻人们更是如同争相开放的花木一样肆意伸展，尽情挥洒那汩汩涌动的蓬勃生命。

此时此刻，洛阳金市最出名的青楼"明月楼"内，十几个劲装打扮的青壮男子正聚集在一个单间之中，撸袖挥膊，掷采赌钱。他们围在一张宽大的条案前，每个人身前都放着或大或小一堆铜钱，全神贯注地盯着在人手之间翻转投掷的五木，时不时爆发出"卢！卢！卢！"或"雉！雉！雉！"之类的喝彩声。

魏晋时所谓"青楼"，乃是由官府出资经营的酒楼。楼中除供应各色外购或自酿的酒水，还提供各种菜肴。至于食客们酒酣耳热之际，围着酒桌用当时最流行的樗蒲游戏来赌钱，更是最寻常不过的消遣。

樗蒲原本是流传在士族子弟中的一种棋类，对弈双方轮流投掷五木，依照投出的彩头行马打马，排兵布阵。由于费时费力，民间庶民用樗蒲赌博时，都取消了行棋，只靠简单投掷五木定输赢。所谓五木，就是用木头制成的五个杏仁形状的骰子,两头尖锐,中间平广,一面涂黑画着牛犊,另一面涂白画着野鸡,投掷之时可以组成不同的色彩组合。其中全黑为"卢",四黑一白为"雉",二者最大称为贵彩,其余四种即二黑三白、二白三黑、一黑四白、全白,则称为"枭"和"犍",为恶彩。赌博时只看双方掷出的彩头定输赢,规则简单,输赢快捷,因此风行一时。

"哎呀,还以为这一局李校尉只得了个雉,我们这么多人总有人能掷出卢来,却不料全都是枭和犍!说不得,又是李校尉赢了!"赌桌上的年轻人七嘴八舌地呼喝哀叹着,眼睁睁地看着坐在条案正中的一个精悍汉子将每个人面前的铜钱都划到了自己这边。

"怎地马兄弟还不来?我的钱都要输光了!"有人抱怨地从赌桌边直起身子,朝房门处望去。

"就是就是,说好了在这里请我们喝酒吃饭,难道半道想要赖账?"一个年轻人不满地接口,顺手捞起筷子,夹了一筷肉脯塞进嘴里。

"哎,吴六儿,你说话小心点儿!"旁边一个年长些的汉子一巴掌拍在年轻人的后脑勺上,"你初来乍到,不知道马兄弟的为人!他向来说一是一,说二是二,就算是天大的事情也会给你帮忙,更何曾在钱字上皱过眉头?"

"咳咳咳……"吴六儿差点被这一拍噎住,好不容易才将嘴里的肉脯吞下肚去,却碍于对方的老资历不敢发声。他探寻地朝为首的李校尉望去,却见头儿抱着手臂好整以暇地说了一句:"马兄弟来得晚,必定是被什么事情绊住了。"

"李校尉说得是,马兄弟从来不会诓骗大伙儿。"年长些的汉子瞪了一眼吴六儿,用教训的口吻道,"你放心,就算马兄弟有事来不了,今天的酒饭钱,他也会派人来付的。"

吴六儿不敢反驳,暗暗吐了吐舌头。这明月楼在洛阳城中数一数二,价格不菲。那马兄弟敢在这里请客,又将李校尉和一干同门哄得死心塌地,看来必定有过人之处。

"来了来了,马兄弟来了!"终于,门口响起了一阵欢喜的呼唤。吴六儿此刻已经打听到这马兄弟名唤马山,乃是洛阳本地人氏,一年前靠着几个朋友的举荐进的暗卫营。马山年纪虽不大,武功也不拔尖,却难得地慷慨豪迈、仗义疏财,很快就在暗卫营中树立了声望,就连掌管暗卫营的李校尉也对他青眼有加。吴六儿好奇之下,连忙挤到人群前端,想要把这马山看个清楚。

只听一阵杂沓的脚步声响,从门外顷刻间走进五六个人来。虽然俱都穿着青布裁剪的贴身箭袖,面目也都是生气勃勃的青葱少年,但就连吴六儿这种没见识的也看出了被簇拥在中间的那个少年就是马山。

其实那马山不过十七八岁,脸色蜡黄,脸颊上还长着一颗明显的黑痣,让吴六儿一开始颇为失望。然而下一刻,马山含笑向众人见礼,那双温润的眼睛缓缓一扫,就仿佛和煦春风,轻轻拂过在场所有人的心尖,说不出的舒服亲切。就连初次见面的吴六儿,也忍不住和其他人一样咧开嘴,殷勤招呼着给马山让座。

"今日来得迟了,连累李校尉和兄弟们等了许久,实在是小弟之罪,该罚该罚。"马山在李校尉下首坐了,见众人笑闹着问怎么罚,便也开怀笑道,"明知要罚,小弟当然是有备而来。说起来,就是因为这个东西不容易到手,这才耽搁了时辰。"说着,和他同来的几个少年同伴便拎了几坛酒放在桌上,顺手拍开了坛上的泥封。

暗卫营的成员大多是关中人,生性嗜酒。此刻那几坛酒甫一打开,酒香四溢,立刻引发众人齐声大喊:"好酒!"随即迫不及待找来一摞大碗,在桌上次第排开,端起酒坛满满斟上。

"大家慢慢喝,总共就这几坛,喝完可就没有了。"见有人端起酒碗大口痛饮,马山身边的一个同伴董二忍不住出声提醒。

"马兄弟都没说话,你急什么?大不了老子自己花钱去买!"有人一口气喝干了碗中的酒,意犹未尽地咂着舌头。

"董二确实没说错,这酒现在就算花钱也买不到了。"马山笑着回答。

"哦?这到底是什么酒,竟如此金贵?"李校尉毕竟是长官,动作比起其他人来矜持了些,端起酒碗细细一品,只觉一股异香从舌尖炸开,仿佛烟花一样直冲颅顶,再顺着四肢百骸倾泻而下。顷刻之间,他仿佛忘了自己身在何处,只顾着唇舌不断啜吸,好让脑子一直停留在那醇香带来的极乐眩晕中。直到碗中的酒被喝得干干净净,他才意犹未尽地放下空碗,心中只道以前从未喝过这等好酒,这三十多年可算是白活了。

"这酒叫作鄙酒,乃是东吴人用鄙湖水酿制而成的。当今天子灭掉东吴一统天下之后,特地将此酒供奉于太庙之中,并将其列为贡品,严禁民间流传。"马山说着,无奈地笑了笑,"小弟费了许多周折,才弄到这几坛来,实在是再也没有了。"

"原来是贡酒,那就是天子才能喝的了?马兄弟果然够意思!"暗卫营众人又惊又喜,七手八脚将几个酒坛倒得涓滴不剩,又拉了马山到赌桌边,起哄要他一起玩樗蒲。

马山知道他们的用意,随便玩了两把,就把身前的铜钱推给一旁的董二,自己却走到李校尉身边,附耳悄声道:"属下那里还留着一坛鄙酒,回头就给校尉送去。"

"知道你懂事。"李校尉心花怒放,却伸长腿剔着牙故意道,"是不是有什么事要求我啊?"

"属下那点小心思,哪里能瞒得过李校尉?"马山看了一眼在一旁呼卢喝雉赌性正酣的众人,拉着李校尉走到僻静处,悄声道,"听说主上新吩咐下一个差事,能不能请李校尉派给属下,也好给属下一个在主上面前出头露脸的机会?"

"消息挺灵通的啊。"李校尉呵呵一笑,"是什么差事你知道吗?"

"属下不敢欺瞒官长,听说那差事是去监视一个叫潘岳的人的行踪？"

"你知道潘岳是谁？"李校尉的眼睛锐亮起来。但凡提到主上的秘密差事，他自然而然带上了几分警觉。"那你今天花大本钱请大伙儿来明月楼，又搞来几坛贡酒，就是为了让我把已经安排好的兄弟替换成你？"

"'洛阳檀郎，容止无双'，属下当然知道，潘岳就是洛阳最有名的美男子檀郎。"马山被李校尉盯得有些不自在，尴尬地笑了笑，"潘岳深居简出，属下从来没见过他的模样，所以想趁这个机会名正言顺地看看……嘿嘿……"说到后面，竟有些面红耳赤起来。

"想不到……"李校尉惊讶地盯着马山，半晌无言。就在马山被他看得忐忑不安之际，李校尉猛地一拍马山的肩膀，哈哈一笑，"想不到，你马兄弟居然好这一口！"

此刻世风喜欢品评男子仪容，南风盛行。因此马山知道李校尉指的是什么，却忍住没有反驳，反倒赔笑道："李校尉知道就好，还望成全属下的一点私心。属下保证不会以私废公，绝不敢懈怠值守，辜负主上和李校尉的信任。"

"你知道就好。"李校尉平素没有少得马山的好处，知道他不过是个有钱的庶族子弟，偏想削尖了脑袋博个功名仕途，所以才拼命往主公杨济为保卫杨家私设的暗卫营里钻。他思量着反正马山早已编入杨家的私兵队伍中，而这个监视潘岳的任务也不急迫，派给谁都是一样，便顺水推舟地道："那我去跟吴六儿他们说一声，这个差事以后就交给你和董二了。要是敢有欺瞒哄报，可别怪我不讲情面！"

"那是当然，请李校尉放心！"马山得了这个承诺，心中暗暗松了一口气，又厮混着和众人赌了一会儿钱，直到把随身带的上千钱都输净了，这才和董二等几个亲随伙伴离开了明月楼。

"殿下不必亲自前往，监视潘家的事情以后就交给臣好了。"一直走到无人的僻静处，董二才微微躬下身子，对驻足犹豫的马山规劝道。

马山没有说话，只是伸出手指在脸颊上一揭，那颗引人注目的黑痣便消失得无影无踪。虽然脸上还涂着易容的黄粉，已可看出他正是常年称病不出的齐王司马冏。只是他此刻肩背挺拔，身手矫健，哪里有平素弱不禁风的病弱模样？而化名董二的侍臣董艾和其他几个心腹，俱都恭恭敬敬地垂手侍立，等着他发下命令。

"这事肯定是你们负责，不过我也需要亲自去看一看。"想是记起了某些不愉快的情形，司马冏酷似父亲的长眉微微挑了挑，"不知道杨家几个老贼觉察了什么，竟要专程派人监视潘岳。不过今后潘岳无论有什么动作，你们都不可擅作主张，一定要先报给本王知道，明白了吗？"

"是！"感受到司马冏最后一句话明显加重的口气，董艾等人凛然应诺。

自从潘岳回到洛阳之后，司马冏对他的所作所为就从来没有看清过。如今他化名马山，带领几个心腹潜入"三杨"中杨济所设的暗卫营中，固然另有图谋，但能因此名正言顺地监视潘岳动向，还是让他心中颇为激荡。

杨骏、杨珧、杨济三兄弟作为寄予重任的外戚，天子司马炎为示优宠，特别允许杨家配备府兵，编制为参军六人、步兵三千人、骑兵一千人。虽然有了这么多军队护卫，杨氏三兄弟却自知在朝中树敌良多，唯恐兵力不够将士不忠，便又由"三杨"中深谙兵事的杨济出面，私下里设立了一个暗卫营，主要以关中壮士组成，另外也在京畿招募一些精通武艺的青壮少年加入。暗卫营不在朝廷编制之中，没有军营，平素散居在洛阳里巷中，因此给司马冏带领齐王府心腹化名加入提供了便利。

暗卫营不仅要保护杨府，还要充当"三杨"的耳目，窥探情报。杨骏、杨济对潘岳向来有提防之心，几番试探不成，便命暗卫营派人暗中监视。于是暗卫营在盘查过地形之后，悄悄租下了潘家隔壁宅院的一间耳房,撬松墙砖,轻而易举便可窥见潘家院子里的动静。

此刻司马冏已经带人进入了租屋,悄悄取下虚塞的墙砖,向潘家宅院里窥探。为防暴露,砖缝留得相当窄小,司马冏将眼睛凑上,四下转动,终于将潘家庭院一览无遗收于眼底。

然后,他的心一点点地沉了下去。

晋朝沿用汉代惯例,官员五日一休沐,就是每工作四天,就有一天可以在家休息洗沐。今日春光灿烂,天气和暖,因此潘岳沐浴之后,便披散着头发,穿着白棉布制作的明衣,坐在院中所铺簟席上晒太阳。他的妻子杨容姬,则穿了一身家常素裙跪坐在丈夫身边,不紧不慢地给身前一个十来岁的男孩擦着水湿的头发。乍一看,分明就是和和美美的一家人。若非司马冏早已知道这个男孩是琅琊王世子司马睿,不时随着舅舅夏侯湛到潘家做客,必定会惊诧潘岳夫妇何时有了这么大的儿子。

"几日不见,睿儿又长高了。听你舅舅说,你昨日在王府里背书背得好,琅琊王和王妃都夸赞了你,是这样吗?"杨容姬用细棉布将男孩头发上的水渍擦干,又拿起一把木梳,细细地给他梳理起来。

"是,背了……背了《史记·赵世家》里的一段。"司马睿依然有些口吃,却明显比以前好转了不少。听到杨容姬提到父母的赞扬,他的嘴角情不自禁地向上弯起,眼睛里也亮闪闪得满是兴奋,"父王问我知不知道程婴、杵臼救……救赵氏孤儿的故事,我……我想起老师给我讲过,就背了几句给他们听。"

"睿儿真聪明。你老师就讲过一遍,难为你还能背下来。"杨容姬说到这里,见坐在一旁的潘岳忍不住仰起了头,便轻轻瞥了他一眼,"怎么,你还想我夸你教得好不成?"

"我自然是教得好。要不夏侯兄自己也是鼎鼎大名的才子,却怎么偏要带睿儿来拜我为师?"潘岳迎着明媚的阳光眯缝起眼睛,一派扬扬得意,"说起来,我做师父可是顶有经验的,想当年我教……咳咳咳咳……"说到这里，他似乎触碰到什么心事，忽然爆发出一阵剧烈的咳嗽，连忙用手帕捂住嘴侧过身去。

"就算今天天气晴好，你也该多披一件衣裳。"杨容姬嗔怪地提起一件外衣披在潘岳身上，轻叹一声，"上次在秦王府落水到现在也一个多月了，怎么这咳嗽的毛病还不见好，看来我还得再给你开一副方子。"

"已经越来越好了，夫人你饶了我吧。我乖乖加衣服还不成吗？"潘岳赶紧把外衣裹紧了，朝杨容姬讨好地笑。

"原来……老师也怕喝药。"一旁的司马睿忍不住笑了起来，用手指轻轻刮了一下脸颊，随即像想起了什么事情，兴冲冲地转变了话题，"对了，我上次看书时有个疑问，一直想来问老师呢。"

"你老师我上通天文，下通地理；才贯古今，学究中外。你有什么问题就问吧。"潘岳放下掩唇的手帕，大言不惭地回答。

"嗯，就是那个……赵氏孤儿的事情。"司马睿转动着漆黑明亮的眼珠，力图把问题描述清楚，"程婴、杵臼救下了赵氏孤儿，杵臼为了迷惑……敌人，与冒充赵氏孤儿的孩子一起被杀。而程婴抚养赵氏孤儿成年后，又协助他报了大仇，重新恢复先君的爵位。这个时候，程婴就算……就算为了表明自己不贪图荣华富贵，大可以一走了之，为什么一定要自杀在赵氏孤儿面前呢？"

"杵臼死前曾说：'赵氏先君遇子厚，子强为其难者，吾为其易者，请先死。'而程婴后来说：'彼以我为能成事，故先我死；今我不报，是以我事为不成。'这个要自杀去向杵臼报告事成的借口，若按史书的记载，确实不够令人信服。"潘岳眼中的笑意渐渐消散，目光悠远地望向远处，停顿了一下才慢慢道，"程婴忍辱负重，终于得报大仇，达成心愿。他抚养赵氏孤儿十五年，史书寥寥数字，漏过了太多艰辛，也遗失了许多他与那孩子之间、与晋国君臣之间的细节。其实春秋之际，并没有后来战国侠士所提倡的那种视死如归之心。因此我觉得程婴之死，必定是迫不得已。只是其中的隐秘，我们数百年后已经无从得知了。"

"难道……程婴其实是被晋国君臣逼死的？甚至，是被长大了的赵氏孤儿逼死的？"司马睿说到这里，忽然被自己的想法吓了一跳，赶紧摇头道，"不会不会。若是赵氏孤儿真的这么做，岂不是天良丧尽，连人都不配做了？我……我只是瞎猜，若是荒……荒谬悖逆，老师别……别见怪……"

"没关系，小时候谁不会异想天开？"见潘岳没有立刻回答，杨容姬怜惜司马睿慌乱之下再度口吃，连忙笑道，"你老师像你这么大的时候，还写文章把孟尝君大骂了一顿，听说气得教课的温博士抄起戒尺追着他打呢。"

"真的吗？"司马睿真真料想不到潘岳这种誉满天下的神童也有被老夫子追着打戒尺的时候，不禁开怀大笑起来，"那后来呢，后来呢？"

后来？后来，温博士告到了大将军司马昭那里，司马昭就以"诽谤先贤，哗众取宠"的罪名，取消了自己为桃符伴读的资格，从此不许自己再进入大将军府。再后来……潘岳思及往事，又念及今日情形，方才的好兴致顿时一扫而空，强笑着敷衍道："没有什么后来了……"说着再度掩着嘴唇咳嗽起来。

杨容姬不着痕迹地摸了摸潘岳的脉搏，皱了皱眉头，斜睨了他一眼。潘岳知道她又在琢磨药方子，顿时口中发苦，讨好地笑了笑。他自知自己笑容的力量，偏偏杨容姬却坚如磐石不为所动，潘岳只好认命地轻叹了一口气。

"睿儿的头发差不多干了，我给你绾起来吧。"杨容姬见潘岳败下阵去，得意地收回目光，将胡乱扭动的司马睿按在自己面前坐好。随后她取出一把桃木梳子，将男孩的头发从头顶正中分开，在两边梳起了垂髻。

"听我舅舅说，老师新写了一首诗，能不能教……教给我念念，我回去也好……好让父王母妃夸夸我。"自从舅舅夏侯湛调回洛阳担任中书侍郎之后，司马睿和潘岳夫妇也越发熟稔起来，再不复当初的拘谨。此刻他虽然头发被杨容姬握在手中，却尽量转过脸，朝潘岳调皮地笑着。

"我也是看了你舅舅写的《周诗》，觉得诗风不仅温文尔雅，还可以看到孝悌的本性，所以就东施效颦，写了一首《家风诗》。说起来，第一句恰好符合此刻的情形呢。"潘岳此刻心境已经稍稍平复，慈爱地看着满眼期冀的司马睿，缓缓念道："绾发绾发，发亦鬓止。日祗日祗，敬亦慎止……"

他每念一句，司马睿就跟着念一句。前一声醇厚温和，后一声清脆开朗，一声一声，渐渐充斥了窄小却温馨的小院，也透过逼仄的砖缝，清清楚楚地传入隔壁偷窥的司马囧耳中。

那一句句绵绵不绝的诵诗声虽然无形，却仿佛一块块沉甸甸的铁铅，压得司马囧透不过气来。终于，年轻的齐王再也坚持不住，缓缓离开窥视的缝隙，腿下一软坐在了地上。

潘岳这样耐心教导的情形，司马囧以前也经历过多次。那时候潘岳和父亲坐在齐王府后花园中的湖心亭中，时而意兴横飞，时而循循善诱，引得同样梳着垂髫的自己睁大眼睛使劲听，生怕漏掉了他说出的每一个字。可是如今，父亲早已作古，齐王府已经成了别人的宅邸，自己也再没有被人抱在怀中的资格，甚至居然需要通过这无法启齿的偷窥手段，才能浮光掠影地窥见潘岳的生活，却再也无法融入其中。

司马囧暗暗咬住了嘴唇，克制着不愿让属下看出自己的异样。可是他内心却明明知道自己在嫉妒，嫉妒那个不知道哪里跑出来的琅琊世子司马睿，嫉妒他无忧无虑没心没肺撒娇邀宠，嫉妒他居然可以把潘岳称为"老师"——要知道，那个学生的位子原本是属于自己的，那个老师的称呼虽然比不上"檀奴叔叔"亲热，却也应该是属于自己的！

可是，枉费自己还念着往日的旧情，潘岳夫妇却早已将他们的慈爱投射给了别人。想起潘岳看着司马睿时满眼的宠溺，司马囧心中的嫉妒渐渐变成了恨意——对潘岳而言，无论自己还是司马睿，都不过是他膝下无子的替代品，其实在他心中并无差别。亏他还提到了赵氏孤儿的故事，父亲司马攸对他的恩情，难道会比不上赵氏之于程婴、杵臼？可对待自己这个孤儿，他不仅不闻不问，甚至为虎作伥、讥讽欺凌。对比程婴、杵臼，他难道不应该活活愧死吗？

隔壁院落内，一大一小两个读诗的声音还在不断传来，然而司马囧已经没有心思再去听了。他缓缓地站起身，神色如常地对董艾等人吩咐了一声，便步履稳健地走出门去。虽然嫉妒和痛苦依然在啃啮着他的内心，但司马囧知道，所有的追忆和憧憬都只是梦幻泡影，现实里的自己唯有狠狠咽下喉中的血泪，孤独却又坚定地离开，不该回头多看一眼。

几日之后，位于洛阳城南的杨氏医馆门前，忽然驶来了一辆宽大的马车。虽然马车上没有任何标志，装饰也并不豪华，但仅从随侍在马车周围的十几个侍女和护卫进退有度的仪容，就不难猜测马车的主人绝非普通的富贵。

马车停稳之后，几个护卫便走入杨氏医馆内，礼貌而又坚决地将医馆内的病人和家属赶了出去。随后侍女们在马车和医馆的大门之间摆出了简易的步障，这才扶着一个贵妇人从车上下来，缓缓走进了医馆大堂中。

"齐王太妃驾到，还不见礼？"一个护卫报出了贵妇人的头衔，顿时将留在医馆内的大夫和伙计们吓得跪了下去。那贵妇人目光倨傲地扫视了一圈，淡淡问道："听说你们这里有个女医士，今天可来了吗？"

"不知太妃问的可是妾身？"齐王太妃话音刚落，一个女子便从医馆后堂里走了出来，盈盈拜倒，"妾身杨容姬，粗通医术，不知太妃有何垂询？"

"女医士世上罕见，而哀家多年宿疾求医无效，所以亲自登门，想要讨教一二。"齐王太妃自然便是贾荃,只是她此刻看着跪在身前的杨容姬神色冷漠,就仿佛两人素不相识一般。

"既然如此,就烦请太妃移驾内室,待妾身为太妃细细把脉诊治。"杨容姬得到贾荃应允,站起身做了个相让的手势,带着贾荃走进了后堂侧面一个小小的静室。太妃看诊自然不容窥视,王府护卫们顿时分散开去,将一应闲杂人等远远隔绝在外。

开设杨氏医馆的荥阳杨氏虽然也是士族,但如何能与司马氏诸侯王的排场相比。不多时,医馆中原本的大夫和伙计们就知趣地退得干干净净,偌大的堂馆内除了齐王府的护卫侍女,再无旁人。就连好奇窥探的行人,也被远远地从大门前赶了开去。

一片静穆之中,医馆大门处却走来了一个身穿布衣箭袖的少年人。值守的护卫一见这少年,连忙低下头算是见礼,压低声音唤了一声:"殿下。"

"董艾,都布置好了吗?"少年摸了摸右颊上一颗醒目的黑痣,用仅能让对方听清的声音询问。

"齐王殿下放心,都是信得过的手下,断不会走漏了消息。"董艾笃定地回答。

齐王司马冏点了点头,没有再说什么,径直走进了戒备森严的杨氏医馆内。他抬抬手止住护卫们的见礼,悄无声息地走到贾荃和杨容姬所在的静室外,轻轻将窗纸捅破,朝室内望了进去。

不出司马冏所料,静室内此刻还有第三个人,俊眉朗目,清神雅态,恰正是早已在此等候的潘岳。此刻他和妻子杨容姬并排坐在簟席上,正神情专注地与坐在上首的太妃贾荃说话。

"这次虽然是你们约我见面,我却想先问一个问题。"齐王太妃贾荃虽然与潘岳、杨容姬是少年相识,如今却早已失去了当年的亲切随性,眼角的每一根鱼尾纹中都满溢了矜持和试探。

"臣正好也有一个问题,想要请教太妃。"潘岳知道贾荃并不完全信任自己,措辞便带了几分疏离。

"那你先回答我的,再提问。"贾荃一向颐指气使惯了,此刻也毫不客气,继续道,"桃符临死的时候,说什么管辂给他做过一个可怕的预言。那预言究竟是什么?"见潘岳脸上闪过一丝犹豫,掩饰般低低咳嗽了两声,贾荃不禁冷笑道,"他人都死了好几年了,你还有什么不敢说的?若是不说,我也不会回答你的问题。"

"好吧。"潘岳知道贾荃的性格说一不二,为了能继续谈下去,只好咬了咬牙道,"桃符小时候,术士管辂曾经对文皇帝说:桃符身负紫微六凶星相,日后必定会引起天下浩劫,'殒身、灭家、亡国、乱天下'。不过这个预言当年就连文皇帝都不相信,如今桃符去世,更是证明乃是无稽之谈。"

"殒身、灭家、亡国、乱天下。"贾荃低低地重复了一遍这几个字,脸上明显地露出了失望的神色。她描画得黑而细的眉间抽搐般跳动了几下,敷了白粉的脸显得更加苍白,牙齿更是不知道痛似的咬住了嘴唇,鲜红的口脂仿佛血一样刺目。

"我当是什么,原来是这个。"半晌,贾荃才"哈"的冷笑了一声,"我还以为管辂是预言桃符要当皇帝君临天下呢。不过,这个预言也挺有意思的……"

贾荃这突兀一笑,让一旁静坐无言的杨容姬暗暗打了个寒噤。以她作为女性的敏感,杨容姬只觉得贾荃是把那几个字一字一字在口中嚼得粉碎了,再从齿缝中一丝一丝地泄漏出来。她心中无端生出一种恐惧,悄悄伸手握住了潘岳的手,而潘岳也安慰一般回握了她一下,示意静观其变。

"怪不得他后来什么都不敢做,一心一意只是等死。"贾荃恨恨地低喃,"他以为自己一旦采取什么举措,这个预言就会真的实现了……呵呵，亏他一辈子自诩儒学正宗，却也相信了一个术士的妖言……"

"桃符未必相信这个预言，可惜有的人却信了。"潘岳的眼睛往上方望了望，似乎能够看穿医馆的屋顶，看见那自称天子之人色厉内荏的神情。他等了一会儿，见贾荃渐渐从方才的消息中恢复了常态，便不再耽搁时间径直问道，"那现在轮到太妃回答臣的疑问了——虽然被逼带病离京，但桃符真正的死因究竟是什么？我看他死时的情形，并不像单纯的疾病，而像是中毒……"

"没错，他确实死于中毒。"贾荃毫不犹豫地肯定了潘岳的猜测，正想说下去，潘岳的身子却蓦地一抖，忽然深深弯下腰去，爆发出一阵撕心裂肺的咳嗽。

"檀郎，你没事吧？"杨容姬慌忙揽住了潘岳摇摇欲坠的身子，一手掏出手帕递过去，一手轻轻拍打着他的后背。虽然早已对司马攸的死因有所揣测，但一旦得到贾荃亲口证实，潘岳还是大受刺激，因为夜半落水带来的缠绵病势顿时汹涌而来。

看着潘岳咳得面红耳赤，而杨容姬则满眼关切，贾荃的心顿时被这夫妻恩爱的场景咬啮得痛不可抑。她不待潘岳咳嗽平复，便提高了声音冷冷道："我知道你接下来想问，究竟是谁下的毒，那毒又是如何下的。可惜我也不知道答案，无法回答。"

"居然连太妃……咳咳，连太妃都不知道？"潘岳一惊，努力压制下咳嗽追问，"那时齐王府的情形究竟怎样，还请太妃不限巨细一一告知。说不定，我可以从中找到一点线索。"

"好。这事我琢磨了四五年，如今也请你们帮我参详参详。"贾荃此刻早已没有了以往乖戾狂躁的疯劲儿，思维清晰条理分明，熠熠发亮的眼睛显得比任何人都专注明白，"我们离开洛阳之前，侧妃胡姬曾试图向桃符投毒，被我识破了没得得逞。后来那贱人自尽了，却不料桃符还是中了毒。"似乎回忆太过沉重，贾荃顿了顿，才有力气继续说下去，"其实桃符每到冬日都有寒疾，原本也是寻常，喝些虎骨药酒也就好了。不料官里派了几个太医来给他开了调理的方子，竟是越喝越病势沉重。等到我们反应过来停了汤药，早已是回天乏术了……"

"难道太医的汤药之中，竟有什么文章？"潘岳一惊，蓦地想起一则传闻。据说齐王司马攸死后，天子司马炎亲自到齐王府致祭，齐王次子司马冏在天子面前伏地痛哭，言说是太医误诊害死了父亲。司马炎无奈之下只好杀了几个涉事的太医，还下令让司马冏继承齐王的爵位。如今听贾荃这么一说，那几个太医竟是死得不冤了？

"桃符的药方是太医院会诊后合出的，不仅上呈天子御览，在太医院也有记录存档，想要做手脚并不容易。何况我也拷问过负责抓药和熬制的下人，甚至找出药渣灌入猫狗和奴婢口中，却都没有发现任何问题。"贾荃说到这里，脸上露出了连自己都不自知的一丝残忍，"所以我猜桃符中毒的根由，还得落实到胡姬那个贱人身上。哪怕她已经畏罪自尽，也要将她背后的主使挖出来！"

"太医的药方，不知能否给我看一看？"杨容姬忽然插口道，"还有齐献王曾经服用的虎骨药酒，当时的膳食清单、薰香品种、插枝花卉。只要能入口近身之物，都烦请太妃着人列个清单给我。"

贾荃知道杨容姬通晓药理，点头同意了她的请求，继续说道："胡姬那贱人死后，我将她手下的婢女们都抓起来严刑拷问，得知她果真派人与外面联络，就连毒药都是从府外弄来的。我派人去抄检他们见面的地点，虽然早已人去楼空，却打听到往来的是一伙匈奴人，可惜线索到此为止，再也查不下去了……"贾荃说到这里，见潘岳面色有异，不禁问道，"怎么，你想到了什么？"

"我记得以前听桃符提过，那胡姬原本就是匈奴王子刘渊进献给天子的，后来才进的齐王府生下了海奴。"潘岳博闻强识，就算是二十年前司马攸的无心之语，他也记得清清楚楚。"后来桃符几番劝谏天子，阻挠刘渊掌握兵权,加上我成亲时莫名其妙的行刺事件,刘渊对桃符必定心怀恨意。因此桃符之死,刘渊确实有很大的嫌疑……只是……"他皱起眉头,凝神苦思了一会儿,"只是我有一事想不明白,如果刘渊真的给桃符毫无痕迹地下了毒,为什么还要派胡姬再次使用明显的毒药?这不仅毫无必要地搭进去胡姬一条性命,还平白将嫌疑引到自己身上。刘渊那样的枭雄,应该不会做出这样的事情,除非……"

"除非什么?"贾荃紧盯着潘岳,声音因为紧张都变了调。

"除非,胡姬和他的主使之外,还有人对桃符下毒,他们彼此之间并不知情。只是胡姬失败了,而另外一批人……却成功了。"潘岳说到这里,想起当年司马攸四周竟潜伏着这么多魑魅魍魉,不禁喉口发哽,连呼吸都阻滞起来。

"另外一批人?难道是杨骏、杨珧兄弟?"贾荃恨得眼角充血,手上一用力,竟将保养了许久的一根长指甲生生拗断。

"群臣拥戴桃符替换太子,弘农杨氏身为太子的母家,在桃符死后确实得利最多,嫌疑也最大。不过若是他们下毒,就没有必要在驱赶齐王出京就藩的事情上那样卖力,平白为自己招来许多骂名。所以,应该也不是杨家。"潘岳分析道。

"不论杨家是否对桃符下毒,就凭杨珧、杨骏当年小人得志步步紧逼的样子,桃符的死他们也是元凶,我势必要杨家满门陪葬!"贾荃脱口迸出这句话,忽然收了声,意味深长地看了潘岳一眼,"对了,我倒忘了,如今杨家可是你的主公。只有他们保持地位显赫,你才有青云直上的可能。那刚才的话,就算是我失言了。"

她这几句话以退为进,明面上点出潘岳依附弘农杨氏的事实,实际上却想逼潘岳站队表态,最好能当场宣誓摈弃杨家,只对齐王府效忠。这种咄咄逼人的姿态,让潘岳眼神一暗,避重就轻地回答:"没关系,臣能体谅太妃的心情。不过如今杨家势大,太妃和齐王还是不要与他们公然对立，否则只怕会引来祸端。"

这个意思，是瞧不起我们孤儿寡母，所以只能忍气吞声了？贾荃觉得潘岳的话分明就是敷衍，沉淀了多年的激愤无法遏制地翻涌上来。她用力捏着自己断甲处锋锐如刀刃一般的断面，咬着牙闲闲地笑道："既然杨家是你借以攀缘的乔木，那你就安心走你的仕途好了，调查桃符的死因又有什么意义呢？"

"确实没有什么意义，只是好奇一问罢了。"潘岳这句话一出口，见贾荃勃然变色，便苦笑着问，"那太妃又想要做什么呢？"

"当初陷害桃符的人，荀勖、冯纨都已经病死了，剩下的就是弘农杨氏。杨骏、杨珧三兄弟做贼心虚，对齐王府颇多猜忌。只要他们在一日，我和山奴就没有一日可以安枕。"贾荃斜睨了潘岳一眼，见他依然没有什么表态，不禁冷笑道，"我如今一个寡妇，还能妄想做什么？能让我儿子山奴平安长大，不再像他父亲一样遭受无妄之灾，不再被捧高踩低的势利小人们欺凌冷落，就已经谢天谢地了！"说到后面，她语声刁钻尖刻，毫无疑问意有所指，就连一旁默默聆听的杨容姬都尴尬起来。

潘岳面带微笑，似乎根本没有听懂贾荃在责骂自己，只淡淡回道："太妃多虑了。如今齐王年少体弱，又深居简出不问世事，杨家着实没有打压的必要。"

"哦，原来你就是这样看待山奴的？"贾荃挑眉斜睨。

"不是臣这样看待齐王，而是洛阳尽人皆知。"潘岳不动声色。

"所以你不肯放弃杨家，是觉得山奴没用？"

"齐王如何，太妃自然最为清楚，臣不敢妄议。"

话说到这个分儿上，气氛越发僵持，双方显然已经没有再继续谈下去的必要。贾荃原本就失望于管辂预言的真相，此刻更是在潘岳这里碰了软钉子，心下恼恨，便意兴阑珊想要离开。然而她还未起身，潘岳却又开口道："既然太妃提到了当今齐王，臣忽然想起一事，就当个闲话趣事说给太妃听吧。"

山奴怎么了？贾荃暗暗一凛，身子重新在簟席上坐稳，听潘岳继续道："上月臣听闻秦王府中有齐献王幽魂作祟，便亲自前往查看，有幸目睹了那幽魂在后园池塘中踏波而行，果然与桃符生前容貌十分相像，只是更为年轻。虽然秦王认定是齐献王显灵，但臣思及与桃符面目相似者唯有亲子齐王而已。所以为防小人谣诼，还请太妃提醒齐王检点言行，不要给他人毁谤之机。"

"山奴一向在府中养病，深居简出不问世事，就不劳你廷尉平多虑了！"贾荃脸色铁青，霍然站起，"既然我们互相想问的都问完了，哀家也就不多盘桓了。"

"是。太妃此行十分冒险，我们以后也不必再见了。还望太妃和齐王明哲保身，好自为之。"互相想问的确实都问完了，互相想要探求的真相却谁都不肯开口。因此贾荃虽然恚怒，潘岳也毫无退让之意，只是礼节性地和杨容姬一起站起身来，躬身相送。

贾荃此行原本抱着极大的希望，此刻不欢而散，便阴沉着脸一路走出杨氏医馆，自顾登上马车回转齐王府。回到府内尚未坐定，贾荃便已一迭声地唤道："齐王呢？叫他赶紧过来见我！"

司马囧先前将潘岳和贾荃的对话听得清清楚楚，心中已知大事不好，提前回府后就一直如坐针毡地等候发落。此刻见到母亲气得脸色发青，又把四周侍奉的人驱赶得干干净净，司马囧原本的一点点侥幸也灰飞烟灭，只好扑通跪在贾荃面前，老老实实地说："山奴知错，请母亲恕罪。"

"你自己说说，犯了什么错？"贾荃见山奴偷瞥着放在自己膝边的藤条，冷笑着问。

"山奴不该……不该瞒着母亲，假扮父亲的模样去秦王府装神弄鬼，更不该被潘岳识破了身份。今天他不停咳嗽，就是因为我害怕被他当场抓住，反手将他推进了池塘……呃……"司马囧还没有说完，贾荃已经抓起那根韧性十足的藤条，用力抽在了儿子的后臀上。见司马囧只是猝不及防地哼了一声，后面就再也没有发出声息，贾荃越发焦躁，呵斥了一声："把外衣脱了！"

见贾荃难得发这么大火，司马囧不敢违抗，乖乖地解开腰带，将那件尚未更换的粗布箭袖脱了，只身着白缎中衣跪在地上。只听一阵风声划过，身后顿时爆起一条火辣辣的剧痛，让司马囧的呼吸克制不住地粗重起来。

"说呀，你不是能耐大得很吗？继续往下说呀！"贾荃一边恨声责骂，一边毫不停歇地甩下藤条，"其实你不说我也猜得出来，你串通了以前齐王府的旧人，利用你自幼熟悉的地形，轻而易举就避开了秦王手下的护卫。对了，还有花园池塘里埋下的木桩，那原本是你小时候我叫人做来逗你玩耍的把戏，你以为时境迁就没有人记得了吗？这么多明显的破绽，就算不是潘岳撞破，你以为你能瞒得了多久？"

"太庙中屡屡有父亲笔迹的字条出现，齐献王显灵的说法早已传遍了洛阳。所以我找温裕要了他仿写父亲笔迹的字条，扔在秦王府中，他们就更相信是父亲显灵了，根本不会怀疑到我……"司马囧刚回了两句嘴，贾荃便又是狠狠一抽，将少年清瘦的脊背打得往下一弯，"真能干，是不是要我夸奖你啊齐王殿下？"见司马囧疼得双肩都在瑟瑟发抖，贾荃恨铁不成钢地骂道，"我们隐忍多年要为你父亲报仇，你却去招惹无关痛痒的秦王，就不怕招来横祸，连累你父亲的祭祀都无人承奉吗？"

"我就是看不惯秦王司马柬！"司马囧双手在地上用力一撑，重新直起腰来，一双原本清澈的眼睛被愤怒烧得通红，"那片宅子一直都是齐王府，凭什么司马柬一博得天子欢心，就硬生生要强占了去？他是皇子，可我也是景皇帝的嫡孙，哪里就比不过他了，凭什么他就可以压在我头上为所欲为？我就是要假借父亲的灵魂去吓他，最好吓得他魂不附体家宅不宁，再也不敢住在我们的齐王府里面！那个王府，原本就是属于我的，迟早有一天我还要搬回去，把那帮势利小人一个一个都踩在脚下！"

"住口，你给我住口！"贾荃下了死力，不管不顾地将藤条在司马囧身上乱抽，却不能阻止少年饱含血泪的声声控诉。"什么景皇帝嫡孙，你若是嫌自己死得不够快，就把这话拿到外面对人说去！"贾荃尖着嗓子骂到这里，见司马囧中衣已经被自己抽破了好几处，鲜红的血迹呈条状从素白的绸缎上浸染开去，和当年司马攸死时呕出的血色一样刺目，不禁手足一阵发软，那沾血的藤条便掉在了地上。

"母亲放心，既然檀奴叔……潘岳先前并没有将此事说出去，那么他今后也不会说。"司马囧等了一会儿，见贾荃再无动作，忍着身后的疼痛问道，"母亲既然愿意冒险与潘岳会面，心里其实也是相信他的吧，毕竟他与父亲相交甚厚。此番不得已投靠杨骏，也是因为我们实在势单力薄，连助他回京都无法做到……"

"你倒是挺会为别人着想，这可真是你父亲的遗风啊！"贾荃气急，用手指使劲在司马囧脑门儿上一戳，"我早就告诉过你，这世上除了自己，谁都不能真正信任。没错，潘岳过去与你父亲交好，现在对我们也残存一分故旧之情——可那又如何？他还不是照旧来逼我们搬出王府，也舍不得杨骏带给他的种种好处？你现在只是个无权无势的空架子齐王。若是以后杨骏给他许诺更大的回报，焉知他不会出卖我们换取他的仕途？所以对他，我们也要提起几分防备。若是他威胁到了齐王府的安危，绝不能心慈手软！"

"可是，儿子记得潘岳今天一再提醒我们要明哲保身，应该不至于会出卖我们吧。反倒是'三杨'里的杨珧一直对他心存怀疑。若非儿子想办法顶替了监视他的杨家暗卫，只怕……"司马囧话音未落，后背上又爆发出一道烧灼般的剧痛，却是贾荃捡起藤条，顺手又用力抽了下来，"说那么多废话做什么？我们的目的是要弘农杨氏身死族灭，是要你重振齐王府的尊荣气势，甚至终有一天执掌社稷号令天下！潘岳既然不肯放弃杨家，那杨家倒台的时候，他就只能跟着一起陪葬！"

"母亲当初以为管辂预言父亲有天子之份，所以才命我韬光养晦以图社稷。可是如今已经证明那预言并非如此，难道还需要我继续装病下去吗？如今这种老鼠一样不见天日的生活，我真是受够了！"等到贾荃再度停手，司马冏抹了一把额头上疼出的冷汗，颤抖的声音中满是压抑的愤懑。

"你想怎么样？想立刻活蹦乱跳奔出府去，宣布你齐王的多年痼疾一朝而愈？"贾荃讥讽地笑了两声，见司马冏眼中的光辉骤然暗淡下去，心脏处突然如被利刃穿刺，爆发出一股尖锐的剧痛。她将手中藤条远远抛开，一把将儿子颤抖的身体紧紧搂在了怀中，眼泪刹那间盈满了眼眶："山奴，你如今要么在府中装病，要么隐姓埋名潜伏杨家。堂堂齐王受这样的委屈，你以为娘会不心疼？只是当年你逼天子杀太医太过锋芒毕露，只怕天子心中已经存了芥蒂，娘实在不敢再将你推入他的视线之中了！管辂的预言虽然与帝位无关，但'殒身、灭家、亡国、乱天下'几个字如此凶险恶毒，怎么会不引发天子对齐王一脉的警觉？如今你还年少，确实只能如潘岳所说那般隐忍自保。等到弘农杨氏倒台之后，才是你出人头地的机会！至于其他人的死活，跟我们又有什么相干？你处处模仿你父亲，难道他当年的覆辙，你也要重蹈一遍？"

"其他人？"司马冏的眼前忽然闪现过潘岳看向琅琊世子司马睿时温柔宠溺的目光，可那目光转向自己时，却刹那间变得冷淡不耐。仿佛被当头浇下一盆冷水，司马冏身子一个激灵，思路顿时清爽了许多，诚心诚意地朝贾荃磕下头去，"母亲教训得是。山奴知错，以后绝不会再做出幼稚举动惹母亲生气了。"

第 六 章
义 士

气愤薄而乘胸兮，涕交横而流枕。

——潘岳

齐献王司马攸的鬼魂屡屡在秦王府中显灵，河南尹府和廷尉府均无法核实真伪，秦王司马柬不得已只好将此事亲自写成奏表，上呈给天子司马炎。

这封奏疏刚呈递上去不久，太庙里又传来消息，齐献王灵位之前，再次出现了一张青纸所书的纸笺，恰恰正是齐献王司马攸的笔迹。不过与上次纸笺上所书"庶事不可以不恤，大本不可以不敦"之类劝谏之语相比，这次纸笺上书写的内容越发触目惊心，透着无法掩饰的不祥预言。

"辅弼不忠，祸及乃躬；匪徒乃躬，乃丧乃邦。"天子司马炎一字一字地念出纸笺上熟悉的字迹，脸上的肌肉抽搐了几下，最终化作一个蔑视的冷笑，将那张纸笺抛在了御案上，"听说此前还有类似的纸笺，闹得朝野人心惶惶，为何杨将军一直隐瞒不报？"

"陛下恕罪。因臣一直认定这是奸人作祟，真凶未明之前，一直不敢扰乱天听。"听出司马炎的怒意，总揽政事的车骑将军、国丈杨骏悄悄抹了一把汗。

"那如今真凶查出来了没有？杨将军非要朕从秦王奏疏中得知消息，专门问到你头上才会对朕言明吗？"司马炎握住御案上一卷奏疏，五指用力，"究竟是什么人，能将齐献王的字迹模仿得如此惟妙惟肖，而且能避开太庙的森严守卫，将它放在齐献王的灵位前？"

"陛下恕罪，真凶……真凶如今尚未抓获，但臣已经有了眉目了！"杨骏见司马炎握着奏疏的手背上青筋暴起，显然愤怒到了极点，连忙信誓旦旦地保证，"陛下放心，臣已经安排人手彻查这两日进出太庙的一应人等，必定会查出是谁做此大逆不道之事，将他明正典刑！"

"这句话的出处是什么，夏侯侍郎你博闻强识，给杨将军说说。"司马炎没有理会杨骏义愤填膺的表情，却用几根手指拈起那张纸笺，转头问一旁的中书侍郎夏侯湛。

夏侯湛作为齐献王司马攸的表兄，此刻才从野王县调回洛阳不久，万料不到司马炎竟会问到他的头上。他心下一突，却不得不躬身对杨骏道："回陛下、杨将军，青纸上的这句话出自故齐献王《太子箴》，原文是'楚以无极作乱，宋以伊戾兴难。张禹佞给，卒危强汉。辅弼不忠，祸及乃躬；匪徒乃躬，乃丧乃邦'。此乃借史上旧例以行劝谏，平淡冲和，端方雅正，并非大逆不道之语。"

杨骏不学无术，被夏侯湛这么一提点，脸上不由红了一红。但他能从一介下僚跻身朝廷重臣，除了仰仗女儿的皇后身份，更多还是善于揣摩天子司马炎的心思。如今见司马炎虽然端坐在御案后不露声色，微微鼓起的腮帮却显示着用力咬住的牙关，杨骏心中顿时有了底，冷笑着对夏侯湛道："这几句话放在齐献王的奏疏中固然不错，但如今被人断章取义，就难免有包藏不住的祸心了！"他忽地转向司马炎深深一拜，"臣请陛下赐臣对涉事者传讯专断之权，臣必定揪出冒充齐献王妖言惑众的凶犯，连带他背后的同党一网打尽！"

杨骏所谓专断之权，表明他要单独处理这件事，绝不让其他府衙和官员插手。夏侯湛本能地觉得不妥，却还没等开口阻止，天子司马炎已经点了点头，意兴阑珊地站起身来："那就劳烦国丈用心了。朕有些劳乏，今日就到这里。"说着，径自走出了太极殿东堂，朝等候在廊下的御辇走去。

两个小内侍按照惯例想要搀扶司马炎，却被心事重重的皇帝一甩袖子驱赶开去。甩袖之时，一张青色纸笺飘然落在玉石雕砌的台阶之上，清清楚楚地呈现出上面儒雅端凝的字迹——"辅弼不忠，祸及乃躬；匪徒乃躬，乃丧乃邦"。

自己心神不宁之下，竟然将这张鬼气森森的东西给带了出来！司马炎的心随着那张纸笺沉了一沉，眼睛也被那些熟悉的字迹晃得发花，就仿佛那些字变成了一只只仰面朝天的眼睛，带着司马攸惯有的恭谨克制，还有临别时无法掩饰的悲戚失望，一瞬不瞬地望着他。

"闭上，都给朕闭上！"司马炎无声地呵斥着，忽然一步踏上，将那些清晰方正的字迹踩在脚下，用力踯踏。但是纸笺太长而朝履太短，仍然有一些墨字从他的脚底延伸出来，仿佛从石缝中扭曲挣扎而出的藤蔓，让端方的真楷蜕变成了记忆深处另一幅放纵的行草："木摧于秀，兰烧以薰。神州陆沉，华夏无君。"

司马炎的身子蓦地一晃，伸手扶住了头顶摇摇欲坠的天子旒冕——当年他草草掠过司马攸所写的《太子箴》，竟没有发现里面隐藏着这样的怨毒机锋！没错，不论是公之于众的《太子箴》，还是秘不示人的诅咒语，都是司马攸亲手所写。那其中的怨恨和威胁，分明就是一脉相承！这样的心机，这样的笔迹，怎么可能是别人模仿得来，一定是司马攸死后灵魂还怨毒不甘，非要冲回阳世来诅咒自己的江山社稷！

"你死得并不冤，却为何还要回来作祟？"司马炎咬着牙，狠狠地在心中骂道，"不过你活着朕尚且不怕，你如今已经死了，还能翻得起多大的风浪。"

"陛下要回后宫吗？御辇已经准备好了……"伺候在一旁的内侍见司马炎走到车辇旁，却目不斜视地径直走了过去，不明白天子是何种打算，只好尾随在司马炎身后小心翼翼地问。

"滚开！"司马炎猛地一声怒喝，将内侍吓得顿时停住。他眼睁睁地看着至高无上的天子突然放开脚步，仿佛躲避一个看不见的影子一样奔跑起来。"陛下小心——"尚不等内侍回过神追赶上去，就见司马炎厚重的朝履在一块凸起的砖缝上一绊，随即整个人重重地跌扑下去。

太康十年的季春，天子司马炎病了。他的病症初时并不明显，只是夜里不断地做噩梦，渐渐就变得精神短少，情致抑郁。别说批阅奏疏、管理朝政，就连宠幸后宫中成千上万的宫女嫔妃都没有兴趣了。

太医院医正带着众太医来给司马炎会诊过多次，结论只是"苔黄脉弦，口苦目赤，胸胁胀满、耳鸣便秘"，开了些用柴胡、珍珠母、菊花、羚羊角等药材配置的清泻肝胆的方子。至于司马炎噩梦纷纭、惊恐多魇的症状，太医们知道是心病，却没有一个人有胆子去探问根由。

只有司马炎自己知道他每天在噩梦里看到了什么。最开始他只是远远看见一个影子在前方踏波而过，渐渐地那影子越来越近，越来越清晰，分明露出了弟弟司马攸那熟悉的面目。最开始司马攸并不说话，只是无声地凝望着司马炎。然而那寂静中漫漫涌来的压迫感却让司马炎喘不过气，最终挣扎一般喊出来："你不好好待在九泉之下，跑回来干什么？朕给了你仅次于皇帝皇后的隆重葬礼，将你的灵位配飨太庙，还在你的齐王家庙里设轩悬之乐。这样高规格的礼遇，你还有什么不满意的？"

"陛下还记得西汉时候的尺布斗粟之谣吗？"梦境中的司马攸还是如生前那样举动得宜，然而司马炎却仿佛被看不见的蛛网缠绕，无法逃离，无法阻止。只见司马攸苦笑一声，曼声吟道："一尺布，尚可缝；一斗粟，尚可舂；兄弟二人不相容。"

"史书里并没有说汉文帝杀了淮南王，都是市井小人的胡乱臆测！"司马炎大声辩解着，"朕也没有逼你去死！朕只是不知道你生病了！"

"我死在半途和死在封地，对陛下而言又有什么区别呢？"面对司马炎的气急败坏，梦中的司马攸依然是那副令人生厌的恭谨表情，"臣只是担心,一旦陛下百年之后,太子如何能承担起社稷重任? 一旦帝位虚悬,群小骚动,只怕……"

"住口,你给朕住口!"司马炎猛地打断了司马攸的话,挥舞着胳膊想要将他赶走,"你不就是想诅咒朕的江山吗? '殒身、灭家、亡国、乱天下'。如今你已经死了,你身上背负的恶毒诅咒也早就和你一样被埋进了黄土,被蝼蚁虫豸吃得干干净净了!朕早已布下了万全的对策,外戚执政,皇室掌兵,势必要将朕的血脉千秋万代地传递下去。哪怕日后九泉相见,也绝不会受你的嘲笑!你给朕滚,滚——"

"陛下,陛下可是又魇住了?"几声焦虑的轻呼唤回了司马炎的神智,睁眼正对上了皇后杨芷妆容精致的脸。司马炎定了定神,颓然垂下胡乱挥舞的双臂,才发觉嗓子干涩得厉害,便由内侍搀扶着倚坐起来,慢慢饮下一盏润喉的蜜水。皇后杨芷则亲自接过宫女呈上的温热面巾,轻柔地擦拭着司马炎满额的冷汗。

"陛下……"一个小内侍慢腾腾地挨过来,还没等开口,司马炎已经烦躁地瞪眼过去:"又是谁要觐见?叫他们有事都去找杨国丈!"

"启禀陛下,正是杨国丈在殿外,说有要事求见。"小内侍连忙道。

"宣。"司马炎靠在软枕上,急促地呼吸着平息方才噩梦带来的余悸。他授权国丈杨骏总理朝政,若没有紧急大事,杨骏绝不会擅自叩殿请见。

想起方才梦魇中与司马攸的对话,司马炎紧绷的脸色努力和缓了一下。为了确保天子之位能顺顺利利从太子司马衷传递到皇孙广陵王司马遹手中,司马炎确实煞费苦心。刻意扶持外戚杨家来总领政务,借以平衡统领军权的宗室藩王和盘根错节的世家大族,便是他棋局中最为重要的策略。

国丈杨骏这个人虽然没有大才,但忠心可嘉,与其他世家大族素无结党营私之处,这是司马炎重用他的原因。而另外一个心照不宣的理由,则是因为杨骏只有女儿没有儿子,司马炎认为将来他不可能废黜太子而自谋帝位。这一点,司马炎自己作为权臣之后代魏称帝,其实是最为顾忌的。

因为存了笼络倚重的心思,司马炎对杨骏态度颇为优容。他也没有叫杨芷回避,径直将杨骏召入,免礼赐座。而杨骏更是满脸喜色,才向帝后见了礼便又长跪起身,压抑不住激动拱手道:"启禀陛下一件喜事,在太庙内仿制齐献王手书的逆贼已经抓获了!"

"什么?"司马炎蓦地从靠枕上一弹而起,连声音都微微发颤。那太庙里屡屡出现的司马攸手书,果然是旁人冒充的?那岂不是证明,根本就没有什么司马攸显灵,分明是有人借助司马攸的名义来宣泄怨愤讥议朝政。那自己每天噩梦中见到的司马攸,究竟又是什么?

"臣知此事重大,不敢怠慢,将太庙上至主管官吏、下至门子仆役全都拘押传唤,甚至动了大刑,才从一个洒扫奴子那里得到了线索——原来是有人贿赂那奴子,假托青纸上都是祝祷祈福之语,趁人不备时呈贡在齐献王灵位前的。那奴子不识字,又贪图钱财,便替他放置了两次,后来风声传开,便说什么也不敢再……"

"究竟主使之人是谁?"听杨骏说了半天还没说出正题,司马炎忍不住含怒问。

"主使之人经过层层盘查,现在已经被臣派人擒获,名唤温裕,乃是昔年的齐王府长史,齐王府僚属遣散之后便一直赋闲在家。"杨骏见司马炎凝目不语,便又接下去道,"那温裕伺候齐献王多年,所以能仿写齐献王的笔迹,几可乱真。不过臣派人审问他时,他却说自己托奴子供奉的确实是祈福之语,至于为什么会变成齐献王讽谏之句,他也并不知情……"

"够了!"司马炎蓦地一捶床板,冷笑道,"他招不招认又有什么关系,横竖没有太庙的纸笔,齐献王还在秦王府显灵了呢。前日驸马王济还给朕提到了尺布斗粟之谣,只怕这首歌谣现在整个洛阳城又传遍了吧!朕的名声,就是这样一点一点被糟蹋了的!"

"陛下恕罪!"见司马炎神情怨愤,一张白净面皮突地涨得通红,杨骏吓得赶紧跪下请罪,"臣明白陛下的意思了,温裕不过蕞尔小吏,他的背后一定还有主谋之人。臣一定尽心竭力,将他的同伙一网打尽!"

"温裕是齐王府旧人,爱卿做事的时候也须小心些,何必给别人落下酷吏的口实?"司马炎抿了抿嘴唇,鼻翼两边的腾蛇纹显得更深了。

"就算臣愿意做酷吏,也绝不能损伤了陛下宽仁的圣名。"杨骏明白司马炎言下之意,连忙点头道,"臣定会着心腹之人秘密行事。审讯若有结果,必会立刻报给陛下定夺!"

"从今开始,朕不想再听到有关齐献王的任何传言。"司马炎烦躁地挥了挥手,等杨骏告辞离开,只觉心口又火烧火燎地炙热起来,转头去看坐在床榻边侍奉汤药的皇后杨芷,"这几天,东宫那边怎么样,皇孙还好吗?"

"还好。"皇后杨芷迟疑了一下,见司马炎皱了皱眉,只好道,"本来不想打扰陛下。只是皇孙前日过来,说太子妃将他生母谢才人拘禁在别院,不许他母子相见。臣妾见陛下一直病着,就没有告诉陛下,打发皇孙回去了。臣妾想,这毕竟是东宫的内闱之事,我们做长辈的只要确保皇孙安然无恙,其他也管不了太多,陛下您说是不是?……陛下?"

司马炎没有回答,只是鼻腔里发出低低的鼾声,却已经是斜倚在软枕上睡着了。

苍黄翻复,鹘落雀飞。潘岳没有料到,他再见温裕,已恍如隔世。

在潘岳的记忆中,多年前的温裕作为齐王府长史,总是默默地跟在司马攸身后,眉目平和,声音温雅。他比潘岳和司马攸大上几岁,作为司马攸的下属,待人接物十分恭敬稳妥,却又隐隐含着兄长特有的慈和包容。对潘岳而言,温裕就像是他和司马攸之间的一座桥。一旦他有事不方便直接见司马攸，温裕就是最好的通传之人。

从怀县回归洛阳后，为避人耳目，潘岳与温裕也只私下见过几面，大部分时间都靠温裕到杨家医馆抓药，或者在夏侯湛举行的宴会中暗通消息。仅有的几次会面里，温裕每次提到司马攸的惨死都会悲痛大哭，立下誓言要让害死司马攸的真凶付出代价。由于常年服侍司马攸，温裕模仿司马攸的笔迹惟妙惟肖，所以潘岳才想起让温裕伪装司马攸笔迹显灵，让杨骏兄弟惶惶不可终日，也让天子司马炎恐惧不安，一病不起。

"安仁，我答应你。从此我在暗中制造舆论，你在杨骏府上见机行事。为齐献王报仇，护卫齐王血脉，程婴、杵臼，你我分任之。"潘岳的耳边，此刻还回响着温裕对自己的承诺，手掌似乎还能感觉到两人四手相握时那温热的暖意。

可是现在，这个被拖进廷尉府地牢之中、伏在地上只能勉强维持人形的东西，真的就是当年那个儒雅鲜洁的齐王府长史吗？潘岳只看了一眼那团枯草一般的乱发，就转开头去，朝车骑将军府主簿朱振冷笑道："朱主簿，人都快被你们私刑打死了，还送到下官这里来做什么？"

"安仁有所不知，这是主公亲自吩咐严审的要犯，已经得了天子许可，所以不能算私刑。"朱振当初得潘岳出计洗脱了杀人罪名，此后见到他都颇为热络客气。此番他拉着潘岳走到牢房角落里，瞥了一眼负责押解的几个武士，在潘岳耳边低声道："那些都是杨家暗卫营的人，先前人犯都是他们在审，只会一味狠打，却一个字也问不出来。因此主公才让他们把人送到廷尉府来，看看安仁有没有什么办法撬开他的嘴。"

"打得只剩下一口气了，还能指望下官有什么办法？"潘岳皱眉道。

"看在当初安仁救过我的分儿上，我也回报安仁一句肺腑之言。"朱振附在潘岳耳边的语声又低了三分，"这个温裕乃是齐献王旧部，和安仁想必也是认得的。如今主公要追查他的同党，甚至怀疑他背后主谋就是当今小齐王。安仁不想落人话柄，就切不可对他有半分怜悯。"

此言一出,潘岳不觉脊背一寒,却朝朱振含笑点头道:"这个下官理会得,多谢朱主簿关心。"说着他朝前走了几步,盯着那个匍匐在地上满身血污的人问道,"你们确认这个人就是温裕?"

"确认无误。"一个暗卫营的武士回答了一声,伸出脚尖在人犯身下使劲一勾,顿时将那人整个掀翻过来,"请廷尉平验看。"

随着这番粗鲁的动作,那人被拨成了仰面朝天的姿势,一张晦暗的脸被乱发遮住大半,身上的衣服也早被打得稀烂,只勉勉强强遮住干瘦的身体,恍如一根陷落在淤泥里的枯树。

潘岳在廷尉府待了一阵子,对于刑律中各种刑具造成的伤害皆有知晓,因此一眼便看出了这具躯体不同寻常之处:"你们究竟用了什么刑,将他弄成这个样子?"

"还能用什么刑,不过就是打,换不同的东西打。"暗卫营的武士瞅了一眼地上那人满是血痕和污秽的身子,自己都有些嫌恶地避开视线,"偏是他自己犯倔,绝食多日,连水都不肯喝,才弄成这副样子。"

"去拿一碗水来。"潘岳吩咐了一声,顿时有廷尉府中的狱卒用粗瓷碗打了水来。潘岳蹲下身子,伸手捋开温裕被血污粘在脸上的头发,露出一张黄褐色的骷髅一般的脸。饶是他早已心中有数,仍是忍不住怔了怔。

这样一张脸,还能算是活人的脸吗?潘岳向来不信鬼神法术,可此刻见到温裕的脸,仍然不禁怀疑究竟是什么妖法,将这张脸上原本的肌肉化为乌有,只剩下一张枯黄泛黑的面皮,薄薄地绷在头骨之上。偏偏那双深陷在眼窝中、仿佛随时都会承载不住掉落出来的眼眸,还在用力地大睁着,如同一堆灰烬中最后遗存的火星,微弱却依然灼人。

"温兄,我是潘岳,你还认得我吗?"潘岳唤了一声,见温裕并不开口,眼神却渐渐凝聚在自己身上,便俯身用手臂搂住他的后背,将他的上半身扶了起来。温裕的身躯单薄僵硬,体温低得吓人,后背上突兀的脊骨更是一节节地直接硌在潘岳手掌中。让潘岳怀疑,只要自己稍微多加一点力,这根脊骨就会如同枯柴,"咔嚓"一声折为两段。

"温兄,先喝口水吧。"潘岳见温裕青灰色的嘴唇干得裂开了一道道血口,伸手接过狱卒手中的水碗,小心凑到温裕唇边。碗沿轻轻透入温裕的唇缝,却被紧咬的牙关死死抵住,潘岳手上微倾,低声劝慰道:"温兄有什么心愿都不妨明说,潘岳必定会想法为你做到。"这句话似乎起到了一点作用,温裕果然微微张开齿缝,咽下一小口水去。然而还不待潘岳心头稍安,温裕的喉头却蓦地一阵抽搐,刚喝下的水顿时尽数呕吐出来,全都喷在了潘岳的衣袖上。见潘岳满面错愕,温裕的喉咙里忽然发出一阵嘶哑的笑声,整个人也重重往后一仰,压着潘岳的手臂重新跌倒在地上。

潘岳抽回垫在温裕身下的衣袖,放下水碗站起身来。一旁的朱振搓着手有些着急道:"安仁,他是钦犯,你与他称兄道弟怕是不妥……"

"下官理会得。"潘岳朝朱振点了点头,径自吩咐廷尉府的狱卒,"去找一个好点的大夫来,给他看看伤。"

"慢着!"朱振踏上一步,急得脸上冒汗,"安仁是想对这囚犯一叙故旧之情吗?这一招没用的,主公先前给他许过高官厚禄他都拒不领情。安仁想要怀柔,只怕别人会说你徇私呢。"

"此人冒犯太庙扰乱人心,本官就算与他有旧也绝不敢徇私,还请朱主簿慎言!"潘岳正了正头上代表司法之权的獬豸冠,见朱振神色有些讪讪,又正色道,"杨家主公既然让下官审他,那请医用药也是下官分内之事。否则若是他撑不住先自死了,下官还审什么?"

"可是主公也吩咐过,此人乃是齐王府旧人,为免不必要的麻烦,对他的审讯只能秘密进行。若是去外面请大夫走漏了风声,这罪责我们可承担不起。"朱振为难地道。

潘岳明白,以温裕的身份,无论天子司马炎还是杨骏、杨珧等人,都不愿将此事声张。毕竟无论在朝在野,齐献王司马攸都是一个近乎圣人的存在,那对他尽忠的长史温裕在道义上已经获得了人们的同情。也正因为如此,皇帝和杨家才想通过温裕之口挖出同伙,甚至是指使他的主谋,这样才能彻彻底底地驱散至今盘踞不去的司马攸的阴影。

"所以趁现在那姓温的还没死,就请安仁赶紧审问吧。暗卫营之所以同意将人犯移交,就是考虑廷尉府中多的是用刑的行家,问起口供来肯定更有效。"朱振偷觑了一眼杵在一旁的几个暗卫营武士,使劲朝潘岳使着眼色。暗卫营的正经主子是"三杨"中的老三杨济,他与二哥杨珧交好,对大哥国丈杨骏颇多不以为然之处。因此这小小一方牢狱虽然是杨家地盘,其中竟也盘踞着几方势力,既合作又猜忌。

"他这个样子,只怕打不了几板子就没命了,再是行家也没用。"潘岳盯着脚下黑漆漆的地面看了一会儿,忽然抬头道,"这样吧,内子也算精通医术,不如下官这就派人接她来为温犯看诊,这样就不必担心会走漏风声了。"

"这……合适吗?"朱振没有料到潘岳竟会让自己的妻子到廷尉狱中来为温裕治伤,张了张口却找不到反驳的理由,一时愣住了。

"还请朱主簿和各位壮士到外间稍作休息。待内子到来之后,下官即刻开审,绝不会让主公失望。"潘岳说着,根本不看倒在地上无声无息的温裕一眼,反倒殷勤地将朱振一行人让到外间,又命廷尉府属下奉上待客的果品。

过了没多久,仆人果然将杨容姬请到了廷尉府,由潘岳和朱振等人一起陪同进了关押温裕的牢房。尽管方才已得知温裕被杨家暗卫营严刑拷掠了数日,待到看清温裕的模样,杨容姬还是脚下一软,幸得潘岳及时扶住才勉强站稳了身子。

"敢问这位郎君,你们给他吃了什么?"杨容姬暗中推开潘岳的扶持,重新站定,朝朱振询问。

朱振怔了怔,无措地看向暗卫营的武士。于是一个为首的武士回答道:"我们没给他吃什么,是他自己什么都不肯吃。我们怕他死了,就强行给他灌食灌水,可是灌什么吐什么。大概他是存心寻死吧。"

见问不出什么,杨容姬就不再理会众人,自顾走到温裕面前蹲下身,才发现他双目紧闭,早已昏迷不醒。杨容姬压抑住自己的心悸,翻看了一下温裕泛着青灰色的眼皮,又拉过他皮包骨头的手腕,避开上面被绳子勒得血肉模糊的伤口,将手指搭在皮下如同蚯蚓一般蜿蜒暴凸的脉搏上。

杨容姬做这些事情时皱眉凝神,全神贯注,根本就不曾注意朱振和其余几个杨家暗卫的不耐。好不容易诊完了温裕双手脉搏,杨容姬又试图查看温裕的舌苔,却始终无法捏开他紧咬的牙关。于是为首的暗卫终于忍不住朝手下扬了扬下巴:"吴六儿,去帮帮潘夫人。"

"是。"那个叫吴六儿的杨家暗卫两步跨到温裕身边,先是拿起地上那碗水往温裕脸上一泼,见他仍然未能醒转,索性一只手揪起他的头发将温裕整个头部拽离地面,另一只手朝他的下颌拧去,惊得杨容姬忍不住怒道:"你要干什么?"

"卸了他的下巴,好让夫人看他的舌苔啊。"吴六儿不满地回答。

"那不用看了,我诊脉就可以了。"饶是杨容姬平素冷静自持,此刻也忍不住慌乱地摇了摇头。眼看吴六儿顿时撒了手,将温裕重新重重扔回地上,杨容姬的嘴唇哆嗦了一会儿,才转头对一旁面无表情的潘岳道:"麻烦你们打一盆水来,我给他清洗一下伤口,敷上药膏再开方子。"

"夫人把药膏留下就行了,我们来给他涂。"不待潘岳回答,朱振已经迫不及待地催促道。

杨容姬望向潘岳,见丈夫只是静静地看着自己,并没有多余的话,便只好点了点头:"那我现在去开方子,待药煎好之后给他服下。"

"抓药煎药太费时间,我们可耽搁不起。"朱振想起杨家催逼得紧迫,苦着脸道,"何况这人犯连水都喝不进去,熬了药来也是白费。"

"那你们叫我来,究竟是要做什么?"杨容姬煞白着脸问。

这次朱振没有回答,只是埋怨地斜睨了潘岳一眼。而面对杨容姬的质问,潘岳终于开口:"案情紧急,此人性命又危在旦夕。因此一会儿本官审讯的时候,烦请夫人能施针留住他的性命,不要在问出口供之前就死了。"

"原来是让我来做这个。"杨容姬心头一阵发冷,强撑起精神道,"不过妾身胆小,若是你们一会儿用起刑来,我只怕是先撑不住晕过去。所以这件差事,实在心有余而力不足。"

她说这话时眼中蓄泪,脸色惨白,连嘴唇都是颤抖的,落在旁人眼中果然是一副惊吓过度的模样。朱振心中暗叹了一句"不济事的妇人",便转向潘岳为难道:"我早说过不必去请尊夫人,安仁却一意孤行。如今白耽误了这许多时间,主公要是问起来,却该如何交代?"

"人犯此刻昏迷不醒无法开审,夫人至少可以施针让他醒来。"潘岳口气淡淡,"至于开方抓药,夫人自可以回去准备,药熬好了遣人送过来即可。"

杨容姬定定地看着潘岳,见他眼中的光芒如同夜空中的寒星,冰冷坚定,让她无可遁逃也不容辩驳,只好低低应了声:"好。"

她重新回到温裕身边,背对着众人从随身携带的针囊中拈出一枚银针,手指却抖得不成样子。她闭上眼睛深吸了一口气,用左手紧紧地掐住右手腕,这才稳住了持针的手指,将银针从温裕鼻下的水沟穴刺入,随即又是几针,分别刺入了温裕的素髎、内关和涌泉等穴位。

这套针法原本专治昏迷晕厥,因此不多时温裕的身体便无意识地抽搐了几下,眼睛缓缓睁开。刹那之间,杨容姬只觉得一阵令人窒息的痛苦从启开的眼缝中满溢而出,仿佛开闸之后的洪峰奔涌过来淹没了她,忍不住手一抖,将刚刚刺在温裕耳后的银针拔了出来。

瞳孔猛地一缩,杨容姬难以置信地看了银针一眼,随即动了动姿势,让自己宽大的袍袖遮蔽了身后众人的视线。她将温裕穴位中的银针一一取出,重新收入药箱中,这才缓缓站起身,咽下喉中哽住的那团血气:"他醒了。"

"那便开审吧。"潘岳不动声色地点了点头,立刻有两个廷尉府的狱卒走上前,将温裕从地上拖起,用铁链缠住双手手腕,吊在了牢房中的刑架之上。

"檀郎……"杨容姬只觉得那铁链清脆的撞击声是如此刺耳,不由伸手抓住潘岳的胳膊,求救一般轻呼出声。

"没事,你先回去吧。"潘岳握紧了杨容姬的手,亲自将她送到牢房门口,见她嘴唇抖动着还想要说些什么,便微笑着抢先道:"我今天晚饭想要吃蒸饼,还要吃何太傅家的那种十字裂纹蒸饼,你回去一定要给我做。"说着手上微微用力将杨容姬推出牢门,命仆人将她送回家去。

杨容姬不敢回头细看,转过身提起裙裾,沿着潮湿阴暗的甬道往外走。为了保密,温裕并未被关押在普通囚犯的牢狱,而是启用了修筑在地下的秘密地牢。地牢里四周不见天日,只有墙壁上摇曳的火把在人们身边拉出浓而斜的阴影。没走几步,杨容姬一不小心踩进了一凹积水中,顿时整只鞋子都湿透了,冰一样的寒冷如同利剑一般从脚底直刺入心中。

"说吧,究竟是谁指使你这么做的?否则国法无情。就算下官与你有旧,也无法徇私。"隐隐约约地,杨容姬听到了潘岳的声音。不知是不是因为地牢中回声的关系,平日里熟悉的声音此刻听上去竟扭曲得那么森冷阴郁,让她蓦地抱住双肩,身体颤抖得如同风中秋叶。

"没有主使,一切都是我自己所为。"温裕的声音,也早与他昔日不同,枯干暗哑,如同被粗粝砂石磨得血肉模糊。

"你冒充齐献王笔迹惊扰太庙,究竟有什么阴谋?"

　　"我不过是思念故主,才仿写他昔年旧句,哪里有什么阴谋?"喑哑的自辩之后,是温裕杜鹃泣血般的大笑,"你们长年被阴谋熏黑了心,所以不相信这个世上还有不计私利不畏生死的道义! 如今,就由我证明给你们看看……"

　　步履渐远,语声渐小,终至消失不闻。暗无天日的地牢内,杨容姬唯一能听见的,只剩下自己双脚重重踩踏过积水的石砌地面所发出的声音。可是不对,这不是她的脚步声,哪怕她已经惊骇地放缓了脚步,那一声快过一声的"啪啪"声依然携带着风声,从她身后锲而不舍地追来。

　　全身的血肉似乎脱离了骨头而绽裂开来,几绺头发也无风自动,仿佛濒死的昆虫拂过她的脸颊。在这毛骨悚然的恐惧中,杨容姬忽然意识到:身后传来的不是追逐她的脚步声,而是鞭子抽打在肉体上的声音。哪怕那具身体的表皮已经干枯、肌肉已经萎缩,可脉搏依然在跳动、血液依然在流淌。在看向她的时候,那充血的眼眸中依然闪过一丝波澜。

　　温裕还认得她,证明他的神智还十分清楚,更证明当残忍的刑具落在他身上时,他依然感受得到肌肤肢体被摧残折磨的痛楚。

　　"夫人别怕,马上就出去了。"一旁相送的狱卒见杨容姬颤抖得厉害,知道她从未见识过如此场面,只好顾不得礼数,伸手让杨容姬扶住。终于,她支撑着走完最后几级台阶,重新回到了普照的阳光之下。

　　待到坐进马车中,杨容姬才惊觉自己手足酸软,就仿佛死而复生一般。她用双手紧紧捂住被阳光刺痛的眼睛,终于低声哭泣起来。

　　潘岳方才向杨容姬提到的蒸饼,就是后世所谓的馒头。而他口中的何太傅,就是此时朝中的太傅何曾。何曾生活豪奢,尤其苛求美味,家中每天饮食耗费高达万钱,甚至比宫中御膳还要精美。天子司马炎宴请百官时,何曾嫌弃滋味不好,拒绝进食,司马炎便准许何曾从家中自行携带饮食。何曾家制作的蒸饼,向来以饼端裂开成十字状而著称,风靡洛阳,人人效仿。而制作这种蒸饼的诀窍,则在于面团发酵的程度,费时费力,绝非准备寻常饭食那般容易。

回到延熹里家中,杨容姬放好药箱,径直走到了厨房里。她洗净双手,将面粉倒入瓦盆中,又舀了两瓢水,动手和起面来。

家中小婢从厨房门口探进头来,疑惑问道:"李伯说夫人要回来开方子救人,可要奴婢去抓药吗?"

"没有什么药,你去玩吧。"杨容姬呆了一呆,又继续去揉着手中的面团,"檀郎说要吃蒸饼,还要像何太傅家那种有十字裂纹的蒸饼,我这就给他做。"

"夫人,您面里的水放得不够多……"小婢好心提醒了一句,骤然发现杨容姬眼中的泪水一滴滴落下来,恰都掉进了面盆中,顿时吓得不敢再多说,默默地退了出去。

十字裂纹蒸饼做好的时候,天已经完全黑了下来,潘岳却依旧没有回来。杨容姬一个人坐在案前,提着笔默默待了许久,终于将笔下好不容易写下的几味药材全部涂去,在手心揉成一团。

"杨小姐若是真的怜惜安仁,就多进屋陪他说说话吧。他一个人成天躺在床上,很是寂寞的。"脑海中似乎有人在说话,极遥远又极模糊,却惊得杨容姬手一抖,被揉皱的药方掉在了地上。她惊讶地睁大眼睛朝四周看了看,忽然记起这句话正是十七岁的潘岳在邙山养伤时,温裕对自己的规劝。

那个时候正处于年少叛逆时的自己,是怎么回答的呢?杨容姬蹙起眉头,恍惚觉得被尘封了十几年的记忆渐渐浮出水面,就连那时自己对潘岳盛名所抱的忧虑和抗拒之感也重新鲜活起来。她那时回答温裕说:"我只是个大夫,只做我分内的事情。陪潘公子说话解闷,是你们做朋友的责任,不是大夫的。"

是啊，他们是朋友，从少年时候就患难与共的朋友。只是那个时候，他们却无论如何也想不到会有今天，一个沦为阶下囚被吊在刑架上，而另一个却命人朝他挥出了毒蛇一样的皮鞭。

而她，却只能眼睁睁地看着这一切发生，连一句规劝的话都不能说。就像她看见自己最亲密的丈夫一头扎进洛阳的黑夜，却只能默默收回想要拉住他的手。

门外传来了脚步声，是厚重的官靴踩踏在天井石板地上的声音，清晰，沉重。杨容姬似乎都能听见它们踩到檐下积水时，那平静的水面被打破，那些细小的水珠被溅落的声音。冰冷的感觉骤然从脚底升起，就仿佛她的脚还踩在地牢的水洼中，刺骨得发疼。

她微有些踉跄地站起来，打开门迎了出去。在黑漆漆的夜幕中，她看见潘岳的脸如同案上的纸张一样苍白。然而就像她根本开不出一张有用的药方，那张脸上除了疲倦，也没有更多的表情。

"檀郎……"喉中似乎一瞬间涌上太多的话，卡得她有些喘不过气来。她顿了顿，努力在脸上撑起一个微笑，终于接下去道："蒸饼做好了，你现在要吃吗？"

"好。"潘岳也朝她笑了笑，脱下鞋子走进屋内。

"我去热一热，再给你端来。"杨容姬见潘岳也不脱官服，径直走到食案前坐下，不由愣怔了一瞬，这才转身离开。

夜已深，她没有惊动早已歇下的婢仆，逃一般地钻进厨房里，将锅中的蒸饼重新端上炉灶。一直等了好久，连锅中的水都烧得干了，她才揭开盖子，将蒸得滚烫的蒸饼夹到碗里，配上脍鱼和腌菜，用食盘一并盛了托入正房中。

正房中，潘岳还是脊背挺直地坐在食案前。大概是等得久了，他右手肘支在案上，叉开的手指撑住了自己微微垂下的额头。沉重的獬豸冠已经从他头上摘了下来，随意弃置在一旁的簟席上，几缕发丝大概是被冠梁钩到，从梳得紧紧的发髻里散落出来，垂落在他冠玉一般的面颊前。

"我不太会做蒸饼，也没有十字裂纹，你只能凑合吃了。"杨容姬将食盘放下，见潘岳没有应声，便轻轻推了推他，"檀郎，吃饭了……"

她并没有用力，但潘岳却忽然身子一倾，"咚"的一声一头倒在了食案上，顿时将杨容姬吓得魂飞魄散。她刚跪下去想要查看潘岳的动静，潘岳的眼睫却蓦地一闪，已是醒了过来。

"没事，就是太累了，刚刚睡着了。"潘岳迅速坐正了身子，还不待完全清醒过来，便伸手拿起筷子，揲了一个蒸饼凑到嘴边。

"檀郎……"杨容姬忽然叫了一声。

"我不怕烫。"潘岳自以为领会了杨容姬的意思，象征性地朝蒸饼吹了吹，随即笑着咬了一口。

"不是……"杨容姬眨了眨眼睛，将泛上来的泪水逼回，"你的嘴唇，流血了。"

潘岳一僵，缓缓挪开了手中的筷子。只见被咬了一口的雪白蒸饼上，赫然是一抹嫣红的血色。

"没事，就是天气干燥，喝点水就好。"潘岳似乎真是饿得狠了，咽下口中的蒸饼，又迫不及待地咬了一口，顿时将那抹血色吞入肚中，不留一点痕迹。

杨容姬没有作声，只是又倒来一杯水放在食案上，然后默默地看着他嘴唇上深深的牙印。她本来想问他蒸饼的滋味如何，可如今那蒸饼里包含了她的泪和他的血，其中滋味，已是可想而知。

似乎被杨容姬看得有些不自在，潘岳吃完一个蒸饼就放下了筷子，转头迎上她的目光，不出意料地看透了里面的哀戚和探究。她其实，一直在等着他开口。

"温裕，活不过今晚了。"半晌，他终于轻轻说。

"这就是你想要的,不是吗?"她苦笑着回答。从吩咐她回来做十字裂纹蒸饼时她就知道,潘岳并不想她回来开方熬药挽救温裕的性命。他让她去廷尉狱中,只是为了解释他心中的疑惑。

"是,死亡对他是最好的结果。"潘岳垂下眼,脸色被一旁新点的灯火衬得半明半暗,隐隐带着坚定和冷酷,"哪怕他无论如何也不会供出同党,但他多活一天,我,还有其他人就会多一分危险。"

"其实,你还是不相信他的。"杨容姬说。

"我没有办法完全相信他,重刑之下,何求而不可得?"潘岳霍然转头看着杨容姬,眼中跳动的火苗让杨容姬一时有些陌生,"反正他早已重伤不治,早一天死早一天摆脱痛苦。"

"所以,你不仅不想救他,还巴不得他死得越快越好?"杨容姬说到这里,见潘岳漠然不语,显然是默认了这个结论,心中一股怨愤顿时直冲上来。她猛地扑到一旁堆置的医书前,努力翻找起来:"谁说他必死无疑?我先前看他的情形,也不是完全救不活的……你再给我一点时间,我一定能够有办法救活他!"

"阿容!"潘岳一伸手臂,蓦地从后面将杨容姬牢牢抱在了怀中,感受着怀中女子无法自抑的颤抖,"阿容,别找了,温裕必须死,而且必须尽快死!你不知道,你才离开没多久,'三杨'中的卫将军杨珧就亲自来了廷尉狱中!"

杨容姬先前还在挣扎,听到最后一句话却忍不住浑身一僵。哪怕她只是无法参与朝政的女子,也知道当今"三杨"之中,最老奸巨猾的便是排行第二的卫将军杨珧。与重用潘岳的车骑将军杨骏不同,杨珧对潘岳齐王故旧的身份颇为猜忌,屡屡提醒杨骏提防。如今他亲自前去审讯温裕,难道也是对潘岳有所怀疑了吗?

"杨珧去廷尉狱做什么?"杨容姬的身子软下来,低低地问。以杨珧身份之尊,完全没有必要亲自插手拷掠人犯的残酷之事。

"因为他得到了消息,说温裕之所以假冒齐献王的笔迹装神弄鬼,是受齐王府指使的。"潘岳的声音有些嘶哑,就仿佛他方才和着血吞下的不是蒸饼,而是粗粝的沙子,"他要温裕出首指认齐王司马冏,否则不仅要用大不敬之罪将他腰斩,还要……还要夷灭他的三族……"

"啊……"杨容姬低低惊呼了一声,蓦地伸手捂住了自己的嘴。所谓三族便是父族、母族和妻族。夷三族就是要将温裕的父母妻儿、兄弟姐妹一起问斩,乃是当时最为严酷的处置。温裕此刻不过是仿照司马攸的笔迹写了几幅字,杨家就要罔顾律法,对他采用这样残酷的株连吗?而一旦温裕受不住逼迫承认受齐王府指使,甚至供出潘岳为同党,那事情的可怕就会超出所有人的想象。

"所以,我必须在温裕说出任何供词之前,让他死。"潘岳呵呵地笑了两声,似乎声音都变了,让背对着他的杨容姬恍惚觉得那是另外一个人,"杨家之所以把温裕从暗卫营转到廷尉府用刑,固然是以为廷尉府有讯拷人犯的经验,却不知廷尉府也有的是让人犯无声无息死于刑囚的经验!所以明天一早,我们必定会听到温裕的死讯!"

"可是,杨珧不会怀疑你吗?"杨容姬担忧道。

"温裕的身体已经差成了那样,我今天又……又当着杨珧的面给他上了重刑,所以就算伤重而死,也说得过去。"潘岳依旧用力地抱着杨容姬,却慢慢俯下身子,将脸贴在了她柔软的发间,似乎想要从她身上汲取一些支撑的力量。

"阿容,你今天见到了我在廷尉狱中狰狞如恶鬼的模样,你是不是已经开始厌弃我了?"见她不说话,他躲在她的身后,苦涩地问。

"我……"她动了动嘴唇,最终只是紧紧贴在他怀中,吐出一声无奈的叹息,"檀郎,我是心疼你啊……"心疼你原本是那样清澈干净的人,却不得不将自己陷落在罪恶的深渊之中。而温裕飞溅的鲜血,是不是也沾染上了你的双手,钻过皮肤透入血管,从此和你自己的血融为一体,一辈子也无法清洗无法摆脱？可是这一切，还仅仅是一个开始，常年厕身于鬼蜮之中，你自己会不会最终被它们吞噬？

两个人都不再说话，只是一动不动地保持着这种相依相持的姿势，感受着对方剧烈的心跳和炽热的体温。杨容姬甚至感觉到一两滴水珠浸进了自己后颈的头发，无声无息地顺着肌肤滑落下去。可是她不敢回头，也不敢颤动，生怕只是最轻微的动作，身后的那个人就会如同最脆弱的蝉翼，四分五裂，再也无法拼合。

"对了，温裕今天对杨珧说了一句很奇怪的话。"不知过了多久，潘岳终于恢复了常态，将盘踞在心中的疑问说了出来，"他咒骂杨珧等人害死齐献王，诅咒整个杨家有杀身之祸，还说上天有灵必定会顺遂他的心愿，让他死后尸身不腐，好亲眼见证天子悔愧、杨家灭门之时。杨珧听后气得发笑，当即允诺说会将他的尸体丢弃在洛阳东市中，看他如何尸身不腐。如今我回想起来，还是觉得温裕那几句话说得颇为古怪。传说中能尸身不腐之人，难道不都是所谓的仙人吗？"

"尸身不腐？"杨容姬喃喃地重复了一句，蓦地感觉一把钥匙插入铁锁，让她一瞬间豁然开朗。"你等等，我给你看一样东西。"她霍然站起身，打开放置在屋角的药箱，从里面捧出一个小布包来。

被细纱布包裹得严严实实的，是几根平常用来针灸的银针。可令人惊异的是，这几根银针从针尖而上的大半都呈现出诡异的黑色。哪怕潘岳仅凭常识也立刻明白，这几根银针，曾经接触过极为有毒的东西。

"这是我先前给温兄针灸用的，分别刺入的是他的水沟、素髎、内关和涌泉等穴位，位置从头至足均有涵盖。"杨容姬见潘岳目不转睛地盯着这些发黑的银针，便笃定地点了点头，"是砒霜。"

"砒霜？"自己的猜测得到了证实，潘岳却越发惊异起来，"是谁给他下的砒霜？难道暗中有人想要他的命？"

"若是真有人想下毒暗害温兄，砒霜一入肠胃立刻就会让他毒发身死,怎么可能拖延这么久,久得砒霜的毒性竟从肠胃渗入了七经八脉之中? 所以我猜——"杨容姬顿了顿,才缓缓说出自己的推断,"这砒霜,是温兄自己服用的。"

"他为什么要这样做?"潘岳耸然变色。虽然从一见到温裕皮包骨头的模样就觉得事情古怪,甚至想办法让杨容姬亲自查看了温裕的情况,但这样的结论,还是大大出乎潘岳的意料。

"我原本也百思不得其解,然而刚才听到你说出温兄对杨珧和整个杨家发出的诅咒,我就明白了。"杨容姬伸出右手握住了潘岳的一只手,感觉到触手冰冷得像一块冬天的生铁,便将左手也握了过去,口中低低叹道,"我且问你,温兄是不是已经多日饮食稀少,一旦强行灌食,他就会呕吐不止?"

"是的,所以他才会瘦得不成人样。"潘岳奇怪地问,"难道这现象和砒霜有关?"

"嗯。若非当日听孙登师父讲过一些人假扮仙术欺世盗名的伎俩,我也断断想不到世间竟有这样决绝的法子。"杨容姬用两只手捂着潘岳冰冷的手掌,缓缓说道,"据我猜测,温兄从听闻杨骏开始严查太庙一干人等时起,就开始每天服用小剂量的砒霜。小剂量的砒霜不会致命,却能让毒素均匀地分布到身体每个角落,并引发剧烈的呕吐。直到身体里的水分几乎都被吐了出来,这样就算他还剩下一口气,也无异于一具含毒的脱水的干尸了……"

"然后他故意诅咒杨家,就是要激怒杨珧将他曝尸在大庭广众之下,从而让他那尸身不腐、杨家灭门的诅咒得以广泛传播。就算杨家没有将他曝尸弃市,他的同伙也会将他的尸体陈列出来……"潘岳说到这里,蓦地抽出手狠狠地砸在地上,"温裕对自己这样狠,究竟是为了什么?"

"为了什么,你心里不是很清楚吗?"杨容姬坐在一旁,眼神悲凉又无奈。

这句话恍如一个惊雷,将潘岳震得呆在原地。过了好一会儿,他才轻轻笑道:"是啊,其实我心里清楚得很。能让他连我都隐瞒的,只有一个人。"

"你说的那个人,难道是……"杨容姬忽然捂住了嘴,心中一沉。那个看上去温润柔和的孩子,真的会有这样决绝冷酷的心吗?

"温裕不把这计划告诉我们,是知道你坚决不会同意。"杨容姬吞下心底的名字,见潘岳只定定地不作声,不禁打了一个冷战,"难道,你也会……"

"别问我,我不知道。"潘岳有些烦躁地回答。

杨容姬膝下一软,瘫坐在簟席上,久久不再作声。

"不论我是否赞同,我都会帮温裕完成他最后的心愿。"潘岳用力咬了咬牙关,面上的笑容越发苍冷,"十七岁那年,我因为嵇康先生的事情被父亲责打,眼看还要落入司马伦的手中,是温兄亲自背着我一步步从床边走到逃亡的马车上。那一段路虽然不长,对我而言却仿佛从死到生的距离。那个时候我就想,终有一天,我会好好地报答他……"

舌头上忽然传来一阵刺痛,却是牙齿不小心将它咬破了,苦涩的血腥味刹那间充满了口腔。然而潘岳只是不动声色地将那些血腥气全都吞咽下去,在连杨容姬都没有觉察的停顿之后苦笑道,"他令我生,我令他死。这样的'报答',他应该是满意的吧?"

第 七 章

长　夜

宵展转而不寐，骤长叹以达晨。

——潘岳

太康十年五月，前齐王府长史温裕以大不敬罪瘐死狱中，诏令弃市曝尸，其家属也被搜捕系狱。由于追查温裕同党的风声甚紧，温裕的尸体被丢弃在最热闹繁华的洛阳东市之中，没有一个人敢上前收殓。洛阳城的市民们只是远远地围观着那具遍体鳞伤的尸体，小声地议论着究竟是这个人胆大包天，还是齐献王司马攸在天有灵，假借此人之手对"辅弼不忠"的杨家予以警示。

白日里虽然无人敢对温裕表示出一丝同情，到了万籁俱寂的夜里，早已因为宵禁而空无一人的东市内，却影影绰绰地出现了几个黑衣人。他们小心地躲在房舍夹壁内避开了巡夜的禁军，借着夜色的掩护，悄没声息地奔到了东市中央那具一动不动的尸体附近。

"等一等。"为首的黑衣人见手下就要开始行动，忽然低低地命令了一声，随即跪在尸体之前，恭恭敬敬地拜了一拜。

"小心一点。"见手下已经展开油布，将那具枯瘦不堪的尸体包裹起来，为首的黑衣人忍不住又叮嘱了一句。

"殿下放心。"两个黑衣人用绳子将油布扎好，将包裹在内的温裕尸体抬了起来。

"棺木就停在不远处，我们赶紧过去。"为首的黑衣人警惕地朝四周望了望，带领手下急速朝东市一侧密密匝匝的民宅奔去。

然而就在此刻,后面忽然传来一阵急促的脚步声,有人低低地呵斥了一声:"停下!"

为首的黑衣人一惊,只当自己遇见了巡夜的禁军,然而当他转身看清对方只有一个人后,跳到嗓子眼儿的那颗心顿时放回去了大半。下一刻,他的眼睛蓦地瞪得圆了:"是你?"

虽然夜色深沉,可那人的外貌身形实在太过出众,为首的黑衣人仅仅借着夜幕中微弱的星光,就已经认出了来人的身份——潘岳。

"请东莱王殿下将温裕的尸体放回去吧。"潘岳拱起双手,朝为首的黑衣人施了一个礼。

为首的黑衣人正是东莱王司马蕤。此刻他见潘岳识破了自己的行藏,索性摘下裹在头上的黑布头套,冷笑着看向拦在自己面前的潘岳:"这么晚了,廷尉平居然还在这里值守,真是对杨国丈忠心可鉴啊。"

"只要殿下将尸体放回原处,臣保证今晚绝不曾见过殿下。"潘岳没有理会司马蕤的讥讽,面沉似水地回答。他和司马蕤都清楚,此刻只要潘岳大声叫喊起来,巡城的禁军就会立刻赶到,哪怕司马蕤是诸侯王之尊,也无法推卸罪责。

"这算是劝告,还是威胁?"司马蕤不屑地打了个哈哈,朝身边的手下使了个眼色。今番他既然下定决心来收殓温裕尸骨,就无论如何要达到目的。潘岳不过是个文弱书生,想要无声无息地将他打晕在地,并非难事。

"臣劝殿下还是不要轻举妄动的好。"潘岳的眼睛有意无意瞥了一眼前方里巷内密密匝匝的窗户,"臣的仆从还在等着臣一起回去呢。"

"你!"司马蕤此时此刻竟想不出任何对付潘岳的办法,情急之下伸手指着他怒斥道,"别以为你成了杨骏的走狗就可以对本王嚣张!温裕也算你的故交,你居然能对他下这样的狠手……"

"殿下,有人来了!"还不待司马蕤发作,一个手下就蓦地发出了一声低呼。下一刻,黑衣仆从们簇拥着司马繇躲进了里巷的阴影内,一个警觉的手下则顺手捂住了潘岳的嘴,将他拽到了司马繇身边。

司马繇看了一眼潘岳,见他并没有任何挣扎的表现,只是全神贯注地望着前方,便稍稍安下心,顺着他的目光向前方的东市空阔处望去。

只见原先温裕弃市之处此刻又多了一个人影,身形纤瘦,明显是一个少年。他似乎惊诧于温裕尸体失踪之事,动作慌张地来回走了几步,顾盼之间显然是想寻找尸体的下落。

少年转了个圈,让躲在暗处的司马繇清清楚楚地看见了他的面目。下一刻,司马繇放下心,径自从藏身之处走出,迎面朝少年走了过去:"山奴,你怎么也来了?"

骤然听到这声呼唤,齐王司马冏惊得身子一颤,下意识地朝司马繇望了过来。"大哥?"少年不知是吓的还是病的,一张脸顷刻间面无人色,"你⋯⋯你怎么在这里?"

"我来收敛温裕的尸骨。"司马繇回过头,看了看从阴影内陆续走出来的从人,"怎么说温裕也是跟随了父王多年的人,此番又是因为抄写父王的文辞获罪。我们若不让他入土为安,岂不让暗中缅怀父王之人心寒齿冷?"见弟弟司马冏点头称是,司马繇难得亲昵地拍了拍他的肩膀,"你半夜跑到这里来,想必和我是一个心思吧?"

"我是打算来祭拜一下温叔叔的⋯⋯"司马冏从随身携带的包袱中取出一沓纸钱,却蓦地看见了站在司马繇身后潘岳的脸,当下手一抖,纸钱便如枯叶一般撒了一地。

"檀奴叔叔⋯⋯"司马冏下意识唤出这一声,随即被司马繇打断,"别再耽误了,我早已备下了棺木,咱们这就赶紧去将温裕盛殓了吧。"

"东莱王殿下!"潘岳狠狠甩开抓住自己胳膊的黑衣人,伸手拦在了司马繇面前,"温裕是犯了大不敬罪的重犯。殿下擅自收敛他,难道不怕被天子和杨国丈他们认为是温裕同党,受到株连吗?"

"我既然敢做这样的事,自然承担得起相应的后果！"司马蕤鄙夷地盯着潘岳,忽而释然一笑,昂起头来,"实话告诉你吧,就算你现在将巡城禁军召来,温裕的尸体我也是收殓定了！我是司马家的东莱王,你不过是我司马家的臣子,你阻拦我难道不是以下犯上？等我安葬了温裕,回头就向天子上表请罪。只要天子不杀我,我就再来和你潘安仁慢慢算账,算一算你在廷尉狱中到底是怎么折磨温裕的！"

"既然东莱王以爵位压臣,那臣确实无话可说。"潘岳见司马蕤一副豁出去的样子,知道自己已经没有什么可以威胁到他,便后退一步抱起双手,"不过臣记得东莱王的食邑不过五千户,而齐王的食邑却有两万户。齐王的爵位比东莱王为尊,那怎么处置温裕的尸体,还是要请教齐王的意思吧？"说着,他的眼睛瞥到一旁的齐王司马冏身上,却发现少年的身子下意识地一缩,嘴唇也微微颤抖起来。

"山奴,我不仅准备好了棺木,还在邙山上为温裕掘好了墓地。等天亮时城门开了,我们就可以出城去。"司马蕤没有理会潘岳,状若关心地拉起了司马冏的手,不出意料地感觉到一阵刺骨的冰冷,"夜里冷,你身子又不好,就不要在外面吹风了。我们这就进屋里去,好好休息一下。"

"大哥……"虽然齐王太妃贾荃极为厌恶庶出的司马蕤,但司马冏自小和这个大哥一起长大,感情不可谓不深。"大哥,"司马冏又喊了一声,抽出被司马蕤握住的手,紧了紧身上披着的外袍,"你还是把温叔叔放回原地去吧。"

"你说什么？"司马蕤只疑心自己听错了,一瞬不瞬地盯住了司马冏惨白的脸,"温裕不幸身死,大家嘴上不敢说,哪个心里不称赞他是个对父王尽忠的义士？他向来最疼爱的就是你,你如果不想收殓他的尸体,这大半夜的跑来做什么？"

"我只是听说刚死的人神魂还未远离躯体,想来祭拜一下而已。"司马冏似乎呼吸都有些窒涩,声音暗哑地道,"不过刚才檀奴叔叔说得对,我们如果收殓了他的尸体,少不得会被疑心成他的同党。大哥你固然不怕,可我还有母亲在堂,我不能连累了她……"

"是啊,我无父无母光棍一条,不像你还有母亲要尽孝!"司马繇没有料到司马冏竟会和潘岳站在了一条船上,怔了一下怒道,"那你走开,我一个人来盛殓温裕。若是天子怪罪,不管是削爵夺位还是锒铛下狱,我一个人承担便是!"

"大哥——"司马冏抬起眼睛,看着满脸激愤的司马繇,缓缓道,"你是我大哥,你做的一切怎么可能不牵涉齐王府?所以就当你对我这个弟弟还有手足之情,就请你将温裕的尸体放回去吧。"

"放回去?任他被蝇虫吮血食肉,任他被风雨剥皮削骨,最后被碾压成众人脚下的泥泞,最终尸骨无存?"司马繇怒极反笑,"山奴,虽然我从小什么都比不过你,但这件事,我还真的做不出来!"

"不,不会那样的。"司马冏似乎被司马繇的诛心之语刺道,抚着胸口喘息了一下,勉力辩解道,"史上有前例,但凡弃市者不过曝尸三五日,三五日后朝廷都会恩准收敛。大哥耐心再等几天,到时候山奴必定和大哥一起厚葬温叔叔。对了,还有温叔叔家的一门老幼,也请大哥和我一起请托说得上话的大臣,请天子赦免他们株连之罪。"

"齐王殿下的说法,确实合情合理,还请东莱王殿下三思。"见司马繇面现犹豫之色,潘岳在一旁适时道,"死者已矣,现下最关键的事情是保住温裕的家人。东莱王殿下若是能促成此事,温裕在天有灵,必定更加感激不尽。"

"所以大哥,当务之急是先保全自己,再设法营救温家老幼。"司马冏见司马繇咬着嘴唇没有再说话,当即朝司马繇手下几个黑衣人喝道,"还愣着干什么,赶紧把温裕的尸体放回去!"

司马冏身体虚弱,先前说话一直气息低微,然而此刻一声呼喝,不知怎么的却让几个黑衣仆从心下一凛。他们请示一般看了看自家殿下,见司马蕤沉默不语，便放下抬着的巨大布包，打开油布，将温裕的尸体重新放回东市正中的地上。

见司马冏用最恭敬的姿势五体投地向温裕跪拜，又伏在地上喃喃地不知祝祷着什么，司马蕤心里有些不自在——就算温裕是为父王司马攸尽忠而死，司马冏堂堂齐王之尊，做得也太纡尊降贵了些。瞥眼见潘岳不声不响就想离开，司马蕤心中一动，蓦地一把抓住了他的胳膊："廷尉平先不要急着走，小王心里还有些困惑，想要请廷尉平解答。"

"夜深露重，殿下还请先回府休息吧，有什么问题改日再说。"潘岳疲惫地回答。

"改日？廷尉平是杨国丈眼中的红人，改日小王哪里还有机会与廷尉平当面讨教？"司马蕤的手上加力，仿佛铁钳一般将潘岳挟制得无法移动分毫，"我给温裕准备的棺木就停在前面一处民宅里，不如我们棺前夜话，一解小王心中疑惑？"说着他也不待潘岳回答，拉着他就往前走去。

"大哥，你要干什么？"司马冏原本还伏在地上默默祝祷，此刻却忍不住回过身来，担忧地问。

"你还是担心担心你自己吧，连个仆从也不带，一会儿晕半路上怎么办。"司马蕤半是关心半是讥讽地一笑，随口吩咐一个仆从留下照看司马冏。司马冏犹豫了一下，终于将视线从潘岳身上转开，重新拜倒在温裕身前的尘土之中。

司马蕤并没有说谎，他果然为温裕购置了一具上好的棺木，停放在东市旁一座民宅的天井内。黑漆漆的棺木前，甚至还安放了温裕的灵位，两支香烛在夜色中闪着暗淡的红光，却连自身附近的方寸之地都无法照亮。

直到此刻，司马蕤才狠狠甩开了潘岳的胳膊，对着手下吩咐道："掌灯！"

东莱王少年气盛,脾气一向十分急躁。他一声令下,尽管手下仆从担心泄露行踪,还是不得不从屋内取来油灯,点亮后放置在灵案上。司马蕤斜眼见潘岳站在一旁,默不作声地暗暗揉着胳膊,不禁冷笑着补充:"还有笔墨纸砚,也一并拿来。"

见一切准备停当,司马蕤这才对潘岳道:"早就听闻廷尉平自小有神童之誉,才思敏捷文采盖世。如今小王想请廷尉平写一篇文章,还请不要推辞。"

他这番话言辞虽然客气,语调却满含讥讽。潘岳朝低矮的灵案下看了一眼,并没有跪坐用的簟席,毫无疑问,司马蕤是想让自己直接跪在碎石地上写这篇"文章"了。

"不知殿下想让臣写什么?"潘岳不动声色地问。

"听说潘大才子擅长写悼词哀文,就为温裕写一篇祭文吧。"司马蕤朝潘岳走上一步,目光如同利箭一般扎进他的双眼,嘴角勾起一丝冷笑,"对了,顺便把你在廷尉狱中对他做过的一切也写出来,省得以后你找杨家主子表功,手中却没有凭证。"

"臣所执乃是国法,廷尉府自有记录,不须东莱王殿下操心。"潘岳向侧面跨出一步,避开司马蕤被愤怒之火烧得发烫的鼻息,面容依然肃冷,"至于温裕乃是钦定的罪犯,哪里有资格享受祭祀哀悼?臣就算薄有文名,也绝不敢为这种悖逆罪臣写一个字。殿下若是没有其他事,臣这就告辞了。"说着,他朝司马蕤拱一拱手,转身就朝外走去。

"拦住他!"司马蕤一声令下,东莱王府的黑衣仆从顿时将潘岳围在了中间。"廷尉平不要急着走,小王还有问题要请教呢。"司马蕤见潘岳寸步难行,施施然走到他面前,"上次廷尉平带人去逼齐王迁居,原本被小王拦在门外,交给齐王太妃一件信物后便长驱直入了。小王一直好奇,那究竟是一件什么信物,能让半疯半醒的齐王太妃一见之下便开门而迎?难不成寡居寂寞的齐王太妃与美名卓著的潘郎君之间,有什么不可告人的秘密？"

司马蕤这番话用意险恶，让潘岳蓦地变了脸色："东莱王殿下，请慎言！"

"我记得当时送进去的是一个香囊，就是潘大人现在佩戴的这个吧！"司马蕤话音未落，潘岳下意识地伸手想要按住腰带，手腕却被一个黑衣仆从牢牢拽住。下一刻，他只能眼睁睁地看着司马蕤伸出手，好整以暇地摘下了自己悬在腰间的香囊。

将那锦缎所制的香囊在手中翻覆着看了看，司马蕤没有发现任何特异之处。他将香囊在鼻端闻了闻，奇怪地没有发现惯常香囊所散发的诸如菖蒲、冰片等香气，心中疑窦顿时更加大了。他等不及慢慢去拆开香囊的封口，顺手从怀中取出日常防身的匕首，一下子将香囊割裂开来。

迫不及待地扯开碍事的锦缎，司马蕤从香囊内部掏出了一块小小的木片。那木片呈长方形，正面用小篆雕刻着"神荼"两个字，背面则雕刻着一个顶盔贯甲的武将。

司马蕤愣了一会儿，认出这是每年元日之际，家家户户都会悬挂在门首、用以驱邪祈福的桃符，只是用香木雕刻成桃符随身携带者却很少听闻……桃符……司马蕤的脑子里空了空，忽然像听见了元日里巨大的爆竹声，炸得他一阵眩晕，脚下顿时踉跄了一下。等到好不容易重新站稳，司马蕤转过头看着一动不动的潘岳，眼中的光芒仿佛灵案上的香烛，跳动着泛出暖色："你心里，其实还记挂着我父王？"见潘岳没有回答，司马蕤又忍不住追问，"所以你假装投靠杨家，其实是为了给我父王报仇？对了，还有温裕的死，你是不是也知道什么内情？"

"殿下慎言。"见司马蕤这样口无遮拦，潘岳皱了皱眉，"这枚桃符不过是臣求来消灾辟邪之物，与齐献王无干。殿下请勿妄加猜测。"

"这几个属下都是我的心腹，不会把今日之事泄露出去的，你不必再故意瞒我。"司马蕤攥着那块桃符来回踱了两步，语调渐渐兴奋起来，"原来如此，原来如此！我就奇怪你为什么死心塌地投靠了杨骏那个蠢材，而齐国太妃平素那么凶悍，竟听了你的话乖乖搬出王府——你和齐国太妃之间，是早已达成了盟约吧？对了，山奴知道这件事吗？不过看他那副弱不禁风的窝囊样子，能保住性命就不错了，也帮不了你们什么忙……"

"殿下！"潘岳见司马蕴的口气越发笃定，不禁急切地打断了他，"这些都是殿下的臆想。臣承杨国丈青眼得以蒙恩回京，所思所想不过是为朝廷效力，并无其他打算！"

"你还是不相信我吗？我和山奴一样，也是父王的儿子啊！"司马蕴有些受伤地盯着潘岳，热切地道，"你是要搜集杨家的罪证，还是要挑拨他们众叛亲离？如今山奴不济事，我却可以帮你！对了，当初羊琇为了父王想要刺杀杨珧，却贬官而死，他们羊氏一族早已恨透了杨家。还有中书令卫瓘一向与杨骏不和，我和他的儿子卫宣乃是知交好友，可以帮你去联络卫家，一起想法让杨家倒台……"

"够了！"潘岳见司马蕴越说越不像话，蓦地喝道，"不过是一块辟邪的桃木而已，殿下联想得未免太多了！潘岳虽然承蒙过齐献王的照拂，但那都是很多年以前的事情了。良禽择木而栖，良臣择主而侍。齐献王早已经死了，我却还要活着，不投靠权倾朝野的杨国丈，难道就等着老死在穷乡僻壤中吗？看来我还是扔了这没用的东西，省得引发殿下的误会！"说着，潘岳趁司马蕴怔忡之际，蓦地撞开身边的仆从，一把抢过司马蕴手中的桃符，远远抛了出去。

"吧嗒"一声，那枚桃符落在了远处的角落里，刹那间被黑沉沉的夜幕吞没。

"你！"司马蕴料不到潘岳竟是这样决绝，先前的激动狂喜仿佛被兜头一盆冷水浇灭了，好半天才喃喃道，"其实你不投靠杨家，我日后也会想办法将你调回洛阳的。"

"那臣就多谢殿下了。"潘岳冷冷一笑，"只是以东莱王一向酗酒暴躁的名声,等到有权召臣回京之时,臣只怕早已埋骨异乡了!"

"在你心里,我永远都这么没用?"司马颖只觉一股热血直冲头顶,让他再也无法克制自己的愤怒。他一把攥住潘岳的手腕,将他直拽到铺陈着笔墨的灵案前:"既然你不肯为温裕写祭文,那就为我父王写一篇吧!他是天下公认的忠臣孝子,为他写祭文不会影响你的大好前程!"

"若是要写,太康四年齐献王过世之日我就写了。如今时过境迁,还有什么好写的?"潘岳冷冷道。

"我知道,你从来不把我放在眼里。可我现在以东莱王的身份命令你,你敢不遵从?"司马颖一只手攥着潘岳的右手腕,将他拉得跪在灵案前的碎石地上,另一只手则拿过案上毛笔,塞进潘岳手中,强摁着他的手向铺开的白纸上点去。

"殿下这个样子,当真配当齐献王的儿子吗?"潘岳冷冷地说着,手指一松,将毛笔抛了下去。毛笔在雪白的纸面上滚了几滚,印出一溜凌乱的墨迹,再也无法清除。

"我不配,只有山奴那个病秧子才配?"想起从小到大自己所受的冷遇,想起母亲死后被一卷草席拖出齐王府的惨状,司马颖眼前一片血红,攥住潘岳的手蓦地发力,顿时听到了一声沉闷的骨骼错位的声响。

"大哥,你在干什么?"门口传来了齐王司马冏惶急的声音,也让司马颖渐渐缓过神来。他有些惊慌地去看潘岳,发现他只是咬着牙关一声不响,额头上大颗大颗的冷汗映照着烛火的亮光,仿佛金珠一般顺着脸颊滚落下来,砸在了司马颖来不及撒开的手上。

仿佛被火星烫到,司马颖下意识地将手一缩,任潘岳慢慢弯下身子,左手手指紧紧掐在迅速肿起的右手腕上。

转头见司马冏已经从大门处冲了进来,司马颖的喉头滑动了几下,终于冷笑道:"没什么。廷尉平吝啬笔墨,不肯为父王写祭文,我就拧断了他的手腕。"

"大哥,你怎么能……"司马囧见司马蕤满脸桀骜,不愿再与他多费唇舌,只跪坐在潘岳身边,惊慌地道,"檀奴叔叔,你要不要紧?"

潘岳没有回答,只是拉下衣袖遮住高肿发烫的右腕,左手推开司马囧的搀扶,撮着碎石地面站起身来。

"檀奴叔叔,你别走,我去给你找大夫!"见潘岳头也不回地往外走,司马囧赶紧追了上去。

"内子就是大夫。"潘岳见东莱王府的家奴依旧守在门口,不由提高了声音道,"东莱王殿下还有什么吩咐?"

"让他走!"一直呆若木鸡的司马蕤终于恨恨地开口。

见拦住去路的黑衣仆从们终于退开,司马囧再度发力跟上潘岳的脚步:"檀奴叔叔,山奴送你回去。"

"不用了,齐王殿下还是看好温裕的尸体吧。费了那么多心思,可别前功尽弃。"潘岳冷冷地斜了司马囧一眼,"还有齐王殿下出门时服的药,以后还是不要再用的好。药毒一体,终归会伤身体。"

这句话仿佛一团淤泥,直塞入司马囧的胸口,沉甸甸地泛着腥气,让他再也说不出话来。

原来,他什么都知道了……司马囧眼前蓦地一黑,待到重新看清之时,潘岳已经消融在鬼影幢幢的洛阳城中。

杨容姬推开家门的时候,映入眼帘的是黑夜里一盏微弱的灯光。豆大的光焰轻轻跳动着,将灯旁枯坐的那个人映得晦暗不明。

"檀郎,你回来了?"杨容姬脱下鞋子,解开披风,好半天才听到坐在阴影里的那个人轻轻"嗯"了一声。

"你出门没多久,车骑将军府就差人来找你……"

"我刚才已经听下人说了。"潘岳打断了杨容姬的话,抬起脸看着站在面前的妻子,"坐吧。"

"我寻思着杨骏传召你必有急事,而你却不好解释深夜离家的原因,所以——"杨容姬顿了顿,"我刚才去了一趟秦王府。"

"夜半叩门,秦王府会让你进去吗?"潘岳的脸藏在灯后的阴影里,语调平稳无波。

"我当年离宫之时, 秦王曾经赠我一把白玉柄匕首。只要拿出它作为信物,秦王自会相见……"杨容姬说到这里,敏感地察觉气氛有些不对,疑惑地唤了一声,"檀郎,你不高兴?"

"杨骏明日少不得盘问我今晚去向,所以你才会深夜拜求秦王为我遮掩。这样的窘境,你让我怎么高兴得起来?"潘岳强笑一声回答。

"你是怪我擅作主张吗?"杨容姬难得遇见潘岳如此冷峭的神气,又是讶异又是局促,"要不,你便索性对杨骏坦承今晚去查看温裕尸身了?"

"就算温裕是我命人打死的,我对他的尸体如此上心,必定会引来杨骏、杨珧的怀疑。"潘岳淡淡道,"所以你做得没错,求秦王遮掩是我唯一的出路。"

"让我看看你!"杨容姬此刻终于明白潘岳是哪里不对劲,她斜过身子靠近他身边,果然发现他隐藏在灯影后的额头上满是冷汗。她的手抚过他冰冷的脸颊,担忧地一路向下摸索,终于发现了原因:"檀郎,你的手怎么了?"

潘岳没有反抗,任由杨容姬拉着他的右手放到灯下。此刻那只手腕已经肿得有平素的两倍粗,皮肤在灯光下薄得发亮,让杨容姬蓦地一阵心悸:"为什么不早告诉我?"

"被东莱王拧的,只是脱臼,不碍事。"潘岳将手枕在桌案上,避重就轻地回答。

"我倒是可以接好,不过这只手怕是有几天不能活动。"杨容姬正想去拿自己的药箱,忽地想起一件事,"这件事也应该让秦王知道,否则明天杨骏问起来会有破绽!"

"你打算连夜再去一次秦王府？"潘岳暗暗深吸一口气,竭力保持口气如常,"可是你的信物已经还给秦王了,还怎么进去？"

"秦王说了,上次送给我的那套五兵佩发簪,以后也可以当作信物……"杨容姬说到这里,蓦地住了口,一双清澈眼波难以置信地望向了潘岳,"檀郎,你究竟在想什么？秦王已经领旨,不日就要离京出镇关中了。"

潘岳转开眼睛,假装没有看见杨容姬眼底的震惊和委屈。秦王司马柬与杨容姬是少年相识,患难之交。如今杨容姬能让他帮扶自己,实乃求之不得的助力。可是一想起秦王府中随处可见的水果雕刻,潘岳的心中就会涌起躁动不安。可是这不安的根源,他却不敢去深究。

他已经失去了太多,不敢再失去什么了。

果然不出潘岳夫妇所料,当第二天一早潘岳托着受伤的右手,急匆匆赶赴杨骏的车骑将军府时,他面对的便是杨骏狐疑猜忌的眼光。幸而秦王在随后的早朝时证实潘岳夫妇昨晚到王府为秦王妃看诊,而潘岳则不小心跌倒扭伤了手腕,

秦王司马柬和太子一样,是杨骏的外孙。因此他的话成功地打消了杨骏的疑虑,也让他放心向潘岳吐露了连夜征召他的原因。

原来自温裕被捕之后,天子司马炎心头一松,病势顿时有了起色。暗自庆幸于齐献王司马攸的灵魂并未作祟,司马炎对满朝王公赐下布帛,以示庆祝。却不料就在同一天,宫城内的含章殿、修成堂、晖章殿南阁和景坊东屋同时发生火灾。等到火势终于被扑灭,这几处精美的建筑已经焚毁殆尽,司马炎也因为惊吓病势再度恶化。加上前两年太庙和宣帝庙分别发生地陷梁折的险情,众臣之中便传言齐献王司马攸死后怨气不散,一而再再而三地显灵。若不采取措施平息司马攸鬼魂的怨恨,只怕以后还会有更大的灾祸。

自汉代以来,朝廷一直讲究"天人感应"。所以就算这些变故与司马攸的鬼魂无关,也必定是上天对司马炎施政措施的警示。众臣不好明说

司马攸一事戳司马炎的心窝，就拿公认的罪魁祸首外戚杨家开刀，纷纷上书说"杨氏三公，并在大位，故天变屡见，窃为陛下忧之"，逼司马炎裁撤赋予杨家的大权。

杨骏、杨珧、杨济三兄弟知道杨家发迹太快不得人心，加上司马炎对众臣上书不置可否的态度，顿时都心慌意乱起来。杨骏连夜召唤潘岳，原本就是想询问在汹汹物议之前该如何应对。

"明公可否告知下官，另外两位杨将军对此事是什么想法？"面对杨骏一夜之间青黑的眼圈，潘岳不慌不忙地问。

"我三弟杨济武将出身，其实与朝局所涉不多。倒是二弟杨珧心生退意，说什么'自古以来，一门二后的家族都没有什么好下场'，想要撺掇我和他一起辞官。"杨骏烦躁地回答。

杨家接连出了杨艳、杨芷两位皇后，"三杨"更是权势喧天，因此杨珧能萌生出急流勇退的心思，倒也令人佩服。潘岳心头转过这个念头，面上却做出一副大惊失色的模样，连连摇头道："明公万万不可听从卫将军的建议辞官归隐，否则上负天子，下误前程，那就中了宵小们的诡计了！"

见杨骏抬头一瞬不瞬盯着自己，潘岳解释道："天子力排众议倚重杨家，原本就是为了平衡宗亲和世家，为将来太子奠定稳固的朝局。明公若是贸然退隐，无异于将鼎立三足折毁其一，天下大势又如何能平稳下去？何况明公乃是皇后亲父、太子嫡亲外公，身份之尊谁人能与争锋？就算杨氏一门需要暂退一二明哲保身，也绝不该是明公您退位啊。"

"我若不退，难道你指望我二弟退位？"杨骏轻哼了一声。二弟杨珧和三弟杨济少年得志，在仕途上已经得意了大半辈子，哪里像自己辛辛苦苦在低位熬了十几年，好不容易才爬进朝廷中枢？

杨骏的心思，潘岳自然一清二楚。杨珧在天子身边多年，早已领悟到宦海沉浮的风险。而杨骏还没握住多久的权柄，正是食髓知味的时刻，要让他此刻放手，岂不异于虎口夺食？因此潘岳微微一笑，压低声音道："明公不必忧虑。依下官所见，此刻恰如两军对垒，只要明公顶住压力岿然不动，自然有人会主动退却。"

"你是说，我二弟真的会辞官？"杨骏奇道。

"水满则溢，月满则亏。杨氏一门同气连枝，为了保全家族自然必须有人退隐，只是那个人绝不该，也绝不会是明公。"潘岳加重了语气，"天子信任明公，这才将天下权柄亲自交付明公手中。天予不取，反受其咎。若是明公此刻将权柄拱手出让，将来只会受制于人，就连下官也为明公不甘啊。"

"不错，这几年来我得天子青睐，嫉妒者大有人在。若是我骤然放权，还不知有多少人等着看我的笑话呢。"杨骏愤愤道。

潘岳等的就是这句话，当即深深朝杨骏一拜，点起最后一把火："明公名望之尊、才干之强，天下有目共睹。日后若是只有一人能辅弼太子，必定非明公莫属！凡史上能成大事者，如鸿鹄之上九天，又何惧燕雀讥诮？明公人中龙凤，将来的天地又岂是鸿鹄所能望其项背？下官不才，谨代天下苍生挽留明公，还望明公以社稷为念，当仁而不让！至于那些聒噪之徒，只要明公手握重器，还怕不能让他们闭嘴？"

"安仁说得有理。日后杨某必定更加勤谨，效忠天子，匡扶太子，看那些等着看杨家笑话的家伙们能翻出什么风浪！"杨骏被潘岳这番说辞奉承得豪气干云、飘飘欲仙，当下捋着胡子笑了起来。被仕途得意的弟弟们憋屈了太多年，杨骏只觉得那颗被压抑太久的心终于摆脱了阻碍，可以毫无顾忌地直冲上天，轻飘飘地落在了洛阳宫城斜挑入云的飞檐之上。

潘岳含笑望着杨骏，心知一切都在按照自己的设想进行。谨慎多疑的杨珧，势必下半生都活在大厦将倾的恐惧之中，作为他当年不遗余力驱逐司马攸的报应。而志大才疏、野心勃勃的杨骏，则将是亲手挖倒杨家这棵参天大树的那个人。

至于害死司马攸真正的元凶，很快也会付出他相应的代价。

第 八 章

泥　足

望归云以叹息,肠一日而九回。

——潘岳

好不容易离开了车骑将军府,潘岳踏上马车,随口吩咐了一句:"去东市。"

"夫人吩咐了要按时回家换药的,郎君这都耽搁太多时辰了。"赶车的老仆李伯心疼地看着潘岳被包裹得严严实实、用绷带垂吊在胸前的右腕,忍不住念叨。

"我只是想从东市绕绕路而已,耽误不了多少时间。"潘岳说完,不待李伯回答,径直放下车帘,显然不想再多说什么。

注意到潘岳疲倦而阴沉的脸色,李伯不敢再多话,只好驾着马车往东市而去。

此刻已近黄昏,东市的商铺们渐渐打烊,行人也比开市时稀疏了不少。潘岳将车帘挑开一道缝隙,视线牢牢地锁在东市正中那块空场上。若是无人移动,温裕的尸身应该还会一览无遗躺在那里。

空场上此刻正站着一圈人,最开始潘岳以为是围观的洛阳百姓,待马车靠得近了才发现是两伙人在对峙。而双方为首之人,潘岳全都认识,竟是镇军大将军胡奋和中书侍郎夏侯湛。

潘岳悄悄下了马车,朝人群走去,正好听见夏侯湛急匆匆地道:"天子有命将温裕弃市,大将军就算想为他收殓下葬,也请再等些时日。"

"都弃市好几天了,为什么不能收殓?"胡奋面色青黑,咳嗽了两声怒目道,"说起来你夏侯侍郎也是温裕的旧相识,你胆小如鼠不敢收殓他的尸身也就罢了,却为何要阻拦于我?天子就算降罪,我一概承担便是!"说着,他一把甩开夏侯湛,大声命令手下抬来棺木,就要强行将温裕的尸体盛殓入棺。

"大将军切莫夸口,只怕如今天子降罪,你已经承担不起了!"见夏侯湛全然阻拦不住胡奋,潘岳忍不住跨上一步,大声喝止。

潘岳此刻还穿戴着廷尉平的官服,无形中增加了几分威势。簇拥的人群刹那间朝两边分了开来,让他一览无遗地撞上了胡奋惊讶的目光。

"原来是潘郎君。"胡奋的惊讶渐渐变成了愤怒,慨然质问,"你廷尉府的职责是审案,什么时候管起别人的丧葬事来了?"

"温裕背后主谋未明,未得车骑将军府允许擅自收尸者,以温犯同党论处!"潘岳严肃地回答。

"哈哈哈,廷尉府何时成了杨国丈门下走狗了?"胡奋怒极反笑,"今天温裕的尸身,本将军是收定了!你若不服,就让杨骏派人来抓我好了!"说着他朝手下人一挥手,"都愣着干什么,快将温长史细细盛殓了!"

"胡大将军如此擅作主张,究竟是凭借胡氏一门的军功,还是凭借贵嫔在宫中的宠幸?"潘岳抢上几步,恰好站在温裕尸身之前。他右臂被绷带缠绕活动不得,便只用左手一把抽出头顶冠簪,将那顶代表晋朝律法的獬豸冠摘下托在掌中,"胆敢越过此冠者,国法不容!"

"且不说我是贵嫔亲父,单说我胡氏一门为晋室东征西战,无论议贵议功,我今天都当得起藐视你廷尉平之罪!"胡奋原本便因温裕之死对潘岳颇多怨气,如今见他铁了心要阻拦自己,更是恚怒难言。他踏上一步,反手一挥,顿时将潘岳手中的獬豸冠打落在地,骨碌碌地滚到了温裕的尸身旁。

"大将军已经多次对杨国丈无礼,今日这番举动,是想为胡家招来灾祸吗?"潘岳站在原地不动,方才摘冠之际钩落的几缕发丝垂在颊边,越发衬得一张面孔森寒讥诮，"就算大将军因为儿子夭折早已绝后，难道大将军也不为自己的女儿考虑考虑？"

"我女儿在宫中好好做着贵嫔，你牵扯她做什么？"胡奋虽是沙场名将，但对一双儿女却极为爱护。儿子的早夭是他一生最惨痛之事，而女儿胡芳这些年被冷落在深宫之中，更让他对潘岳的话极为敏感。

"下官记得大将军亲口说过：'贵嫔在宫中，就是给皇后为奴为婢的。'"潘岳冷笑着道，"若是凭着贵嫔初进宫那几年天子的盛宠，大将军别说藐视我小小廷尉平，就是将廷尉府拆了，这罪责也担当得起。可是如今呢？若是让杨国丈知道大将军执意将诅咒杨家之人祭拜礼葬，只怕还没轮到大将军议贵议功，贵嫔就真的会给皇后为奴为婢了吧。"

"你竟敢用贵嫔来威胁我……当年……"胡奋只觉得心窝里最隐秘最柔软的地方被狠狠捅了一刀，联想起当年胡芳对潘岳一往情深，甚至不惜冒着天大的风险为他传递信笺，只觉得女儿和自己当初都瞎了眼睛。他内心知道潘岳的威胁并非危言耸听，自己数度得罪杨家，女儿在那见不得人的地方还不知被皇后杨芷如何磋磨。可是，这大庭广众之下，仅凭潘岳寥寥数语就放弃收葬温裕，却又叫他如何甘心？一时之间，痛恨、惊恐和羞愤交织着从胸腔直冲上来，胡奋身子一晃，猛地张口喷出一口鲜血，直挺挺地向后倒去。

这变故猝不及防，顿时将胡奋手下从人都吓得慌了。他们七手八脚地将胡奋抬上马车，连扛来的棺材都丢弃不顾，惊慌失措地护送着胡奋回府去了。

潘岳沉默地看着胡府众人乱哄哄地离去，过了半晌，终于弯下僵硬的腰，从地上把那顶獬豸冠捡了起来。冠缨上沾染了一点深色的血迹，是刚才胡奋口中喷溅出来的。潘岳也不理会，径直将獬豸冠重新罩在头顶发髻上，却由于右手不能行动，左手动作甚是艰难。

"安仁，我来帮你。"忽然有人接过了潘岳手上的獬豸冠，端端正正地为他戴上，插上冠簪，结好缨绳——却是中书侍郎夏侯湛。

"原来夏侯兄还没走。"潘岳努力想在唇边挤出一个笑容，试了试，徒劳地放弃了。

"你身上有伤，我送你回家吧。"知道此处不是讲话之所，夏侯湛也不待潘岳推脱，用力搀扶着他走回马车，自己也跟着钻进了车厢中。

"夏侯兄还有话要说？"潘岳斜斜靠在座位上，倦怠地问。

"是。"夏侯湛点了点头，斟酌了一会儿道，"胡大将军原本就身患重病，所以也不能全怪安仁……"

"知道了。"潘岳扫了一眼夏侯湛略显尴尬的表情，"夏侯兄是只想说这个吗？"

"我以前认识的安仁，不是这样的。"面对潘岳委婉的逐客令，夏侯湛固执地坐在车厢里不动，"以前的安仁虽然也会锋芒毕露，但不会像现在这样，字字句句都刻薄如刀。我知道你是好心想劝阻胡大将军，可你方才的言辞，既伤别人，也伤自己……"

"我哪里伤到自己了？"潘岳有些不耐烦地回应。

"如果刀刃只朝向他人，那又是什么，一刀一刀地把以前温润如玉的檀郎削成了如今冷峭尖利的冰锥？你当初的一腔热血，又是被什么冻得如此坚硬无情？单这一条，我夏侯湛就不会放过始作俑者！"夏侯湛一向温和的面庞骤然扭曲，蓦地伸手盖住眼睛，掩饰着自己的失态。

"你知道那是什么。"沉默了一会儿，潘岳缓缓地说，"否则你为什么也阻拦胡大将军收殓温裕？"

"你果然知道了。"夏侯湛的脸色忽然一片苍白。他有些颤抖地放下遮在面前的袍袖，喃喃地道，"怪不得，东莱王一怒之下会伤了你。"

"温裕的尸体在东市已经弃置数日，以如今这炎热的天气，按理尸体早该腐化。可是我刚才仔细看过，不但他的尸体一如初死之际，更古怪的是东市苍蝇蚊虫不绝，却连一只都不曾靠近他。怪不得人们传说这上天显灵,要借冤死的忠臣不朽之身,警示陷害他的人不得好死呢!"潘岳说到这里,见夏侯湛呼吸急促、以手抚胸一言不发,不由低低一叹,"我只是没有想到,连夏侯兄你这样的清标君子,都会卷进这样残酷的事情中来。"

"温裕仿造齐献王笔迹之事败露,自知必死,是自愿服用砒霜的。"沉默许久,夏侯湛才艰涩地回应。

"自愿?"还不待夏侯湛说完,潘岳就冷笑着打断了他,"世上多少逼迫之事,事后都可以解释为自愿!"

"我也是这两天才知道这件事。所以真实情形是什么,我也不太清楚……"

"告诉你的人,是齐王,还是齐国太妃?"潘岳冷冷一哂,"呵,我这问题也太过可笑,他们俩究竟是谁,又有什么区别?"夏侯湛是司马攸的表兄,他和贾荃司马囧的关系,自然比自己更加亲近。

夏侯湛一滞,随即宽慰道:"安仁,此刻不是纠结这些的时候。其实我们的目的都一样,都是要阻止这几天旁人收葬温裕,好让他尸体的异状传遍天下,也让他对杨家的诅咒传遍天下。这样不仅天子瞩目'三杨'恐惧,被捕的温裕家人也能开释。安仁,我们都不会让温裕白死的,对吗?"

"是的。温裕不会白死,桃符也不会白死。"潘岳一字一句地吐出这句话,忽而轻轻笑了一下,"夏侯兄,谢谢你。"

"谢我做什么?"夏侯湛讶然。

"谢谢你能够做我的盟友,让我知道自己始终不是一个人。"潘岳真心诚意地朝夏侯湛拱了拱手。虽然这些日子来一直诗酒唱和,心照不宣,但这是性命攸关的大事,直到今天,他们才真正剖白心迹。这个洛阳城里虽然有太多权贵与司马攸是故交,但能够撇开利益让潘岳真正信任的,除了死去的温裕,只有夏侯湛一人。

"我被外放野王县数年,若非你让杨骏将我调回洛阳,我还在外流离不得返家。说起来，还是该我谢谢你呢。"夏侯湛笑了笑，又道，"你我都是桃符故交，自然要同仇敌忾。不过除了我，齐国太妃和山奴也是你的盟友。"

"他们身份贵重，不到万不得已，不要牵连进这些事情。劳烦夏侯兄转告齐王母子，温裕之事已是极限，请他们不要再拿人命冒险了。这样做，也会损害齐献王的清名。"潘岳想起温裕临死时的惨状，痛苦地摇了摇头，不敢再回忆下去。

"我知道，我已经规劝过太妃和山奴了。"夏侯湛暗暗叹了口气，"今后，为齐献王报仇的事情，都要靠我们了。"

"会有那么一天的。"潘岳说着，忽然想起一事，"对了，夏侯兄，我带你去见一个人。"他欠身掀开车帘，对赶车的老仆吩咐，"李伯，去南城冰室。"

"郎君，你的伤该回去换药了……"李伯愁眉苦脸地规劝。

"小伤而已。回头夫人责备，我担着。"潘岳放下车帘，继续与夏侯湛交谈，"关于桃符的死因，夏侯兄有什么看法？"

"从太妃和山奴描述看，齐献王必定是被人下了毒。"夏侯湛缓缓分析，"最有可能下毒的，要么是杨骏、杨珧，要么是匈奴刘渊。可惜找不到确凿的证据。"

"我在杨骏门下这些时日，屡次小心试探，却没有找到杨家下毒的蛛丝马迹。杨骏、杨珧虽然深恐桃符取代太子，却只敢躲在天子背后推波助澜。真要下毒害人，他们还没有那个胆子。"潘岳往车窗外望了望，忽然道，"到了，请夏侯兄随我下车。"

夏侯湛不明所以，跟着潘岳迈下马车，认出他们已经到达了洛阳城南。东汉洛阳城南建有南宫，汉末之乱时南宫被夷为平地，魏晋之后都再未重建，因此城南便渐渐成了百姓聚居之地。以前宫苑的旧址，早已是一片片低矮狭窄的里巷。

　　南城唯一保留下来的与汉代有关的建筑，是位于宣阳门附近的冰室。这个冰室规模庞大，从汉代到晋朝，为皇室和公卿储存了大量用冰。冬季，民夫们从城南洛水中开凿冰块，切割成型后堆砌在冰室庞大的地窖内。待到夏季，天子便会为公卿百官赐冰避暑。若是地位显赫之人去世需要停灵数日，所花费的冰块更是不计其数。

　　潘岳领着夏侯湛走进一个不起眼的小院，才进门就能明显地觉察到院内比外面清凉了许多。夏侯湛正仔细感受着从脚下传来的丝丝凉意，屋内已经急匆匆地奔出一个人，对着潘岳纳头便拜，关切之情溢于言表："小人见过潘郎君。郎君的手怎么受伤了？"

　　"小伤不值一提。马兄近日可好？"潘岳和颜悦色地将那人扶起。待到那人站直，一旁的夏侯湛不由得暗暗喝了一声彩："好一条精悍的汉子！"

　　只见那人四十岁左右年纪，身材魁梧，须眉浓密，一双豹眼精光闪烁。虽然穿的是冰室小吏的粗布公服，却掩不住一股天生的英雄气概。

　　"这是马敦，关中人，现为冰室管库。"潘岳向夏侯湛介绍了来人，又转向马敦笑道，"这位夏侯侍郎是我的好友，以后有什么事情，找他也是一样的。"

　　"请两位郎君进屋叙话。"马敦与夏侯湛见了礼，殷勤地招呼潘岳和夏侯湛进了屋。他亲自拿抹布将座席仔仔细细擦拭一遍，这才不好意思地请二人上座，又脚不沾地地翻找出待客的瓜果来。

　　"安仁与马兄是如何相识的？"好不容易宾主落座，夏侯湛好奇地问。若不是潘岳亲自引他前来，他无论如何也不能将誉满洛阳的檀郎与卑微粗鄙的小吏联系在一起。

　　"潘郎君是我马敦的救命恩人。"马敦满怀感激地朝潘岳拱了拱手，"所以但凡潘郎君所命，马敦赴汤蹈火也在所不辞！"

　　"其实我也没做什么。就是马兄前些日子被人诬陷吃了人命官司，我详查卷宗找到破绽，将他无罪开释而已。"潘岳轻描淡写地述说了前由，特意对夏侯湛道，"别看马兄出身市井，却端的是个人才。他祖籍关中，通晓胡语，到洛阳之后结交了不少匈奴朋友。就连匈奴王子刘渊，都想将他召到部帅府效力……"

一听"刘渊"二字，夏侯湛悚然一惊，立刻明白了潘岳的用意："安仁的意思，是想请马兄……"

"不错。我拜托马兄潜入刘渊麾下，就是为了查找刘渊与齐献王之死有关的证据。就算找不到证据，能知晓刘渊的动向也是好的。"潘岳回答。

"齐献王在世时最不放心的就是刘渊，说他狼子野心，迟早要危及我晋室。"夏侯湛说到这里肃容起身，朝马敦一揖，"如此重任，就拜托马兄了！"

"郎君之礼，小人哪里敢当？"马敦忙不迭地站起来还礼，慷慨道，"小人虽出身低微，却也知道忠孝仁爱的道理。齐献王宽厚爱人，却不幸被奸人所害。小人若是能为齐献王报仇出一分力气，就是赔上这条命也是心甘情愿的！两位郎君就放心吧！"

"安仁，想不到你在刘渊那边都安下了暗子。至于杨家，你更是孤身犯险……"从冰室出来后，夏侯湛感动地握了握潘岳的左手，"辛苦你了。"

"这不还有夏侯兄同行吗？"潘岳笑着大力回握了握夏侯湛，"日后马敦在刘渊那边探得的情况，还烦请夏侯兄多留心了。"

"马敦有事不是应该先找你吗？"夏侯湛奇怪地打量着潘岳，忽然察觉到什么，顿时急切起来，"安仁，你是不是又有什么打算？"

"杨骏想要专权，命我设法除掉尚书令卫瓘。我这颗暗子，终于要被他放到棋盘明面上了。"潘岳自嘲地笑道。

"啊！"不待潘岳说完，夏侯湛已经发出一声低呼，随即警觉地压低了声音，"安仁，这可使不得！卫瓘是朝廷重臣，除掉他谈何容易？弄不好，还会赔进你的身家性命！"

"卫瓘不仅是重臣，也是忠臣。我知道怎么做，夏侯兄就不必为我操心了。至于齐王府那边，也请夏侯兄为我暂时保密。齐王年少病弱，王妃又只是女流，他们知道得越少，对他们越好。"潘岳恳切地注视着夏侯湛，逼得夏侯湛终于点了点头。末了，潘岳又补充一句："杨家的事情交给我就好。今后不仅齐王母子要明哲保身，夏侯兄也要善自珍重。"

"安仁，你……小心。"夏侯湛语声忽地有些哽咽。

"夏侯兄放心。这些年来，经过了炉火的锤炼和冰水的浸透，我就算是块顽石，也早百炼成钢了。"潘岳自信地一笑，宽慰地拍了拍夏侯湛的手臂。

"好。"夏侯湛艰涩地吐出这个字，眼前蓦地模糊起来。当年晶莹无瑕的美玉，如今早已被腥风血雨锻炼成了无坚不摧的钢铁。嵇康锻铁，向秀持钳。既然以前与潘岳相辅相成的司马攸不在了，那就由他夏侯湛来做那个拉风箱的人吧。

温裕尸身不腐的传言仿佛渐渐汇集的溪流，一开始潜流无声，十余日后却骤然如洪水奔涌冲破了堤岸。当深宫中的天子司马炎得知这个消息时，已经发展到洛阳百姓扶老携幼，竞相到东市朝温裕的尸体焚香膜拜的地步。

"传言说上天显灵，保佑温裕成仙。再过几天，他就会死而复生，羽化登天——愚民无知，并不值得扰乱陛下清听。"已经继任为左部帅的匈奴王子刘渊偷觑了一眼司马炎的表情，斟酌着词句小心回禀。随着司马炎一统天下后权力日渐巩固，他对刘渊手下探子的依赖程度大大降低。刘渊也深谙这一点，平素只居住在部帅府中韬光养晦，若非司马炎传召很少进宫觐见。

"朕召你来，就是想听实话。"司马炎看着刘渊欲言又止的模样，在身后的靠枕上挪了一个舒服些的姿势，不耐烦地摆了摆手，"朝中大臣都碍于杨家，不敢详述温裕的情形。你一个外臣，又有什么好顾忌的？"

"是。"刘渊不敢多看司马炎病中憔悴蜡黄的脸,伏低身子道,"臣听到传闻后出于好奇,也到东市去看了一眼。按说这天气如此溽热,尸体早该腐败不堪。可臣细看那温裕尸身,虽然骨瘦如柴,却果然宛如生前。就连东市上成群结队的蚊虫,都不知何故不敢接近尸体一尺之内。因此百姓传言温裕对弘农杨氏一门施行诅咒之事,并非无稽之谈。"刘渊顿了顿,听到绣金软榻上司马炎的鼻息陡然粗重起来,又小心道,"陛下若是厌恶这些妖言,臣请旨一把火烧了温裕尸身,省得留在东市上蛊惑无知百姓。"

"温裕是杨家杀的,你何必为他们出这个头?"司马炎忽觉心口烦闷欲呕,却不愿在刘渊面前失态,奋力咽下涌到喉口的一股甜腥。他定了定神,使劲冷笑一声,从枕边拿起一卷奏疏,"朕可以不惧妖言惑众,可架不住有的人心虚,这就想一走了之呢。"

刘渊双手接过内侍转交的奏疏,打开看时,却是卫将军杨珧上表恳辞一切职位,要求回家养老。由于相同内容的奏疏之前已经上过好几道,偏偏司马炎都不肯允准。杨珧情急之下,竟然直言不讳说:"纵观古今,凡一族二后者,没有保全的,必受宗族覆灭之祸。陛下若是不信,请将我这份表章收藏在太庙之中。如果今后我说的话得到证实,请以此为凭据免除我的灾祸。"

刘渊一向善于察言观色,见司马炎神色烦躁,便微微哂笑道:"卫将军这是太过虑了,将表章放在太庙做凭证的要求也提得出来。难道陛下堂堂天子,还佑护不了他吗?"

"没出息的东西,他就是被那个温裕吓破了胆!"司马炎恼怒地将内侍递来的药碗一推,闷声恨道,"当初逼走齐献王那么起劲,如今被个小吏装神弄鬼一闹,就吓得缩进乌龟壳里去了!朕就准了他的要求,看他日后羞也不羞!"

"陛下圣明。"刘渊眼珠一转,正要附和,忽有黄门官趋步入殿,见刘渊在此,免不得踌躇地停住了脚步:"陛下,车骑将军杨国丈求见。"

"让他进来吧。"司马炎只当杨骏是为杨珧请辞一事而来,打算听听他的看法。

没过多久,杨骏果然带着一个年轻人走进殿来。他一眼看见刘渊,顿时有些意外,嘴唇翕动着欲言又止。

"有什么事就说吧。"司马炎方才发了一顿火,精神正旺,径直向杨骏道。

杨骏见司马炎并不避讳刘渊,迟疑了一下,指着身后那年轻人对司马炎道:"陛下,此乃臣侄儿杨禹。臣带他觐见陛下,是为了向陛下禀告卫驸马今日酒后失德之事。"

"他又闹了什么?"司马炎不耐烦地问。黄门官口中的卫驸马名唤卫宣,乃是尚书令卫瓘第四子。司马炎因为卫瓘素有大功,不顾卫瓘以家门寒素为由屡屡拒绝,强行将女儿繁昌公主嫁给了卫宣。谁知成婚之后,司马炎就不时听杨骏、杨芷父女讲述卫宣嗜酒如命、好色失德,心里不由得后悔给女儿招了个这么不成器的驸马。

"启禀陛下,今日洛阳名士聚会,按照世家等级排定座次。"杨禹朝司马炎再拜,语气中满是委屈愤懑,"轮到我杨家子弟时,卫驸马却讥讽说:'弘农杨氏不就是嫁了个女儿给天子,怎么就能排到上座了?且不说我也娶了天子之女,当初要说起这皇后,可不该姓杨,而是姓阮呢!'……"

还没等杨禹将那句酝酿已久的"请陛下做主啊"吐出来,司马炎已经抓过内侍手上的药碗,狠狠地摔在了地上:"他果真这么说?"

"卫驸马一向借酒使性,出言无状。听说公主在府中也常常受气,只是怕陛下烦恼才不敢禀明。"杨骏盯着破裂的瓷碗内洒溅满地的药汁,诚惶诚恐地跪在了杨禹身边,"陛下若是不信,可以召旁人问询。"

"是这样吗?"司马炎的眼锋扫过杨骏、杨禹,正好斜瞥到一旁侍立的黄门官身上。那黄门官立刻跪倒,肃然回答:"据臣所知,杨国丈所言不虚。卫驸马沉溺酒色,公主委屈,尽人皆知。"

"既然如此,朕可以把公主嫁给他,也可以把公主夺回来!"司马炎勃然发作,"下旨——"

然而不待杨骏掩饰住面上喜色,司马炎却忽然顿住了声音。下诏让公主离异是大事,势必牵连教子无方的老臣卫瓘,容不得司马炎不慎重考虑。

"尽人皆知?"司马炎又咀嚼了一遍这四个字,怒挑的长眉渐渐低垂下来。他见刘渊低头候在一旁,想起他擅长探查公卿家事,顿时问道,"关于卫宣,王子听说的也是这样吗?"

"臣……"刘渊刚吐出这个字,立刻感到杨骏朝自己望了过来。他是何等敏锐之人,瞬间便捕捉到了杨骏眼光中掩藏不住的紧张和疑惧。而他也立刻明白,尚书令卫瓘虽然是三朝老臣,但此时他卫氏一门的荣辱兴衰,就全都系在自己一句话上了。杨骏和卫瓘乃是政敌,一旦司马炎让繁昌公主与卫宣离异,卫瓘必将请罪辞职,得益之人只能是杨骏。

其实刘渊与杨家和卫家都无恩无仇,而杨骏及其党羽对卫宣的一面之词,以刘渊的精明也看出十之八九是故意陷害。然而刘渊却几乎毫不犹豫地向司马炎回禀道:"臣不敢欺瞒陛下。卫驸马酒后失德之事,确实屡有耳闻。臣甚至听卫驸马还说过……"他顿了顿,似乎下定了某种决心,"卫驸马还说过,日后太子继位,必然要依仗卫家,否则朝政就无以为继了。"

此言一出,杨骏顿时喜出望外。刘渊地位超然中立,他的话自然比自己的可靠,更何况刘渊抛出卫宣讥讽太子一说,真是扎到了天子司马炎的痛处。卫瓘一向对太子的驽钝不满,卫宣的话无异于是对太子的冷嘲热讽,绝对超过了司马炎容忍的底线。于是杨骏连连朝刘渊投去感激的目光,暗示自己以后绝不会亏待于他。

刘渊微微一笑,并没有理会杨骏的小动作。杨骏这个人才干平庸,怎么可能猜得到自己真正的用意?

刘渊根本不在乎卫宣是不是沉溺酒色,是不是讥讽弘农杨氏的地位,是不是对太子心存藐视。三人成虎。他之所以要当那第三个人,就是要天子司马炎暴怒之下传旨让公主与卫宣离异,从而使卫宣之父卫瓘畏罪请辞,彻底离开晋朝朝堂。

没有人知道,除了齐献王司马攸,匈奴王子刘渊最为惧怕憎恨之人就是尚书令卫瓘。昔日在洛阳为质的胡人诸王子中,最有才干、最得人望的乃是鲜卑索头部太子拓跋沙漠汗。十年前,因为拓跋沙漠汗父亲年老,天子司马炎特地命人护送他回归鲜卑,让依然羁留在洛阳不得回乡的刘渊羡慕不已。然而拓跋沙漠汗还没回国多久,卫瓘就因为这位鲜卑太子才干卓著而对他起了疑虑之心,秘密上奏司马炎将他扣留。在遭到司马炎拒绝之后,卫瓘又贿赂鲜卑各部头领,挑拨拓跋沙漠汗和他父亲的关系,最终令这位刘渊崇敬钦慕的鲜卑太子被人残忍杀害。

兔死狐悲,唇亡齿寒。从拓跋沙漠汗身上,刘渊看到了笼罩在自己头顶的阴云。如今对他威胁最大的齐王司马攸已死,若是再将对胡人深怀戒备的卫瓘除去,那他未来可以翱翔的天空,便更加广阔了!

天子司马炎命繁昌公主与驸马卫宣离异的诏书一下,尚书令卫瓘惭愧惶恐之下,果然上表谢罪请辞。司马炎倒也没有阻拦,给了卫瓘一个太子太保的虚衔,以菑阳公的爵位回家养老。而同样上表请辞的前任尚书令、现任卫将军杨珧,也和卫瓘一样获准辞官归家。他请求在日后杨家灭门时保全自己的表章,司马炎也同意将它放入石函之内,置于太庙之中。

"从此以后,主公独揽朝政大权,真正一人之下万人之上,位极人臣啊。"车骑将军府内,主簿朱振喜滋滋地朝国丈杨骏拱手为贺,"得天子如此宠信,看以后还有谁敢与主公争锋?"

"说起来,这都是安仁的功劳。"杨骏春风满面地看着一旁恭敬肃立的潘岳,"卫瓘老儿一向行事谨慎,若非安仁献计从卫宣身上寻找突破口,还真是不容易把他扳倒呢。"

"明公过誉了。实乃天子信任皇后与明公,否则卫宣的种种不堪又如何能影响到天子的决断?下官不过胡乱揣测,绝不敢领这份功劳。"潘岳微微一笑,一派谦恭。

"安仁不必推辞,这份首功你受之无愧。"杨骏说着,命人斟来一杯上好的鹤鸣春酒,亲自端给潘岳,"此酒的名字是个好彩头,希望安仁以后多多为我出谋划策,如春风送力、鹤鸣九霄啊!"

"明公以国士待我,下官安敢不以国士报之?"潘岳说着深深一躬,双手接过酒杯一饮而尽。以前有杨珧在,总是提醒杨骏对潘岳要多加提防。如今杨珧一去,杨济又只领军事不涉朝政,潘岳这才真真正正成为杨骏心腹。这一杯酒的意义,不仅杨骏和潘岳明白,连一旁的主簿朱振等人也心知肚明。

"卫瓘虽然告老归家,但圣心难测,万一日后又想将他召回朝堂该怎么办?"主簿朱振是杨骏的死党,高兴之余不无担忧地问。

"我已命安仁以大不敬罪将卫宣逮捕入廷尉狱,说不定从他口中,还能撬出些对卫瓘不利的东西。"杨骏狭长的眼睛中流过一丝阴狠,随即满是期待地望向潘岳,"廷尉平的职位虽然不高,却至关重要。我如今最得意的一件事,就是把安仁你安插到了这个位子上。"说着,他忍不住仰头笑了起来。

"原来主公还留有后招,实在是高妙啊高妙!"朱振做出一副醍醐灌顶的模样,连声称赞了一阵,又转向潘岳虚心地问,"安仁,我有一事不明,一直想要请教。那日卫宣在饮宴上酒后放言,固然有我们的刻意怂恿,可安仁为什么一下就抓住了他说的那句'当初这皇后不该姓杨,而是姓阮'呢?安仁就这么笃定天子听到这句话后会勃然发怒,甚至迁怒到卫瓘身上？"

"是啊，我也没太明白呢。"杨骏点了点头，探究地望向潘岳，"曹魏年间天子还是大将军之子，与我弘农杨氏结亲之前确实曾向阮家求过亲，只是阮籍那家伙不识时务，喝酒装醉不肯答应而已。所以卫宣所说，其实也是事实。所以个中情由，还要安仁为我们解释解释。"

"是。"见杨骏亲自发话，潘岳不得不遵从。他向四周看了看，见屋内寥寥都是杨骏心腹，便压低了声音开口："不敢相瞒明公，潘岳当年，曾经与过世的齐献王相交甚厚。"见在座诸人频频点头，显然早已知道此事，潘岳又道，"齐献王是天子嫡亲之弟，所以我从齐献王那里，无意中听到一个关于天子的秘密——天子那时，与那阮家小姐，暗地里确实互相倾慕。"说到这里，他便闭口不再多言。

因为事关天子隐私，虽然潘岳点到即止，在座众人还是忍不住轻轻吁了一口气，露出恍然大悟的神色来。司马昭当日为司马炎向阮籍求亲而不得，只好为儿子娶了弘农杨氏的杨艳为妻，这是杨骏得以发迹的起点。可是若司马炎与阮小姐果真两情相悦，那阮籍因为政见原因生生拆散了这对爱侣，对司马炎就不啻一个重大的打击了。更何况阮籍虽然藐视礼法，司马家却一向标榜儒家正义，司马炎与尚在闺中的阮小姐相识相爱，本身就是一个违背礼法的惊世骇俗之举。怪不得司马炎后来对这件事讳莫如深。卫宣的无心之语，添油加醋之后就成了直刺天子阴私的一柄利刃。

众人正各自玩味潘岳透露的这段天子绯闻，忽听外面有脚步声惊慌而来："启禀国丈，大事不好了！"

"什么事这么慌慌张张的？"杨骏恼怒地盯着跑进来报信的家仆，深恨自己调教了多日，这些家伙还是没有一点遇事不惊的大家风度。

"刚才廷尉府来人说，说那个卫……卫宣在牢中撞墙自尽了！"

"什么？！"杨骏刚发出惊呼，潘岳已经站起身来，"明公，容下官过去看看。"

"好,辛苦安仁了。"杨骏点点头,又补充了一句,"想办法把事情做漂亮些。"

"是。"潘岳答应一声,匆匆出了杨骏府邸,直奔到自家马车前。不待老仆李伯放下踏板,潘岳已一脚踏了上去,右手自然而然地在车门框上一撑,顿时引发一阵尖锐的疼痛。

"郎君手上伤势未愈,可得小心些。"李伯还没叮嘱完,潘岳已迫不及待地下令,"去廷尉狱,用最快的速度。"

"可是洛阳市上不让跑马……"

"有事我担着!"潘岳定定盯着李伯不住挥鞭的手臂,不停吩咐,"快些,再快些!"

等到马车终于停稳,潘岳不待李伯搀扶,一步就跳下了车。他看着迎上来的廷尉府小吏,一边疾走一边铁青着脸问:"卫宣呢?大夫看了没有?"

"还在老地方。狱医看过了,已经没救了。"小吏的语声在耳边越来越低,最后化成了一片模糊空茫的风声,被潘岳远远抛在身后。他用最快的速度穿越廷尉府官署,直奔署后坚固的牢狱,终于一把推开了禁锢卫宣的牢门。牢门上垂落的铁链发出刺耳的碰撞声,就如同他胸腔中激荡跳跃的心脏,让他承受不住地大口喘息。而他的脚步,也在迈进囚室的那一刻生生停滞住了。

他不敢再往前,不敢再靠近那个躺在地上一动不动的身体。尽管那身体已经被一块棉布完全覆盖,却还是隐隐露出了青年男子原本修长俊逸的轮廓。

那是三朝老臣卫瓘之子、前驸马卫宣的尸体,名门之后,皇亲国戚。即使不掀开遮挡面容的棉布,潘岳也可以清楚地记得不久前自己带人逮捕卫宣时,那张精心保养的脸上露出的惊讶与羞愤。潘岳与卫宣虽不熟识，但在洛阳各种名士聚会上也有点头之交。然而他却万万不曾想到，这个平素养尊处优的骄娇公子，在计划中的诱导威逼还未开始时，就决绝地选择了最激烈的抗议方式。

士可杀不可辱。死和屈辱，自我了断与祸延全家，究竟哪一种更让人难以承受？

潘岳后退了一步，目光却蓦地被囚室的一面墙壁所吸引。透过狭小天窗中漏进来的微弱光线，他看见了坚硬的石墙上一摊可疑的污迹。鬼使神差地，潘岳伸出手指摸了摸，不出意外地发现指尖上沾染了几点黏腻的发黑的血痕。

"那卫宣从进来以后一直安安静静的，小的们也不知道他怎么就突然撞了墙，祈请郎君恕罪！"

"小人得知了消息立马赶来，然而他求死之心太甚，一撞之下脑浆迸裂，已是神仙都救不活了！"

看守卫宣的几个狱卒和狱医自知罪责难逃，纷纷跪地申辩哀求。

"跟你们无关，错的人是我。"潘岳想要挥手，全身却如同冻僵了一般动弹不得。"将卫驸马的尸身妥善安置，尽快送回葍阳公府上去吧。"

"这……卫宣此刻还未脱罪，就这么送回家去？"一个狱卒期期艾艾地问，"要不，郎君再去请示一下廷尉大人？"

"我说送回去就送回去！现在就送，一刻也不许耽搁！"潘岳蓦地嘶吼起来，将在场众人都吓了一跳，"要是上面怪罪，我一力承担！"

因为若是再耽误一阵，待到卫宣的尸体彻底僵硬，只怕他的家人想给他换一身干净衣裳，都不可能了。

眼看众人七手八脚将卫宣的尸体抬了出去，装上推车送往卫瓘府中，潘岳在廷尉府门口站了一会儿，终于对一旁提心吊胆的李伯道："我们回家。"

"老师,你回来啦!"刚一进家门,立刻有一个人影如同欢快的小鸟般扑了过来,"师母正在陪我写字,老师来看看我写得好不好?"

"睿儿来了。"潘岳伸手揽住活蹦乱跳的少年,苍白的脸上勉强勾起一个笑容。

"睿儿一早就过来了,一直在等你回来。"杨容姬从庭院中的茵席上站起身,却蓦地发现潘岳异样的神色,盈盈笑意顿时停滞在脸上。

"老师,我刚才正在抄齐献王的《下教诸吏慎刑》,你看看我的字写得好不好?"琅琊王世子司马睿毕竟年少,没有察觉出任何异状,只是兴冲冲地将自己抄写的文稿献宝一般递到潘岳面前。

司马睿虽然以弟子自居,毕竟是天潢贵胄,潘岳不得不强打精神看向那幅墨迹未干的文字。匆匆一瞥之间,只见上面工工整整地抄写着:"郑铸刑书,叔向不揖;范宣议制,仲尼讥之。令皆如旧,无所增损。其常节度所不及者,随事处决。诸吏各竭乃心,思同在公古人之节……"

似乎当头一棒重重击下,潘岳眼前一花,身子不由踉跄了一下,恰好被一旁的杨容姬扶住。

"我没事……"潘岳恍惚中见杨容姬的嘴唇动了动,却没听清她说什么,便轻轻挣脱了她的搀扶,径直往后院走去,"我去洗洗手。"

后院中有一口水井,井架上系着一只木桶。潘岳抛下井绳打了半桶水上来,将微微抽搐的双手浸没进去。

冰凉的井水如同无孔不入的细针,刺进他旧伤未愈的手腕,然而他却固执地不肯将手抽出。指尖上暗红的血痕早已清洗干净,可潘岳仍旧大力地搓洗着,就仿佛囚室墙壁上那摊血不仅钻进了他的手指,也沿着血管流遍了他的全身,无论怎样都无法去除。

"郑铸刑书,叔向不揖;范宣议制,仲尼讥之。"方才司马睿抄写的句子又清清楚楚浮现在眼前,那是司马攸生前所写的《下教诸吏慎刑》。潘岳对司马攸的所有著作几乎都倒背如流,因此一瞥之间便想起司马攸写作此文的初衷。春秋时郑国子产和晋国范宣子都制定了刑法,并将它们刻在铜鼎上宣示国人,却遭到了叔向和孔子的反对。叔向认为人们一旦只注重法律,就会抛弃道德,想方设法钻法律的空子为自己牟利,而孔子也认为晋国的灭亡在于没有把握好法律的尺度,以至于扰乱了国家和人民。因此司马攸劝诫所有执掌法律的官吏,一定要如古人一般秉持道德操守,谨慎使用法律这种利器。

"桃符,你一向有古君子之风。若你知道我滥用法律逮捕卫宣,甚至害死了他,你一定不会原谅我吧?"潘岳看着水桶中自己的脸,蓦地伸手挡住了眼睛,"如今的我,就算到了九泉之下,也无颜见你了。"

前院中忽然响起一片嘈杂声,似乎有什么人闯了进来。潘岳微微一愣,随即想起该来的迟早要来,便站起身用手帕擦干双手,径直往外走去。

"潘岳,你平白无故害死一条人命,难道不怕以后遭报应吗?"一个人远远看见潘岳出来,忍不住愤怒叫道,"若你还有一点良心,就随我前往灵前请罪!"

"东莱王?"虽然已经有了心理准备,潘岳对于司马蕤的前来还是感到讶异,"你这么快就知道消息了?"

"我为什么不该知道消息?"司马蕤狠狠拂开挡在前面的司马睿,大步走到潘岳面前,一双发红的眸子如同烧红的炭火灼灼发光,"我自幼习武,最敬佩的人就是我朝名将胡大将军。如今他被你活活气死,你难道不该到他灵前忏悔领罪?"

"你说,谁死了?"潘岳此刻才醒悟过来司马蕤并非为卫宣之死而来,有些恍惚地问。

"镇国大将军死了!胡奋胡大将军死了!"司马蕤见潘岳一副魂不守舍的模样,更是气不打一处来,提高声音叫道,"听说胡大将军好意为温裕收尸,却被你用言语挤对得当场吐血。若不是你,堂堂名将会英年早逝吗？”

"温裕的尸体确实收不得。若非他尸体的异状引发物议沸腾，天子又怎么可能赦免了温家一干老幼？"潘岳下意识地回答。

"你少避重就轻,我现在没有问温裕,我问的是胡大将军!"司马蕤见潘岳依旧神色空茫,似乎混不以胡奋之死为意,忍不住一把抓住了他的衣领,"胡大将军一向对你赏识有加,你如何能当众说出那样刻薄刁钻的话?今天不管你愿不愿意,我都要把你拉去胡府,磕头认罪!"说着,他手上用力,拽着潘岳就往外走。

"东莱王哥哥!"司马睿先前被这突然的变故吓得呆了,此刻才如梦初醒一般冲上来抱住了司马蕤的胳膊,"哥哥息怒,有话好好说不行吗?"

"好好说话?"司马蕤曲起胳膊肘,将司马睿捅了一个跟跄,手指依然紧紧抓着潘岳不放,"那你们有听到他好好忏悔吗?"

"胡大将军沉疴日久,就算我没有激怒他,也多熬不了几日。何况我劝他不要鲁莽行事再次得罪杨国丈,并没有说错什么。"潘岳伸手握住司马蕤的手腕,脚下像生根一样立在原地,"胡大将军那里,我自然会去,不过不是请罪,而是吊唁。至于东莱王你——"他冷冷一笑,毫不畏惧地盯着司马蕤杀气腾腾的脸,"如果你没有胡大将军那样的赫赫战功,就没有资格像他那样恣意妄为。"

"你找死!"司马蕤最后的一点克制被怒意焚烧殆尽,猛地举起拳头,朝潘岳当头砸下。

潘岳噙住冷笑,闭上了眼睛,等待着司马蕤刚硬的拳头落在自己身上。此时此刻,他甚至有些期待那即将到来的皮肉之痛,也许唯有那样,才能让他摆脱心底的重压和窒息,才能从接二连三到来的巨浪中挣扎着呼出一口气。

他感受到了司马蕤落拳时带来的虎虎风声,也听到了一旁杨容姬的惊呼和司马睿的哀求。然而那预料之中的疼痛却迟迟没有到来,就仿佛世界都在一瞬间静止,让他诧异地睁开了眼睛。

一只手不知从何处伸来,堪堪架住了司马蕤的拳头。司马蕤不甘地想要反击,那只手却巧妙地换了个方向,再度稳稳地将司马蕤的拳头格开。

"大哥,别这样。"一个低沉的声音从旁边传过来,仿佛一根绳索,牵得司马蕤一寸一寸地扭过头去。

"你是……山奴?"司马蕤仿佛见了鬼一样盯着旁边的年轻人——右颊上平白多出一颗醒目的黑痣,皮肤也一改平日的苍白显出古怪的蜡黄。但司马蕤还是几乎立刻认出了来人的身份——齐王司马冏。

"你,你为什么会变成了这个样子?"巨大的冲击让司马蕤连自己本来在做什么都忘记了,他怔怔地看着面前一身粗布剑袖的人,是司马冏,却又完全不是司马冏,是他最熟悉的弟弟,也是他最无法理解的陌生人。

"你的病,好了?"见司马冏只是看着自己不说话,司马蕤终于撤下了自己徒劳挥动的拳头,"你为什么穿成这样,身手居然还这么好……你和王妃,究竟隐瞒了我多少事情?"

"现在不是说这些的时候。"司马冏方才贸然现身,心中已有些后悔,只想赶紧了结这里的闹剧,"大哥,檀奴叔叔有他的苦衷,你以后不要再和他为难了。"

"你有什么苦衷?"司马蕤没有理会司马冏的劝阻,目光咄咄地盯着潘岳。他忽然发现,无论潘岳还是司马冏,每一个人似乎都有极大的秘密。只有他自己,不仅没有丝毫遮蔽地暴露在他们面前,还完全被隔绝在他们的世界之外。这种认知,让司马蕤如坠冰窟。

"难道,你投靠杨骏是假,心里记挂我父亲是真?"见潘岳只是沉默不言,司马蕤忽然想起曾经藏在潘岳香囊内的那枚桃符,急切地求证,"其实你心里,是希望我们兄弟二人能继承父亲的志向?"

"东莱王慎言！"潘岳见院子内人多嘴杂，板起脸反驳，"杨国丈乃是国之柱石，潘岳能得以报效乃是本人之福，还请东莱王殿下不要误会。殿下要继承齐献王的志向，也不是口中说说就可以做到的，若是再酗酒胡为下去，只怕齐献王的名声都要蒙羞，其余的还有什么可说？"

"好好好。我原先只道我们两兄弟一个是凶暴酒鬼，一个是病弱稚子，所以不能要求你死心塌地地辅佐。如今山奴摇身一变脱胎换骨，你们心里，便更加瞧不起我了吧！"司马蘨说到这里语声一哽，衣袖一拂转身就走，再不回顾。

"东莱王哥哥！"少年司马睿在一旁目瞪口呆地看了半天，忽然醒悟过来，抓过自己写的那张《下教诸吏慎刑》就追了上去。"古人说'不鸣则已，一鸣惊人'。这是我抄的齐献王文稿，就送给你吧。对了，我还抄了齐献王其他所有的著作，待会儿就全都给哥哥送去！"

"想不到，连黄口小儿都来讽刺我了。"司马蘨仰天叹了口气，一把接过司马睿递来的字纸揣进袖中，推门而去。

"睿儿，你先回家去吧。"杨容姬见潘岳面色苍白阴冷，僵直的躯干就如同寒风中的枯树一般，便走上前压抑着焦虑和声道，"齐王殿下也请回吧。今日的事情，我定会警戒家仆不得外传。"

"大哥的话已经说完了，可我的话还没有说。"司马冏的脸色沉着，让杨容姬蓦地意识到以前那个病弱无助的孩子都是假象，而真正的他早已长大成人，理智、果敢，有自己的主见。如今的齐王司马冏，不仅拥有自己的秘密，决定自己的人生，甚至以他的力量，也可以左右无数人的命运了。

"我的话很短，说完就走。"司马冏说到这里，不待任何人回复，径直看着潘岳说道，"大哥是胡大将军而来，而我却是为前驸马卫宣而来。檀奴叔叔，我不知道你究竟想做什么。可就算你初衷再好，也请不要再陷害无辜了。若是我父亲在世，他绝不愿意看到檀奴叔叔变成现在的样子。"说完，他朝潘岳拱了拱手，面无表情地盯着他，似乎想要靠这几句诛心之语,逼出潘岳真正的想法。

"齐王殿下说出这句话,难道不会觉得亏心吗?"见潘岳苍白着脸摇摇欲坠,杨容姬心疼不已,对司马囧反唇相讥,"那温裕之事,殿下又怎么解释?"

"温裕是我父亲臣下,为主尽忠理所当然,与胡奋、卫宣等人不可同日而语。"司马囧理直气壮地回答。

"我虽未杀卫宣,卫宣却因我而死。卫瓘此后还有复出之日。齐王若为未来计,以后就再不要与我往来了。"见杨容姬还想再说什么,潘岳抓住她的手,疲惫地摇了摇头,"帮我送送齐王。"

"不用下逐客令,我自己会走。"司马囧见事到如今,潘岳还是不肯说出真正的打算,不禁大为失望。从一开始潘岳投靠杨骏,司马囧就觉得他绝不只是想引发杨家的恐慌和内讧。可司马囧问遍了温裕和夏侯湛,仍然不知道潘岳最隐秘的谋划究竟是什么。那是属于潘岳一个人的秘密,司马囧屡屡想要发掘,却屡屡受挫。

"关门。"见司马囧终于离去,潘岳看着少年清峭的背影,低哑地吩咐了一声。

"老师,他们说的是真的吗?你一定有你的苦衷,对吗?"司马睿疑惑地望望门外,又望望潘岳,声音微微发颤。

"泥足深陷,回头无路。"潘岳此刻才觉察出头上还戴着沉重的獬豸冠,压得头颅阵阵疼痛。他示意杨容姬帮自己取下獬豸冠,淡淡道:"去将冠上缨绳清洗一下吧,那上面有胡大将军的血,不可日后被人玷污了。"

"檀郎,你在说什么,我不明白。"杨容姬捧着代表律法的獬豸冠,竟有些不知所措。

"卫宣之死,我作为主管官员难辞其咎。这个廷尉平,应该是当到头了。"潘岳说完,轻轻活动了一下酸疼的肩膀,长长地吐出了一口气。

第 九 章

定 计

有道吾不仕,无道吾不愚。

——潘岳

太康十年,潘岳因前驸马卫宣一事处置不力,被免去官职,罢为庶民。而他大力辅佐的车骑将军、国丈杨骏,则成功排挤了二弟杨珧、政敌卫瓘,尽揽朝中大权。

天子司马炎此刻也觉察出了杨骏的野心,却已无力约束。这段时间来,经历了司马攸还魂、洛阳地陷、太庙折梁、宫室大火、温裕尸变种种灵异之事,司马炎的精神遭受了一次又一次重创,终于在他即位的第二十五年彻底病倒。即使朝廷为了祈福将年号"太康"改为"太熙",也没有阻止他的身体无可挽回地颓败下去。

皇后杨芷当仁不让地包揽了侍奉天子病榻的职责,而国丈杨骏也一有机会就待在司马炎的寝殿含章殿里。没有杨骏、杨芷父女的允许,谁都不能擅自进入寝殿。

甚至包括太子司马衷夫妇。

这一日,太子妃贾南风陪同太子前来请安探病,照旧被皇后杨芷一句"陛下需要静养,请太子改日再来"给挡了驾。司马衷原本见了父亲就紧张,此番便如得了赦令一般,欢欢喜喜就想跑回东宫去,让贾南风恨不得用长指甲在他脸上抓挠一把。

藏在衣袖里的指甲将掌心掐得生疼,贾南风回头望着戒备森严的天子寝殿,忽然看见夫人赵粲悻悻地从里面走了出来。贾南风一双灵活的眼珠转了转，吩咐宫人先侍奉太子回东宫，自己则走过去向赵粲见礼："夫人方才是去侍候陛下了吗？"

"有皇后在那里，哪里轮得到我去侍候？"赵粲哼了一声，"原本是陛下特地提起我，皇后不得已才让我进了含章殿。不料杨国丈一到，皇后立刻将我赶了出来。也不知道他们父女有什么体己话儿，不能当着外人说？"

"别人是外人倒也罢了，夫人可是元皇后的表妹，说起来和当今皇后、杨国丈都是一家人呢。"贾南风偷觑了一眼赵粲的脸色，故意笑道。

这番火上浇油果然起到了效果，赵粲的神情越加愤愤："我是元皇后的表妹，可不是当今皇后的表妹！如今杨国丈连自己的亲兄弟都要算计，我又算得了什么？日后陛下若是有个万一……还不知道我的日子怎么过呢。"

"夫人暂且宽心，这天下还姓司马呢。"贾南风拉着赵粲走到僻静处，将侍奉的宫人们全都远远遣开，这才低声道，"以陛下之圣明，这几日必有所行动，断不会让他们父女把前朝后宫都把持了去。"

"太子妃，真是什么事都瞒不过你。"赵粲含笑斜睨了一下四周，见无人偷听，便凑到贾南风耳边道，"今日陛下连下了两道圣旨，一是任命汝南王为侍中，与杨国丈共辅朝政；二是任命王佑为北军中候，率领洛阳禁军。就因为这两道旨意，杨国丈和皇后才慌了手脚。"

"原来如此。"贾南风点了点头。汝南王司马亮是司马懿第四子，当今天子的四叔。除却疯癫的平原王司马干，他年纪最大辈分也最高，是如今司马炎可以托付后事的宗室首选。而王佑是太原王氏子弟，地位不偏不倚。司马炎这番布置，就是要让司马家宗室和世家大族共同掣肘外戚杨家了。

"皇后成天守着陛下，却依然守出了这两道圣旨，也真是笑死人了。"赵粲酸溜溜地道。

"可是这还不够啊,杨国丈下一步肯定会想对策的。只可惜……"贾南风原本兴奋地揣摩着杨骏父女的动向,却蓦地想起太子司马衷那一副浑浑噩噩的呆滞神情,心中一苦,泄了精神,"只可惜我们是后宫女子,又没有父兄支援,只能听天由命了。"

"这话我说得,太子妃可说不得。"赵粲殷切地拉起贾南风的手,"毕竟,日后太子才是名正言顺的天下之主……"

树影婆娑,暗香浮动,宫装丽人莲步轻移,喁喁耳语,正是宫中最常见的休闲图卷。谁也闻不见,那氤氲的脂粉香底,已经暗暗涌起了一股血腥气。

两日之后,洛阳延熹里中,来了两个身穿便服的中年人。他们在密如蛛网的里巷里转了几圈,终于找到了潘岳租住的小院。

开门的老仆李伯眯起眼睛,好半天才认出敲门的矮胖中年人:"您是……朱主簿?"

"下官正是车骑将军府主簿朱振。"朱振朝李伯扬了扬下巴,"快去禀告你家郎君,就说有贵客到了。"

等到潘岳迎出来时,那所谓的贵客正拈着颌下的山羊胡,随意打量着狭小的庭院。潘岳认出来人,连忙上前施礼:"寒舍敝陋,怎敢劳杨将军玉趾亲临?"

"哈哈,想起多日不见安仁,就叫朱主簿带我来拜望。安仁可不要嫌我们唐突啊。"来人正是车骑将军、国丈杨骏。他伸手将潘岳扶起,指着院子里堆放的一些箱笼问:"怎么,安仁要搬家?"

"洛阳米贵,房租更贵。"潘岳点了点头,赧颜道,"在下失了官职,也就断了俸禄,租不起延熹里的房子,打算搬到城外去。"

"安仁免官,是老夫之过也。"杨骏感慨了一句,转头对朱振吩咐,"命人准备五万钱,立刻送过来。"

"多谢杨将军！"潘岳躬身致谢，"只是无功不受禄……"

"安仁替我除去了卫瓘老儿这个绊脚石，怎么会无功，简直是大大地有功！"

"在下就如同杨将军的离弦之箭，即使射中了拦路之虎，也无法再为杨将军驱策了。"潘岳的语声，含着淡淡的失落。

"安仁这样的大才，怎么可能被埋没？就算你已是离弦之箭，老夫也要把你捡回来的。"杨骏哈哈一笑，拍了拍潘岳的肩膀，"我此番登门，正是有一些疑惑想要请教安仁。"

"杨将军请进屋上座。"潘岳延请杨骏和朱振进了屋，又亲自将房门闩好，这才在下手坐下，"杨将军有话请讲，潘岳必定知无不言。"

"你说吧。"杨骏朝朱振点了点头，半合上了眼睛。连日在司马炎病榻前打转，他确实十分疲惫。

"陛下这些日子来，对主公有了防范之心。"朱振清了清嗓子，言简意赅地道，"不知安仁可曾听说陛下新发的两道圣旨，一是召汝南王为侍中，二是任命王佑为北军中候。"

"安仁可看出了其中的门道？"见潘岳面色如常，杨骏试探着问。

"汝南王可曾觐见陛下了？"潘岳问。

"不曾。"杨骏摇头。他和皇后杨芷日夜守在司马炎寝殿，就是要将一切隐患人物排除在司马炎视线之外。

"那就无忧了！"潘岳拍手笑道，"王佑谨慎，虽领禁军，却绝不敢擅用。汝南王只要无法进宫，便不足为虑。"

"如今天子寝殿内外，皆是可靠之人。可能挡住汝南王一时，却挡不住他一世啊。"杨骏忧心忡忡地道，"万一天子正式立下遗诏，召汝南王行辅政之职，我们还能抗旨不成？"

"按照礼制，天子要立遗诏，必定召中书监执笔。"潘岳知道杨骏野心勃勃却又才识庸碌，故意笑道，"如今中书监乃是华廙，明公要对付他还不是易如反掌？"

"安仁此言差矣！"见杨骏皱起了眉头，主簿朱振连忙道，"世人都称赞说华廙为人刚正，不阿权贵，怎么可能好对付呢？"

"当今世风最重品评，但是往往只根据某件事就对某人下了定语。"潘岳嗤笑一声道，"当初荀勖为他的儿子求聘华廙的女儿，华廙不许，荀勖就诬陷华廙参与了一桩贪污案，导致华廙免职。从此，所有人见了华廙都要赞一声刚正不阿，可惜都只知其表，不知其里。"

"哦，那华廙的'里'是什么？"杨骏急切地问。

"华廙出身世家，却因为岳父典选官员时避嫌，直到三十五岁才得以出仕做官。好不容易做到南中郎将，却又因为得罪荀勖被免官，赋闲十年，生活潦倒。直到天子登高看见他家种的苜蓿园，又出宫看见他在宅院旁养猪，才心生怜悯，一场大赦让他重新入仕。华廙亦步亦趋，终于在垂暮之年爬到中书监的职位。"潘岳讲述完华廙的生平，终于下了结论，"所以，华廙虽然顶着弘毅的名声，骨子里却怯懦畏缩、贪权自保。关键时刻，他绝没有胆子和明公相抗。遗诏之事，明公不必忧虑。"

"话虽这样说，可我心里还是忐忑。"杨骏想象着自己与华廙正面交锋的场景，还是颇不自信，沉吟良久忽然道，"这样吧，安仁你随我进宫。陛下如今神志时而清醒时而昏乏，一旦病榻边发生什么变故，你也可以随机应变，为我出谋划策。"

"对对对，这是个好主意。"朱振连忙附和，"圣心瞬息万变，有安仁及时应对，主公才能高枕无忧。"

"别说潘岳如今一介庶民，就是当初有官职在身，也没有资格进入陛下寝殿……"潘岳面露难色。

"这个你不用担心。"杨骏摆了摆手，"如今陛下身边都是我心腹之人，将你安置其中并非难事。"杨骏见潘岳点头，心中畅快，笑向朱振问道，"那五万钱快送来了吧？"

"今日肯定送到。"朱振笑眯眯地回答,"这五万钱只是先锋,只怕大军还在后面呢。"

"钱算什么?要送,就送安仁一个飞黄腾达!"杨骏哈哈一笑,带着朱振告辞离开。

"明公,宫中门禁森严,带潘岳进去还是有风险的吧?"离开延熹里,朱振忍不住提醒了一句。

"有风险,但是值得。"杨骏斜睨了一眼朱振,"你知道刚才潘岳评论华廙时我想到了什么吗?华廙仕途起伏不得不种菜养猪。他潘岳呢?穷得连房租都付不起。所以他评论华廙,其实就是评论他自己啊。"

"所以主公只五万钱,就可以买到他的忠心。"朱振竖起了大拇指,"主公这笔买卖,实在是大大地划算!"

杨骏走后没过一个时辰,潘岳的小院内又来了一位不速之客。

"齐王殿下?"正在收拾箱笼的潘岳直起腰,惊讶地看着面前一身家居常服的少年。今日的司马冏没有易容,也没有穿着他武士风格的粗布剑袖,很明显是直接从府中匆匆过来的。可是自从卫宣死时司马冏一怒而去之后,两人就再也没有交道,今天怎么又突然降临?

"听说檀奴叔叔准备搬家。怎么,现在不准备搬了?"司马冏抱着双臂,语气中有一丝戏谑。

"哦,刚才有人送来一笔钱,就不用搬了。"潘岳垂下眼睛,继续整理箱子里的书卷。

"我当是多少,才五万钱就把自己卖给杨骏了?"司马冏依旧在笑,但牙齿已经咬在了一起,"檀奴叔叔,你也太便宜了吧!要不我出十万钱,你投靠我如何?"

"我不搬家,不是更方便齐王殿下派人监视我吗?"潘岳没有理会司马冏的嘲讽,淡淡回答。

"我是为了你好！杨骏利用你除掉卫瓘，如今你好不容易跳出了旋涡，还要再回去被他当刀使吗？"司马冏怒道。自从杨珧辞官、杨济蛰伏，杨家暗卫营便再无人监视潘岳。反倒是司马冏接收了潘岳隔壁的密室，常常命人在此窥伺潘家的动静。此番杨骏来访，司马冏也是第一个得到消息，这才匆匆赶来。

见潘岳埋头理书，并不回应自己，司马冏骤然迈上一步，"啪"地扣上了箱盖，"檀奴叔叔，我已经向你坦承了我的秘密，你却还要一直瞒着我吗？"

"哦，殿下告诉过我什么秘密？"潘岳抱着书，毫不在意地问。

司马冏往四周看了看，压低了声音急切道："你不是早猜出来了吗？当年我父亲去世时，我用剑直指天子使者，逼得那阉人落荒而逃。后来在父亲的灵堂内，我又逼着天子下旨杀了几个为我父亲看病的太医。如此锋芒毕露，怎不令天子猜忌厌恶？母亲为了保住我，不得已命我服药装病，常年隐居在府中，背地里却让我习练弓马，甚至乔装潜入杨家的暗卫营。这一切，都是为了有一天能推翻整个杨家，为我父亲报仇！檀奴叔叔，难道你一定要我把心都剖出来，才肯信任我吗？"

看着少年涨红的脸，泪光闪动的眼睛，潘岳恍惚觉得，只要自己点点头，这死心眼儿的孩子真的会把心剖出来给自己看。他微微往后退了一步，指着地上的一摞书道："麻烦齐王殿下帮我把书搬进屋内来。"说着，自己抱着书先进去了。

司马冏一怔，随即响亮地答应了一声，破涕为笑，弯下腰将书抱了个满怀。

走进幽静的书房，司马冏放下书，关上了房门。还没转身，就听身后潘岳悠悠地道："齐王殿下难道认为，害死齐献王的元凶真的是杨家吗？"

"除了首恶杨家，自然还有荀勖、冯纨等一干小人推波助澜。只是那些人都死了，而杨骏、杨珧几兄弟却从我父亲的死中捞到了最大的好处。若以获利大小而论，只有杨家会铤而走险给我父亲下毒！"这个问题，司马冏与贾荃、夏侯湛等人探讨了多年，始终没有想出更合理的解释。

"可是齐王殿下是否想过，无论是谁对桃符下毒，都不过是杀人的利器，而真正握刀的人，从来就只有一个。"潘岳慢吞吞地回答着，眼中渐渐浮起了悲凉。

"你是说……当今天子？"司马冏骤然一凛，只觉一股寒气从后背直蹿上来，咬得他打了一个哆嗦。虽说他也曾经生出过这个念头，但君臣尊卑乃是天地纲常，不容置疑甚至不容揣摩。何况无论君臣还是兄弟，司马炎就算真的杀死了司马攸，他们做臣子的也没有任何报复的合理性，甚至不能流露出任何怨恨神色。灭掉杨家，已经是司马冏在道义上所能做到的极限。若是再往上一层，那就是天地不容，人神共诛。

"就算不是他授意，也是他默许。"潘岳的声音，似乎是从九幽冥府传来，带着森然的寒意。

"就算是他，我们又能做什么？"司马冏叉开十指插入自己的头发，慢慢地跪坐在地上，胸腔中仿佛有一股火在四处蔓延，将五脏六腑都熔化成炙热的岩浆。可是他只能紧紧地闭上眼、闭上口，将它们禁锢在自己的身体之中。因为他知道，一旦开口，第一个被焚毁的人就是他自己。

"日后的事情，我已经拜托了你表叔夏侯湛，他到时候会告诉你的。"潘岳伸手扶住一扇屏风，却因为手指颤抖得太厉害，几乎将它撞倒。

"不！我不要夏侯表叔告诉我，我要檀奴叔叔你亲口告诉我！"司马冏膝行几步，不顾王爵之尊伸手抱住了潘岳的腿，"檀奴叔叔，我现在就要知道你的心思，不是日后，是现在！你若是还不肯说，我就……就赖在这里不走了！"说着，越发像只猴儿一般紧紧缠住了潘岳。

潘岳甩不开司马冏，又不敢使劲，只好直挺挺地立在原地，越发像了一根被猴儿攀缘的树干。他低头看着司马冏黑漆漆的发髻，听着他压抑的抽泣声,终于点了点头:"好。如今时机已经快要到了,我带你去一个地方。"

司马冏揣摩不透潘岳的心思,却本能地觉得记忆中那个神仙一般无所不能的檀奴叔叔又回来了。而他也像小时候一样,只要伸出小手窝在潘岳暖暖的掌心里,就可以安心地跟着他直奔刀山火海。

坐上李伯所驾的马车,司马冏跟随潘岳来到了南城的冰室前。他好奇地看着那个叫作马敦的冰室管库,发现他看向自己的神色中,除了恭敬,还有了然。司马冏这才发现,原来在自己看不见的地方,潘岳早已安排好了一切。

想到谜底立刻就要在自己面前揭开,司马冏忍不住轻轻哆嗦起来。

"公子是觉得冷吗?"马敦照例恭敬地问,"这里储存了许多冰块,确实比其他地方要冷。"

"你们入库所穿的皮袄,麻烦取两件过来吧。"潘岳吩咐。

"哎呀,小人们的衣服肮脏得很,怎么能给两位贵人穿?"马敦为难地搓着手。

"不用了,我不冷,真的不冷。"司马冏连连摆手。他一向锦衣玉食,哪怕乔装时所穿的粗布剑袖也浆洗得干干净净,哪里穿得下这些小吏们油腻腻的皮袄子?

"在这里是不用。可到了冰库里若是不穿皮袄,必定是挨不住的。"潘岳有些歉疚地看着司马冏,"方才出门匆忙,忘了携带冬衣,还望殿下恕罪。"

这声"殿下"一出口,直接挑明了司马冏的身份,而一旁的马敦,也顿时跪在了地上。

"檀奴叔叔,叫我'山奴'就好!"司马冏窘得脸都有些红了,忙不迭地接过马敦送来的皮袄,胡乱就往身上披,"只要叔叔不和我生分,叫我做什么都行!"

"你已经长大了，以后不要说这种孩子气的话。"潘岳虽是责备，眼神中却满是慈爱。

"需要小人一起下去伺候吗？"马敦见二人穿戴已毕，殷切地问。

"不用了。你在上面守着，暂时不要让其他人下去。"潘岳拍了拍马敦的肩头，轻轻叹了一声，"估计过不了多久，这里的事情就可以了结了。"

"郎君放心，小人一定会办得妥妥帖帖。"马敦说着，带领潘岳和司马冏穿过小吏的值房，径直走到了一个巨大的地窖口。他掀开沉重的木板，露出下方长长的台阶，这才将一支火把递到潘岳手中："郎君和殿下只管下去，小人保证消息绝不会外传。"

"有劳。"潘岳点了点头，拉着司马冏的手小心地步下了台阶。才下了几级，凛冽的寒气便扑面而来，让司马冏下意识地握紧了潘岳的手："地下湿滑，叔叔小心些。"

虽然夏日里用过无数冰块消暑，司马冏却是第一次进入洛阳的冰室。从前汉开始修筑冰室以来，随着洛阳城日趋一日的繁华，用冰需求大大增多，冰室的规模也逐渐扩大。冬日里从洛水上开采来的巨大冰块，此刻都整整齐齐地堆放在地下冰室中，晶莹剔透，恍如一座水晶铸造的迷宫。

潘岳手中的火把在冰块上映出金红的光，在幽暗的地下冰室中恍如幻影。他似乎早已熟悉了这里的道路，带着司马冏在惑人的冰块间隙中曲折而行，终于在一面冰墙之前停住了。

司马冏不知道潘岳究竟是何用意，只能借着火光仔细观察那面冰墙，却黑魆魆的看不出什么名堂。他正想开口询问，忽听潘岳开口道："山奴，你可知道你父亲毕生忧心的是哪三件事情？"

"宗室之强、胡人之乱、士庶之别。"司马冏虽然意外，依然脱口而出。

"果然不愧是桃符的儿子。"潘岳低低赞叹了一声。

"父亲过世的时候，我虽然年幼，但他的遗言我都记得清清楚楚。"司马冏得了潘岳称赞,心中涌起一阵欢喜,"而且这些年我僻居深宅,除了习武,也通读了父亲所有的奏疏和著述。"

潘岳点了点头:"那你知道这些积弊是怎么来的吗?"

"这三件弊政固然都以前朝为滥觞,但本朝之所以愈演愈烈,实际上都与我父亲有关。"司马冏顿了顿,忽然觉得自己的声音在这寒气森森的冰室中有些突兀,越发压低了声音,"说一句大逆不道的话,若非当今天子忌惮我父亲,急于讨好宗室、士族和胡人来防范我父亲,这三大弊政又怎么会积重难返? 即使我父亲去世了,天子也无力更改?"

"天子自然是想改变的,而他的手段就是外戚杨家。"潘岳忽然轻笑了一声,"国丈杨骏,就是天子最后用来制衡的砝码。"

"杨骏那个庸碌小人,他哪有这个本事?"司马冏脱口吐出这句讽刺,忽然想起潘岳对杨骏态度暧昧,不由住了口,一双清亮的眼睛情不自禁地打量潘岳的神色。

"杨骏确实没有这个本事,将来的天子也没有这个本事。"潘岳沉声道,"当今天子毕竟是开国之君,又有一统天下的功勋。所以要实现你父亲的愿望,还是得挟当今天子之余威。"

"天子为防范我父亲设下的藩篱,怎么能指望他自己拆除?"司马冏的诧异渐渐变成了嘲讽,"更何况天子现在病重, 又被杨骏父女迷惑,朝廷里下达的圣旨,还不知姓司马还是姓杨呢。"

"那就让天子意识到杨骏的真面目! "潘岳的眼眸中倒映着两簇火把,跳动着仿佛终于喷薄而出的执念,"山奴,要为你父亲复仇,仅仅灭掉杨家是不够的。我们都清楚真正的罪魁祸首是谁。虽然他是天下至贵,我们不能报复于他,却可以让他活着的时候亡羊补牢,确保天下安定的本源;更要让他诚心忏悔,即使到了九泉之下,也要对你父亲的魂灵赔罪致歉。我最终所求的,不过是一纸罪己诏! "

"罪己诏?! "司马冏一愣,嘴角慢慢绽开一丝苦笑,"自古天子乃天下至尊,可杀可废,但要他认错道歉却是千难万难!当初我父亲死后,天子也曾经假惺惺地落下眼泪,谁知侍中冯纨只说了一句'齐王名过其实,如今早死是晋朝的福气,陛下又何必伤心',天子立刻就连这表面上的哀伤都舍弃了。对他而言,我父亲死了他得偿所愿,如今想让他诚心忏悔,岂不是痴人说梦吗?"

"以往当然不行,可是如今情势却大为不同。这就是我带你到这里来的原因。"潘岳伸出手指戳了戳面前的冰墙,"你可看出这里有何异状?"

见司马冏茫然摇头,潘岳解释道:"这座冰墙之后,是前汉皇城密道的入口。"

"啊,原来这密道真的存在?"司马冏大惊,连忙趴在冰墙前使劲往内张望,却什么都看不清。

"前汉洛阳皇宫分为北宫和南宫,修筑地下密道是为了方便天子移驾。然而经历过汉末几次大规模战乱,洛阳几乎被焚毁殆尽,这密道也就湮没无闻了。待到曹魏在洛阳重新建都,更是只在北宫遗址上修筑宫室,前汉南宫遗址便成了百姓聚居之地,唯一保留下来的也只有这个冰室了。"潘岳娓娓解释道,"马敦在冰室做管库十余年,一次在冰室扩建时无意中发现了这个入口,赶紧用冰墙封住。这密道埋没了将近百年,如今终于可以派上用场了。"

"檀奴叔叔,你打算怎么做?"司马冏的脸色有些紧张,"私闯宫禁,可是杀头之罪。"

"杨骏不日就会带我进宫,安置在寝殿附近伺机而动。"潘岳定定地看着司马冏酷似司马攸的脸,每一个字似乎都在坚冰上凿出一个凹痕,"如果齐王殿下想知道你父亲的真正死因,想要亲眼看见仇人穷途末路的狼狈,就沿着这密道当面质问他吧!当然,你若是不敢也没有关系,就当你今天没有来过这里。"

"叔叔不必激我,我……我当然敢!"司马囧跺了跺脚,咬牙回答。

"那等我布置妥当之后,会让马敦来找你。"潘岳看着司马囧因为用力而微微鼓起的腮帮,心中轻叹了一声。司马囧的性格,表面和他父亲司马攸一样温文有礼,内心的坚硬狠绝却不可同日而语。当初他既然能逼温裕以身作饵,自然也不会放过亲口质问司马攸死因的机会。哪怕质问的对象,是当今天子,九五之尊。

这样其实也好吧,潘岳自我安慰道,至少,山奴再也不会重蹈他父亲的覆辙。

昏昏沉沉了不知多少时日,这一天,天子司马炎终于睁开了眼睛。

他混浊的眼眸迟滞地转动了几下,渐渐聚焦到守候在床边的一个内侍身上:"你是谁?"

"启禀陛下,奴婢名叫张采,是奉皇后和国丈之命前来伺候陛下的。"那内侍说到这里,显然因为司马炎醒来满心惊骇,未得首肯便自顾转头叫道,"快去禀告皇后和国丈,陛下醒了!"

若是平日,这名新近内侍的无礼举动必然会引得司马炎勃然大怒。可是现在,他已经连发怒的力气也没有了。晋朝的开国皇帝虚弱地躺在龙床上,用唯一能动的眼珠缓缓扫过殿内的内侍和宫女,恍然发现不知从什么时候开始,自己的身边人全都换成了陌生面孔。毫无疑问,这些人都是皇后杨芷和国丈杨骏的心腹。

骤然意识到事态的可怕,司马炎顿时沁出了一身冷汗,脑子也清晰起来。他正眯着眼睛思索,忽听环佩叮当,一阵女子身上特有的熏香气味便笼罩过来:"陛下醒了吗? 可担心死臣妾了!"

十余年朝夕共处,司马炎不用睁眼也知道来的人是谁。他缓缓转过眼珠看着皇后杨芷,见她面色憔悴、服饰简素,显然这些日子来确实为自己担惊受累了,便缓和了语调问:"皇后……今天是什么日子了?"

"回禀陛下,今日是太熙元年四月初五。"皇后杨芷微笑着道,"天气渐渐暖和,陛下的病也会好起来的。"

"汝南王呢?叫他来见朕。"司马炎忽然道。

杨芷没料到司马炎转瞬换了口气,面色一变,缓了缓才如常回答:"陛下难道忘了,去年十一月,陛下亲自下诏汝南王司马亮都督豫州诸军事。现在汝南王应该是在豫州呢。"

"胡说!"司马炎蓦地拂开了杨芷抚在自己被子上的手,豁然坐了起来,"朕还没有傻!汝南王虽然都督豫州诸军事,但还保留着侍中的职位。朕要他留在洛阳朝廷辅政,没有让他去豫州!"

"那是臣妾记错了,请陛下恕罪!"杨芷虽然早已与父亲杨骏商量好了将汝南王司马亮隔绝在宫外,但此刻司马炎余威犹在,她惶恐之下只能跪下请罪。

司马炎明白杨骏父女的私心。但此刻寝宫内外都被他父女的心腹所把持,他无法与他们彻底闹僵。于是他只是重重地靠在杨芷塞在身后的靠枕上,言简意赅地下令:"宣中书监华廙。"

"启禀陛下,中书监现不在宫中。"见寝殿内无人应答,内侍张采看了一眼皇后杨芷,硬着头皮回答。

"不在宫中就去他府上叫人!"司马炎自即位以来,何曾受过这种违逆,当即将一个枕头朝张采砸去,"混账东西,再磨蹭朕杀了你!"

"是。"张采吓了一跳,与杨芷眼光一碰,会意地点点头,出去了。而那个被司马炎全力掷出的枕头,则斜斜地落在床边,连张采的衣角都不曾碰到半分。

意识到这个事实,司马炎心中一灰,斜斜地躺倒下去。

张采前脚跨出寝殿含章殿大门,后脚就把信传到了车骑将军府上。杨骏原本正在吃饭,听到这个消息急得张口就把嘴里的食物吐了出来,一边跑到屋外穿鞋一边大声吩咐："备车,我要进宫!"

杨骏虽然此刻权倾朝野,却也知道自己阖门荣辱都系于天子司马炎一身。若是司马炎背着自己降下什么不利的诏旨,他辛辛苦苦经营多年的大厦,就会如同沙上之塔瞬间崩塌。

一路上奔命一样跑到司马炎寝殿前,杨骏也不等通传,提起袍服下摆就往台阶上跑。然而他才跑到一半,前面却忽然有一个人拦住了去路。

"闪开,拦路者死!"杨骏气急之下,厉声呵斥。

"杨将军,是我。"说话之人一只手扶住了杨骏的手臂,另一只手指了指含章殿大门,随即在唇边竖起食指,做了个噤声的手势。

杨骏定睛一看,却是一身侍从打扮的潘岳。他猛地想起这几日潘岳正在含章殿附近待命,便压低声音问:"里面情况如何?"

"中书监华廙刚刚奉旨入内觐见。"潘岳引着杨骏走到台阶下僻静处,不慌不忙地回答。

"你为什么不拦住他?"杨骏大怒。若非在天子近前,他当场就要发作,"我费心把你安插在这里,你做了什么?"

"天子之命,谁人敢阻?何况为天子代写诏命,本就是中书监的职责。"潘岳见杨骏一张须眉稀疏的白脸涨得通红,宽慰道,"明公不必担心,只安心在此等待即可。"

"再等下去,只怕遗诏就要出来了!"杨骏急得跺脚,"不行,我得进去看着,否则还不知道华廙那老儿会写出什么东西来!"说着,一把拂开潘岳又想冲入含章殿中。

"爹爹,还是听潘郎君的话吧。"忽然一个声音插了进来,吹气如兰,"我相信他一定有办法的。"

"参见皇后!"虽然没有回头,潘岳还是立刻恭敬地俯首拜了下去,与方才面对杨骏的从容判若两人。

皇后杨芷有些尴尬地站在潘岳面前,看着他深深埋下的头,眼中流过一丝不易觉察的幽怨。她低低地应了声"不必多礼",手指不自觉地绞弄起了自己的衣带,就仿佛她并非统御后宫的皇后,仍是当年羞怯无措的少女。

杨骏此刻心急如焚,根本不曾发现女儿的异状。他伸手将潘岳扶起来,催促道:"都这个时候了,就不必讲这些虚礼。我且问你,若是中书监华廙直接将天子的遗诏颁布,我该怎么办?"

"是啊,一旦遗诏公布,就回天乏术了!"杨芷也急道。

"天子此刻神志清醒,要想阻拦他立遗诏是不可能的。"潘岳沉思道,"唯一的办法,是阻止遗诏颁行。"

"我怎么阻止得了?除了华廙,那个中书令何劭可是卫瓘老儿的亲家。他们俩一联手,遗诏就直接公布天下了!"杨骏脱口抱怨。

潘岳心中暗叹了一声,杨骏才具平庸却妄图独揽朝政,真是不自量力。然而他却不得不微笑着提醒道:"皇后与明公不必着急,诏书自然是不能废弃的,可是明公却可以借来一阅啊。华廙明哲保身,又畏惧明公威仪,断无拒绝之理。"

"借了不是要还的吗?"杨骏还是没有醒悟过来。

"只要诏书借到了手,什么时候归还还不是爹爹一句话?咱们就来个有借无还好了!"皇后杨芷说到这里,见潘岳频频点头,不由心中欢喜,"对,就这么办!"

话说到这个份儿上,杨骏再愚钝也领悟了诀窍。天子司马炎已经不剩几天光景,只要现在将对自己不利的诏书搁置,待到司马炎弥留之际神思恍惚,自己想怎么立遗诏还不是易如反掌?于是他拈须笑道:"安仁这几天不要离开,只怕真正的遗诏,还要靠你来拟呢。"

第 十 章

遗 诏

匪广厦之足荣，有切身之近患。

　　　　　　　　　　——潘岳

　　夕阳西下，残余的金光从含章殿紧闭的门窗缝隙里漏进来，纵横交错，仿佛一张金碧辉煌的网，罩在躺在龙床上的天子司马炎身上——让他一动也不能动了。

　　司马炎从昏睡中醒来，却无力睁开眼睛。恍惚中，他觉得自己在苦苦等待着什么。然而迟钝的脑子仿佛冰封的河床，他必须一点点地抠挖，才能窥见厚厚冰层下覆盖的记忆。

　　他记得自己新婚那一日，明灯如海，高朋满座。他穿着新郎的全套礼服，站在大将军府的大门前，亲自躬身将自己的新娘迎进家门。轻薄的却扇挡住了新娘的面容，可是他却知道，他一心等候的阮小姐，是永远不会来了。

　　他记得在某一次宴会上，父亲司马昭照例将弟弟司马攸拉到上座旁边，笑吟吟地对群臣道："桃符聪明仁爱，又是我大哥的嗣子。我百年之后，这个位子就是他的了。"他记不清楚司马攸的反应，却清晰地感觉到胸腔中就像一罐醋在沸腾，又酸又热，却不得不用最大的力气撑出一个笑脸。那是他一心等待的世子之位，可是他却满心忐忑，不知它究竟是否会到来。

　　他记得在等待东吴战报的那个晚上，他彻夜难眠，连喝水都会引发阵阵干呕。天色微明之际，前方战报终于送到，他却脱力地跌坐在地上，颤抖着双手竟然不敢打开那封奏疏。他一心等待的统一天下的功绩,是否能一扫他受宗室和世家挟制的窝囊气,从此傲视群臣乾纲独断?

这些记忆里最珍贵的东西,有些等到了,有些却永远都没有等到。那么现在他苦苦等待的,是否也会出现呢? 司马炎盯着窗缝里渐渐暗淡的余晖,费力地思索着,终于想明白了自己在等待什么。

他在等汝南王司马亮。司马家虽然人数众多,却大多碌碌无为,只有这位辈分最高、年纪最长的皇叔,才有可能制衡现下越发猖狂的杨氏父女。

可是,汝南王为什么还没有来呢?司马炎用所剩无几的脑力回忆着,他命中书监华廙拟定的宣司马亮即刻觐见的诏书,似乎已经颁行好些天了。就算司马亮真的在豫州驻守,此刻也早应赶回洛阳。可是为什么时至今日,他还没有露面?

司马炎撑住一口气不肯死,就是为了向汝南王司马亮托付后事。可是如今这口气,看来已经撑不下去了。

含章殿内静悄悄的,也不知有没有人在四周伺候。可是就算仆从如云,司马炎也知道他们都是杨骏、杨芷父女的爪牙。他们静静地守候着他,就像一群狗等待着垂危的老虎咽下最后一口气。仅此而已。

"杨骏,你怎么敢这样!"满腔愤恨从胸腔中直冲上来,终于冲出了司马炎凝滞的喉咙,让他发出了模糊不明的声音。

"陛下?"床侧的青练帷帐被人掀开,有人走到了司马炎的床前。

这是一个陌生的声音。司马炎费力地睁开眼睛,想要看清来人,却见那人身材高挑俊逸,却因为逆光而立看不清他的面容。司马炎心道左不过又是杨骏的心腹,便懒得去看,重新阖了眼道:"水。"

那人也不答言,却果然端了一盏水来,又用力将司马炎扶起,倚坐在宽大的靠枕上。司马炎张开嘴,就着那人手里的髹漆扁耳杯喝了两口水,觉得精神健旺了些,复又睁开眼来。谁知这一看,却惊得司马炎一个激灵:"你是谁?"

给他喂水之人,穿戴既非大臣又非内侍,逆光之下只能感觉到一双璀璨生光的清黑眼眸,冷而静地望着垂死的天子。

"来人!"司马炎下意识地叫了一声,四周却寂静无声。

"杨将军早已吩咐,在他明早进宫之前,谁也不能再进入陛下的寝殿。"那人站起身,点燃了一支描金蜡烛,顷刻间在暮色沉沉的含章殿内绽放出一道光圈。

"你……你是……檀郎……"司马炎借着烛光,终于看清了那人清隽的眉目。即使此刻心力交瘁无力深思,即使超过十年不曾见面,但这超越众人的俊朗面容实在太过惊人,如同弃置已久的珍珠,依旧会在晦暗中夺人眼目。

"陛下认不认得出我没关系,只要认得这个就好了。"那人自然便是潘岳。他从怀中取出一张黄绢,递到司马炎面前。见司马炎眯着眼睛看得吃力,潘岳便笑道:"陛下目力不济,还是由臣来为陛下念一念吧。"说着他展开那卷黄绢,缓缓念道:"天子有诏:急宣侍中、大司马、大都督、假黄钺、都督豫州诸军事汝南王司马亮入宫觐见,行辅政之权。任何人等不得阻挠。违者可凭此诏以谋逆罪就地斩杀……"

潘岳还没有念完,司马炎的胸腔中就发出了可怖的喘息。他伸着枯瘦的食指,却无力将它对准那卷黄绢,好半天才憋出了半句话:"这……怎么会在……"

"陛下想问这份诏书怎么会在这里,却没能送到汝南王的手上?"潘岳嗤笑了一声,望了望空旷大殿中那张孤零零的涂金八版直脚床,"有杨国丈在,陛下觉得自己的诏令还能出得了这含章殿吗?"

"杨骏,杨骏,这是要坏天下大事!"司马炎声嘶力竭地喊出这句话,陡然像被抽去了全身的骨头,瘫软在床上无法动弹。外有诸王掌兵拱卫中央,内有杨骏、司马亮制衡主政,共辅太子,并携皇孙,确保晋朝三代无虞,这原本是司马炎苦心经营的一盘大棋。可是如今,这一切都被杨骏的野心之火通通焚毁了。

"陛下说得不错。杨骏不过一介庸才,却生出不合时宜的欲望。届时太子暗弱,诸王虎视于外,外戚孤悬于朝。陛下构想的天下大势,看来是失算了。"潘岳略带同情又略带嘲讽地盯着挣扎喘息的司马炎,声音却渐转低涩,"若是齐献王司马攸在,形势必不会如此。事到如今,陛下可后悔了?"

"你现在把这封诏书传出去,朕重重有赏!"司马炎似乎没有听到潘岳在说什么,自顾急切地道。

"事到如今,陛下可后悔害死齐献王吗?"潘岳也似乎没有听到司马炎的命令,自顾追问。

"你要什么赏赐,要官?要爵?朕通通都答应你!"司马炎盯着潘岳手中的诏书,混浊的眼白变得一片通红,"快……快传出去!"

"我要的,是陛下的罪己诏。"潘岳望着司马炎在空中徒劳挥舞的手臂,声音渐冷,"齐献王毫无过错,陛下却毒死了自己的嫡亲弟弟。这样大的罪过,难道陛下不会愧疚吗?"

"谁说朕毒死了他?朕没有毒死他!"司马炎显然被这个论断激怒了,低哑地嘶吼道。

"那请陛下赐教,齐献王是怎么死的?"一个声音蓦地从远处的黑暗中传来,平淡中是竭力压制的幽恨。

"谁?谁在那里?"司马炎惊出一身冷汗,用手肘吃力地撑起上半身,惊惧地盯着从黑暗中缓缓走出来的人影。

那人年纪尚轻,却行动稳重,风仪端肃,虽然只穿了一件家常的淡青暗云纹襦衫,却与身着九章八旒的王公冕服一样让人不敢轻视。他缓缓地走近司马炎的龙床,走进烛火画出的光圈,司马家特有的标志性长眉轻轻一挑,沉声道:"陛下不认得臣了吗?"

"你，你是桃符？"司马炎定定地盯着站在身前的青年，原本散乱的眸光蓦地凝聚起来。想是记起了先前齐献王司马攸显灵的诸多传闻，他下意识地将身体往后缩去，"你……你来做什么？"

"臣来看望陛下。"那年轻人没有承认也没有否认自己的身份，只是居高临下地俯视着龙床上朽木一般的皇帝，"臣很想知道，一旦陛下到九泉之下见到景、文两位先帝，该如何向他们解释齐献王的死因？"

"为什么要朕去解释？"见年轻人只是站在床前不动，而潘岳也侧身退后了一步，司马炎蓄养了二十五年的天子之气顿时凌厉起来，"桃符，你的死只怪自己命短！就算到了九泉之下面对先皇先后，朕也绝没有任何亏心之处！"

"若是真如陛下所说，为什么臣一向身体安泰，却在服用了陛下所派太医的汤药之后，呕血不止，最终命丧中途？"年轻人见司马炎一心将自己认作了司马攸，索性以司马攸的口气质问。

"太医朕都为你杀了好几个，你还要怎么样？"司马炎怒到极处，忽然哈哈大笑，"朕知道为什么了！你不是最擅长作伪吗？你装病赖在洛阳不肯走，连上天都看不下去了，所以干脆让你直接病死算了！哈哈哈哈……"

"陛下慎言！"潘岳原本只静静候在一旁，此刻见司马炎辱及司马攸，忍不住怒道，"齐献王一生恭谨宽仁，白璧无瑕，从无逾矩之处。陛下怎可出此苛刻之语？"

"恭谨宽仁，从无逾矩？如果你说的是真心话，那就是被他的表象给骗了！"司马炎撑起身子在床上坐直，用手指着床前的年轻人笑道，"世人都说你齐王贤能仁爱，有圣人之风。可是王莽在篡位之前，还不是天下第一等的圣人？朕是你的嫡亲哥哥，你那点以退为进、收买人心的把戏别人看不出来，朕可以瞧得一清二楚！"

"陛下所言都是诛心之论，无凭无据。"年轻人闭了闭眼睛掩住心中波澜，抬起了自己的衣袖，"陛下可记得这件衣服吗？咸宁四年，骠骑营被奸人所惑,在宫门外鼓噪不去。臣闻讯后不及更衣,跑马至宫门外遣散众人,束手请罪。若是臣有半点异心,敢坦坦荡荡地将自己交付陛下处置吗?"

"那是你仗着有皇太后和群臣撑腰,料定朕不敢杀你!朕是你的君主也是你的兄长,你要是敢对朕不敬,岂不是揭穿了你平素那副假仁假义的面具?你仗着比朕年轻,太子又敦厚,一心盘算着等朕百年之后就可以以皇叔辅政之名行操控天下之实。什么时候踢掉太子自己登基,还不是你一句话的事!"司马炎一口气说到这里,忍不住剧烈喘咳起来,手抚着胸口几乎要完全蜷缩进被褥里去。

"陛下此言差矣……"

"闭嘴!"司马炎蓦地打断了年轻人的辩解。他虽然咳得满脸通红,眼神却出乎意料的明亮。好不容易喘咳稍稍平息,司马炎又直起身子,意犹未尽地继续指斥,就仿佛要把多年来盘踞在心底的郁结一吐为尽,"你平素冠冕堂皇的话说得太多,朕早就不想听了,也听腻了!若不是因为你,朕怎么会这么多年来寝不安枕?为了防止你篡权夺位,将好好一个朝廷拆得七零八碎!若不是因为你四处收买人心,朕怎么会姑息宗室、优容胡人,对那些跋扈的世家子弟更是一忍再忍?自古以来开国立朝的天子,有哪一个活得像朕这么憋屈?!就算朕灭掉东吴一统天下,成就秦皇汉武的不世之功,你也可以纠结宗室、禁军、外戚、世家和儒生一起来反朕!若非朕狠下心肠杀了几个,你还要继续盘踞在朕的皇位旁边,眼睁睁地盼着朕死。而朕越是'迫害'你,你头顶上圣人的光芒就越高,这不就是你想要的吗?"

"可是臣若是今日活着,就断不会容杨骏那个老匹夫欺凌陛下。"年轻人闭了闭眼睛,竭力平静地道,"陛下如今真正成了孤家寡人,难道不曾感到一丝后悔吗?"

"朕从不后悔!"司马炎咄咄逼人地回答。他的眼睛里闪着异样的光亮,鼻孔有力地翕张,下颌上浓密的胡须如同虬龙飞舞,一扫垂死之人的倾颓之相,"若是你今日还活着,朕只怕过得比现在还要惨!杨骏虽有野心,却不敢把朕怎样,朕一纸遗诏就可以决定他的荣辱。可是你呢?你辛辛苦苦在朝廷中培植了那么多年的根基,又顶着景皇帝嗣子的名头,你什么事情做不出来?只怕你背地里给朕端来一杯毒酒,明面上却在朕的灵堂上哭得死去活来,天下人还得称赞你一声'孝悌无双'!桃符,你对朕的恨难道朕不知道吗?你太擅长做戏,可是你表面上装得越纯良,朕就越发猜不到你内心有多阴暗!所以朕宁可把江山托付给杨骏老奴,也绝不会交给你这个伪君子!"

"陛下难道不会作伪吗?否则,你为何钦赐齐王谥号为'献'?"年轻人反问。

"你只知道'献'乃是我朝最褒美之谥,却不知朕在拟定这个谥号时的心术。"司马炎扬扬得意地笑道,"你自诩会读书,难道只知'聪明睿哲曰献',却没听闻过'惠无内德曰献'?朕赐你谥号为'齐献王',就是在讽刺你表面上耍小聪明、施以小恩小惠,内心却毫无德行。千秋万代之后,朕也要让后人知道你的真面目!"

"陛下!"见司马炎越说越是起劲,而年轻人却似乎被皇帝残存的威势震慑,站在原地无言以对,潘岳不得不走上一步,举起了手中那卷黄绢诏书:"陛下,只要你说出齐献王之死的真相,臣这就将这封诏书即刻送到汝南王那里!"

"朕说过了,那是他自己命短!"司马炎盯着面色苍白的年轻人,笑得一派得意。

"不,齐献王确实是中毒而死。"潘岳托着那卷诏书,蓦地凑到灯焰之前,"陛下若是执意不说出下毒之人,臣立刻将这封诏书付之一炬!"

"你烧了它,朕明日还可以再写新的!"司马炎怒道。

"只怕陛下不会再有机会了。"潘岳冷笑着将那卷诏书朝灯焰更靠近了一些,"杨骏已经犯了一次错误,断不会再犯同样的错了。到得天亮时分,陛下就会明白,你苦心孤诣扶持起来的杨骏,究竟会怎样回报陛下的恩典。只怕到时候陛下痛悔无极,只能眼睁睁看着宵小肆虐,唯一能做的是以袖遮面——因为到了九泉之下,陛下根本无颜面对齐献王的冤魂!"

"你放肆,朕……朕要杀了你!"司马炎怒不可遏,抬手想要抓住什么东西去砸潘岳,却只能脱力地靠在软枕上虚弱喘息。

"陛下这个时候除了愧杀羞杀自己,怕是再也杀不了任何人了。"潘岳毫无惧色地凝视着司马炎铁青的脸,步步紧逼,"陛下何必还要包庇毒杀齐献王的凶手?齐献王宅心仁厚,只要陛下诚心忏悔,齐献王,还有同在九泉的景皇帝、文皇帝和皇后,说不定还是会宽恕你的。"

"就算到了九泉之下,朕也不怕见任何人!"司马炎忍到现在,终于憋不住说出了最后的秘密,"管辂早有预言,司马攸身负六凶星相,将来必定殒身、灭家、亡国、乱天下。所以就算是朕杀了他,也是为了晋朝的江山社稷,绝无半点亏心之处!"

"原来陛下知道这个预言,可惜只知其表,不知其里。若真正的预言是表面上那样,为什么不论齐献王生前死后,天下依旧太平无事?"见司马炎睁圆了眼睛,似乎被自己问住了,潘岳举着蜡烛凑近了两步,死死盯住司马炎,一字一句地道,"让臣来告诉陛下这预言的真相吧——陛下比不上齐献王仁德的名声,一直心存自卑。为了证明陛下自己即位的合理性,便一味坚守'立长不立贤'的法统,哪怕知道当今太子愚钝无能,也只能自食苦果,不敢将太子之位传给更有能力的其他皇子。陛下为了防范齐献王,牺牲的却是晋朝的未来。这样自私愚蠢的天子,真是亘古未见!"

见司马炎张了张口想要反驳,潘岳根本不给他说话的机会,一口气说下去:"陛下也知道太子痴愚,日后必定沦为权臣手中布偶,顷刻间就有亡国之祸。所以陛下在除掉唯一能担任辅政之职的齐献王之后,将兵权赋予宗室,将朝政委任外戚,以期二者制衡,能够给尸位素餐的新天子容身之处。然而陛下却没有料到,你还未身死,杨骏就野心勃勃想要独揽大权。而一旦杨骏独霸天子,手握重兵的各宗室势必蠢蠢欲动。陛下构筑的千秋蓝图,刚刚画完就被撕成了碎片,只剩下一个威望扫地、人尽可欺的天子,一个志大才疏、人皆可杀的外戚,一群手握重兵、狼子野心的宗室。这天下,还能太平吗?”

“天道无常,岂人心所能揣摩?‘殒身、灭家、亡国、乱天下’,如果真的有那么一天,殒的是皇子皇孙的身,灭的是陛下万世一体的家,亡的是司马家的国,乱的是整个华夏天下。而造成这一切的罪魁祸首,不是齐献王,而是陛下你自己!如果陛下不信这无稽之言,不陷害齐献王,不坚持立当今太子而以其他贤明皇子为继,陛下如今就不会作茧自缚,自食苦果!”潘岳憋了太久的话此刻终于可以倾泻而出,句句如刀,斩向卧在病榻上张口结舌无力反驳的司马炎。

“不,不是朕的错,都怪杨骏,都怪杨骏!”司马炎拖了这么久,却没见含章殿中再出现一个人,心中已然明白杨骏决心将自己困死在这座孤岛之中。他心中恼恨,胸腔中更是有一股洪流直涌上来,只挣扎着说了一句:“杨骏不仅杀了桃符,还毁了朕的天下,朕不能……不能……”便无力地瘫软在靠枕上,脸色迅速地灰败下去。方才的回光返照,已经耗尽了他所剩无几的生命。

“原来,竟真的是杨骏杀了我父王!”立在床尾的年轻人失声唤道。

“如今要挽救朝局,唯一的希望是召回汝南王,让他与杨骏共同辅政。”潘岳跪下身子,恭恭敬敬地给司马炎行了一个大礼,“既然陛下告知了齐献王死因,臣也不敢欺瞒陛下——这封诏书并非原物,乃是臣默记之后誊录的抄本。陛下想以此召唤汝南王,还需要加盖玉玺。”说完,他顺着司马炎的目光望向了放置在皇帝枕畔的一个朱漆小匣,见司马炎并未反对,便打开漆匣取出玉玺,在那张诏书抄本上盖了下去。

将玉玺重新放置在司马炎枕畔,潘岳向司马炎再施一礼,随即和年轻人一起重新隐进了寝殿黑暗的角落。

"檀奴叔叔,我父亲他……他真的是陛下说的那种以退为进、收买人心的人吗? 他实际上,真的想要这个皇位……"才一停下脚步,年轻人就一把抓住了潘岳的手臂,迫不及待地问。他的手指冰冷,脸颊却滚烫,全身剧烈地打着战栗,就仿佛重病濒死的不是躺在床上的皇帝,而是他司马囧自己。

"你父亲心中所系,只有社稷苍生。"潘岳捡起一件内侍的衣服帮司马囧穿上,安慰道,"山奴,要相信你父亲,相信这世上还有纯粹的仁和善。"

"是。"司马囧应了一声,垂下眼睛,生怕潘岳察觉他眼中的惊疑不安。他面嫩无须,此刻已赫然装扮成了宫中最常见的小内侍,朝潘岳拱手施礼,"既然真凶已经确定是杨骏兄弟,我就先行一步了。"

"路上小心。"潘岳知道司马囧自密道进宫,还是尽早离开为好,便不再多说什么。他伸手从怀中取出那卷黄绢诏书,塞在司马囧手中:"虽然我们求不到罪己诏,但你务必将这个带出宫去, 交到汝南王司马亮手中。"

"叔叔难道真要帮天子送信?"司马囧望了一眼远处孤零零的龙床,"他现在的样子,是应得的报应。"

"报应在他,却不该报应在社稷。"潘岳轻轻推了一把司马囧,"太子愚钝,大权必然旁落。只有司马亮和杨骏共同辅政、相互制衡,天下才有平稳的希望。山奴,你快去吧。"

"天子估计活不到明天早上,檀奴叔叔小心些。"司马囧深深地看了一眼潘岳,转头消失在皇宫的重重黑影之中。

天还没有大亮，杨骏就匆匆地进了宫。从他浮肿的黑眼圈可以看出，虽然勉强回府休息，这一夜他也几乎未能成眠。

"安仁，情况怎么样？"迎面遇见从含章殿内走出来的潘岳，杨骏不理会他躬身行礼，劈头盖脸地问。

"谨遵主公之命，昨夜除了在下，并无其他人进入寝殿。"潘岳说着侧开身，让杨骏走进了黑魆魆的含章殿。

杨骏接过潘岳手中的蜡烛，走到司马炎的涂金八版直脚床旁。到了这个时候，他也顾不得再行君臣大礼，只把蜡烛凑到司马炎脸旁，随即轻轻地"啊"了一声——此刻的司马炎双目紧闭，脸色晦暗，连嘴唇都已发黑。任何人都看得出来，这位晋朝的开国天子，随时都有可能断气。

"昨天我走的时候还平稳，怎么一夜就成这样了？"杨骏朝潘岳疑惑地一瞥。

"昨夜出了一些异状，想必值守在殿外的禁军也听到了。"潘岳请杨骏走远了一些，压低声音道，"昨夜三更时分，陛下忽然圆睁双眼说起了吃语。在下模模糊糊听到了一些，似乎是……似乎是齐献王的鬼魂来过了。"

"什么，齐献王又来了？"杨骏早被之前一系列司马攸显灵的故事吓破了胆，加上温裕尸变诅咒杨家一事，顿时六神无主，"这可如何是好？要不要请法师来画几个平安符？"

"主公不必惊慌。据在下猜测，齐献王昨夜前来并非怨魂作祟，只是想要向陛下打探是谁下毒害死了他。"潘岳一边说，一边偷眼打量着杨骏的反应。

"对啊。是谁害死他就让他去找谁，求他以后不要再出现了！"杨骏说着，朝着天上连连作揖，就仿佛司马攸的灵魂还在这座大殿上盘旋一般。

"皇后驾到！"随着殿外内侍一声禀告，殿门再度打开，皇后杨芷撩开随从,独自走了进来。

虽然连日来照顾天子司马炎着实劳累,但杨芷今天的妆容依然描画得十分精致。她和父亲杨骏互相见了礼,眼角偷偷瞥向一旁的潘岳,却见他只是低头行礼,似乎根本不曾注意过自己刻意早起准备的这身装扮。

"陛下怎么样了?"杨芷收敛起心中小小的失落,将注意力调整到更重要的事情上来。

"估计就这半日光景了。"杨骏此刻已经恢复了清明,拉着女儿的手说,"事不宜迟,我们得准备遗诏了。"

"可是要立遗诏,必定得召中书监华廙亲自撰写,中书令何劭也必须在场。万一……"杨芷有些疑虑地道。

"殿外禁军都是我的人,华廙要是不肯听话,我就杀了他!"杨骏狠道。

"有爹爹在,华廙不足虑。"杨芷咬了咬下唇,"我担心的是,陛下万一不肯同意爹爹单独辅政,消息难免会泄露出去……"

杨骏皱起了眉头。他知道杨芷说得不错。司马炎虽然已经濒死,却始终没有断气。若是把中书令何劭和中书监华廙都招来,司马炎难保在临死之际做出什么反对的姿态,他杨骏以后想独揽朝政就会招来诸多非议。毕竟司马炎这些天,心心念念一直在等着汝南王司马亮呢。

"安仁,你出个主意。"杨骏拈了拈稀疏的胡子,转头看向潘岳。他费心将潘岳安置在此,不就是为了这一刻吗?

"陛下此刻口不能言,唯能点头摇头而已。而重病之人体虚无力,想要摇头,需要比点头多付出几倍的力气。"潘岳思忖道,"所以只要皇后问出的问题有技巧,就不怕何劭、华廙等人。"

"哦,那该怎样问话,还请檀郎教我。"杨芷脱口说出这句话,立刻察觉"檀郎"二字不妥,连忙用袖子遮住口,耳根都有些红了。

"皇后放心,容臣思索一二。"潘岳似乎没有注意到杨芷的异状,果然垂眸沉思起来。

杨骏一向对潘岳的才智颇为放心,见他向皇后杨芷低声交代后隐入偏殿,便立刻派人去召中书令何劭和中书监华廙,让他们准备好笔墨,为司马炎撰写遗诏。

过了不久,中书令何劭和中书监华廙果然赶到,跪伏在司马炎的床前聆听圣训。皇后杨芷则坐在司马炎床边,轻轻地呼唤道:"陛下,陛下可听得见臣妾吗?"

司马炎原本经过昨夜对"司马攸"的一番发泄,残余的精神力气全部耗空,之所以还固执地吊着一口气,就是为了留下符合自己心愿的遗诏。此刻他努力张开眼睛,拼命嚅动着嘴唇想要说出什么,却力不从心,只急得喉咙里发出空洞的喘息声,手指将身下所铺的丝绸褥子抓出了凌乱的褶皱。

"陛下莫急,妾来代陛下说,陛下只要点头摇头便好。"杨芷关切地说着,附身靠近司马炎,"陛下此刻放心不下的,是不是太子和社稷?"

这话说到了司马炎的心坎上,他顿时点了点头。而近在咫尺的中书令何劭和中书监华廙,也密切注视着皇帝的一举一动。

"陛下封国丈为临晋侯,是不是要他日后辅佐太子?"杨芷又问。

司马炎顿了顿,还是点了点头。他多年来苦心栽培外戚,原本就是为了不成器的太子司马衷。

"临晋侯杨骏既为辅臣,处理朝中大事,是否有止宿宫中之权?"杨芷见司马炎不动弹,赶紧追补了一句,"若能止宿宫中,宜有兵仗护卫,并节制其余兵权。"

司马炎此刻力气已经所剩无几,心中却惦记着那一点念头,已经无暇分辨杨芷后面说了什么。他紧紧握住杨芷的手腕,用最后一丝力气勉强出声:"还有……汝……南……王……亮……"

病重的皇帝语声低弱，一字一吞，但站在床头的杨骏却听了个一清二楚，当即吓出了一身冷汗。他下意识地望向跪在床前的中书令何劭和中书监华廙，见二人只是侧着耳朵专心聆听，一副全神贯注的模样，也不知道是否明白了司马炎召唤汝南王司马亮的意图。

"陛下，妾听清了。"杨芷咬了咬牙，毫不迟疑地道，"陛下的意思是，'汝难忘'君恩，'谅'今后不敢不尽忠竭力，辅佐太子，光我大晋。是这样吗？"

"汝……汝……"司马炎已经喘不上气来，神思昏聩中只能一遍遍地含着汝南王司马亮的名字，却已经没有力气追究皇后杨芷将"汝南王亮"四个字拆解演绎的心机了。

"中书监都听清楚了吗？还不赶紧去写遗诏？"杨骏生怕夜长梦多，连忙催促中书监华廙，拉着他的胳膊一步不离地到外间去了。

过了没多久，杨骏和中书监华廙折返回来。华廙手中的诏书，墨迹还未干透。

"臣冒昧，请陛下用玺。"杨骏记得司马炎的玉玺就放在枕边，示意坐在床边的皇后杨芷去拿。杨芷却发现，不知何时司马炎已将玉玺牢牢地握在了手中。

"念……"司马炎直勾勾地盯着华廙，垂死之人的目光竟让华廙打了个冷战。他不敢违命，展开诏书念道："昔伊望作佐，勋垂不朽；周霍拜命，名冠往代。侍中、车骑将军、行太子太保、领前将军杨骏，经德履吉，鉴识明远，毗翼二宫，忠肃茂著，宜正位上台，拟迹阿衡。其以骏为太尉、太子太傅、假节、都督中外诸军事，侍中、录尚书、领前将军如故。置参军六人、步兵三千人、骑千人，移止前卫将军珧故府。若止宿殿中宜有翼卫，其差左右卫三部司马各二十人、殿中都尉司马十人给骏，令得持兵仗出入……"

华廙每念一句，司马炎的脸色就灰败一分。死亡的阴影虽然夺去了他大部分神志，但这份诏书的大意他还是听了出来——杨骏不仅要独揽朝政,设立数千私兵入驻宫中,甚至要"都督中外诸军事",掌控天下兵马大权。这样集朝、政、兵权于一身又掌控了宫中皇帝的举动,和他司马家当年取代曹魏又有什么区别!可恨中书监华廙和何劭,一个为虎作伥,一个呆若木鸡,都已被杨骏震慑。自己还没死,他们就已经把他当新主子了!

"杨骏虽有野心,却不敢把朕怎么样,朕一纸遗诏就可以决定他的荣辱!"

"到得天亮时分,陛下就会明白,你苦心孤诣扶持起来的杨骏,究竟会怎样回报陛下的恩典。"

"臣若是今日活着,就断不会容杨骏那个老匹夫欺凌陛下。陛下如今真正成了孤家寡人,难道不曾感到一丝后悔吗?"

"'殒身、灭家、亡国、乱天下',如果真的有那么一天,殒的是皇子皇孙的身,灭的是陛下万世一体的家,亡的是司马家的国,乱的是整个华夏天下。而造成这一切的罪魁祸首,不是齐献王,而是陛下你自己!"

忽然间,昨夜与潘岳和司马攸鬼魂的对话又回响在司马炎脑海中,仿佛澎湃的巨浪,一遍遍冲击着他脆弱的堤坝。那个时候他坚决不肯认错,自以为还可以掌控杨骏。可是如今看来,所有的一切都脱离了他的计划。他辛苦搭建的外戚、宗室和世家三足鼎立拱卫社稷的构架,为太子司马衷、皇孙司马遹和整个晋朝未来所做的设想,如今都要变成泡影了。如果当初不一心除掉弟弟司马攸,不为了维护嫡长子继承的法统而强行立智力欠缺的司马衷为太子,是不是会有不一样的收梢?可是,无论哪一种局面,他都不会甘心啊!

"请陛下用玺!"华廙念完了,见司马炎只是睁着眼睛不动,生怕皇帝听不清自己的话,又高声重复了一遍。

"请陛下用玺!"见司马炎还是不动,杨骏有些急了。他朝女儿杨芷使了个眼色,杨芷便会意地伸手去拿司马炎手中玉玺,却不料司马炎攥得死紧,竟一时夺不下来。

"陛下,请恕老臣无状。"杨骏此刻已是汗透重衣,生怕司马炎临死之前再闹出什么幺蛾子,索性走到司马炎床边,自己伸手去掰司马炎的手指。

"你……你……"司马炎纵有心护住玉玺,奈何油尽灯枯全无力气,只能眼睁睁地看着杨骏夺走玉玺,径直在诏书上盖了下去。鲜红的印色仿佛鲜血一样刺激着司马炎脆弱的神志,他喉咙里徒劳地咕噜了几声,却再也吸不进半点空气。

"陛下,陛下!"皇后杨芷觉出异状,连声呼唤,司马炎却一动不动,只有一双涣散了的眼眸依旧不甘地盯着杨骏的方向。

杨芷心中陡然升起不祥的预感。这个凝固的眼神,和司马炎平素实在太不一样。它里面蕴藏着某种幽深黑暗的东西,仿佛带着诅咒的利箭,直直射在杨骏身上,让杨芷不敢再看,也不敢再想。

"陛下,陛下?"杨骏也试着唤了几声,司马炎却不再理会他。就在众人以为司马炎已经断气的时候,司马炎却忽然横过手臂,用衣袖挡住了脸,喉咙里咕哝着,和着瘀血吐出了最后一句话。

皇后杨芷离司马炎最近,依稀听到那句话是:"朕无颜见桃符……"

杨芷一呆,一时没反应过来司马炎的意思。众人又等了一会儿,见司马炎再没有动静,杨骏便从袖子里抽出一缕新丝绵絮,递到了皇后杨芷手中:"请皇后为天子行属纩之礼。"

"属"是放置之意,"纩"则指那缕细小的棉絮。《礼记·丧大记》中说"属纩以俟绝气",就是指在贵人濒死时,将轻薄的棉絮放置在他的口鼻处,以观察他是否气绝身亡。于是皇后杨芷按照这个仪式,掀开司马炎挡脸的衣袖,将那缕棉絮放到了他的口鼻处。等待了一会儿,见那棉絮一动不动,杨芷便蓦地号哭起来:"陛下驾崩了!"

"陛下驾崩了!"

"陛下驾崩了！"

仿佛天空中由远及近的闷雷，顷刻间从含章殿滚到整个皇宫，又迅速席卷了整个洛阳城。哭声如同雷声带来的雨水，自淅沥而至滂沱，充斥了天地之间，仿佛在为未来风雨飘摇的晋朝提前唱出了一首挽歌。

在因为皇帝驾崩引发的哀哭忙乱中，潘岳悄悄走出藏身的偏殿，离开了暗藏着无数魑魅魍魉的皇宫。有那么一瞬间，他想要深深地呼出一口气，放松一下多年来紧绷的肩骨。可是，几乎就在同一时刻，那压在重重飞檐之上的阴云却提醒着他，一切都并未结束。

司马炎死了，死在以袖遮面的悔愧中，死在蓝图尽毁的痛恨中，死在对"殒身、灭家、亡国、乱天下"的恐惧中。他死后，留下的那个智力低下的太子，仿佛是被众臣围猎的珍奇小兽，将整个朝廷变成逐鹿的猎场。那么，潘岳让司马囧传递出去的那一纸诏书，究竟会带来政局的平衡，还是更多的鲜血和罪恶？

太熙元年四月己酉，晋朝开国皇帝司马炎病逝于含章殿，谥号为"武"，史称晋武帝，庙号世祖。

就在晋武帝驾崩的同一日，太子司马衷在新晋太傅杨骏的引领下，登上太极殿正殿，接受群臣朝拜，正式登基为帝。这个时候，司马衷三十二岁，已经当了二十三年的太子。

在经历了三辞三让的劝进仪式后，司马衷颁布诏书，尊奉皇后杨芷为太后，册立太子妃贾南风为皇后。同时，新皇帝的诏书还宣布大赦，改元"永熙"，将晋武帝的太熙元年改称为永熙元年。

"什么，今年改称永熙元年？"正在院子里收捡药材的杨容姬听到这个消息，蓦地转头望向一旁的潘岳，"如果我没有记错的话，新皇帝即位改元，是应该从第二年开始的吧？哪有做儿子的一登基，就把父亲的年号改掉的呢？这不是大不孝吗？"

"大不孝也就罢了,当今天子和先皇比起来,还是'大不肖'呢。"潘岳靠坐在廊下的胡床里,手里握着一本书,懒洋洋地回答。

"杨骏不学无术也就罢了,可他手下那么多人,都是尸位素餐的吗?新天子一登基就闹出个大笑话,以后还怎么服膺朝野?"杨容姬见潘岳闭着眼睛不理会,气呼呼地将手中一片切好的甘草朝他扔了过去,"喂,你倒是说话呀。"

"哎哟,夫人的手劲儿啥时候这么大!"潘岳揉了揉被甘草砸中的额头,夸张地呻吟,"我能说什么?我这些天装病躲在家里,不就是怕杨骏想起我来,硬要拉我出去做他的属官吗?"

"我只怕你躲得了一时,躲不了一世。"杨容姬仔细看了看潘岳的额头,见连个红印儿也没有,便瞪了他一眼,"杨骏可一直把你当他的人,你若是执意不肯做他的属官,他翻脸无情怎么办?"

"杨骏虽然独霸朝堂,可你觉得,他的日子能持续多久?"潘岳反问。

"我怎么知道?"杨容姬故意道,"听你说当日杨骏肆意篡改先帝遗命,中书令何劭和中书监华廙却噤若寒蝉,可见都是被杨骏吓破了胆。看如今朝堂上衮衮诸公的反应,你想称病躲到杨骏倒台之时,怕是要失算了。"

"百年以来,无论汉、魏、晋三朝,都须仰仗世家的支持立国,这也注定各世家子弟首先想到的是保住家族荣耀,而非尽忠皇室。何劭和华廙就算听懂了先帝的意思,也犯不着得罪杨骏而招来灾祸。"潘岳放下书卷,接过杨容姬手中的药箸,轻轻扬了扬,"所以杨骏真正的劲敌,只是司马氏宗室。他们绝不会袖手旁观。"

"先帝的几个成年儿子都封在外地,鞭长莫及,唯一留在洛阳的秦王又是杨骏的外孙。"杨容姬皱眉道,"我知道你想说汝南王司马亮,可那位老王爷年轻时就不断吃败仗,根本没有多大本事,他真能对付杨骏吗?"

"先帝在位时就属意汝南王和杨骏共同辅政,朝野尽知,所差不过一纸诏书而已。如今汝南王已经诏书在手,其长子司马矩又任屯骑校尉,麾下有数千嫡系,讨伐杨骏名正言顺,胜券在握。"潘岳胸有成竹地笑道,"这不我听夏侯兄说,先帝梓宫从太极殿运往峻阳陵下葬时,太后、天子和文武百官都亲往送葬,唯独杨骏不仅躲在太极殿内不露面,还严令虎贲环卫太极殿。可见他对汝南王怕得要死,连礼仪和天下人的讥笑都顾不上了。"

"是,如今汝南王就住在城外的禁军大营里,说不定哪天就会带兵进宫清君侧。杨骏就像是一棵大树,表面上看枝繁叶茂,根部却已经着火了。"杨容姬打量了一阵潘岳的脸色,忽然笑道,"若是这些天杨骏再来找你出仕,我就给你服点药,把这病症装得更真一些。你看山奴不就是靠这一招躲过先帝的猜忌,韬光养晦到如今吗?"

"我学山奴,山奴却是学的他曾祖父宣帝司马懿。"潘岳笑道,"幸亏有夫人精通药理,否则我装不了病,还得去学孙膑装疯。那趴在猪圈里大口吃猪食的做派,我可实实在在学不来啊。"

"哈哈,佯狂放诞,不也是当今名士作风吗?我看那些服了五石散的世家子弟,发起疯来可不比孙膑强多少……"杨容姬被潘岳逗得咯咯直笑,"所以你得好好求求我,我可以保证给你开的方子味道比猪食强得多……"

"好,你要我怎么求?"潘岳见杨容姬笑靥如花,一时情动,将她搂在怀中笑道,"夫人但有所命,在下莫敢不从……"

正在夫妻二人如胶似漆之际,院门外忽然传来一阵焦急的拍门声。杨容姬心中一凛,慌忙从潘岳怀抱中挣脱,担忧地看着他:"杨骏的人来了?"

潘岳摇了摇头,若是杨骏的使者前来,敲门声绝不会如此迫切凌乱。下一刻,杨容姬已经将潘岳往屋内推去:"你先去床上躺着,我叫李伯去开门。"

潘岳明白杨容姬的心思，顺从地走进里屋去。他竖着耳朵倾听院内的动静，只听见开门声响，随即一个沙哑焦灼的声音便响了起来："潘郎君在吗？我家主人出事了，求他赶紧去救人！"

"你家主人是？"杨容姬见来人是个陌生的少年，一身黑色劲装上血迹斑斑，不知伤在了何处，不由疑心大起。

"小人名叫董艾，是齐王殿下的随从……"那少年还未说完，就见潘岳连鞋子都没顾得穿，光着脚从台阶上跑了下来，"齐王殿下出事了？"

"是。齐王殿下带我们刺杀杨珧，却不料杨珧未死，殿下却……却被杨家暗卫所擒……"

"糊涂！"心念电转之间，潘岳已明白司马冏急于为父亲报仇，却不料他竟不顾大局亲自去刺杀仇人，不由跺脚道，"杨珧知道他的身份没有？"

"还没有。"董艾吞了一口唾沫，嘴唇上全是干裂的血丝，"我们行动前殿下就交代过，一旦被俘就说自己是汝南王的手下。"他见潘岳只是背着双手沉思不语，连忙跪在地上磕头道，"如今只有潘郎君能救我家殿下，还请潘郎君即刻到杨太傅处说情，保住我家殿下的性命！"

"是齐国太妃让你来找我的吧？"潘岳见董艾神色一怔，心中了然，默默地叹了一口气。

"是。"董艾双目赤红，"我们害殿下失陷敌手，太妃大怒，要把我们几个人全部处死。是小人想起郎君高才，斗胆向太妃请命前来求助。若是潘郎君不答应，小人也无颜再回齐王府，只能在此自刎了！"

"我明白了。"潘岳点了点头，扬声吩咐，"李伯，备车去杨府。"

"檀郎！"见潘岳转身走回廊下，杨容姬匆匆赶了上去，眉梢眼角都是掩不住的焦虑，"你这一去，就再也躲不开杨骏了！和一棵着火的大树绑在一起，你也会被烧死的！"

"我知道。"潘岳俯身穿着鞋子,因为胸腹受压,声音显得格外低沉,"可是山奴有危险,我只能先顾眼前了。"

杨容姬咬住了嘴唇。她知道司马囧是司马攸的嫡子,无论如何潘岳也不会对他放任不管。沉吟了一会儿,见潘岳登车欲行,杨容姬忽然拉住了他的衣袖:"檀郎,若是杨骏执意要你重新在他门下出仕,你就说……就说你已经答应辅佐秦王了!秦王是杨骏的外孙,杨骏不会和他争的!"

"秦王?"潘岳的眼前忽然浮现出秦王司马柬府中无处不在的水果雕刻,心中泛起一股酸涩。他抽回被杨容姬拉住的袖子,竭力平淡地点了点头:"我知道了,你回去吧。"

杨骏此刻的住宅位于东宫与西宫之间,南扼武库,乃是曹魏时期大将军曹爽的故居。当潘岳下车看见这座宏伟的府邸时,心中不免生出一声低叹:曹爽当年权倾朝野,却被宣帝司马懿灭了满门。如今住在这里的人,大概也要和曹爽同一命运吧。

可即使预感到即将降临到这里的灭顶之灾,潘岳自己却不得不一步步踏上府门前宽大的台阶,一步步走进这噬人的深渊。他仿佛听得见身后的天空中有鸟雀欢叫着飞过,随即被两扇镶嵌着七十二颗铜钉的朱漆大门牢牢隔绝了。

所谓自投罗网,也不过如此了。

通传的门房才进去没多久,里面就传来了杨骏召见潘岳的消息。潘岳随杨府仆从走进杨骏会客的厅堂,却见里面早已高朋满座。仔细认时,在座之人有杨骏的两个弟弟杨珧、杨济,外甥李斌、张劭、段广,还有属下朱振等人,都是杨骏最亲近最信赖之人。

还不等潘岳一一和众人见礼,坐在主位上的杨骏已经匆匆走了下来,一把拉住潘岳道:"安仁你可来了。正好有一件紧急大事,还要安仁帮着出谋划策……"

杨骏还要说下去，猛听到一旁杨珧使劲咳嗽了几声，在座诸人的神色都有些不太自然，便尴尬地住了口。他知道杨珧等人一向忌讳潘岳是齐献王司马攸故交，对他颇有猜忌，而他们方才密谋之事太过重大，确实不该贸然向潘岳提起。

好在杨骏此刻烦心之事绝非一桩，顿了顿便打个哈哈扫了众人一眼："老夫想让安仁参详的，乃是如何弥补改元的疏漏。安仁乃洛阳第一大才子，笔力纵横，解决此事非他莫属。"

新帝司马衷一登基便将晋武帝的"太熙"年号改为"永熙"，大大违反了儒家礼制，不仅引发朝野讥笑，也极大影响了杨骏的威信。因此如何文过饰非，确实是令人头疼的一件事。把这种玩弄文字的任务扔给潘岳，杨珧等人脸上掠过玩味的表情，便不再反对，一起望向了潘岳。

"改元诏书已下，若此刻仓促再行改动，反倒显不出当今天子与太傅的从容，徒惹小人议论。"潘岳沉思道，"所以依在下之见，不如等明年新年之际再行改元，或可弥补。"

"明年再度改元？"杨骏有些惊诧。

"是。按礼制，先皇作本年去世，太熙年号应该沿用。所以明年必须有崭新的年号，才能算作当今天子开始的纪元。"潘岳见众人频频点头，微微笑道，"幸而今年这个'永熙'的年号和'太熙'只有一字之差，要弥补起来不算太难。"

"哦，安仁快说说，如何弥补？"杨骏听潘岳说"不太难"，不禁两眼放光。改元之事乃是新帝司马衷对天下实施的第一份举措，关乎他这位辅政太傅的颜面，绝非小事。

"请太傅赐在下纸笔。"潘岳知道此刻所有人的眼睛都盯在自己身上，能否取得他们的信任关乎一举，索性放手一搏。

"快拿纸笔来。"杨骏赶紧命人收拾出书案，又亲自站到潘岳身后，将他所写的文字一一念给众人，"乃者哀迷之际，三事股肱，惟社稷之重，率遵翼室之典,犹欲长奉先皇之制,是以有永熙之号。然日月逾迈,已涉新年,开元易纪,礼之旧章……"

"对啊。天子哀伤之际,想要永远尊奉先皇,所以才把'太熙'称为'永熙'。安仁的笔力,果然让人拍案叫绝!"杨骏还没有念完,一向与潘岳交好的主簿朱振就大声喝起彩来。

朱振这一带头,其他人也忍不住纷纷称赞。能将司马衷和杨骏大违礼制的事情解释成孝行,这等春秋笔法,潘岳可算是学到了孔老夫子的精髓了。

"老夫早就说过,安仁才情无双,宜当重任。"杨骏满意地看着潘岳撰写的新年诏书,殷切笑道,"这段时间安仁卧病,所以老夫无法聘你出山。如今你病已痊愈,老夫又是高选佐吏广招俊才之际,安仁可不能推脱了啊。"

"太傅有命,潘岳安敢不从?"潘岳起身朝杨骏作了一揖,忽然转换了话题,"只是如今太傅尚有心腹之患,若不能及时解决,广招俊才又有何用?"

"你说的心腹之患是什么?"杨骏见潘岳神情郑重,不由沉下了脸色。

"汝南王司马亮现正居于城外禁军营中,他就是太傅的心腹之患。"潘岳毫不避讳地说。

此言一出,杨骏、杨珧等人都忍不住对了一个眼色。方才潘岳未至之时,他们商议的恰正是如何对付汝南王司马亮一事。虽然此刻潘岳显示了自己的忠诚和实力,但众人一时不知该如何开口,顿时有些冷场。

"听说今日有刺客行刺杨公,不知杨公是否安好?"潘岳心中惦记司马囧安危,索性不再绕弯子,直接向杨珧开口问道。因为杨珧早已辞掉了官职,此刻与潘岳一样只是庶民,因此只以"杨公"相称。

"几个小贼而已,不足挂齿。"杨珧淡淡回答,浑然一派时下推崇的名士风度,处变不惊。

"却不知那几个刺客是什么来历？"潘岳又问。

杨珧顿了顿，当着众人也不隐瞒："那些人不知何时便潜伏在我家暗卫营中，如今抓住了一个，严刑之下招认说是汝南王派他来的。"

"果然是汝南王。"潘岳点了点头，藏在袖子里的指甲深深刺入掌心，"却不知太傅和杨公打算如何处置刺客？"

"无足轻重的小卒，自然杀了了事。"杨骏不假思索地回答。而杨珧却皱了皱眉，欲言又止。

"大哥，窃以为那刺客不杀也罢。"就在潘岳准备开口之际，忽然有人迸出了这句话，竟是一向讷于言而敏于行的杨家老三杨济。

"这是为何？"杨骏见杨济此言一出，不独杨珧点头，外甥李斌和属下朱振等人都纷纷附和，不禁颇为吃惊。

"弟等先前已有商议，这天下乃是司马氏之天下，大哥不过是以外戚执政，不宜独断专行，徒惹非议。汝南王乃是先帝在位时便属意的辅政人选，大哥还是应该与他握手言和，同舟共济共辅天子。这样，不仅安抚宗室，平靖清议，于我弘农杨氏也是居善存身之道。"知道三弟杨济不善言辞，还是杨珧代替他解释。他这番话侃侃而谈，可见几个人早已达成共识，都不愿杨骏独占辅臣之位，令司马氏宗室衔怨。

"什么？与汝南王司马亮握手言和，共辅朝政？"杨骏实在没有料到自己最亲信的几个人居然打了这样的主意，那他先前费尽心机篡改遗诏又有什么意义？他一张泛黄面皮顿时气得通红，冷笑着对杨珧道："你不信我能对付汝南王，所以连他派来刺杀你的刺客都要放走，以便讨好汝南王？你是不是觉得你放走了他的刺客，到时候汝南王杀上门的时候，也会放你一条生路？原来你的命，也只值一个区区刺客啊。"

"大哥！"杨珧知道这个刚愎自用的大哥一向看自己不顺眼，偏偏其他几个人又没有说服杨骏的本事，无奈之中只好望向潘岳，示意他开口。

"太傅，在下以为此时放走刺客，并非向汝南王示弱，反倒是向他展示太傅的襟怀与威望，令汝南王不战而退。"潘岳深知杨骏所图，言辞正中杨骏下怀，"汝南王之所以派刺客挑衅，其实意在试探，更希望引发太傅一门的恐慌。若是太傅学诸葛亮七擒七纵之法，任凭那刺客回去向汝南王报信，便是以己之坦荡攻彼之忐忑，以己之从容攻彼之瑟缩，最终攻其心降其志，不战而屈人之兵，岂不是为天下消弭一场无谓兵灾？就算汝南王冥顽不灵，天下人也会称赞太傅之德，何愁海内不归心于太傅呢？"

杨骏原本正愁自己的私兵对付不了汝南王司马亮的禁军，此刻听潘岳如此一说，恰正解除了他多日的烦忧。他原本也不看重行刺二弟杨珧的刺客，如今想到释放这刺客也许就是他杨骏威德加于海内的肇始，便点头问道："诸位的意见呢？"

杨珧、杨济等人虽然未必同意潘岳的说法，但他们本身就不愿与汝南王交恶，释放刺客正是示好之举，当下也纷纷表示赞同。

"既然如此，潘岳不才，愿亲自去见见那刺客，顺便从他口中套取汝南王的动向。"潘岳虽然心急如焚，却不得不又等了一阵，才轻描淡写地提出这个要求。

"安仁担任廷尉平时就是审案的好手，由你最后去盘问一下那刺客是再好不过了。"主簿朱振拍掌道。

"再帮老夫给汝南王写一封书信，让那刺客带回。"杨骏沉吟着补充道。

"是。在下必定向汝南王宣示太傅之仁义，剖析局势之利害，恩威并施，让汝南王不敢轻举妄动。"潘岳压抑着胸腔中怦怦乱跳的心，强迫自己重新执起方才备下的纸笔，没多久便写好了一封书信。待众人审阅之后，潘岳有条不紊地向众人一一行礼告辞。等他终于走出杨骏的议事厅时，才觉出口中一股淡淡腥味，竟不知何时将舌尖咬破了。

　　有了杨骏的许可,潘岳顺利地进入了暗卫营私设的地牢中。虽然与森严的廷尉狱比起来, 这小小的地牢不过是在暗卫营石墙转角处挖出的一方土穴,但当潘岳步下那潮湿的土阶时,还是被一排排乌黑的木栅刺痛了双眼。有那么一瞬间,他低头提着自己的衣摆,不敢将眼光投进大开的牢房之中。他不敢想象,那个神情举止、言谈风度都酷肖司马攸的尊贵少年,如今会是怎样的情形。

　　显然是看清了他的到来,牢房内传出一阵锁链撞击的清脆声响,恍如一支支利箭夺去了潘岳最后的力气。他蓦地伸手握住了身边的木栏,胃部一阵抽搐,痛苦地弯下腰去。

　　“檀……”锁链的撞击声急迫起来,那个熟悉的声音却忽然改了口,“谈什么? 你们又来人要干吗? ”

　　这故意装出的陌生让潘岳心下一松, 终于站直身子看清了面前的情形。只见司马冏跪在地上, 双臂大张着被人用铁镣锁在墙上的铁环中,身上满是用皮鞭抽打出的血痕。由于被吊得身子前倾,他必须很费力才能抬起头来——散乱的头发下,他的脸颊还粘贴着易容用的黑痣,双眼因为用力上望而露出大片眼白,充满了密密缠绕的红色血丝。

　　此刻的司马冏,与他那永远整洁端肃的父亲司马攸相比,忽然一点也不像了。

　　“太傅有命,将他放了。”潘岳不敢细看,逃避一般转头向陪同的看守吩咐。那看守听命取来钥匙,将司马冏手腕上的铁镣打开。

　　桎梏一去,司马冏立刻无力地倒在地上。潘岳脚步微微一动,随即钉在原地,只看着面前艰难支起的少年冷冷道:“太傅宽仁,放你一条生路。你回去告诉你的主子,太傅身系宫中府中安危,任何人胆敢轻举妄动都如以卵击石,徒招天下人讥笑罢了! 你走吧! ”

　　司马冏此刻好不容易站直了身子,显得不那么狼狈。他想用手拂开挡在眼前的乱发，手臂却酸痛得无法动弹，只能徒劳地甩了甩头。犹自滴水的发丝将他的视线分隔成几段，每一段里却都有一个潘岳。地牢昏暗，司马囧看不清潘岳脸上的表情，却生生从那挺拔清隽的身形中感觉出一股寒凉——就像是困在渊薮冰川中再无生路的人，投向岸边的眼神中只剩下绝望。

"这是给你主子的信，你收好了。"潘岳将手中的信封递了过去，手臂伸到最长，似乎怕沾染到司马囧身上的血污。

司马囧的唇边牵起一个自嘲的笑容，扯过信封看也不看塞进了自己的衣襟中。然后他斜眼瞪了潘岳一眼，拖着步子踉跄着走上湿滑的台阶，一点点地消失不见了。

潘岳没有回头，盯着地砖青苔上发黑的血迹站了一会儿，这才在看守锁门之前离开了地牢。还剩下最后几级台阶时，他已经忍不住举起衣袖，遮住了头顶白花花的日头。饶是如此，这恍如隔世般的天地，仍然如同一只严丝合缝的蒸锅，燠热、潮闷，令人头晕目眩，心烦欲呕。

而且，无可逃脱。

仿佛只是一瞬间，小贩叫卖声、车马行进声、父亲追打不孝子的喝骂声、看客们半是劝说半是怂恿的议论声如同决堤的洪水，轰然涌入了潘岳的耳膜。他用衣袖擦了擦被冷汗糊住的眼角，才发现自己不知何时走到了洛阳街头，而驾车的老仆李伯，还不知在杨府围墙的哪个角落里等候。

他茫然地往前走了几步，觉得方向不对，又折返进一条僻静的小路中。才走了没多久，胳膊忽然被人攥住，用力往侧面更狭窄偏僻的小巷拽去："檀奴叔叔，是我。"潘岳猛然转头，却只是盯住了紧紧握住自己胳膊的那只手。那只手上满是污痕，有一个指甲不知什么时候拗断了，血从指尖糊到了手背，都已经干涸发黑。

"对不起，弄脏了叔叔的衣服。"潘岳的目光烫得司马囧手背上的青筋一跳,倏地撤回了手。

潘岳听出了少年口中微微的讥讽和挑衅,知道他有所误会,却已经没有精力解释这些细枝末节。他的目光顺着司马冏的手臂上溯到他的脸上,低哑地问:"殿下怎么不回府治伤?"

"我怕杨家派人盯梢,就在这附近绕了一会儿。"司马冏见潘岳面色阴沉,便道,"檀奴叔叔放心,我确定没人跟着咱们。"

"殿下既然心思如此细腻,却为何会做出行刺杨珧的不智之举?!"潘岳隐忍了太久,此刻终于声色俱厉地爆发出来。吐出这句憋了太久的问题,他非但不觉得胸中松快,反倒有一种再也无法强撑的虚弱,顿时后退一步,脊背死死地靠住了墙壁。

见潘岳脸色瞬间苍白得可怕,连颤抖的嘴唇都失去了血色,司马冏顾不得自己伤重,慌忙扶住了他。谁知潘岳却用力推开司马冏的扶持,自顾站稳后又将脸转了开去。

"檀奴叔叔心里是在骂我吧?骂我冲动,骂我愚蠢,骂我几乎陷齐王府于倾覆,骂我连累了你的精心布置?"司马冏感受到了潘岳的愤怒,自己却忍不住惨笑起来,"你可知道,为什么我已费心在杨家暗卫营中潜伏了数年,今日却不惜功亏一篑,亲自动手杀杨珧吗?"

"春秋有云:子不复仇,非子也。所以你要杀杨珧,杀杨骏、杨济,都无可厚非。"潘岳只盯着砖墙缝中顽强开出的一朵小黄花,淡淡回答。

"我来帮叔叔提问吧。"司马冏有些委屈地冷笑,"就算我要杀掉杨家阖族为我父亲报仇,为什么不等到汝南王派出禁军攻打杨骏之后?为什么不顾我齐王的千金之躯,亲身犯险,以至于沦落到要檀奴叔叔卖身投靠杨骏来救我的地步?"

"好,你告诉我是为什么。"潘岳终于回过头来,看着满身血痕的少年齐王。那少年单薄伶仃地站在那里,被风一吹便摇摇欲坠。可他就像那朵从墙缝里开出的花,无论姿态多么茬弱颜色多么惨淡,根系却始终牢牢地抓住那一点点存身的泥土，无论再大的风雨也不能将它摧毁。

"因为……因为汝南王胆怯了，他不敢对抗杨骏，只想着怎么保住自己的老命！"司马彤说到这里，沉积太久的愤懑、绝望和伤痛在一瞬间通通爆发，"他不敢尊奉咱们千辛万苦给他送去的先帝遗诏，口口声声说那是假的，还当着我的面一把火将它烧掉了！檀奴叔叔，你的计划已经全毁了。这个天下，已经真的属于杨骏和整个杨家了！若我不亲自行刺，就永远都不能给父亲报仇了！"

"他……他把诏书烧了？"仿佛当头一棒打下，潘岳眼前一黑，身子顿时一偏。他屈身迎奉杨骏，不惜为他爪牙党同伐异，手上沾染了温裕、卫宣、胡奋诸人的血，就是为了这最后一击。可是他算来算去，却错算了汝南王司马亮的怯懦，竟能在众望所归、手持遗诏的大好形势里，主动丢盔弃甲，仓皇逃命！如此一来，固然司马炎死时悔愧无极，羞愤难当，但不学无术而又野心勃勃的杨骏却得以上位，岂不是平白害了社稷苍生？他潘岳一步算错，就要成为千古罪人了吗？

"不，不会的！"潘岳喃喃地反驳着，恍惚中只觉得有人扶住了自己倾颓的身子。他眼前渐渐清明，反手想要撑住司马彤的手臂站直身子，却蓦地发现司马彤身上满是鲜红的鞭痕，让他根本不敢碰触分毫。终于，他回过神来，依然难以置信地道："我方才才从杨骏那里出来，他明明还对汝南王恐惧不已。若是汝南王没有率兵攻入洛阳清君侧的决心，又为什么这些日子一直住在城外的禁军大营里？"

"汝南王藏身禁军大营，不是要杀杨骏，而是怕杨骏杀他！"司马彤放开扶住潘岳的手，悲愤道，"我劝了他几天，结果却看见他在写向朝廷、向杨骏请罪的奏表，满纸低三下四的哀求，令人无法卒读！我愤而离去，却在回城路上遇见杨珧，就忍不住打起汝南王的旗号动了手。不管能不能杀死杨珧，都正式挑起了杨家和汝南王的争斗，逼汝南王背水一战。我虽然对先帝有怨念，但我毕竟是司马家的人，怎么甘心将司马氏天下拱手送到杨骏那个老匹夫手中！"

"可你毕竟是堂堂齐王，日后前途不可限量，怎能轻率行此匹夫之勇？"潘岳伸手拂开司马囧被鲜血凝结得一绺一绺的头发，口中依然斥责，语调却已满是心痛。

"我不过是个空架子齐王，除了匹夫之勇，还有什么？"司马囧仰天一笑，无力地跌跪在地上，将涌到眼眶的泪水生生逼回，"我也想拥有自己的用武之地，可身份尴尬至此，还有什么将来可言。若是一辈子只能行尸走肉一般苟延残喘，我宁可死在与仇人的对决之中！"

"不，不会的。你是人中龙凤，必定会凌霄起舞！相信我，一定会有那么一天的！"潘岳也跪下身子，小心地将司马囧揽在怀中，一字一句，恍如盟誓。

"檀奴叔叔，我相信你。"司马囧将头靠在潘岳肩膀上，就像他小时候依赖潘岳一样，小狗一般乖巧又温顺，"你说武帝是害死我父亲的元凶，要他尝到自作自受的痛苦绝望。你连这都做到了，我还有什么不相信你的呢？"

"所以山奴一定要爱惜自己，实现你父亲未酬的志向。"潘岳像哄小孩子一般，语气温柔。

"我还要为父亲报仇，我要铲除整个杨家！"司马囧补充。

"好，叔叔帮你铲除整个杨家！"潘岳使劲地点点头。司马囧身上触目惊心的血迹和当年司马攸临死时的同样鲜红，让潘岳的声音都颤抖起来。"疼吗？"他轻轻摸了摸司马囧身上一道皮开肉绽的鞭痕，哽咽道，"叔叔这就带你去治伤。"

"没事。我以前没少给暗卫营的人好处，他们下手都留了情……"司马囧勉强露出一个笑容，脑袋忽然软软地垂了下去。潘岳低头一看，才发现少年已经精疲力竭地晕了过去。

从司马囧怀中取出那封代杨骏所写的书信，潘岳唰唰几下，将它撕

成了碎片。杨骏绝不能与司马家宗室和好，就算汝南王司马亮怯懦逃
跑，洛阳四面还有无数的司马家诸侯王虎视眈眈。那些年轻的诸侯王们
手握重兵，野心勃勃，他们才是杨骏真正的劲敌。而只有在剿灭杨家的
行动里立下功勋，被冷落猜忌的齐王司马冏才有在朝堂施展才能的机
会。

桃符的嫡子绝不该委屈瑟缩一生。既然山奴想要，那他就成全他吧。

俯下身子，潘岳将司马冏背在了背上，一步步朝着前方走去。他不
敢去杨骏府外找驾车的李伯，也不敢直接将司马冏送回齐王府，只能背
着他朝杨氏医馆走去。

有温热的东西一点点打在潘岳的背上，又慢慢渗透进他的衣衫，他
不敢回头查看究竟是泪是血。司马冏虽然清瘦却锻炼得筋骨结实，他生
怕自己松懈掉一口气，就再也迈不动沉重的双腿。

可是就算司马冏再重，他又怎么能不走下去呢？二十多年前，当他
不得不避祸邙山的时候，正是司马攸的父亲司马攸背着他在荒山野岭
间躲避司马伦的搜寻。那个时刻，还有无数个司马攸救护他的时刻，潘
岳都暗暗下决心要回报司马攸的恩情，哪怕赴汤蹈火也在所不辞。如
今司马攸墓木已拱，那么潘岳要回报的一切，就毫无疑问落在了司马冏
身上。

似火的骄阳毫不留情地炙烤着路上艰难行进的两个人。汗水与血
水混合在一起，仿佛黏胶一样把两个人的命运黏合在一起，再也撕扯不
开。

第 十 一 章

狡　兔

心战惧以兢悚，如临深而履薄。

——潘岳

汝南王司马亮果然跑了。

在向天子司马衷上了一封痛哭流涕哀求请罪的奏疏之后，这位司马家宗室的耆老甚至不敢等待批复，就收拾收拾连夜跑出禁军大营，逃往自己的封地许昌去了。

杨骏在刚刚收到司马亮的奏疏时，还以为是这位老王爷讨伐自己的檄文，手指颤抖得都无法打开。一旦他得知司马亮被吓跑之后，这位当朝太傅忍不住跌坐在地上哈哈大笑："安仁一支笔，敌过十万禁军！"

杨骏不知道潘岳为他所写的那封恩威并施的书信并未送到司马亮手中，只道是天意站在自己这边，对潘岳也格外器重。因为潘岳先前免官后只是庶民，不能骤然拔至高位，杨骏便暂且任命潘岳为主簿，与心腹朱振同列，同时再三许诺一有机会，便会连续擢升。

司马亮逃走后，杨骏自以为高枕无忧，开始大张旗鼓地总揽朝政。他让天子司马衷下诏，凡朝廷所颁布的诏书，一律先送到永宁宫的太后杨芷处审阅，太后同意后才能生效。而杨骏自己，半真半假地借口办公方便，居然在以前武帝司马炎的太极殿中批阅奏章，权势一时达到了巅峰。

杨骏既然在太极殿办公，作为他属官的主簿潘岳也少不得要进宫奏事。这日，潘岳与同僚朱振等人例行进宫，正见杨骏大发雷霆，将书案上的奏疏摔了一地。潘岳捡起一份看了看，却是武帝朝的老臣张华、裴楷、王戎等人联名上书，反对杨骏将外甥段广安置在宫中监视天子司马衷和皇后贾南风，陈说自古以来，从未有外臣宿于内宫之理。更让杨骏七窍生烟的是，这封联名奏疏的最后，还签上了杨骏的三弟杨济的名字。

"杨珧、杨济，他们是我嫡亲的弟弟，却全都跟着外臣来反对我！他们到底还姓不姓杨？"杨骏狂躁地绕出书案，用脚踢着地上散落的奏疏，"还有张华、裴楷这些老东西，老夫要将他们全都罢黜！"

"明公息怒，来日方长，总有法子对付他们的。"潘岳自从不得已当了杨骏的主簿，早已打定徐庶进曹营般一言不发的心思，因此只是和声劝慰，却全无一点实质性的建议。

"下官倒是有个主意。"朱振是杨骏得力心腹，此刻觉得已到时机，便主动开口。

"哦，你有什么计策，快说来听听。"杨骏虽然解决了汝南王司马亮，这些天却被这些老臣弄得七窍生烟，连忙问道。

"张华、裴楷等人都是三朝老臣，贸然罢黜肯定会引来议论纷纷。不如将他们都封为东宫保傅，明为升迁，实为赶出朝堂。这样不就没人和明公掣肘了吗？"朱振显然早已谋划此事，侃侃而谈。

"东宫？"朱振胸有成竹，杨骏却一时没有回过味来，"天子即位，东宫已然空置……"

"那就让东宫重新有一位新主人。"朱振笑道，"这太子的人选，不是现成的吗？"

"你是说，广陵王？"杨骏恍然大悟，拍手笑道，"先帝在时，就已属意广陵王继任大统。广陵王又是当今天子唯一的儿子，舍他其谁？如今奉先帝之命立广陵王为太子，朱主簿果然好计！"

殿内诸臣俱是杨骏一党，此刻一听，纷纷赞同，潘岳也少不得点头附和。然而耳听诸人开始议论册立太子的流程，潘岳心中却暗暗一哂："广陵王司马遹才十三岁，杨骏却要将张华、裴楷、何劭甚至亲弟弟杨济等一干股肱老臣都赶到东宫去'辅佐'他，这可是要把所有的世家大族都得罪光了，杨家的祸事又要加速到来了。"

"什么，正式册立司马遹当太子？"御花园中，皇后贾南风恨恨地将手中瓷盅砸在地上，提高声音叫道："陛下，你可听到了吗？"

新继位的天子司马衷此刻正蹲在一处假山脚，专心致志地掏着蛐蛐，却猛地被瓷器碎裂的声音吓了一跳，一屁股坐在地上，茫然地回过头来："太子妃……哦，不，皇后在说什么？"

"杨太傅要立广陵王为太子了。"贾南风走到司马衷面前，蹲下身，直视着丈夫木讷的眼睛，"不知陛下对此有何看法？"

"哦，要立就立吧。"司马衷抬手想抓抓头，却在撞见贾南风凌厉的眼神时慌忙撒下手来。他仿佛一个做错事的孩子，涨红脸埋下头，好半天才嗫嚅道："我……朕能有什么看法……先帝在时，就说过要立广陵王的……我，朕不敢违背先帝的意思……"

"广陵王是谢才人所生，我才是陛下的皇后！我请问陛下，若是日后我生下儿子，是不是陛下正宗的嫡子？按礼法是不是应该被册立为太子？司马遹那个庶子，有什么资格当上太子？"看着司马衷唯唯诺诺的样子，贾南风只觉得心头火起，声音止不住得尖厉起来。

司马衷被贾南风连珠箭一般的质问问得蒙了，张大了嘴只是听着，不过他总算是弄明白了贾南风的意思，怔怔地回了一句："先立着，等皇后生了儿子再说吧。"

"你！"贾南风似乎被踩了痛脚，豁然站直了身体，嘴唇不住颤抖，却再也无话可说。她嫁给司马衷之后，已经生产三次，却次次生的都是女儿。若是她生下一个儿子，太子之位又怎么会轮到谢玖、司马遹那对贱人母子头上？

说到底，都是杨骏那老家伙搞的鬼。她这个正宫皇后还年纪轻轻，杨骏就着急立太子，这不是存心与自己为难吗？想起杨骏将朝政大事全都送往太后杨芷的永宁宫审阅，又安排外甥段广住在宫中监视自己和皇帝的一举一动，贾南风用力掐住了自己的指尖："杨骏，你欺我太甚！"

"皇后！"忽听远处有人呼唤，贾南风猝然回头，正见中常侍董猛使劲朝自己使眼色。董猛是贾南风的心腹宦官，为人又机灵能干，当下贾南风便撇下司马衷，径直走了过去。

"皇后，奴婢刚才听说……"虽然周边都是自己人，董猛还是顾不得礼节凑过身子，在贾南风耳边低声禀报，"太后此刻摆驾华林园，刚刚单独召潘岳过去了！"

"她召潘岳去做什么？"贾南风先是惊怒，继而冷笑，"她未出阁时便爱慕潘岳，如今做了太后，终于可以无法无天了！"

"奴婢也想继续打听，奈何华林园那边防备森严，无法安插眼线。奴婢该死！"董猛赶紧道。

"不用打听了，省得打草惊蛇。"贾南风哼了一声，强自压下心中熏醋一般的酸热，努力让声音听上去和平时一样，"我让你试探禁军诸位将领，可有进展了吗？"

"奴婢这些日子刻意探听禁军中对杨骏不满之人，却只找到两个殿中中郎孟观和李肇。"董猛说着，又要请罪。

"殿中中郎……"贾南风沉吟。殿中中郎是禁军将领的底层，品秩不过八品，手下所率也不过百人而已。尽管如此，贾南风还是很快做出了决定："殿中中郎也不错。你找个机会单独带他们来见我，并厚厚备些金帛赏赐之物。"

"是！"董猛诚心诚意地领命。凭借在宫闱中浮沉多年的直觉，他早已认定贾南风心思缜密手段凌厉，是自己可以效忠的主人。如今杨骏将贾皇后得罪到了底,贾皇后的报复,也要正式开始了。

潘岳与杨骏众人议论完册立太子之事,离开太极殿出宫,却见一个小内侍跑过来问:"请问这位可是潘主簿?我家总管有请。"

"敢问中贵人有何事?"潘岳颇觉意外。内侍在内宫服侍,他口中"总管"自然是皇家总管,与自己素无往来。

"潘主簿请上车,到了就知道了。"那小宦官早已备下了一辆青布马车,半扶半拉地将潘岳架了上去。潘岳回头去看与自己同行的朱振,朱振却只是笑着挥了挥手,似乎混不以为意。

马车辘辘,很快就驶到一处园囿前停下。潘岳下车,正见园林大门上大书"华林园"三字,心中才知那小内侍所言不虚。这华林园原名芳林园,始建于东汉末年,后避曹魏时齐王曹芳名讳,改名为华林,乃是晋时洛阳城中最大的皇室御苑。

迎接潘岳的马车刚到,大门处便有一个内侍总管模样的人迎了上来,一见潘岳便眉开眼笑:"总算把潘主簿给请来了。快里边请,里边请!"

"皇家内苑,潘岳无旨,不敢擅入。"潘岳站在大门台阶下,谨慎回答。

"老奴乃是这华林园的总管,名唤毕胜。"那老宦官眨了眨眼,牵动起眼角的鱼尾纹深深扩散开去,凑近潘岳低声道,"实不相瞒,老奴悄悄请潘主簿到此,是想请主簿救命的。"

"哦,不知毕总管有何事?"潘岳依旧警惕地问。

"请潘主簿入内说话。"那毕总管当先引路,见潘岳仍然不肯举步,又回头笑道,"主簿放心,老奴既然忝居此地总管,就绝不会将今日之事泄露半分。否则,就将这个脑袋送给潘主簿便是。"说着,他提起手掌,在自己的脖颈上虚砍了两下。

潘岳拗不过毕总管,只好跟着他走了进去。一路走,一路只听毕总管侃侃介绍:"这华林园占地两百余顷,自曹魏以来不断增修,楼台盛景多达二十余处。其中最著名的有景阳山、天渊池、九华台等处。特别是九华台下遍植木芙蓉,此刻正是花开时节,五彩斑斓,恍如碎裁蜀锦,最是让人流连忘返……"

"还请毕总管直言。"潘岳听毕总管絮絮叨叨,领着自己往华林园中越走越深,担心撞见后宫嫔妃,只好开口催促。

"老奴请潘主簿来,正是为了九华台的木芙蓉。"那毕总管指着前方一处凌云高台道,"前些日子,有贵人在九华台歇宿,却撞见了芙蓉花妖作祟。那花妖出言不逊,自称天下至美,扬言若无人比她更美,她就要长久占据九华台。老奴又是焚香祭拜又是请法师作法,那花妖都不肯隐去。如今九华台已封闭多日,宫中贵人们也不敢来华林园。再不设法除妖,老奴这华林园总管只好以命抵罪了!还请潘主簿救我!"说着,老内侍举起袖子擦了擦肿胀的眼袋,深深地朝潘岳行下礼去。

"那花妖究竟如何作祟,又是如何占据九华台?"潘岳见毕总管支支吾吾也说不清楚,心想其中必有缘故,索性问,"下官并非术士,不知总管想要下官如何除妖?"

"那花妖放言只要有人比她更美,就会羞惭而退。放眼整个洛阳,还有谁的美貌能比得过容止无双的檀郎?"毕总管吩咐人用钥匙打开九华台锁住的院门,向潘岳连连作揖道,"所以只要潘主簿肯到九华台走一走,那花妖肯定会知难而退了。"

潘岳向来不信什么妖鬼之说,更觉得毕总管比美之说荒诞不经。但是那群内侍有备而来,哪里肯和他讲道理,当即将潘岳一拥而进九华台中,"哐啷"一声锁上了院门。

潘岳向四周望了望,除了大片盛开的芙蓉花,再没有一个人影。他知道退路已经被锁死,索性迈开脚步沿着青砖铺成的小道往前走。

芙蓉花簇拥着的,是一座高达十余丈的高大建筑,雕饰精美,檐牙高啄。五色的云锦帐幔被白玉挂钩束了一半,剩下的一半便从窗后探出一角,露出小巧的错彩同心流苏,颤巍巍地仿佛少女娇怯怯的心事。一阵风过,几层楼内所挂的细珠帘轻轻摇动,发出珩佩相击一般的清脆声音。这声音在芙蓉花馥郁的香气中传递,就仿佛一位环佩叮咚的丽人,还未现身,就已经用香味和声音在来客脑海中勾勒出了清丽绝俗的轮廓。

潘岳停下了脚步。虽然四周没有一个人,他还是保持着最恭敬有礼的姿态,双手交拱,目不斜视。至于那弥漫着魅惑之气的九华台,他更是连一丈之内都不曾靠近。

等了一阵,仍然没有任何动静,潘岳便了然一笑,站直了身子。他朗声朝芙蓉花深处唤了一声:"既然并无花妖,在下就告辞了。"说着转身就朝大门处走去。

"荫兰池之丰沼,育沃野之上腴。课众荣而比观,焕卓荦而独殊。"忽然,身后传来一个女子柔婉清越的声音,吟诵的恰正是潘岳所写的《芙蓉赋》,"流芬赋采,风靡云旋。布蒦磊落,蔓衍夭闲。发清阳而增媚,润白玉而加鲜……檀郎,听闻此赋,你难道不该留驻一二吗?"

潘岳回过头,果然看见芙蓉花丛中有一个宫装丽人款款而来。她眉目清丽婉娈,身姿纤细婀娜,精心梳就的发髻上别无装饰,只有一枚金箔打制的华胜。

潘岳的瞳孔蓦然紧缩。顿了片刻,他才调整好心态从容开口:"你就是花妖?"

"有檀郎这首《芙蓉赋》为赞,我就算是花妖,也'焕卓荦而独殊',应被称为花仙了吧?"那丽人以袖掩口,眼波流转。

"不论是你是妖是仙,都请自重身份,不要再玩这种无聊的游戏了。"潘岳深施一礼,就要转身离开。

"站住!"那丽人清叱一声,几步走到潘岳面前,鼓起勇气道,"就算我是九天的仙女,也有下顾凡人之时,更何况我们的缘分,本就有上天注定。"她摘下头上华胜,递到潘岳面前,"自从洛水上巳节见过你之后,已经二十年了。你若是肯……肯稍稍顾我辞色,我保你从此青云直上、飞黄腾达。"

潘岳没有接那华胜,却看得出来那是用金箔打制的一个驾车的少年,不用说就是二十年前在洛水边快意扬鞭、掷果盈车的自己。而那华胜显然已有了些年头,虽然金箔璀璨如新,却看得出曾被弯折损坏,后来又精心修补过的。

"既然贵人知道自己是九天仙女,就更该明白仙凡有别,不要再做此无谓试探。"潘岳自看那丽人第一眼后,就一直垂目向地,半分也不曾抬起。见那丽人不答,潘岳又加重语气道:"天道有伦常,故颛顼绝地天通。强行逾越,只会害人害己。贵人万金之躯,更宜自行珍重。"说着,他低头拱手退后几步,霍然转身疾行到紧锁的大门前,头也不回地道,"若贵人不肯开门,在下只能学尾生抱柱,死于此门之下了。"

那丽人眼睁睁地看着,却毫无办法,只能紧紧攥着手中的华胜,手心里勒出深深的红痕。她深深吸了几口气,见潘岳只是站在门前,背影如秀竹一般挺拔,又如秀竹一般冷硬,显然不会再听她任何言辞。她原本就荏弱优柔,绝非心志坚决之人,一鼓之气被挫,就再也鼓不起新的勇气。僵持了一阵,她终于吩咐:"开门。"

看着自己思慕已久的背影决绝而去,那丽人脚下一软,已坐倒在九华台的石阶之上。他知道她是谁,她也知道他知道她是谁。先前的双关语,他们都懂,却都不敢点破。

"我进宫之前,金真天师应允过我,一旦我成为天下共主,就能得偿所愿。可是为什么到了今天,你却依然连多看我一眼都不敢?"她望着四周空荡荡的芙蓉花丛,心中渐渐升起不甘,"不行,我得把金真天师找来,让他帮我!"

"来人!"她蓦地高声吩咐,"去告诉太傅拟旨,命赵王司马伦麾下金真天师孙秀速到洛阳,在先帝灵前祈福禳灾。"

"自汉以来,'两府高士,俗不为主簿',你说杨骏怎么就给安仁安排了这么个浊官呢?"潘岳还没进家门,就听里面有人咋咋呼呼地高谈阔论,"就算安仁是从庶人起复,也该当个负责人事任免的西曹,或者负责出谋划策的议曹。这些才是清美之职啊。"

"我向来就是个俗人,所以从县令、尚书度支郎、廷尉平到如今的主簿,都是官卑事冗的浊官。俗人浊官,相配得很。"潘岳推开门,弯下腰脱鞋子。

"要是我们谪仙一样的檀郎都是俗人,这世上还有谁敢自称不俗?你不过不喜欢那些人故作高深的清谈罢了,我也不喜欢,神神道道的。"来客也不见外,亲自跑到门口来接潘岳,恰正是多日未曾往来的石崇。而正在接待石崇的杨容姬,也笑着走过来对潘岳道:"饿了吧?今日我做了馎饦,这就去煮。"

"有馎饦吃?"还不等潘岳答言,石崇就兴冲冲地朝杨容姬笑道,"早不告诉我,我还以为你们不会留我吃饭呢。"

"你如今是洛阳第一大富翁,家里数不尽的山珍海味,哪里瞧得上我们寻常百姓家一碗馎饦?"杨容姬瞅了瞅石崇那身锦绣华服,打趣道,"就你这身衣服,抵得上我家檀郎三个月的俸禄了吧。"

"所以我才为檀郎打抱不平嘛。他才能是我十倍,却因为世人嫉妒而仕途多舛。如今好不容易得杨太傅看重,正该好好抓住机会。"石崇说到这里,见潘岳斜过眼睛盯着自己,不由得摸了摸脑袋,"瞪我干什么,我说说实话都不行吗?"

石崇在洛阳做了几年富家翁,又担任了散骑侍郎这样清贵的官职,这几年不仅肤色白皙了许多,连身材都有发福的趋势,和多年前那个精悍豪迈的少年游侠判若两人。潘岳压下在华林园惹来的烦躁,招呼石崇落座,开门见山地问:"石侍郎今日光临寒舍,有何见教?"

"居然叫我石侍郎,多见外!"石崇不满地抱怨了一声,恰好杨容姬端了两碗馎饦上来,便自顾拿起筷子尝了一口,大赞道,"好吃!阿容你的厨艺比我府里重金聘来的厨子高明多了!"

所谓馎饦,就是后世所称的面片汤,乃是将和好的面掐为拇指大小,浸入水盆中,再用手将面块在盆边压为极薄一片,下锅煮熟而成。潘岳用筷子捡起一块白而滑的面片,停了一会儿,又放下筷子,对一旁大快朵颐的石崇道:"有什么事,就直说吧。"

"好,说正事,说正事。"石崇几口扒拉完碗中馎饦,掏出丝质手帕擦了擦嘴,方才言笑晏晏的脸一下子严肃起来,"安仁,等你吃完饭,我们一起去见杨太傅。"

"哦?"潘岳挑起了眉毛。这些年来,比起当官,石崇对敛财和享乐的兴趣显然更大,那他平白无故找杨骏做什么?

"我听说杨太傅打算给众大臣遍施奖赏,进封爵位。这是真的吗?"石崇问。

潘岳点了点头,因为是已经决定的事情,也不避讳回答:"昔年魏明帝曹叡登基时根基不足,便广封爵位惠赐诸臣。诸臣感恩,从此对明帝尽忠报效。杨太傅不过是效仿魏明帝,想要稳固朝廷罢了。"

"魏明帝是天子,他赏赐众臣,众臣自然感恩于他。可杨太傅只是一介人臣!"石崇养尊处优的脸蓦地涨红,"杨太傅赏赐众臣,众臣仍然只会觉得这是当今天子所赐,对杨太傅并不会感恩戴德。何况杨太傅这次的封赏如此厚重,比泰始年间诸位征伐东吴一统天下的功臣还高,岂不是轻重不分,令人寒心?若是有爵位的就一定要进封,照这样下去,天下任谁都是公侯,那国家的爵位制度也就彻底乱套了!"

"你是伐吴功臣,又是安阳乡侯,所以见不得别人踩到你头上是吧?"潘岳慢条斯理地捡起一块面片,放进口中细细嚼着。

"我是认真的，你就别开玩笑了。"石崇吃了一碗热腾腾的馎饦，满头大汗，用手绢不停擦着额头，"你快点吃。吃完了我们就去杨太傅府上进谏，请他收回成命！"

"我不是功臣，也没有爵位，犯不着去进谏。而且我劝你也不要去，安安心心地做你的富家翁不好吗？"潘岳的冷淡，与石崇的焦急恰成对比。

"我是为了国家社稷，看不得杨太傅胡作非为。再说了，你是太傅门下主簿，太傅就是你的主公，我劝谏他，不也是为了你好吗？"石崇心急，看潘岳一口一口吃得极慢，按捺不住起身抢过他的筷子，一把拍在案上，"我不信你看不出此举的弊端。你对太傅良言相劝，他就会器重你的才干忠心，以后才会给你更好的前程啊！"

"他器不器重我，我有没有更好的前程，跟你有什么相干？"潘岳似乎对石崇抢夺自己的筷子十分不满，冷笑着反问。

"你有了更好的前程，阿容才不会跟着你受苦，天天只能喝一碗馎饦汤！"石崇这些年被人奉承惯了，哪里受得了潘岳三番两次的讥诮，当即脱口而出。

"石崇！"杨容姬从厨房回来，恰好听到两人的对话，不由清叱了一声。

"我说得不对吗？"石崇也自知失言，却拉不下面子承认，"阿容可是荆州刺史的女儿，自小养尊处优，住这样简陋的屋子真是委屈她了！"

"我不委屈……"杨容姬刚说到这里，忽见潘岳蓦地抬起手，顿时住口不言。潘岳回过手臂，从桌案旁堆放的书卷中取出两卷，递给石崇："我知道石侍郎家资丰饶，但这两样东西，还请侍郎收下，仔细研读。"

"这是什么？"石崇料不到潘岳突然转了话风，有些无措地接过两卷竹简。

"这是《泰始律》第三篇《盗律》和第四篇《贼律》。"潘岳淡淡道，"石侍郎可以从中看到，我朝对盗贼抢劫的刑罚是很重的，'贼燔人庐舍积聚，盗赃五匹以上，弃市'。所以请石侍郎不用担心我，还是担心担心你自己吧。"

"你！"石崇以抢劫致富，潘岳此举无异于极大的挑衅。"方才我是无心之语，你却如此羞辱于我。潘岳，你今天到底犯了什么毛病，想要逼我和你绝交吗？"石崇指着潘岳，几乎跳脚。

而潘岳的反应，却只是拾起拍在桌案上的筷子，慢腾腾地将它伸进了冷掉的馎饦汤里。

"对不起，让你失望了。我偏不和你绝交，偏要时时上门拜访，吃阿容做的馎饦！除了馎饦，我还要吃汤饼、煎饼、春饼、蒸饼、水引和膏环！"石崇咬了半天牙，数出一大串吃食，这才跺脚道，"我现在就自己去见杨太傅，劝他不要滥赏失却人心！"说着他一挥袖子，转身走到门口穿鞋。偏偏那两只鞋子今天颇不听话，他用脚踢拉了半天也无法穿好，只能丢脸地一屁股坐在门槛上，心急火燎地一只一只对付。

"你可以去见杨太傅，不过我保证没多久你就会被外放出洛阳城。你没见裴楷、张华、杨济等人都被赶到东宫去了吗？"潘岳看着石崇的背影冷笑，"你再有钱，资历也跟那些老臣没法相比。杨太傅容不得反对他的人在身边，我家里也容不得别人来说三道四！你以后想来蹭饭，那是没门儿了！"

"潘岳！"石崇顾不得还有一只鞋没穿好，面红耳赤地站起身来，"我是诚心为了你好，你别好心当作驴肝肺！如今所有人都知道你是杨太傅的死党，杨太傅平安执政还好，若是他一朝失却人心，你也会为他陪葬！当然，你要找死我管不了，可你也不为阿容想想吗？我言尽于此，以后咱们后会无期！"说着，石崇趿着一只还没穿好的鞋，气呼呼地走了。

"檀郎，为什么要这样？石崇性情耿直，他不是故意辱你的。"杨容姬见石崇推门而去，而潘岳只是僵立在桌案后不动，追了石崇一步，又折返回来握住了潘岳的手。一握之下，杨容姬才发现盛夏之时，丈夫的手不知为何冷得像冰块一般，连方才那碗热气腾腾的馎饦也没能暖和过来。

潘岳就着杨容姬的手缓缓坐下，却什么都没有说。石崇已经看出杨骏地位难保，却依然诚心诚意为他进谏，确实当得起"耿直"二字。那他能为石崇做的，就是向杨骏进谗将石崇贬出洛阳，彻底切割石崇与杨骏的关系，不让他日后被杨骏所累。

古人云，狡兔三窟。可惜他能为朋友挖出避难之窟，自己却只能坐困愁城了。先前在华林园九华台的一幕，仿佛妖异绵长的蛛丝，哪怕他一刀斩下，它们依然会若有若无地纠缠过来，永远无法真正摆脱。

这是天下最不能触碰的忌讳，也意味着天下最可怕的罪行。

"阿容……"潘岳呻吟一般唤了一声，将额头抵在杨容姬柔滑白皙的手背上，慢慢地将脸埋在她的怀中。

果然如潘岳所言，没过多久，杨骏就听从潘岳的建议，将石崇免去散骑侍郎之职，外放为南中郎将、荆州刺史，即日离开洛阳到荆州赴任。一直到他离开，潘岳都再未与他见面。只有杨容姬在石崇离城那天，派老仆李伯前往洛水长亭，代表自己向石崇致歉。

"告诉你家夫人，我不怨恨潘岳进谗言将我外放，我只担心她嫁错了人，此后必定要被那人牵连。"石崇的喉咙里似乎有什么东西堵住了，让他那句徘徊在心里的话生生憋了回去——"阿容，若是当初你选择的是我……"

石崇走了，就算以后洛阳城变成尸山血海，也与他再无关系。可是潘岳，却不得不依然在杨骏府上煎熬。幸而原来在河阳的好友公孙宏寄来一封书信，才让潘岳重新点燃了希望。

公孙宏原本是个隐士，潘岳在河阳做县令时与他倾心相交，还资助他前往楚王司马玮处求取功名。公孙宏如今已是楚王长史，他给潘岳来信说楚王司马玮此刻正向朝廷上表说思念母亲审夫人，想要离开驻地襄阳到洛阳担任京官，望潘岳向杨骏美言，同意楚王司马玮的请求。

　　楚王司马玮要回洛阳？潘岳看着公孙宏的信，沉思良久，终于下定了决心。

　　就算汝南王司马亮怯懦遁逃，这不还有楚王司马玮主动冒头了吗？司马家最不缺的，就是手握重兵的诸侯王。

　　霍霍的磨刀声已经响起，有人浑然不觉，有人袖手旁观，有人野心勃勃。而潘岳，则磨墨拈笔，给公孙宏寄去了一封足以改变天下的回信。

　　天子司马衷登基的第二个年头，杨骏果然颁布由潘岳代拟的诏书，解释了先前改元的错误，并将新年改元为永平。司马衷治下的第一个元日庆典热闹喜庆，恰似汹涌气旋中的暴风眼，在危机四伏中度过最后的平静时光。

　　永平元年二月的一天，潘岳照例前往杨骏府上办公，才走到门外就听里面有人说话，正是杨骏和主簿朱振的声音。

　　"快三天了，关在房里不吃不喝，也不和人说话，下官实在不知如何是好。"朱振焦虑地道。

　　"可是既然费劲苦心将他抢来，就不能这么容易放了他去！"杨骏的声音，明显恼羞成怒。

　　"可这样下去，万一闹出人命……"

　　"他性子烈，可真要寻死，只怕他没那个胆子！"杨骏怒道。

　　潘岳心中诧异，杨骏此刻已是快六十的人了，怎么还在干强抢民女的勾当？这是杨骏的帏中私事，他不欲听闻，正要转身回避，却被朱振隔着帘子认了出来："安仁来了！主公，不如让安仁去劝劝他？"

　　潘岳被叫破了行藏，不得已只好走进屋内，向杨骏和朱振见礼。

　　杨骏看了看潘岳，嘴唇动了动，却似乎有些羞耻，又斜眼去看朱振。朱振伸出手摸了摸胖乎乎的脑袋，忽然眼睛一亮："对了，我记得安仁以前和我闲谈时提过，那人是他的旧相识。让安仁去劝，他定能回心转意，从主公之愿。"

"如此甚好。那你带安仁过去。"杨骏点了点头,"对了,近来宫中赐下的蜀锦新衣,也送一领过去。"

"是。"朱振朝杨骏拜别,兴冲冲地拉着潘岳走出门去。才到廊下,潘岳就蓦地挥开了朱振,皱眉道:"在下身体不豫,请朱主簿自己去吧。"

"哎呀呀,你不知道,主公对他心仪已久。若是你能说服他归顺主公,肯定大大有赏……"朱振还没说完,见潘岳已经拂袖而去,慌忙跑下石阶去追,"别走别走,这本来就是两全其美的好事啊!"

"潘岳虽然不才,绝不做强人所难之事。"潘岳正色道,"朱主簿还是该奉劝主公早日将那女子放回家去,以免折堕了弘农杨氏先祖创下的清名。"

"什么女子?"朱振瞪圆了眼睛,直愣愣地盯着潘岳,好半天才"哈"的一声大笑出来。他笑得捂住肚子弯下腰,指着潘岳连气都喘不过来:"哈哈,安仁你想到哪里去了? 你以为主公强抢民女,逼奸不遂,这才要你作伐吗? 哈哈,若是那样,只怕轮不到你我插手,庞氏夫人首先就要闹个天翻地覆了!"

"若不是民女,你们说的究竟是谁?"潘岳奇道。

"我都说了是你的老相识。来来来,我带你去见他。"朱振好脾气地回答着,笑眯眯地招呼从人捧来一袭崭新的蜀锦外袍。潘岳见那袍子乃是男式,这才稍稍放下心来。

朱振带着潘岳绕到太傅府侧门,走到一处偏僻小院里。还没靠近,猲猲咆哮之声便如同炸雷响起,一道黑影更是如闪电一般当头而降,直扑走在最前面的朱振,吓得朱振当即大叫一声,抱着头直往潘岳身后躲。

潘岳也被那突如其来的黑影吓了一跳,想要逃跑已是不及。正呆若木鸡之际,那黑影已经扑到了潘岳身上,人立而起,两只前爪直搭到他大腿上,鲜红的舌头从尖利的白牙间伸出,发出"嗬嗬"的急促喘息声。

"啊!"朱振猫着腰躲在潘岳背后,双手死死抓住他的衣摆,口中发出濒死一般的惨叫。他叫了一阵,没发现挡在前面的潘岳有任何动静,终于大着胆子将脑袋斜探了出去,恰好看见一根摇得车轮一般的黑长尾巴,不禁呆掉了。

"朱主簿莫慌,这是许由,不会伤人的。"潘岳揽住怀中黑狗的头,任由它长而柔软的舌头亲昵地舔着自己的手。

"就算顶着圣贤之名,它也是只狗。"朱振依旧攥着潘岳的衣摆,"我怕狗……"

"见到许由,我已经知道主公请来的人是谁了。"潘岳转身接过朱振抱着的那领锦袍,善解人意地道,"朱主簿若是不适,就暂请回去。待我对那人好言相劝,让他报效主公。"

"如此甚好,如此甚好。"朱振见黑狗许由朝着自己龇牙咧嘴,巴不得肋下生翅、脚下生风,当即匆匆朝潘岳拱了拱手,飞也似的逃开了。

见四周再无旁人,潘岳俯身拍了拍黑狗的头,带着它走进了房中。

这是一间雅致的客房,面积不大,却环境清幽。两扇雕刻精美的窗户半开着,露出外面横斜的几片芭蕉叶。宽大的芭蕉叶有几片裂开了,仿佛被撕破的华丽锦袍。上午略下了一阵雨,洒下的雨水积在凹陷处,晶莹的水珠沿着叶片丝丝缕缕的纹络一滴滴打在假山上,滋润出一片幽绿的青苔。

而盘膝坐在窗前的人,虽然没有淋到半滴水,却让人疑心他也变成了假山石。那一头披散的白发,就是植物盘绕在他身上的根须。

潘岳放开黑狗,径自走到了那人面前,轻轻地喊了一声:"师父。"

没有任何回答,连眼睫的轻颤也没有半分。

想起他三天三夜不曾吃喝,潘岳心中一惊,连忙将手指探到那人鼻端,语气中也带了几分惶恐:"师父!"

"好吵!"那个石像般的身体忽然一震,紧闭的双眼蓦地睁开,凛然生辉——这鹤发童颜之人,正是昔年教授潘岳独弦琴的隐士孙登。

"师父怎么会在这里?"潘岳惊喜之下,脱口问道。

"应该问你怎么会在这里?"二十多年过去,孙登却仿佛还是邙山上的样子。他盯着潘岳的眼睛,不瞬不移,带着看穿一切的睿智和通明。

"我……身不由己。"潘岳顿了顿,才干涩地吐出这几个字。

"杨骏把我'请'来,就是想借助我为他增添名声。你说他一个将死之人,折腾这些还有什么用?"见潘岳开口欲言,孙登忽地抬手止住了他,顺手拉过潘岳的手腕,闭目切起脉来。

虽然多年未见,潘岳还是觉得自己回到了少年时期,在这个几近于仙的老人面前无所遁形。他闭着嘴唇等了一会儿,果然听孙登问道:"这些日子,你是怎么过的?"

"心战惧以兢悚,如临深而履薄。"潘岳苦笑着回答。

"那你为什么不离开?"孙登不满地瞪着潘岳,"听说杨骏的亲戚蒯钦怕日后受他连累,故意与他交恶,这不失为保身避祸的办法。"

"若是汝南王能够起兵清君侧,若是我没有被杨骏征辟为主簿,一切就来得及,可惜现在已经晚了。"潘岳轻叹了一声,"师父你也知道,无论是东汉时的察举制还是如今的九品中正制,时俗便以举荐者为君为父,被荐者以臣子之礼事之。这种风气如今更是浓烈。我以庶民之身被杨骏征辟为主簿,便与他定下君臣名分,休戚与共。如今杨骏所颁文书,绝大部分都出自我手。就算我主动忤逆他而辞职,身上也永远洗刷不掉"杨氏余党"的标记,无法独善其身。而师父方才提到的蒯钦和石崇等人,因为与杨骏并无君臣之分,所以才容易摆脱干系。"

"胡说!"孙登吹了一口自己的胡子,把头摇得拨浪鼓一般,"以你之才,我就不信不能设计摆脱名分上的桎梏。"

此言一出,潘岳便想起杨容姬以前提醒自己投靠秦王门下的话,嘴角的苦笑更深了一些："我是齐王故交,杨珧、杨济一向疑我,好不容易现在才撤除了对我的监视。若我改换门庭或借故辞职,恐怕立刻便有性命之忧。"

"这仍然不是真正的答案。"孙登盯着潘岳的眼睛,鼓着腮帮子摇头。

潘岳素来知道这位老仙人的脾气,不回答得让他满意绝不会放过自己,只好压低声音道："师父可知道如何射猎雉鸡吗? 雉鸡性子机警,必须有一只猎人豢养的雉媒引诱它们现身,才可围而射之。我如今,就是那只雉媒。"

"这算是答案,但不是真正的答案。"孙登见潘岳不解,便用一根枯树枝般的手指点了点他的胸口,"真正的答案,是你的野心。"

见潘岳蓦地变了脸色,孙登不以为然地摇了摇头："檀奴,你天资聪颖才情过人,多年来却屡屡受到打压。如今你深陷杨骏阵营中甘当内应,必定是想趁此大乱立下奇功,以图未来。我不知道你真正效忠之人是谁,也不知道那人是否承诺保全你的安危,可你就算是雉媒,也保不准会在围猎中被乱箭误杀。火中取栗的危险,你真的想清楚了吗? "

火中取栗,自然会有烧手之痛。潘岳默默苦笑,却不愿多加解释,只回答了一句："余心之所善兮,虽九死其犹未悔。"他对司马攸的承诺,对司马囧的期许,孙登师父再通达,没有经历过就不能完全理解。何况,石崇说得对啊,他自小有神童之誉,如今年过四旬却依然劳而无功,连累杨容姬只能与自己居简食素,这让他又如何甘心?

"好吧。虽然你叫我一声师父,可这些朝堂里弯弯绕绕的手段,我确实没有你清楚。"孙登无奈地道,"只是你存了九死不悔之心,却为阿容考虑过吗? 一旦你有不测,她做寡妇都是好的,更大可能是受你牵连。是杀头还是流徙,只能听天由命了。"

脑子里似乎有根弦"啪"地断掉了,潘岳身子略略一倾,回过神来时冷汗已湿透了重衣。他以前只耿耿于怀杨容姬跟着自己受委屈,却没想到自己从事的是多么危险的事情，稍有不慎便祸及妻子。狡兔三窟，如今他却是该到哪里掘出新窟，好让杨容姬安藏其中呢？

"阿容是我名正言顺的徒儿，我自然偏心她多一些。你自己好好思量吧。"孙登知道潘岳是聪明人，很多话已无须再点明。他站起身走到一旁的食案前，试了试饭菜犹有余温，便不再理会潘岳，自顾吃喝起来。

"师父？"潘岳听说他先前水米不进，现在却吃喝得无所顾忌，不由惊愕地唤了一声。

"不吃饱喝足，一会儿怎么向杨骏做戏？"孙登朝潘岳调皮地眨了眨眼，"你放心，你师父活了这么大把年纪，别的本事没有，保住自己的小命那是不在话下。"他用筷子撩起一根肉骨头，抛给一直在身边钻来钻去摇尾乞怜的黑狗许由，忽然道，"这次我走了，就不知何时再见。许由已经太老了，跟着我爬不动山了，你就为它养老送终吧。"说着，他拍了拍自己的肚皮，心满意足地站起身来，"我的龟息辟谷大法能坚持七日。七日之内，你让阿容悄悄打开我的棺材。我到时候还有话对她说。"

"什么棺材？"潘岳尚未从方才的震惊混乱中完全清醒，疑惑地问。

"这不就看你的本事了吗？千万别让杨骏老儿把我挫骨扬灰，那我可就真死了。"孙登拍了拍潘岳的肩头，从他臂弯中取过那领崭新的锦袍，胡乱披在身上。然后他鞋子也不穿，就这么光着脚施施然地走了出去。

潘岳望了望黑狗许由，见它还在专心啃着肉骨头，一副心醉神迷的模样，便撇下它紧跟孙登而去。却见孙登一路闲庭信步，见了女眷也不回避，见了官员也不行礼，旁若无人一直走到了杨骏的太傅府门前，才终于被守门的府兵拦在了门内。

孙登并不强求出府，只是把杨骏赠予的锦袍脱下，仿佛人形一般铺在了地上。然后他开口向一个府兵借刀，那府兵也不知是不是被孙仙人惊世骇俗的举动所惑，竟然真的将腰刀借给了他。于是孙登举刀，纵跃三次摆足了姿势,这才一刀将那领锦袍砍为两半。

"大胆!"几个府兵看得呆了,好不容易才回神斥责。然而孙登并不理会他们,一边口中大呼:"斫斫刺刺!"一边不断挥刀,直把那领锦袍砍成了碎片。

"快给我拿下!"等杨骏听到消息赶来时,孙登已经砍完袍子,站在原地大笑。满地的碎锦,诡异的咒语,还有孙登脸上似笑非笑、似哭非哭的神情,让杨骏心中陡然升起极端不祥的预感。他连声催促府兵将孙登捉拿,仿佛只有这样才能消解心中排山倒海般的惊恐。

府兵们得了主人催促,纷纷上前捉拿孙登,却又惧怕孙仙人素有法术,不敢轻易上前。孙登冲他们挤挤眼睛,轻轻挥了挥刀,见众府兵吓得后退了一步,不禁像个恶作剧得逞的孩子般开怀大笑。笑着笑着,他忽然把刀一抛,身子毫无征兆地向后倒去,重重地砸在了地上。

众府兵等了一会儿,不见孙登有任何动静,终于大着胆子一拥而上。有人将手指放在孙登鼻下试了试气息,惊讶地睁大了眼睛,直到杨骏催促才回过神来大声禀报:"禀太傅,孙仙人他……他没气了!"

仙人孙登的死很快成了轰动洛阳的大新闻,关于他在杨骏门前的古怪表现也引来了种种猜测,最终与温裕尸变一事画上了等号,让杨珧、杨济等人更加惊惧不安。好在为首的杨骏还强作镇定,为了显示自己的大度,不待潘岳多加规劝,便赐了死去的孙登一口棺材,命人埋在了振桥附近的坟地里。

按照孙登的嘱咐,杨容姬在孙登下葬后的第六天夜里,带着两个心腹家人去了一趟振桥的坟地。等她办完一切回家的时候,已经快四更时辰。昏黄的油灯下,潘岳坐在桌案前,看着面前一张薄薄的纸笺。柔和的光线从豆大的灯焰处扩散开来,在他浓密的眼睫和高挺的鼻梁边投下淡淡的阴影,越发显得这张脸轮廓鲜明,却又不小心泄露了平素深藏的忧郁与疲倦。

而黑狗许由，则早已趴在台阶下睡着了。

"你回来了？"见杨容姬只是站在门口呆呆地看着自己，潘岳抬起头笑了笑，"师父怎么样？"

"师父一切都好，暂时不会在洛阳露面了。"杨容姬说完这句话，一双眼睛依然直勾勾地盯着潘岳，却被眼泪模糊了双眼，怎么都看不清楚那个朝夕相处的人影。

"老看我做什么？进来。"潘岳朝杨容姬招了招手，示意她坐到自己身边。

"俗话说，'月下观男子，灯下看美人'。让我多看你一会儿。"杨容姬抬起袖子，迅速抹了抹眼睛，终于慢慢走了进来

"方才遇见巡城的禁军了吗？"潘岳伸手揽住杨容姬的肩膀，让她靠在自己的肩头，语气还是一如既往地温柔。

"遇见了。不过我说是给秦王妃看诊抓药，就过去了。"虽然潘岳口气如常，杨容姬还是心头发紧，索性补充了一句，"我有秦王府的令牌，禁军都不敢盘查。"

"好。"潘岳似乎没有觉察到杨容姬口气的变化，取过放置在桌案上的那张纸笺，递给妻子，"这份和离书，你看看有何不妥。"

"你潘大才子写的文章，怎么可能有不妥？"杨容姬没有接，眼光仍旧盯着潘岳平和的脸，心中陡然生出一股怨气，"怎么是和离书？我多年未能生育，早已犯了七出之条，你直截了当写一封休书即可，何必如此麻烦？"

"阿容，你知道这是不同的。"潘岳的神色如同被刺破的湖面，脸颊微微抽搐了一下，终究还是将那封和离书在杨容姬面前展开，"我已经签好了名字，摁了手印，日期写的也是今日。一旦日后我有不测，你只要随时签字画押，就不会受任何株连。"

"可是只要我不签字,咱们就还是夫妻。"杨容姬断然回答。

"是。我也不希望有你在上面签字的那一天。"潘岳小心地将那封和离书折好,郑重地交到杨容姬手中。他和她都知道,这薄薄一张纸笺,就是杨容姬的护身符。

杨容姬攥着那张纸,只觉得它如同炽热的炭,烧得她的手指剧痛。从齐王府长随董艾来家中报信,让潘岳前往杨骏府搭救司马冏的性命时,杨容姬就知道,她与潘岳的生活已经被拖入了一个森寒的深渊。那深渊里遍布磨牙吮血的鬼怪,他们伸出尖利的爪子,亮出锋锐的白牙,拖拽着潘岳陷入更深更阴暗的地狱,无处可避,无法回头。而潘岳此刻所做的,就是竭力将她抛向深渊的出口,好让她能够逃出生天。

可是,她的丈夫还陷在里面,她真的甘心独自逃生吗?

"还记得以前我说过的话吗?你就是檀郎最好的药。只要你活着,他就不会死。"耳边又响起孙登语重心长的话语,"阿容,我知道你和那些庸常女人是不一样的。既然你知道檀奴与你离异的真实用心,你就不要耍小性子、闹小脾气,让他不要为你挂心才是。"

可是,我此刻真的很想像最平庸、最泼辣的女子一样,尽情地耍性子闹脾气,好好地宣泄我心中满溢的担忧和悲愤啊!杨容姬的心中嘶喊着,猛地将手中的和离书一扔,扑进了潘岳怀中,一口咬住了他的肩头。

"阿容,是我不好,让你受委屈……"潘岳压抑许久的情绪被杨容姬这一咬便溃了堤,顺势搂着她倒在了簟席上。他们像濒死之人一般艰难地喘息着,用力地互相亲吻对方的脸颊和嘴唇,而一袭袭罗衫,也在互相的揉搓与抚摸中被扯开,如同雨后的花瓣,凌乱地散落了一地。

屋内凌乱的声音惊醒了台阶下的黑狗许由,它警觉地站起身,大声叫了起来。不过房门已经紧闭,许由只能茫然地在门外转来转去,却始终猜不出屋内的人在做什么。

"檀郎,你不要死,我不许你死!"杨容姬死死地搂着潘岳的后背,用力想要将他更深地嵌合进自己的身体里去。几乎癫狂的缠绵之下,她感到汗水从他的脸颊边滑落,在下颌汇聚成一滴,倏地打在她的脸上。而她的泪水,也与那汗水混合在一起,滑进双鬓,濡湿了她散乱的长发。

"我不会死。只要你活着,我就不会死!"潘岳嘶哑着声音回应着,动作越发激烈,仿佛要将心底那些可怖的阴影驱逐出去,"我答应你,不会很久,我就可以把你接回来!"

"要是我们有个孩子就好了……"痴狂之际,杨容姬星眸半闭,喃喃地说。

"我有你就足够了。"潘岳亲吻着她的眼睛,伸出舌尖舔去她眼角的泪滴,只觉得平生品尝之苦味,以此为甚。

无可否认,他是多么遗憾自己与杨容姬没能有一个孩子。可若是真有了孩子,杨容姬又怎么可能听任自己将她隔绝于事外?然而这个念头他也只是在心头闪过一瞬,哪怕再激情的时刻也不敢宣之于口。无子是杨容姬心底最深的痛,他既然连假休书都觉得写来是侮辱了她,又怎么忍心往她的伤口上撒盐?

等到一切终于平静下来,黑狗许由也停止了吠叫,重新回去睡觉了。他们并排躺在簟席上,她的头枕在他汗湿的胸前。他依依不舍地抚摸着她散落的长发,看着窗纸外透来的晨曦,终于狠下心道:"行李都收拾好了吗?天亮之后,我送你出城。"

"檀郎……"她嗫嚅了一下,揽在他腰间的手臂微微一颤,仍旧下定了决心,"我不打算回荥阳了。"

"你父母均已过世,不回荥阳老家也好。"潘岳愣了愣,随即道,"你大哥二哥都在外地做官,你想去哪一家?"

"都不去,我不离开洛阳。"杨容姬回答。

"不行,你不能留在洛阳!"潘岳一惊之下翻身坐起,"你不是知道的吗?洛阳不久之后就会出大事!"

"正因为要出大事，我才不能离开！"杨容姬急道，"我想清楚了，一旦你出事，我还可以想办法救你！"

"你怎么救我，去求秦王？"潘岳的目光蓦地冷了下去，"你不离开洛阳，难道是要住到秦王府上？"

"我已经和秦王妃说好了，去当她身边侍弄医药的女官……"杨容姬见潘岳嘴角的冷笑渐渐扩大，不由恨恨地推了他一把，"你别多想。秦王马上离开洛阳出镇关中，只有秦王妃留在洛阳，不会生出其他事端。"

"你不想生事端，可你管得住别人吗？毕竟你住在别人府上，就和进了笼子的金丝雀有什么区别？"

"檀郎！"杨容姬不待潘岳说完，就忍不住打断了他，"秦王敦厚诚款，待我如幼弟之对长姊，绝不是你所想的那样！"

"不是我想的那样，为什么他几次三番送你信物，为什么他府中到处是你教他的果雕？"潘岳一把扯过被杨容姬压住的衣带，愤然道，"若是要你向秦王交换什么，我宁可和杨骏满门一起去死，也不要他秦王司马柬搭救半分！"

"你疯了！"杨容姬气急，只恨不得将自己的心挖出来给他看，"我若是做出半分对不起你的事，就让我……"

然而她还没将誓言出口，潘岳已猛地捂住了她的嘴。"不要说，不要说伤害自己的话……"他的眼睛通红，越发显出脆弱的靡丽，"阿容，对不起，我只是太害怕，害怕弄巧成拙，会真的失去你……"

"宠辱不惊，贫贱不移。生死不顾，安危不惧！"杨容姬伸出双臂，紧紧地搂住了他，"檀郎，这是二十年前我在你的退亲文书上写下的回复。如果你不放心，我还可以把它在这封和离书上再写一次。"

"我不是不放心你，是不放心我自己……"潘岳低低地回应着，却只能紧紧地将杨容姬箍在怀里。现在的洛阳，就如同虎兕环伺的羊圈，只可惜羊圈里那只领头羊还不自知而已。一旦腥风血雨兜头泼来，究竟能有几人逃出生天?

"对呀,你不放心我,我还不放心你呢。"杨容姬忽然从潘岳怀中抬起头来,细细地审视着他,"师父临走时提醒我,你未来大概会有女色之祸。你现在急着赶我走,是不是有了别的心思? "

"这是从何说起? "潘岳见杨容姬眼神闪亮,不复方才缠绵温存的模样,知道她心里埋藏的那罐醋年深日久,不开则已,一开惊人,连忙摆手道,"你也知道的, 这些年来我何曾对哪个女子正眼瞧过? 师父这句话,空口无凭,可真是冤枉死我了! "

"师父绝不会随口乱说。我走之后,你没有牵扯女色就好,否则,否则——"杨容姬在潘岳肩上又咬了一口,恨恨道,"否则我跟你一刀两断,绝不会再回来了! "

"放心,我一定会好好等你回来的。"潘岳语气轻松,心中却蓦地一沉。三窟已经掘好,只是自己这只狡兔,还有运气回到自己的洞穴中吗?

第 十 二 章

杀 局

枝末大而本披,都偶国而祸结。

——潘岳

永宁宫是个吉祥尊贵的名字。《逸周书》里说:"呜呼,敬之哉! 汝慎和,称五权,维中是以……实维永宁。"此刻的永宁宫,既是太后居所,也是晋朝最高权力的代表。朝廷的一应诏书,全都需要由永宁宫的太后杨芷同意,才能颁布施行。每天都有内侍将尚书台呈上的奏表从太极殿运往永宁宫,等太后审阅后再运回太极殿。而天子司马衷也秉持礼仪,每三五日便到永宁宫向太后请安。对于当朝太后杨芷而言,除了皇后贾南风永远托病不肯来尽媳妇之礼外,似乎生活中再也没有什么不如意的事情了。

可是永宁宫的主人却忽略了,当巨大风暴酝酿的时候,暴风中心也往往一片宁静。

永平元年二月底的一个夜里,宫门早已上锁紧闭,却有两个黑魆魆的人影沿着宫墙走到了永宁宫内。当其中一个内侍打扮的人进正殿去禀报时,剩下的一个人便负手站在台阶下,望着远处飞檐上挑起的一轮明月,深深吸了一口永宁宫的空气。

初春尚且凛洌的空气被深吸入肺,带着小针刺戳一般的寒凉。然而那人却浑然不觉,又细细吸了两口,恍惚分辨出春梅最后一点甜香,还有冥冥中从大殿门缝中渗透出来的寂寞滋味。

毕竟当朝太后,比正当盛年的儿媳皇后还要小两岁呢。

那人半张脸藏在蓬松的灰鼠皮大氅里，只露出一双细长的黑眼睛，笑时眼尾微微上挑，显出男人中少有的媚态。他露出的半张脸皮肤保养极好，带着少年般的白皙细腻。可是一旦被他的眼睛对上，就再也没有人会将他当作天真纯洁的少年。那眼锋中暗藏的凌厉乖戾，如同劈面刮过的刀锋，即使眼光移开许久，也会让人情不自禁地摸摸面颊，生怕真的被刮去了一片面皮。

极致的美与极致的邪，在此人身上混合成一种怪异的魅力，让见过他的人既仰慕又惧怕，最后变成了言听计从的敬畏。

而这，正是那人想要达到的效果。

"金真天师，太后有请。"先前进去禀报的内侍走了出来，习惯性地弓着身子，满脸都是讨好的笑。

孙秀点了点头，一言不发跟着内侍走向台阶。似乎察觉到天师微微的不满，内侍有些尴尬地解释："太后白天忙于朝政，只有此刻才有空闲接见天师……"

孙秀藏在大氅中的嘴角掀起一丝了然的冷笑。自从探册仪式预示晋朝国祚一世而终后，他就被武帝司马炎逐出洛阳，于今也有九年了。若非此时太后杨芷亲自下诏相招，他还不知何时才能从司马伦的封地邺城脱身。蛟龙终于脱困浅滩而重入大海，不掀起翻天覆地的巨浪，怎么对得起他这些年蛰伏的隐忍和不甘？所以，他怎么可能对太后杨芷深夜接见有所不满。杨芷的心思，早在她还没能入宫成为武帝的继后时，就已经被孙秀牢牢控制在掌心了。

走进正殿后，孙秀面前是四扇绿琉璃屏风，乃是昔年吴主孙亮为自己的四个宠姬而制，吴亡之后便收于晋宫之中。而太后杨芷斜倚在榻上的身影，则被烛火映射在这磨得极薄的绿琉璃上，清晰而朦胧，恰似屏风上细细镂刻的美人图。

待到孙秀跪下向太后行礼后，杨芷挥了挥手，示意殿中众人全部退下,又紧紧关上了殿门。

直到确定再无旁人,杨芷才从榻上坐直了身子,隔着屏风望着孙秀:"天师是否还记得,当年你给我治好病,临走时说的最后一句话?"

"待到小姐成为天下共主说一不二时,小道会献上一份大礼。"孙秀胸有成竹地回答。

"那我现在算吗?"杨芷抿嘴笑道。

"太后如今是天下最尊贵之人,自然会万事顺遂,心想事成。"孙秀躬下身子,声音中故意带了几分谄媚。

"真的吗?"杨芷果然被孙秀这个姿态哄得喜形于色,"可天师知道我想要什么吗?"

"太后天下至尊,小道怎敢猜度太后的心思?"孙秀深谙自保之法,只含糊答言,"不过太后只要心存念想,不必宣之于口,不必落之于字,小道就有办法让太后的愿望直达上苍,心想而事成。"

"如此甚好。"杨芷的心思,原本就不能对任何人宣扬,包括自己的父亲杨骏。因此孙秀的回答实在妥帖,让杨芷心花怒放:"不知天师要如何施法?"

"和以前一样,只需太后小睡即可。"孙秀笑着举起了殿中一支燃烧的烛台,"梦中魂魄离体,自然能做到太后想做的任何事情。"

"任何事情。"杨芷的心漏跳了一拍,再抬眼时已发现孙秀举着烛台凑到了那扇绿琉璃屏风前。跳动的金色光晕洒在绿琉璃上,如同一泓碧水映上落日,碎金点点,炫人眼目。那碎金在碧水上移动着,旋转着,扯开又重新拼凑,竟慢慢组成了一个图形。杨芷瞪直了眼睛使劲去看那个图形,越看越觉得那图形渐渐拉成了一个人形,气质轩朗,矫矫不群——竟是一个正在驾车的少年。

杨芷下意识地想去摸戴在头上的华胜,却发现自己根本抬不起手腕。她的全身和她的眼神一样,都被死死地吸附在了那团跳跃的光影上，耳边似乎还想起了某个遥远却坚定的声音："上车吧。上了马车，他就会载你到任何地方，再也没有任何人任何事能够阻止你们。你想要的，全都归你。"

杨芷的脸上露出了羞怯却甜蜜的笑容，恍如少女。然后她虚虚抬了一下腿，身体虚软地躺回了榻上，就仿佛躺进了情人柔软的怀抱。

"你如今是天下至尊，再也没有什么能够羁绊你、违逆你，你还顾忌什么呢？"孙秀晃动着手里的蜡烛，将自己魅惑的声音传进绿琉璃屏风之后。而绿琉璃上映射出的朦胧黑影，也随着他的蛊惑如同波浪一般开始起伏，从轻缓渐至癫狂。与此同时，暧昧的呻吟也从喉咙深处泄露而出，与殿内九层涂银博山香炉中溢出的龙脑香混合在一起，掀起让人血脉贲张的无形气浪。

然而孙秀却似乎早已料到了这样的情形，不为所动地站在原处。他手中的烛焰映在眼中，升腾起两簇熊熊燃烧的火苗，炙热，持久，一心要把所有拦在前方的东西烧成灰烬。

而此刻，不过是牛刀小试，将他需要的东西烧铸成型而已。

直到孙秀手中的蜡烛燃到尽头，软榻上的杨芷终于安静下来，闭着眼睛仿佛沉沉睡着。孙秀的嘴角勾起一丝不屑的冷笑，口中轻唤："太后醒来。"

嘤咛一声，杨芷不情愿地睁开了眼睛，却似乎仍然留恋梦中的欢愉，水润的眼眸中满是残余的情欲。

"太后这一梦，可得偿所愿？"孙秀低声问。

杨芷怔了怔，终于缓缓坐起身来。"再真实也可惜是梦，醒了就一切如常。"她的声音微微有些嘶哑，带着得而复失的怅然，"就算是天师，也没法让我真的……算了，这也怪不得天师。"她似乎醒悟了什么，不再说下去，片刻间又恢复了太后应有的宽宏，"天师想要什么赏赐，就直说吧。"

"能为太后排忧解烦,是小道之幸。"孙秀并没有向杨芷讨要赏赐,反倒话锋一转,"方才太后入梦之时,小道施法祝祷,于虚空中得到一物,不敢不呈与太后。"说着,他从袖中取出一张叠好的纸,跪下身子从绿琉璃屏风底座下塞了进去。

殿内并无旁人,因此杨芷亲自弯下腰,将那张白纸捡了起来。才展开瞥到第一眼,她便浑身一震,连忙抖擞精神看下去,却见上面墨迹分明,写着一首五言诗:

> 独悲安所慕,人生若朝露。
>
> 绵邈寄绝域,眷恋想平素。
>
> 尔情既来追,我心亦还顾。
>
> 形体隔不达,精爽交中路。
>
> 不见山下松,隆冬不易故。
>
> 不见涧边柏,岁寒守一度。
>
> 无谓希见疏,在远分弥固。

而诗句的末尾,则是两行小字:"中心藏之,何日忘之。潘岳思杨氏而作。"

看到最后,杨芷下意识地将诗笺藏到了身后,紧张地问孙秀:"纸上的内容,天师都看到了?"

"那是上天显灵赠予太后的东西,就算借小道一百个胆子,也不敢偷看。"孙秀诚惶诚恐地回答。

"那今天的事情,又怎么解释?"杨芷追问。

"太后对处理朝政有些许疑虑,故而召小道进宫向先帝祈祷,求先帝显灵赐予解决之道。"孙秀提高声音,无比真诚无比坚决地回答。

杨芷暗暗舒了一口气,她的心思太过危险,就连孙秀也不能让他知晓。她有心让孙秀即刻离开洛阳回去邺城,却又舍不得方才梦中那逼真的邂逅,鬼使神差地道:"天师先在洛阳住下,可以时时进宫施法。"

"小道谢太后恩典。"孙秀连忙跪下谢恩,恭顺的声音下,嘴角却露出了了然的笑意。所谓食髓知味、饮鸩止渴,说的就是太后杨芷。而他在经历了长达九年的驱逐后,终于可以名正言顺地盘踞在天下权力的中心,开展他蓄谋多年的野心宏图了。

当然,还有复仇。

在孙秀的梦境中,常常会看见那个沐浴之后身穿轻薄明衣的绝色少年,他懒洋洋地躺在花丛中的胡床上,随意一扬眉,一挽袖,就写就了那张墨迹淋漓情深意切的诗笺,让孙秀不惜越墙相逐,才从狂风里将它捡起,一珍藏就是二十年。可是那只是梦的上半场。转眼之间,那令天地失色的耀眼少年就变成了狰狞的妖魔,口中绵绵的吟咏也变成了尖利的嘲讽,比他挥下的皮鞭更让孙秀感到痛彻心扉。

"看到你的脸都让我恶心!"少年满脸都是厌恶不屑,亲手拿起一枚烧红的烙铁,狠狠地压在了孙秀的脸上。

"啊!"梦中的孙秀不顾一切地惨叫起来,"今日之耻,来日必定百倍奉还!终有一天,我会杀了你!"

"我会杀了你!可杀掉你实在太过容易,我要的是你身败名裂、万世唾骂,方能解我心头之恨!"每当从噩梦中惊醒,孙秀一身冷汗地坐在床头,总要喃喃地重复这句话。如今,他终于是等到机会了!

那张从琅琊时就被他珍藏的诗笺,阴差阳错地成了孙秀最得力的工具。它就像是淬毒的匕首,必将在刺穿杨芷的身体后,深深扎进潘岳的胸腔,避无可避,逃无可逃。只要将它暴露在光天化日之下,当事人必定死无葬身之地。

"潘岳,这一次你死定了!"走出太后的永宁宫,孙秀冷笑着拢了拢身上的灰鼠皮大氅,露出了唇边一颗尖利的犬齿。

孙秀的到来，就像是一只老鼠潜入洛阳城，没有引起丝毫的关注。此时此刻，吸引了所有人目光的，是两个从封地前来洛阳的天潢贵胄，楚王司马玮和淮南王司马允。

司马玮是武帝司马炎第五子，司马允是武帝司马炎第十子，二人都是武帝皇子中最得力的人才。他们原本分别驻守在襄阳和寿春，手握重兵，此刻主动放弃手上兵权要求回到洛阳，乃是震动天下的一件大事。

初来乍到的两位诸侯王到了洛阳后安分守己，深居简出，让同意他们来京的杨骏颇为自得。连武帝最优秀的两个儿子都对自己服服帖帖，这个天下，看来已经在他手中握得稳稳当当。

潘岳没有见到楚王和淮南王，倒是欣喜地迎接了自己多年不见的老友公孙宏。回想起在河阳县时，两人一个是励精图治的县令，一个是清高孤傲的隐士，对比今日，大有隔世之感。

"听闻楚王将公孙兄倚为股肱，颇为重用，真是可喜可贺啊。"见公孙宏如今已是一副春风得意的模样，潘岳真心祝贺道，"只是不知闲暇之时，还会弹你最心爱的五弦琴吗？"

"襄阳军务繁忙，弹琴这种雅事早已荒疏了。"公孙宏打量潘岳的神色，不由拊掌笑道，"让我猜一猜，安仁的独弦琴，是否也抛掷许久了？"

"是啊。"潘岳苦笑。他这些年都活在伪装之中，弦为心声，哪里敢轻易吐露？

"辛苦你了。"虽然身处潘岳家静室之中，公孙宏还是压低了声音，"这次楚王和淮南王能够顺利来到洛阳，都亏了安仁说服杨骏同意。以后论起功劳，你可算是首功呢。"

"我其实也没说什么，是杨骏好大喜功，想要将两位诸侯王置于自己的掌控之下。"潘岳道，"其实我倒是奇怪，楚王怎么会想到入京铲除杨骏的？毕竟杨骏受先帝遗诏辅政，楚王若无十分把握，不仅师出无名，还会担上祸乱朝纲的罪名。"

"杨骏有先帝遗诏，可楚王和淮南王有的，也并不比遗诏差。"见潘岳面露疑惑，公孙宏笑着朝宫城所在的北方指了指，"我与安仁倾盖相交，自然什么都不会瞒你。前来联络楚王进洛阳的，就是那里派来的人。"

"你是说皇……后？"潘岳本来想说"皇帝"，顿时想起当今皇帝司马衷的德行，立刻改口。然而改口之后他心底依然一惊，虽然知道杨骏父女把持朝政必定引发皇后贾南风不满，但他依然没有料到那个深宫之中的女子，竟有这样的胆识。

"是啊。当今皇后可是个奇女子，能在杨家的眼皮底下收买殿中中郎逃出洛阳联络各家诸侯，真是小瞧不得。杨骏碰上这样的对手，也是他活该倒霉。"公孙宏感叹，"想想皇后的父亲可是当年敢弑杀天子的贾充，真可算是虎父无犬女了。"

潘岳点了点头，恍惚闪过一个念头，让他心中一紧，然而再去追忆时，那念头已如白驹过隙，缥缈无踪了。

"怎么不见嫂夫人？"公孙宏坐了半天，忽然惊讶地问。

"哦，我现在处境微妙，就让她出去避避风头。"潘岳避重就轻地回答。

"这样也好。"公孙宏打量了一下朴素的房间，虽然依旧整洁，却始终因为缺乏女主人而显出沉闷颓废。他心中有些不忍，看着潘岳略显憔悴的脸，终于下定了决心："好在你与嫂夫人也不必分开太久。大约在下月底，杨家的好日子就到头了。"

"下月底？"潘岳一惊，"那岂不是只有一个月左右时间了？"

"皇后早已做好了准备，只等楚王和淮南王一到，便万事俱备。"公孙宏道，"所以到时候你称病不要去杨骏府上，以免被乱兵误伤。"

"不。越是那个时候，我越应该去杨骏府上。"潘岳似乎早已有了打算，"杨骏的外甥张劭、段广等人手握禁军兵权，杨济还养有暗卫营的私兵。若是他们率军反抗,洛阳城势必变成刀山血海。若是我能劝服杨骏等人束手归降,就能为洛阳救下无数人命,这也算是为我身为杨骏属官将功折罪吧。"

"这样好是好,就是太过冒险了。若是只有楚王手下起事,我必定可以担保你的安全。可除了楚王兵马还有其他宗室手下,只怕乱兵之中敌我不分,你就危险了!"公孙宏鼻头冒汗,真心诚意要劝阻潘岳。

"无妨。到时候我会让夏侯湛做好准备,及时接我出杨骏府,去他家避难。"潘岳见公孙宏还要阻止,笑着对他摇了摇头,"公孙兄不必再说了,刀头舔血,火中取栗,我要求日后摆脱杨骏余党的罪名,不得不冒险行事。何况,我说服杨骏放弃抵抗,也不是没有要求,还望公孙兄代我向楚王求一个恩典。"

"楚王早知你大才,日后必定会重用于你,这个安仁就放心好了!"公孙宏笃定地回答。一旦倒杨成功,楚王司马玮就是新的宗室领袖,位高权重,因此潘岳无论求什么官职,都不在话下。

"我想求楚王起事之时,给齐王司马冏一个领兵的机会。"潘岳的回答,大大出乎公孙宏的预料,"众所周知,齐献王是因为杨家的谗言才被迫离京而亡。人子为父报仇天经地义,还望楚王和公孙兄成全。"说着,潘岳俯下身子,朝公孙宏行了一个郑重的大礼。

"原来这么多年来,你真正的心思还在齐王一脉。枉我还想说服你共同辅佐楚王大业……"公孙宏苦笑了一声,随即敛容回了一礼,"既是安仁所请,我必当竭尽全力,不负所托。"

永平二年三月二十八日,即俗称辛卯日,是皇后贾南风、楚王司马玮以及其他司马家宗室约定起事的日子。那日夜里,天子司马衷一改平日垂拱而治的风格,由皇后贾南风代笔,一连下了数道诏书:任命楚王司马玮为卫将军、北军中候;任命下邳王司马晃接替张劭领中护军;任命东安公司马繇为右卫将军；任命高密王世子司马越为左卫将军；任命长沙王司马乂为步兵校尉。

司马衷虽然能力低下不理朝政，但依然代表着最正统无上的君权。因此他几道雷霆般的圣旨一下，宫中杨骏派系的禁军将领措手不及，还没有回过神来，就被夺走了兵权。杨骏安排在宫中担任眼线的外甥段广见势不妙，想要逃出宫去向杨骏报信，却被楚王司马玮带兵堵在宫墙夹道内，抓了个正着。

当司马玮押着段广走进太极殿时，段广才发现已有多个司马家诸侯王在此等候。他战战兢兢地抬起头，看见天子司马衷穿着朝会时的全套冠冕，正襟危坐于御座之上。十二条白玉垂旒遮住了司马衷木讷呆滞的脸，倒显出一份神秘威严的天子之气来。而他的身边，则并肩坐着同样严服盛装的皇后贾南风。

"启禀陛下，太傅杨骏意图谋反，其党羽侍中段广已抓获在此，请陛下发落！"身着甲胄的楚王司马玮单膝跪地，恭敬地向天子司马衷请示。

"呃……"司马衷看着被虎贲卫士押在地上的段广，一时不知如何发落。正犹豫间，皇后贾南风已冷笑道："既是反贼党羽，还留在这里做什么，拖下去与杨骏一同问罪！"

段广原本吓得傻了，见虎贲卫士果然来拖曳自己，这才醒悟一般大叫起来："陛下，臣冤枉，太傅没有谋反！太傅只有女儿没有儿子，就算谋反皇位又能传给谁？陛下，陛下请明察啊！"

"皇后，太傅他……"司马衷恍惚觉得段广说得有道理，迟疑地转头去问贾南风。

"陛下，如今诸宗室在此，箭在弦上，已是不得不发！"贾南风生怕司马衷脑子糊涂心肠软，会说出什么不该说的话来，连忙吩咐身边随侍的寺人监董猛，"宣读天子诏命！"

"是。"董猛是贾南风心腹宦官，此刻取出早已准备好的诏书，大声向殿内诸人读道，"太傅杨骏，摈害忠贤，肇祸朝纲，着废黜一切官职，以临晋侯就第还家。若抗诏不从，天下共讨之。"

念完了，董猛又取出一份诏书，再次念道："诏命淮南王司马允率部屯兵殿内，拱卫天子；北军中候楚王司马玮屯兵宫城大司马门下；左卫将军司马越护卫东宫；右卫将军东安公司马繇领殿中虎贲四百人屯驻云龙门，与殿中中郎孟观、李肇合兵捉拿杨骏及其党羽，交由有司问罪。"

"臣领旨！"诸人跪下领命，随即退出殿外，分别带领本部人马行事。

"呵！"天子司马衷忽然大大地打了一个哈欠，脑袋一沉，几乎将头上的冠冕掉到地上去。

"夜已深，你们先服侍陛下回宫安寝吧。"司马衷该出席的场合已经完毕，皇后贾南风便吩咐内侍们抬来御辇，将已经发出鼾声的司马衷抬了上去。

"启禀皇后，韩夫人来了，正在殿外等候。"贾南风的心腹内侍董猛忽然凑上来道。

"她来了正好，让她跟我去一个地方。"贾南风笑了笑。韩夫人正是她的妹妹贾午，因为嫁给了散骑侍郎韩寿，因此被称为韩夫人。

"夜深了，皇后不休息一会儿吗？有皇后的神机妙算，杨骏一家还不得束手就擒？"董猛讨好地道。

"杨骏虽然不值一提，可这宫里，还有一个大大的隐患呢。"贾南风冷笑一声，随口吩咐，"让淮南王相国刘颂派兵一千，包围永宁宫，以免太后向杨骏走漏风声。而我，也应该亲自去见见我的太后'婆母'了。"

"姐姐，派兵围住永宁宫就行了，你还要亲自去见杨芷做什么？"韩夫人贾午现在虽然已是两个孩子的母亲，肚子里还怀着四个月的身孕，神态举止依然像少女时一般娇憨率真。

"杨骏若是倒台，她这个太后如何处置，其实是个棘手的问题。"贾南风的脸颊轻轻抽搐了一下，漆黑的眼眸中射出凌厉的光，"何况我还有些话，要当面问她。"

"那我和姐姐一起去。我倒是想看看，这些年来趾高气扬的太后，会不会变回当年那个娇怯怯哭啼啼的小姑娘。"贾午拍了拍手，脸上露出恶作剧一般的笑容。

贾南风姐妹是和刘颂所率的一千虎贲卫士一起到达永宁宫的。永宁宫的宫人们从未见过这样的阵仗，顿时吓得鸡飞狗跳，很快就被士兵们制服了。贾南风姐妹一路畅通无阻地来到了太后杨芷的寝殿外。

"皇后驾到，快开门！"守在殿前的宫女内侍早已四散，董猛径直走上去，用力敲着紧闭的殿门。

"要不让人直接把门劈开得了！"见殿内无人应答，贾午不耐烦地道。

"她现在还是太后，给她留两分面子。"贾南风止住了贾午，随即脸一沉，"不过若是被我抓到她的罪状，太后的身份也救不了她了！"

正在这个时候，殿门终于"吱呀"一声打开了。贾南风完全无视战战兢兢开门的宫女，径自跨过门槛，绕过四扇绿琉璃屏风，一把掀开了檀木床前所挂的紫茸云气帐。

"大胆！"正斜倚在床上的太后杨芷吓了一跳，立刻翻身坐起。待看清来人是贾南风，杨芷愣了愣，随即端起太后的架子问，"皇后如此无礼，该当何罪？"

"我也想知道，太后该当何罪。"贾南风没有理会杨芷涨红的脸，转身朝贾午和董猛道，"都出去，让我和太后好好说说话。"

"皇后，你擅闯太后寝宫，究竟是何用意？你就不怕天亮之后，太傅将你……"眼看殿内诸人顷刻间退得一干二净，厚重的殿门也沉沉关闭，杨芷心中惊惧，色厉内荏地斥道。

"太后不要管太傅，先顾着你自己吧。"贾南风诡异地笑了笑，随即好整以暇地在杨芷床边坐了下来，"我只想问太后，这些日子里永宁宫中传出的淫声浪语是怎么回事？"

"胡说，你不要血口喷人！"杨芷被这话气得浑身发抖,想要下床指着贾南风的鼻子唾骂,床沿却被贾南风占据了,竟一时进退无路,越发狼狈,"贾南风,别忘了先帝要废黜囚禁你的时候,是我替你说情,先帝才饶恕了你。如今难道你想恩将仇报？"

"我是不是胡说,太后心里明白。"贾南风懒得和她争辩,继续道,"还有上月太后摆驾华林园,却让人将太傅府主簿潘岳接到华林园除妖,又是怎么回事？难道太后自己,就是那个妖孽吗？"

"贾南风！"杨芷忍无可忍,一把推开贾南风站到了地上,"太傅在哪里？我们把他叫来评评理！"

"太后也知道,如果太傅还手握大权,我是不得不对你忍气吞声的。"贾南风打量着一身寝衣的杨芷,抿嘴一笑,"太傅谋反,天子已经下旨捉拿。太后与太傅一党,还是好好交代你的罪行,免得大家麻烦。"

"太傅谋反?太傅怎么可能谋反？"杨芷叫到这里,见贾南风只是冷冷地盯着自己,就像观看笼子里发疯的狗,不由努力镇定道,"我是先帝名正言顺的皇后,又深居内宫。没有切实的证据,你能奈我何？"

"那我就把张采、毕胜等这些你的心腹内侍抓来拷问,看看这些日子你'深居内宫'时,究竟做了什么见不得人的丑事。"贾南风见杨芷一下子瘫坐在床上,逼近杨芷的眼睛慢慢道,"太后,你和潘岳之间,究竟发生了什么？"

"没有什么！潘岳是什么样的人,难道你不知道吗？"杨芷的眼圈慢慢红了,就像她少女时与贾南风姐妹相处时那样,娇怯却倔强。

"没有什么就好。否则,我担保你这个太后死无葬身之地！"贾南风见问不出什么,便撇下杨芷,走出了寝殿。

"姐姐,姐姐！"见贾南风出来,贾午迫不及待地迎了上来,"我抓住杨芷的把柄了！"

"什么把柄？"贾南风惊喜地问。

"草民金真天师孙秀，见过皇后。"贾午一闪身，露出跪在台阶下一个术士打扮的人来，从容地向贾南风行礼。

"听说太后屡屡召术士在永宁宫中施法，就是你了？"贾南风端详了一下孙秀抬起的脸，暗道了一声妖孽，难不成杨芷寂寞难耐，看上了这个俊美术士？

"草民为太后祈福禳灾，偶尔会在宫内行走。"孙秀小心地赔着笑，"不过草民心思比别人细些，有些事情别人发现不了，草民却洞若观火。"

听孙秀话中有话，贾南风心中一动，招手将他宣上台阶，站在了自己和贾午面前："你若是说的东西有用，我绝不会亏待于你。"

"是。"孙秀低着头，用小心却又笃定的声音道，"草民发现太后藏有一张诗笺，无人之时常取出来吟哦摩挲，想必是什么重要之人送给她的。"

"那诗笺现在何处？"贾午急忙问。

"就在太后寝殿之内，隐秘之处。"孙秀话音未落，贾南风已猛地一甩袖子，朝殿下的虎贲卫士吩咐："给我搜！"

得了贾南风的命令，如狼似虎的卫士们立刻冲进了寝殿。听着殿内传出的杨芷的叫骂声，贾南风神色不变，只盯着孙秀问："听说你是赵王手下的人？"

"是。"孙秀点了点头，毫无惧色地迎向贾南风探究的眼睛，"赵王身为司马氏宗室元老，一向对杨骏父女专权深恶痛绝。因为身负镇守邺城要职，赵王只能派臣前来洛阳，伺机窥探杨氏的把柄，以助天子和皇后剿灭逆贼。"

"你很会说话。若是真搜出什么，少不得要记赵王一份功劳。"贾南风赞许地点了点头，让孙秀暗暗松了一口气。

"启禀皇后，找到了这个！"殿内忽然传出一声大呼，下一刻殿门大开，有卫士举着一张诗笺匆匆跑了出来。

"外面风大，姐姐进去看吧。"贾午有心瞧杨芷的热闹，怂恿贾南风走回到太后寝殿内。而孙秀，则知趣地退下了。

果然，当贾南风接过虎贲卫士双手奉上的诗笺时，被牢牢困制在寝殿角落里的杨芷双手掩面，发出了绝望的痛哭。昔日端庄美艳的太后，此刻披头散发，衣冠不整，看上去就像是一个被人捉奸在床的普通民女，不由让贾午越发生出了好奇心，将头凑到了贾南风身边，和她一起看那诗笺。只见上面白纸黑字地写着：

> 独悲安所慕，人生若朝露。
> 绵邈寄绝域，眷恋想平素。
> 尔情既来追，我心亦还顾。
> 形体隔不达，精爽交中路。
> 不见山下松，隆冬不易故。
> 不见涧边柏，岁寒守一度。
> 无谓希见疏，在远分弥固。
> 中心藏之，何日忘之。潘岳思杨氏而作。

"啊！"看到最后一行小字，饶是贾午有了心理准备，也忍不住惊骇地叫出声来。她转头去看姐姐，蓦地发现贾南风死死咬着下唇，齿间竟然氤氲出了一层薄薄的血色。

自从贾南风当上皇后以来，无论是气恼丈夫不争气也好，痛恨自己生不出儿子也好，甚至传言要被武帝废黜太子妃位子关押到金墉城里也好，贾午所见的姐姐都是坚硬和强势的，就像是天地间一根擎天的石柱，巍峨耸立，永不低头。然而现在，贾午却仿佛听到了石块纷纷崩落的声音,让她下意识地伸手去扶贾南风,生怕贾南风脚下一软跌倒在地。

然而贾南风轻轻推开了她,就像她软弱的姿态只是一瞬而逝,让贾午疑心是自己看花了眼睛。下一刻,贾南风已经走到了杨芷面前,居高临下地俯视着当朝太后,扬了扬手中的诗笺:"这是他写给你的?"

杨芷抬起头,哭得红肿的眼睛直勾勾地盯着贾南风,忽然凄艳一笑:"上面写得清清楚楚,还问我做什么?"

"他什么时候写给你的,又是怎么送进宫来的?"贾南风捏着那张薄薄的白纸,用力之大几乎将它揉成了一团。

"很久了。你问这么多做什么?"杨芷此刻已知必无幸理,懦弱的神志早已崩溃,索性哈哈笑道,"你是不相信檀郎暗恋于我,所以悄悄给我写下相思之言吗?那你就好好去核对一下笔迹,看看是不是他亲手所写。'形体隔不达,精爽交中路。'虽然我们谨守礼法不得相见,但我们的灵魂却可以跨越一切阻碍在梦中相见。哈哈,你看懂了吗?你羡慕我吗?"

在杨芷尖利疯狂的笑声中,贾南风慢慢回转身,朝着殿外走去。手中诗笺上的每一个字都仿佛一枚炽烈的火星,烧灼着她的手指,让她的心也被嫉妒之火烧得又烫又痛。

"尔情既来追,我心亦还顾。""无谓希见疏,在远分弥固。"虽然只看了一遍,但这几句诗却像刻在了脑子里,在贾南风耳边嗡嗡不绝地回放。她万万没有想到,平素那样端方君子一样的潘岳,竟会给杨芷写下如此情深意长的情诗来。那么他们在华林园的私会,究竟又做了什么?这种颠覆性的发现,让贾南风生出一种被背叛的耻辱,而更多的还是愤怒。

"姐姐,这可是彻底扳倒杨芷的证据,就算是废黜她太后之位也名正言顺呀!"贾午做女儿时就知晓贾南风的心思,生怕她因为潘岳的缘故将此事压下,连忙凑上来道。

"我知道。"贾南风铁青着脸回了一句,蓦地提高了声音,"刘颂!"

"臣在!"守在殿外的尚书刘颂连忙出列行礼。

"命人将永宁宫和华林园的宫人内侍全部下狱拷问,追查太后不法之举!"

"是!"刘颂躬身领命。

贾南风深吸了一口气,似乎下定了某个艰难的决心:"董猛!"

"奴婢在!"董猛连忙跑了过来,恭敬地问,"皇后有何吩咐?"

"你即刻带上心腹之人,出宫搜捕太傅府主簿潘岳!"贾南风将诗笺一把塞进董猛手中,厉声道,"给我好好审,这首诗究竟是怎么回事!"

"是!"董猛似乎还想再问,却瞥见贾南风神色不善,心下打了个突,只能唯唯诺诺地退下。走了几步,他还是拿捏不好贾南风的意思,便暗暗向贾午问道:"韩夫人,皇后命奴婢去审潘岳,这究竟要怎么个审法?"

"太后与潘岳私通,这是震惊天下的大罪,自然要严审。"贾午想起贾南风方才的失态,心中暗怕,索性下决心断绝了这危险的苗头。她见董猛要走,又追上去叮嘱了一句:"太后之罪已是板上钉钉,所以不管你用什么手段,都要拿到潘岳的供词。这样才好向朝廷和天下交代。明白了吗?"

"奴婢明白了,韩夫人就放心吧。"董猛心领神会地笑了笑,正要带人出发,阴影中却有一人转了出来,熟识地拦住了董猛的去路:"中贵人,让在下和你一起去吧。"

"金真天师?好说好说,请。"董猛暗中早收了孙秀无数贿赂,此刻自然不会拒绝,当下两人相视一笑,并肩消失在无尽的长夜中。

三月辛卯的那天夜里,潘岳和衣躺在床上,静静地睁着眼睛,等待着那个时间的到来。

当震天的敲门声响起的时候,潘岳一坐而起,心跳如鼓。他强忍着悸动坐在床上,耳听老仆李伯打开门后,杨府的使者高声喊道:"潘主簿在家吗？太傅有紧急要事,召群臣速到太傅府,片刻不许耽误！"

"这三更半夜的,路上又有宵禁……"还不等李伯抱怨完,潘岳已经从房内走了出来。他弯腰拍拍正冲着杨府使者嗷嗷狂吠的黑狗许由,正想跟着那使者登车而去,许由却猛地一口咬住了他的衣摆。

"乖乖的,别闹。"潘岳想要将衣摆扯出,奈何许由咬得死紧,四肢使劲蹬着地,显然是想把潘岳拽下车来。

"太傅十万火急,片刻耽误不得。"那使者心急似火,只待潘岳上了马车,就用力抽马狂奔。让潘岳大力拉扯之下,竟将许由也拽上了马车。"也罢,就带着你了。"他苦笑了一下,拉着许由一起坐进了车厢内。摸着黑狗毛茸茸的脑袋,感受着它颤动的肚皮上传来的热气,潘岳的心绪竟然平静了一些,就仿佛在通往刀山火海的道路上,多了一个亲人相伴。

一会儿夏侯湛来接应自己的时候,一定要记得带上许由。穿过一条条黑魆魆、阴森森的街道时,潘岳暗暗提醒自己。

潘岳在城内住得偏远,待到他到达杨骏府上时,愿意来的人已经全来了。比起昔日杨骏府上高朋满座、阿谀贯耳的情形,今天夜里的大厅内显得空空荡荡。潘岳数了数,除了侍中傅祇、尚书武茂等几个和杨骏交好的大臣,就剩下主簿朱振和寥寥几个太傅府僚属了。"三杨"中的杨珧、杨济并未前来,掌控禁军和宫中的杨骏外甥张劭、段广也不见踪影。

杨骏一向和两个弟弟杨珧、杨济有嫌,他们不来倒也罢了,此刻更令他生气的是两个外甥的缺席:"宫中异动,段广没有及时来报信倒也罢了,怎么连张劭也不来？"

知道杨骏对两个外甥信任有加,众人都不敢接话,只是面面相觑。过了半晌,才有一个声音期期艾艾地道:"张、段二位与主公是至亲,绝无背叛之理。如今他们杳无音信,会不会已经……已经被害了……"

此言一出,不仅杨骏脸上变色,其余众臣更是吓得魂不附体。侍中傅祇跑到门口张望了一下,转过头抖着声音道:"太傅,不如我们上望楼去看看。或许先前信报有误,宫城现在已经平靖了?"

杨骏的府邸是昔日曹爽的住宅,四角建有高高的望楼,可以望见宫城与附近大臣的宅邸动静。傅祗这么一建议,昏头转向的众人纷纷赞同,于是便簇拥着杨骏登上望楼,向仅有云龙门之隔的宫城望去。

这一望之下,杨骏不禁大吃一惊。只见从宫中大司马门到云龙门一线,皆是星星点点的火把。从火光移动的方向来看,正有大批人马朝着杨骏的府邸行来。杂沓的脚步声,黑压压的人影,仿佛夏季沉闷的滚雷和乌云,沉甸甸地压迫着每一个站在望楼上的人心中。

"这,这是宫变!"侍中傅祗脚下一软,声音都吓得变了调,"太傅,趁叛军未至,宜早做决断!"

这句话其实是一句废话。杨骏若是有决断,早在接到宫中信报的时候就采取措施,何至于拖到现在?此刻见披甲执锐的禁军正以肉眼可见的速度向自己家行进,杨骏镇定了半天,只吐出一句话来:"诸公有何良策?"说完,他用期待的目光将众人一一扫过,却发现自己的目光如同朔日劲风,而众人的头颅恰如三秋枯草,劲风到处,枯草俯首。

"安仁,你平素最有智计,此刻可有良策?"末了,杨骏只能殷切地盯住潘岳。

"事发突然,容下官细细思量。"潘岳假作抱歉地拱了拱手。这个时候,就算他一言不发,杨骏也奈何不了他。

"主公,属下倒是有一个办法。"一旁的主簿朱振忽然开口,顷刻间点亮了杨骏眼中的希望,"快说说看。"

"今日宫中生变,无论是否有宗室参与,主公都应一口咬定是几个阉人会同贾皇后作乱。"朱振道,"这样做让主公师出有名,以免引起更多的司马氏宗室对抗主公,可以起到安定人心的作用。"

"这个不错。毕竟太傅是外姓,不应公然与司马氏对抗。"侍中傅祗频频点头,"可具体怎么做呢?"

"太傅府中有府兵,可以趁乱兵未至,先下手火烧云龙门,阻挡乱军的行进。"朱振显然已经深思熟虑,一口气接着道,"除了府兵,太傅此时可以调动的兵马还有张劭所率的外营禁军,和杨济杨太保所率的东宫守军。此刻我们应该打开万春门,引入外营禁军和东宫守军,保护主公进东宫去拥戴皇太子,以皇太子的名义冲入宫中擒拿贾皇后等奸人。此刻禁军齐出,宫中空虚。但只要主公打出清君侧的旗帜,必定能重新掌握宫中情势,免于危难。"

"这个主意好。朱主簿真是个人才!"侍中傅祗原本急得团团转,听朱振抛来一根救命稻草,慌忙和尚书武茂等人牢牢抓住不放,"太傅,赶快派人去烧云龙门吧!"

"好,老夫……"杨骏正要开口下令,忽听有人大喝一声:"明公请三思!"转头一看,说话的正是一直默不作声的潘岳。

潘岳此刻并不知道张劭的中护军头衔是否被成功撤换,也不知道杨骏一系究竟还有多少兵权。然而见杨骏准备采纳朱振的意见,潘岳不得不强行拦阻:"如果按照朱主簿所言,太傅拥戴太子入宫捉拿奸人,而这奸人又是当今皇后,那势必要将皇后废黜。以太子之名废黜嫡母,无论于忠于孝,都会被天下指责。何况今日之事明显有天子参与,若太子率兵逼宫,势必会引发天家父子之争。到时候太傅骑虎难下,难道要拥立太子登基,将天子也一并废黜吗?真要那样做的话,太傅虽然解决了今日危难,却将自己陷入一个更加险恶的境地之中,不仅要背上乱臣贼子的罪名,天下诸侯大臣只怕都要与太傅为敌了!一步踏错,万劫不复,所以下官才要请太傅三思啊!"

潘岳这一番话滔滔不绝,恰如九天瀑布,顷刻间将杨骏才下的一点决心浇灭了。杨骏原本就不是个果决之人,潘岳请他三思,他就真的开始思前想后,前畏狼后畏虎,半晌拿不定主意,将朱振、傅祗等人急得如热锅上的蚂蚁。

终于,杨骏开口道:"云龙门是魏明帝时修筑的,工程耗费巨大,怎么能烧它呢?"

此言一出,所有人的心都是一沉,知道脚下这艘大船必定葬身鱼腹了。侍中傅袛最先反应过来,急切道:"我和尚书武茂去云龙门探探形势。"见杨骏茫然地点了点头,傅袛朝着望楼的台阶跑下几步,转头见武茂还站在原地发愣,没好气地叫道,"你难道不是天子的臣子吗?如今内外隔绝,不知天子安危,你怎么还不去护驾,傻站在这里做什么?"此言一出,武茂如梦方醒,连忙跟着傅袛匆匆跑了。

有这两个人带头,其他大臣和僚属也纷纷打着各种旗号逃之夭夭。顷刻之间,望楼之上的杨骏身边,只剩下了朱振和潘岳二人,还有一直跟在潘岳脚边的黑狗许由。

就在杨骏犹豫不决之际,从宫城内杀出的禁军已经穿越云龙门,直逼到杨骏府邸门下。

杨骏府上此刻有府兵数百人,连忙关上大门御敌。先前下楼的傅袛、武茂等人被堵在院子里,仓促间翻墙逃命,宅内一片鸡飞狗跳。

"此处太过显眼,请主公下楼躲避!"朱振拉了一把呆若木鸡的杨骏,匆匆跑下望楼。潘岳紧跟在杨骏背后,抓住一个领头府兵问道:"可知外面指挥者是何人?"

"听说是东安公司马繇、齐王司马冏,还有殿中中郎孟观和李肇。"那小头目见杨骏也在,连忙埋头回答。没有任何人注意到,当潘岳听到"齐王司马冏"五个字时,紧绷的嘴角微微放松下来。

"果然是司马家宗室领头,这可如何是好?"杨骏心知此刻与自己作对的乃是司马家皇室,反抗起来言不正名不顺,不仅更没有了斗志,仰头叹道,"我杨文长从未有过悖逆之心,怎么会落到今天这个地步?"

还没有等到杨骏感慨完毕,一阵带着火光的箭雨忽然从天而降,不仅射死了若干杨家府兵,还引燃了府中多处建筑。四处蔓延的火光之中，朱振将杨骏的胳膊猛地向潘岳怀中一塞，大喊道："安仁，你赶紧带主公找个安全的地方躲避，我来拖住他们！"说着，他回过身，朝摇摇欲坠的府门处跑去。

潘岳有些哭笑不得地扶住杨骏，和他朝偏僻之处逃去。还没逃几步，就听府门"轰"的一声垮塌，潮水一样的喊杀声顷刻间直涌了进来。潘岳心惊之下回头去望，正看见无数黑影从火光熊熊的大门处飞扑而进，手中锋锐的刀剑上甩开一串串血花。

"东安公何在？下官有话要……"守在大门前的朱振迎上乱军，张开双臂正要阻拦，一把雪亮的钢刀已经当胸刺入，刀尖从他背心透了出来。朱振最后一个字还未吐出，肥胖的身躯就蓦地一僵，随着钢刀的抽离直挺挺地倒在了地上。

"快走，快走！"杨骏见朱振被杀，早已吓得魂不附体，抓着潘岳就往后宅跑去。

潘岳扶着杨骏，一路踉踉跄跄往无人之处钻，脑海中却一直盘旋着方才从朱振后心透出的那截刀尖。虽然朱振此人品行不端，甚至在乡间强夺田产殴死人命，但他对杨骏的这腔忠心，却委实让人可敬可叹。

"朱主簿已死，老夫只剩下你这个忠臣了。"杨骏用力扶着潘岳的手臂，催促他赶紧跑路。此刻这位权倾一时的太傅已吓得手足发麻，若非潘岳用力支撑，只怕瞬间就要瘫软下去。

"主公现在想去哪里？"潘岳收敛起为朱振伤感之心，冷静地问。

"我也不知道……"杨骏四处张望了一下，眼见前方乃是马厩，便慌不择路地道，"先进去躲一躲！"

潘岳没有反对，顺从地搀扶着杨骏走进马厩，不顾强烈的马粪味道躲到了草料堆后面。眼看前方厮杀震地、火光冲天，马厩这里显得特别安静，杨骏不由轻轻舒了一口气："安仁，若是此次脱难，老夫定不会辜负你！"

"太傅是在指望三弟太保杨济带东宫驻军来救你吧？"潘岳见杨骏点了点头，忽然道，"可惜据我猜测，太保现在若是进入东宫，只能有去无回了。"

"你……你说什么？"杨骏惊呼了一声，随即住口。远处脚步橐橐，已有不少禁军士兵搜寻过来了。

潘岳朝火光移动之处瞥了一眼，见面前的杨骏圆睁双眼盯着自己，不由得冷笑了一声："太傅兄弟当年下毒害死齐献王之时，没有料想过有今天吧？"

"什么？"杨骏还没有回过神来，潘岳已经从草料堆后站起身，走出一步大声吟道："光光文长，大戟为墙。毒药虽行，戟还自伤。"

潘岳还没念完，便早已惊动了搜寻杨骏的禁军士兵，齐刷刷地朝着马厩方向包围过来。

"你疯了？"杨骏料不到潘岳竟会做出这种事情，吓得一屁股坐在草料里，冷汗如雨而下。

"檀奴叔叔，原来你在这里！"下一刻，从士兵中走出一个年轻人来，手持一支长戟走入马厩。他一眼便看见蜷缩在角落里的杨骏，不禁冷笑了一声："杨骏，杨文长，你认得我是谁吗？"

"你是……齐王司马冏……"杨骏难以置信地盯着面前意气风发的年轻人，又转头看了看站在司马冏身边的潘岳，忽然叫道，"我明白了，你们……你们……"

"你若是真的明白，就知道这首童谣在唱什么了。"年轻人晃了晃手中长戟，眼中渐渐积蓄起仇恨，"'光光文长，大戟为墙。毒药虽行，戟还自伤。'你府前陈列着一排排兵器旗幡作为排场，却不知这些东西就是用来杀你自己的吗？我手中这把长戟就是从你府门前拔下来的，就用他来偿还你给我父亲下的毒药吧！"说着，他手臂一舒，一戟朝杨骏捅了过去！

"什么毒药，我不明白！"杨骏被司马冏一戟捅在了马厩围栏上，却还未断气，拼死挣扎道。

"武帝临终时，亲口说你们兄弟下毒害死我父王，难道还会有错？"司马冏手上用力，似乎要将这些年所受的屈辱和痛苦全部发泄出来。

"武帝说的？"杨骏口中此刻涌出大口的血来，愣了一会儿忽而哈哈大笑，"武帝陛下，你恨我擅改你的遗诏，所以布下这一招来杀我吧？既然如此，我死得……也不冤……"说完，他的头蓦地垂下，一动不动了。

"杨骏死了，杨骏死了！"随着司马冏一把拔出长戟在空中挥了两圈，其余禁军士兵忍不住大声欢呼起来。司马冏在这震耳欲聋的欢呼声中转过身，眸光闪亮亮地看着伫立在一旁的潘岳："檀奴叔叔，我为父亲报仇了，你为我高兴吗？"

"高兴。"潘岳含笑点了点头。虽然杨骏临死时的话显得有些可疑，但看到司马冏容光焕发的样子，他明白此刻不是说这些的时候。

"害死我父亲的人，除了杨骏，还有他兄弟杨珧。我现在就带人去杀杨珧！"司马冏显然已经杀红了眼睛，提着兀自滴血的长戟大步跨出马厩，长臂一舒，"走，跟我去杨珧家！"

走出几步，司马冏又回头看了看站在原地的潘岳，关切道："这里乱兵太多，叔叔还是赶紧回家去吧。我先前看见夏侯表叔的马车停在后门，应该就是来接应叔叔的。"

"好，我立刻就走。"潘岳知道司马冏还有大事，点了点头。眼看司马冏带着手下走了，他折回身，跪下朝着马厩里杨骏的尸身拜了三拜。虽然从一开始他就是利用杨骏，利用他将自己调回洛阳，利用他引发杨家兄弟内讧，利用他逼出司马炎的忏悔，利用他给被打压欺凌的齐王司马冏铺出一条上升通路，但如今杨骏身死，潘岳还是感到有些伤感，甚至歉疚。杨骏之死虽说大部分是咎由自取，却也有几分是潘岳推波助澜。

拜完杨骏，潘岳站起身，疾步朝杨府后门走去。刚走出两步，一个黑影猛地蹿过来，在他脚边不安地打着转，竟是方才走丢了的黑狗许由。

"不怕不怕,我们这就回家。"潘岳见许由平素高高翘起的尾巴夹在了两腿中间,知道它是被吓到了,连忙安抚地拍拍它的头,带着它一起去找夏侯湛。只要坐上了夏侯家的马车,这血腥的一夜,就算是平安度过了。

然而就在潘岳刚从马厩走到杨府正殿附近时,忽然听到大门处传来一阵大喝:"奉宫中旨意,捉拿杨骏余党,特别是主簿潘岳!有生擒潘岳者,重赏!"

乍听此言,潘岳不由大吃一惊。他只道是宗室隔阂不幸被公孙宏言中,便寻思立刻躲避风头,等事态平靖之后,再由司马囧、公孙宏等人调解不迟。

想到这里,潘岳再不迟疑,带着黑狗许由一路狂奔,朝着太傅府后门跑去。他知道夏侯湛是诚信君子,无论形势多么混乱,此刻必定在门外驾车等着他。

太傅府被点燃的建筑仍在熊熊燃烧,将四处搜捕翻检的士兵身影照得如同鬼魅。幸而这些士兵忙着搜寻杨骏家的财物,对匆匆而过的潘岳并未太在意,只有花木参差的枝叶刮过他轻薄的夏衫,徒劳地想要将他拦住。很快,杨府后门近在眼前了。

"潘岳在那里,别让他跑了!"忽然,背后响起了一个人的高喊。那个声音仿佛一颗被深埋的石子,在潘岳最黑暗的记忆角落中翻滚了一下,匆忙中却抓不住它掀起的尘埃。

"天师,你确定那就是潘岳?"一个尖细的宦官嗓音疑惑地问。

"烧成灰我也认识他!"被称为"天师"之人语气中满是恶毒,"快追!追不上就放箭!"

"不行,皇后还等着他的口供……"

"那就射他的腿,不会死人的!"

潘岳听不见那些人后来的对话,一门心思只朝着那虚掩的杨府后门跑去。就仿佛那道门是生与死的界限，只要他能够跨过门槛，就可以把这些隐藏在黑暗中的鬼蜮全部摆脱。

"嗖"的一声，一支箭落在了他的脚边，半截箭杆插入砖缝之中，箭尾上的羽毛簌簌抖动，吓得旁边的许由汪汪大叫。与此同时，身后再度传来了气急败坏的叫喊："站住！"

潘岳的手已经搭上了木门的门框，用力一带，沉重的木门"吱呀"一声打开，门外鲜冷的空气争先恐后地冲入肺腑，和着夏侯湛惊喜的呼唤："安仁，你出来了！"

潘岳向站在马车前的夏侯湛笑了笑，抬脚迈出门槛。然而就在这个时候，他听到身后再度传来箭矢破空的风声，连带着他因为奔跑而散乱的发丝也被这疾风掠起了几分——这一箭，怕是躲不过了。他脸上的笑意未退，瞳孔却一瞬间紧缩。

"嗷——"预想中的疼痛没有到来，身后却传来了一阵凄厉的犬吠。潘岳一惊回头，才发现方才那支箭没有射中自己，却射中了一直跟在自己身后的黑狗许由。

"许由！"眼看黑狗借着余势还想跟随自己冲出木门，却终究不支地倒在地上。潘岳来不及思考，回身就朝许由跑去。"许由，坚持住！"见奄奄一息的黑狗依然用力抬头望向自己，湿润的眼睛中滚出两行泪水，潘岳心如刀绞，不顾越来越近的追兵，俯身抱住了黑狗毛茸茸的身躯。黏稠的血浸透了他的衣袖，让他的肌肤感到一阵火烧般的灼痛。

"安仁，你疯了吗？快跑！"夏侯湛见潘岳还在木门处徘徊，情急之下与车夫一起跑过去，一把架起潘岳就往马车上塞。见潘岳还是挣扎着去看黑狗，一向温润的夏侯湛也忍不住红了眼睛，狠狠地吼道："那只狗是为你死的，你只有逃得性命，才不会让它白死了！"

"许由是孙登师父给我的，我答应过要给它养老送终！"潘岳被夏侯湛压在车厢内动弹不得，泪水从大睁的眼睛里滚滚而落。

"孙登是活神仙,他送给你黑狗,就是算到你有劫难,让黑狗为你挡去了一劫!"夏侯湛见马车已经风驰电掣般驶了出去,终于放开制住潘岳的胳膊,气喘吁吁地安慰,"等明天早上事态平息下去,我们就回去把它好好安葬了。"

"明天早上,我还回得去吗?"潘岳听着越来越近的追兵呼喝声,忽然直起身子朝夏侯湛苦笑道,"夏侯兄,我的事情没有预想的那么简单,只怕今夜在劫难逃。你放我下车吧,不要管我了。"

"胡说,我怎么可能不管你?"夏侯湛没想到潘岳说出这种话来,冠玉般温润的脸难得地显出怒色,"就算全城搜捕杨骏党羽又怎样,我堂堂夏侯世家,还庇护不了你一个人?等到明天天亮,我就会合齐王与公孙宏,将你这些日子来在杨府卧底的证据上奏朝廷。那时候你不仅无罪,还有大功呢!"

"老爷,追兵越来越近,马上就要追上我们了!"赶车的夏侯府家仆将马鞭甩得啪啪作响,焦急地喊道。

"拐过前面的弯,你让我们下车,然后你继续驾车前行引开追兵。"夏侯湛匆匆向仆从吩咐了一句,抓住了潘岳的胳膊,"事态紧急,来不及去我家了。我知道这附近有一处可以暂避,你跟我来!"

第 十 三 章

炼　狱

煮水而盐成，剖蚌而珠出。

——潘岳

　　夏侯湛所说的暂避之处，就是前面街巷里一户府邸。此刻夜色浓重，潘岳也看不清府邸上的牌匾写的是什么，就见夏侯湛匆匆走上台阶敲响了门环。

　　"我乃中书侍郎夏侯湛，有急事要见你家二公子！"夏侯湛似乎与开门的老仆很是熟悉，也不待通禀，拉着潘岳走进了大门，径直在客房中坐下。待仆人奉上蜜水来，夏侯湛端起来饮了一口，方才长出一口气笑道："到了这里就安全了。此间主人名望既高，身份又超然，就算是宗室诸王，也不敢擅闯。"

　　潘岳点了点头。他的心思还沉浸在失去黑狗许由的悲痛中，没有余力去打听什么。

　　"夏侯兄黉夜来访，是发生什么事情了吗？"过了一会儿，外面传来一阵急促的脚步声，显然是主人家听闻夏侯湛前来，匆匆披衣出迎。

　　"在这里犹自可以听到云龙门外传来的喊杀声，估计二公子也猜到发生了什么事。"夏侯湛连忙站起身，和一个英姿俊硕的三十多岁中年人互相见礼，"正因为宫中与太傅府皆有变故，乱兵纷至，所以想在二公子府上暂避一夜。深夜打扰，还望恕罪。"

　　"夏侯兄不必多礼。不论你何时前来，寒舍永远都有夏侯兄一席之地。"那二公子言语谦恭，举止文雅，显然是极有修养的世家子弟，微微一笑之下，更让人如沐春风。他转头看到躬身见礼的潘岳，礼貌地回了一礼："这位是……"

"这位是我的好友……"夏侯湛正要介绍，那二公子已蓦地接上了话，"潘岳，潘安仁？"

"正是安仁。"夏侯湛原本言笑盈盈，却骤然察觉到什么，愕然道："二公子？"

"你果然是潘岳？"二公子没有理会夏侯湛，只直勾勾地盯着潘岳，似乎是怕灯影重重，自己认错了人。

"在下果然便是潘岳。"潘岳抬起头，看着面前二公子转作铁青的脸色，苦笑了一声，"如果我没有记错，阁下就是菑阳公卫瓘的二公子卫恒吧？那这个地方，就是菑阳公府邸了？"洛阳文人名士常多聚会，潘岳虽然与卫恒不熟，但还是能认得出来。

"既然知道这是哪里，阁下怎么还有颜面进来？"卫恒冷冷地道。

"二公子，你是不是误会了？"夏侯湛看出气氛不对，连忙解释，"我知道令尊因杨骏而辞官，因此对安仁在杨骏府中任职不以为然。不过安仁投身杨府乃是另有所图，杨家今日覆灭安仁居功至伟，所以就算有什么误会，也可以冰释前嫌了。"

"原来潘主簿是襄助剿灭杨骏的功臣，来日必定飞黄腾达，真是可喜可贺啊！"卫恒假意拱了拱手，语含讥讽。

"二公子你听我说，令尊当初被杨骏陷害，如今想来也是塞翁失马，焉知非福。"夏侯湛见潘岳只是煞白着脸不作声，焦急地打着圆场，"满朝公卿，能与杨骏相颉颃者，唯有令尊而已。如今杨家覆灭，令尊众望所归，日后必当行辅臣之职。安仁之前若有什么对不住卫家的地方，也是为了大局着想，还请令尊和二公子体谅。"

"哦，原来潘主簿之前不论对卫家做了什么，都是为了大局着想。"卫恒笑了笑，语调却由冰冷转为凌厉，"不过就算潘主簿的本意是扳倒杨骏,也须知道凡事皆有底线,有必要用我三弟卫宣的性命去做牺牲吗?待他日潘主簿论功行赏加官晋爵的时候,会不会感觉我三弟冤魂不散,在九泉之下看着你呢?"

"二公子,这话就过分了!"夏侯湛涨红了脸,连声辩解,"就算是杨骏差人告密,卫驸马也确实有酒色上的过失。安仁那时身为廷尉平,逮捕他不过是秉公执法。后来卫驸马不幸身死,怎么能怪到安仁的头上?何况安仁后来还因此获罪免官……"

"夏侯兄,请不要再说了。"潘岳原本一直垂眼盯着地上的细桃枝簟席,此刻却蓦地抬眼止住了夏侯湛的辩解。"卫二公子说得对,卫驸马之死我难辞其咎,我确实没有颜面来这里寻求庇护。"说着,他朝卫恒深深施了一礼,随即走到客房外,穿上鞋子就往外走。

"安仁,你回来,你此刻出去就是死路一条!"夏侯湛见潘岳要走,大惊失色,连忙跑上去阻拦,"生死攸关,你此时何必负气?"

"我不是负气,是确实欠了卫家一条命。"潘岳想起当日卫宣直挺挺躺在廷尉狱中的情形,手指上仿佛又沾染上了他撞在墙上的脑血。卫家三公子驸马卫宣如此惨死,就算他不是有意,那罪孽确实是再也洗刷不去了!

"安仁,安仁,你不能出去!"夏侯湛虽用力阻拦,但潘岳去意甚绝,推开他径直走向大门。夏侯湛求援一般望向卫恒,却见卫家二公子只是站在原地一言不发,眼神仿佛淬了冰一样让夏侯湛浑身发冷。

卫家仆人们明白主人的意思,见潘岳走到大门口,立刻给他打开了门,明显一副"好走不送"的模样。潘岳不敢去看众人或惊讶、或愤怒、或怜悯的眼神,双手提起衣袍,目不斜视地沿着卫府宽大的台阶走了下去,走进那片隐藏着无数鬼蜮和杀机的黑夜。

这样的结局,他其实一早便想过的,所以才会连杨容姬都一并送走,还写下了那封可以保全她的和离书。孙登师父说得对,就算他是引诱雊鸡出没的雉媒,也会在猎人的包围圈中被乱箭误杀。更何况,这一次貌似并非误杀,而是有人专门针对他布下了圈套。那个在杨骏府中听到的充满恨意的声音,虽然久远得想不起属于谁,却仿佛毒蛇的尖牙,让他想起来就不寒而栗。

黑暗中的洛阳街巷曲曲折折,似乎藏着怪兽的迷宫,每一步每一个转弯都隐藏着致命的威胁。潘岳疾步在高墙之间穿梭,似乎又回到了童年的噩梦中,望不见出路,逃不出桎梏。

"刚才潘岳就是在这里下车的,必定跑得不远,给我细细地搜!"那个毒蛇般黏滑的声音忽然在隔墙外响起,伴随着一阵杂沓纷乱的脚步声,让潘岳猛地停住脚步贴在墙上,紧张得忘记了呼吸。

脚步声由远而近,一只手蓦地搭上了他的肩膀。潘岳悚然回头,一颗心也提到了嗓子眼儿,却瞬间撞上了一双关切而熟悉的眼睛——是夏侯湛。

"跟我走。"夏侯湛的声音有些嘶哑。

"不。"潘岳摇了摇头,低声却坚决,"与其回卫瓘府邸,我宁可死在这里。"

"君子不会忍辱偷生,我也不会强迫你回卫家。"夏侯湛明白潘岳的苦衷,转而道,"这附近还住着不少世家,必定有人会接纳我们。看,卫府隔壁就是太师何劭的府邸,我这就去叫门!"

只恐洛阳之大,此刻已没有我容身之处。潘岳心头哀叹了一声,正寻思如何谢绝夏侯湛的好意,搜寻他的禁军士兵已察觉到了这边的动静:"什么人,站住!"

"快跑!"夏侯湛一把抓住潘岳的胳膊,迈开大步就朝太师何劭家的大门跑去。他深恐潘岳不肯,用力将他推上台阶,自己则一边拍门一边放开声音叫道:"中书侍郎夏侯湛,有急事拜谒太师!"

"别让他们跑了!"见何劭家的大门缓缓开启,黑暗中再度传来一声断喝,"放箭!"

"谁敢?"夏侯湛蓦地转过身,将潘岳挡在身后,朝影影绰绰拥来的人群亢声道,"我乃朝廷中书侍郎,谁敢无礼?"他一面说话,一面使劲将潘岳往身后门缝中挤去。

"夏侯侍郎,老奴乃是奉宫中……"似乎是被夏侯湛的气势所慑,带人追捕潘岳的寺人监董猛走上前来,准备搬出天子和皇后的名头来压制对方。然而还不等董猛说完,一旁已骤然飞出一支羽箭,顷刻间便射进了夏侯湛的胸膛!

"是谁?"董猛虽然也是个狠角,却料不到同行之中有人公然射杀夏侯湛,顿时吓了一跳。

"我们所奉的旨意是捉拿潘岳。凡是抗旨者,格杀勿论!"孙秀见夏侯湛中箭倒下之后,本来已经闪入门内的潘岳顿时折返,而半开的何府大门也受惊一般重重关闭,不禁露出了得意的笑容,"拿住潘岳就是大功一件,至于乱兵之中误伤大臣,也是在所难免。董常侍你说是吗?"

"天师言之有理。"董猛明白永宁宫中的太后杨芷是最大的隐患。若不落实她的罪名,皇后贾南风就一直寝食难安。因此抓捕潘岳就成了重中之重。其余问题,都是小节。

"夏侯兄,夏侯兄!"此刻潘岳根本无暇顾及包围在身边的禁军,只是跪在夏侯湛身边,急切地呼唤着他的名字。箭支深入体内,让潘岳根本不敢伸手碰触,只能紧紧地握着夏侯湛冰冷的手,徒劳地看着鲜血浸润了夏侯湛的縠纱薄衫,沿着身下的台阶蜿蜒而下,仿佛依然想要阻挡追兵的靠近。这个认知让潘岳心口一窒,喉间蓦地泛起一阵腥甜的血气,就仿佛那一箭不仅射中了夏侯湛,还将他的胸膛也一并刺穿。

"对不起,没有保护好你……"夏侯湛斜倒在何劭府前的台阶上,用力睁开眼睛,看着潘岳悲痛欲绝的脸,轻轻叹了一口气,"到了九泉之下,桃符……桃符大概会怪我的吧……"

"不,是我连累了你,桃符要怪,只会怪我……"潘岳说到这里,猛地擦去眼泪抬起头,对着群狼般环伺在身边的士兵道,"你们要抓的人是我,与夏侯侍郎无关。我跟你们走可以,你们赶紧派人送夏侯侍郎治伤!"

"潘主簿,老奴是奉宫中旨意搜捕你,你没有资格和我们说条件的。"董猛说着使了个眼色,几个禁军士兵便走上前去,挟制住了潘岳的双臂,将他从夏侯湛身边扯了起来。

"那你们现在赶紧敲开何太师府门,将夏侯侍郎送进去!"潘岳见夏侯湛孤零零地躺在台阶上,身后则是紧紧关闭的大门,心中只觉世上荒谬冷漠无过于此,不由悲愤道,"如若不然,我必将守口如瓶,什么都不会告诉你们!"

"好。只要潘主簿肯乖乖配合,老奴就派人去敲这个门。"董猛皮笑肉不笑地说到这里,脸色一沉,"潘主簿,请吧。"

几个禁军士兵取出绳索,将潘岳双臂反扭到背后,牢牢绑缚在一起,随后便推搡着他往前走去。潘岳挣扎着回过头,终于看见何劭府上的大门如同儿童受惊后的眼,轻轻打开了一条缝隙。他还想看得再真切些,却被人从身后狠狠一推,一切都被转角处的高墙完全隔绝了。

无边的黑暗之中,唯有远方几处火光在跳跃,仿佛狰狞的利爪伸向天空——那是燃烧着的杨骏、杨珧和杨济的府邸。董猛正朝火光处张望,领头的禁军校尉已来请示:"中贵人,潘岳既已捕获,应该递解到何处?"

"去廷尉狱,那里方便审问。"董猛见禁军校尉犹豫了一下,眼睛一瞪,"你怕廷尉不肯?我们是奉天子和皇后之命行事,借借他们的地方算什么?"

"是。"董猛有天子和皇后做靠山,禁军校尉不敢违抗,当即拐了几个弯来到廷尉府。因为夜里没有主管官员,董猛便命人捉来一个守夜的狱卒,让他打开一间单独的牢房,将潘岳推了进去。

"听说潘主簿以前担任廷尉平,想必对这个地方熟悉得很吧。"董猛带着几个手下走进牢房,看着被绑缚双手的潘岳从地上艰难地站起,笑中带刺,"所以一会儿劝潘主簿老老实实招供, 否则有什么后果你自己最是清楚。"

"下官不仅担任过廷尉平,就连当今通行的律法《泰始律》,也是下官参与修撰的。"潘岳虽然被缚,却努力在牢房正中站得笔直。此刻他经过夏侯湛中箭时湮灭神智的悲愤心痛,已经慢慢恢复了素日的冷静,看着董猛和他身后几个身着内侍服色的手下道:"按照律法, 就算下官犯有再大的罪行,也应该交由廷尉定罪,断无中贵人亲自审讯的道理。"

"潘主簿是律法行家,在你面前,我自然不敢辩论律法。"董猛依然是一副皮笑肉不笑的模样,"对我们这些在宫中做奴婢的人, 律不律法不重要,只有'忠'这个字是大过天的。如今天子和皇后有机密事要讯问于你,劝潘主簿好好配合,老奴我也好早早回宫交差。"

"好,有什么问题,就请中贵人问吧,下官必定据实回答。"潘岳尽量平静地道。

"潘主簿早这样不就好了吗?"董猛歪了歪头,对手下的小内侍吩咐,"去给潘主簿松绑。"

绑绳松开,潘岳稍微活动了一下酸痛的手臂,很快就恢复了端肃的站姿。而董猛则在手下布置好的座席上坐下,脸上笑容沉敛不见,俨然一副公事公办的模样。

"潘岳,我且问你,有人出首告发你与太后杨氏私通,可有此事?"董猛身子前倾趴在桌案上,手指摩挲着光秃秃的下颌,玩味地盯着面前的罪犯。洛阳檀郎果然名不虚传,即使身处肮脏晦暗的牢房,也如同明月一般皎皎夺目,污秽不侵。

"绝无此事。"潘岳斩钉截铁地回答。

"是吗？"董猛盯着潘岳严肃的脸，故意道，"可是华林园的内侍总管毕胜已经招供，他曾经接你到华林园九华台与太后杨氏私会，并有华林园若干侍从为证。这件事，你抵赖不了吧？"

"毕胜确实接我去过华林园，也在无意间撞见了贵人。若说我擅闯宫禁，下官愿领其罪。但当日下官所做所言，俱都光明正大，从无避讳旁人之处。毕胜说我与太后私会，我愿与他当面对质。"潘岳一字一句清晰地回答。

"毕胜也是杨氏余孽，岂会给你们串供的机会？"董猛上上下下打量了一阵潘岳，语带惋惜，"潘主簿还是主动招认的好，否则以主簿如此风姿，老奴也不忍心动刑啊。"

"没有做过的事情，让我如何招认？"潘岳说完，闭上眼睛再不发一言。

"那就对不住了。"董猛假惺惺地哀叹了一声，吩咐手下，"把东西都搬进来吧。"

几个内侍答应一声，从外间陆陆续续地搬了不少东西进来。就算潘岳闭着眼睛，也能听到金属和木料相互碰撞时带来的冷酷声响。心脏沉沉坠下，他终是忍不住睁开眼睛望过去，却见内侍们搬进来的全是各色刑具：木杖、皮鞭、铁铐、夹棍、烙铁……每一件都让人心惊胆战。

"潘主簿在廷尉当过官，这些东西想必都熟悉得很，就用不着老奴一一介绍了吧。"董猛站起身，故意在那些刑具前徘徊了一阵，转头见潘岳面露惧色，不由笑道，"廷尉狱的东西果真齐全，老奴都有些眼花缭乱了。潘主簿既然是律法行家，不如说说你当年制定的《泰始律》中，审讯犯人通常从什么刑具开始。但愿那时候的潘主簿心怀慈悲，否则你今天自食其果，就有点糟糕了，呵呵。"

董猛的话夹枪带棒，明显就是要瓦解潘岳的意志，让他畏惧招供。然而潘岳虽然脸色越发苍白，却依然撑住神志回答道："律法中规定，只有在确切的人证物证前拒不招供的人犯才可用刑，断无屈打成招逼人自证罪名的道理。"

"哟哟，老奴又不自量力向潘主簿讨教律法，真是打脸了。"董猛抬起手，虚虚朝自己脸上拍了拍，笑容蓦地一敛，"既然如此，我们就不按律法办事了。反正潘主簿招供之后，宫中是降罪还是宽恕，都是一句话的事儿。律法再大，还能大过天子和皇后吗？"他猛地转身，朝侍立在身后的几个手下一扬下巴，"先吊起来！"

那几个内侍得了命令，立刻拥上来将潘岳双腕用麻绳绑紧，再穿过一根绳索，将他双臂高举吊在房梁下。他们抽动绳索调整着悬挂的高度，最终让潘岳不得不绷直全身，才能勉强踮起足尖踩住地面。这种吊法异常折磨人，才过了一会儿，潘岳的额头上已经沁出了密密麻麻的冷汗，牙齿也不由自主地咬紧了下唇。

"潘主簿不要小瞧了我这些手下。虽然比不上廷尉狱中的老手，但宫中但凡有奴婢冲撞了贵人，或者发生了偷盗私逃之类罪行，就是由他们负责拷问的。"董猛围着潘岳颀长俊逸的身体转了一圈，笑眯眯地问，"潘主簿觉得他们手艺如何？还有什么要改进的地方？"

"我以前……见过你。"潘岳身材高挑，即使垂下头也可以看见寺人监头顶稀疏的头发。而眼前这个阉人的脸，也终于与记忆深处某个可怖的事件联系起来。

"终于想起来了啊，潘主簿，潘小公子？"董猛依然在围着潘岳打转，就仿佛一只抓住了猎物的狼，"当年你还是孩童的时候，大将军命我不着痕迹地除掉你。却没想到我把你推进池塘后，二公子也就是后来的齐献王竟也跳进池塘，拼死救了你。我办事不力，被大将军嫌弃，沦为最低等的贱役。若非后来进宫遇见了当今皇后，我还不知道早死在哪个角落里了呢。"

"你的意思是，我当年没死，所以对不住你？"潘岳冷笑着问。

"潘主簿误会了。老奴虽然不算什么好人,却也恩怨分明。当年的事情是命数,我并没有责怪你的意思。"董猛见潘岳额上有一滴冷汗滑下来迷住了眼睛,抬起袖子给他擦了擦,又指着自己的胸口道,"老奴说这些,不过是想让潘主簿看清楚我的心思——我这一生承蒙皇后大恩,所以她想要的东西,我无论用什么手段都会帮她得到。这里面,也包括潘主簿的口供。既然潘主簿想和我比拼意志,那就试试吧。"说完,老内侍退开一步,对手下吩咐了一声:"打!"

"是。"早已蓄势待发的行刑者答应一声,手臂扬起,手中皮鞭如同划过天空的闪电,斜斜地劈在了潘岳清隽匀停的脊背之上!

"啪"的一声脆响,如同耳边轰过一阵闷雷,让潘岳眼前炸过一道白光。瞬息之间,他的头脑中顿时变成一片空白,似乎全身所有的感官都集中到了后背上那狭长一线,除了痛,再也看不见、听不见其他任何东西。那超出想象的剧痛仿佛一阵火焰,顷刻间席卷而上,几乎要将他全身都熊熊焚烧。就算他在意识回归之时用力咬住了嘴唇,也模模糊糊地听见了自己从胸腔中迸发的惨叫尾音。

"啧啧啧,我早就知道,潘主簿受不住的。"董猛摇摇头叹道,"对潘主簿这样的人用刑,说实话老奴也是于心不忍啊。反正你招供是迟早的事情,还不如现在说了,少受皮肉之苦。"

"君子不怵乎好,不迫乎恶……让我……和毕胜对质!"潘岳深吸一口气压过背上火辣辣的疼痛,坚持回答。不知是不是错觉,除了眼前负责逼供的董猛,他总觉得暗处还有一双眼睛在注视着自己。就仿佛街上虐杀猫狗的无赖少年,在鲜血和哀鸣面前,露出兴奋而餍足的神色。

可那个人,究竟是谁?

董猛此刻巴不得越早拿到口供越好,哪有什么心思去找生死不明的毕胜,当即朝着手下内侍们点了点头:"继续。"

"啪!""啪!"毒蛇一般的鞭子再次抽动起来,无休无止,每一鞭都在潘岳的后背上印出一道鲜艳的红痕,却再也没能逼出他的惨叫。他死死地用牙齿咬住自己的嘴唇,用力将脸颊贴紧被高高吊起的手臂,似乎想要从那里获得一点支撑的力气。

这样痛不欲生的苦楚,他似乎很多年前也经历过。那个时候,年少气盛的自己为了营救嵇康先生,不惜触怒大将军司马昭,召来了父亲愤怒又无奈的家法。那个时候的少年以为理想不被人理解就是最大的痛苦,棍子没挨多少就激愤得昏晕过去。可是他怎么会知道,父兄的捶楚与暗牢中的拷问怎可同日而语? 如今的情形他已看得清楚,杨骏虽死,太后杨芷却有着难以撼动的名分和权威。所以皇后贾南风,甚至还有司马家的诸多藩王都希望给她安上不能翻身的罪名,那么还有什么罪名比太后不守妇道更有力呢? 如果自己坚决不承认与太后杨芷有染,只怕今夜真要被活活打死在这不见天日的牢房之中了。

可是就算要死,他宁可和朱振一样死在太傅府的刀兵之下,也绝不愿背上这样的污名! 他不敢想象,若是他承认了这个欲加之罪,杨容姬的反应会是如何震惊而绝望,而他洁身自好了一辈子的清名,又会沦为怎样的笑话?

那样身败名裂的痛楚,会比这销魂噬肉的鞭子,更加无法承受。

董猛一直耐心地等待着,冷眼旁观潘岳垂吊的身子随着鞭势不断晃动,冷汗如雨水一般划过他的脸颊,最终在下巴上汇集成一线,一滴滴打在脚下的泥地中。然而当发现潘岳的眼神渐渐涣散,头颅也渐渐低垂下去时,董猛忽然摆了摆手,喊了一声"停"。

由于先前并没有指定数目,鞭子停下时潘岳竟然感到有些怔忡。他就像是一个溺水的人,骤然被人将头托出水面,便忍不住贪婪地呼吸起来,甚至生出了逃出生天的幻想——就这样,熬过去了吗?

而董猛等待的,正是这一瞬间的脆弱。以他担任寺人监多年的经验,无论一个人先前再怎么百般抵赖,打一顿后再抛出难以反驳的指控,那个人的抵抗就会很快崩溃瓦解。

"潘主簿认定老奴无凭无据，所以才拼死抗刑对吧？"董猛见潘岳只是垂着头盯着脚下，胸膛剧烈起伏，便从袖中取出一张诗笺，伸到了潘岳面前，"这是从太后杨氏宫中搜出来的，正是你和太后私通的铁证，看你还如何抵赖？"

永平二年三月辛卯那一晚，是齐王司马冏扬眉吐气的日子。这一夜，他终于可以彻底丢弃那些装病的药丸，堂堂正正地上马提戟，居高临下地鄙视仇人乞求的脸。

在亲手杀死杨骏之后，司马冏与殿中中郎孟观马不停蹄地赶到了杨珧的府上。他看着这位昔日重臣被人从被窝里拖出，狼狈万状地扔在庭院正中被人围观，不由心中大是畅快。在杨珧挣扎着想要爬起身的时候，司马冏催马而上，长戟一伸，将杨珧再度戳倒在地。随即长戟边缘的锋刃叉住了杨珧的咽喉，让他仰躺在地动弹不得。

"你们不能杀我！你们凭什么杀我？"杨珧仰视着司马冏杀气腾腾的脸，绝望大呼，"武帝在世时曾经答应我，杨骏有罪与我无关。记载此事的表章如今还放在太庙石函之中，张华和诸位大臣都可以做证！"

"武帝果真有过这样的许诺？"与司马冏同行的殿中中郎孟观犹豫着问，"齐王殿下，要不要派人去太庙核对一下？"

"就算有石函在，也只是保证他不受杨骏株连。"司马冏将长戟稍稍前探，在杨珧脖子上划出一道血口，冷笑道，"可是我今天想和你算的账，只跟你自己有关。"

"驱逐齐献王是武帝的旨意，我只是一个臣子……"杨珧此刻也明白司马冏要说什么，抢先争辩。

"阁下还是如当年在齐王府时一样伶牙俐齿。我父王就是被你这副口舌逼得带病离京，途中惨死。"司马冏长戟再度用力，竟割破了杨珧的喉管，鲜血顿时狂喷而出，"所以，我现在再也不想听你开口了。"

杨珧喉管既断，本能地捂着喉咙在地上翻滚，惨叫着在庭院的地砖上拖出一道道血迹。殿中中郎孟观偷眼看了一眼司马冏，见他只是宁定地微笑着观看杨珧如何断气，不由心中暗暗打了一个突："这小齐王看起来温文尔雅，骨子里倒是个狠角色，以后还是不要得罪他才好。"只可惜孟观此刻还预料不到，哪怕他今后小心谨慎，又为朝廷戍边立下赫赫战功，多年后还是死在了身边这个温玉一般的少年手中。

等到杨珧终于气绝，司马冏才提起带血的长戟，打算再去杀三杨中最后一人杨济。然而就在他跨出杨珧府门时，探子却传来了杨济已在东宫伏诛的消息。到此刻为止，昔日权倾朝野的"三杨"全部伏诛，齐献王司马攸的大仇，也总算是报完了。

"杨济还养有暗卫营，要防止他们趁夜作乱。"司马冏说到这里，转头吩咐心腹侍从董艾，"你曾与本王一起在暗卫营潜伏过，对他们的情况最熟，这就和孟观将军一起前往平定。"

"是！"董艾躬身领命，顿了顿又迟疑着问，"那殿下要去哪里？"

"我还有点事。"司马冏说完，拨转马头，也不带任何随从，就这样风驰电掣地走了。

哪怕是对心腹董艾，司马冏也不会说他此行的目的地是延熹里的潘岳家。手刃了杨骏、杨珧两个最大的仇人，让少年齐王的心中充满了大仇得报的快意。他就像是一个得到了奖赏的孩子，迫不及待地要向自己最崇拜、最亲近的人表功，更何况他能够得到这次行动的领头人——楚王司马玮的青睐，平生第一次领略到带兵冲杀的乐趣，都是拜潘岳所赠。如今武帝司马炎和杨家兄弟都已死去，当初迫害父王司马攸的凶手——得到了报应，司马冏不由想起了先前潘岳对自己许下的承诺："你是人中龙凤，必定会凌霄起舞，实现你父亲未酬的志向！"

桎梏尽散，马蹄轻快，此刻翻腾在少年齐王胸怀中的只剩下一个问题："要如何才能飞得更高？"他相信，一旦见到潘岳，那位如师如父不惜粉身碎骨也要扶持自己的檀奴叔叔，一定会给出答案。

此刻还未到黎明，天色依然如倒扣的铁锅，黑沉得没有一丝光亮。渐渐地，司马冏将杨家兄弟府邸的火光都远远抛到了身后，越往前走，越是与今日毫不相称的阒寂。

忽然，前方隐隐传来了沸腾的人声，打破了这片里巷的宁静，也引起了司马冏的警觉。他催马疾驰了一会儿，果然看见前方有一群禁军士兵手持火把，正聚集在一户人家门前。而那个位置，恰正是潘岳的住宅。

"这是怎么回事？"司马冏纵马踏前，看着黑压压的禁军士兵厉声问，"叫你们领头的来回话！"

"齐王哥哥！"还没等有人出列，潘家院门处忽然传来一声惊喜的哭叫，"你来了真是太好了，呜呜呜呜……"

"睿儿？"司马冏此刻才发现，有一个人影一直踞坐在潘家院门前，竟是刚刚继任为琅琊王的司马睿！他此刻也顾不得向那些禁军问话，径直跳下马，穿越人群走到了司马睿身边，"你好歹也是个王爷了，怎么还像个小孩一样哭？"

"我是看见齐王哥哥来，太高兴了！"司马睿用衣袖使劲地擦去眼泪，这才抬起红彤彤的眼睛看着司马冏。因为父亲司马觐刚去世不久，司马睿此刻还身着孝服斩衰，显然是违背了守丧的礼制，从府中匆匆跑出来的。

"快说，这到底怎么回事？檀奴叔叔呢？"司马冏向司马睿身后望了一眼，见大门紧闭，院中也没有任何声响，不由浮起不祥的预感。

"我听说今日宫中有变，担心老师，就连夜过来看看。谁知老师不在家，这些士兵却想冲进他家里，说要搜查什么谋反的证据！若非我好歹是个琅琊王，此刻还不知老师家变成什么样子了！"司马睿说到这里，眼圈又是一红，显然以他少年之身对抗这么多全副武装的禁军，支撑得甚是辛苦。

"你们来这里,真的是要抄家搜查的吗?"司马冏听司马睿讲完,转头望向密密匝匝的士兵。

"启禀齐王殿下,小人们确实是奉命前来,还望两位殿下行个方便,不要耽误了公事。"一个校尉模样的将领客气地回禀。

"奉命,奉谁的命?"司马冏厉声问。

"奉宫中之命。"那校尉理直气壮地回答,"潘岳是杨骏党羽,如今杨骏谋反伏诛,自然要清查各家参与谋反的证据。"

"胡说!潘岳虽为太傅府主簿,却是奉命为内应,何来谋反之说?如今我这就进宫面见天子和皇后,必定讨来旨意,还潘岳一个清白!"司马冏说着翻身上马,坐稳之后又遥望着司马睿叮嘱,"睿儿,我回来之前,这里都交给你了!"

"齐王哥哥放心,有我在,绝不许他们踏入老师家一步!"十五岁的司马睿此刻重新鼓起了勇气,站起身双臂撑住门框,大有一夫当关万夫莫开的气势。

司马冏欣慰地点了点头,随即狠狠地抽下马鞭,座下马儿长嘶一声,撒开四蹄跑得远了。

夜风呼呼地从司马冏耳边刮过,让他的一颗心也随着马匹的颠簸越发不安——潘岳的事情,公孙宏早已知会了楚王司马玮,绝无将他错认为杨骏党羽的可能。而且就算潘岳有罪,也轮不到由宫中直接下旨搜查的地步——难道还发生了什么可怕的事情,是自己根本不曾知晓的?

越靠近宫城,街上的禁军就越多,预示着抓捕杨骏党羽的行动仍在进行。司马冏一口气越过人群跑到宫中大司马门下,朝着仍然驻扎在那里的禁军大喊:"楚王在哪里?我找他有要事!"由于无法进宫,司马冏只能指望先找到楚王司马玮这位宗室领袖,向他打听潘岳的下落。

他没有找到楚王,今夜事情千头万绪,楚王早已领兵不知去往何处。

就在司马冏急得想去敲宫门外的登闻鼓时，有人匆匆过来大声喊道："前方可是齐王殿下吗？下官公孙宏是也！"

"公孙宏？"司马冏一怔之下大喜过望，连忙转身一把攥住了公孙宏的胳膊，"你可知道潘岳出了什么事？"

"下官也是刚刚听到宫中传出来的消息，急着去找楚王救急。"公孙宏头上长冠都跑得有些歪了，一副焦头烂额的模样，"宫中的消息说，不知道皇后在太后宫里发现了什么，严令寺人监董猛带人抓捕安仁，现正把他关在廷尉狱中审讯呢。"

"皇后到底发现了什么？"司马冏着急追问。

"下官也不清楚，所以现在就去寻找楚王，唯有他可以进宫询问详情。"公孙宏见司马冏惊得有些呆了，连忙推了他一把，"如今遇见殿下最好。安仁在廷尉狱中还不知会受到什么折磨，麻烦殿下赶紧赶去看看。下官这边分身乏术，只能先去找到楚王要紧。"

"我知道！"司马冏那柄长戟早在杀死杨珧后就随手丢弃了，便伸手握住了腰中佩剑，"我现在就去廷尉狱！"

"殿下谨慎些！"见司马冏的眼中猛地冒出了浓烈杀气，倒把公孙宏吓了一跳，"抓捕安仁的指令来自宫中，殿下若是行为莽撞，就是抗旨之罪。殿下好不容易崭露头角，若是得罪了皇后，岂不是辜负了安仁对你的一片苦心？"

原来，檀奴叔叔对自己的苦心，连这个外人都看得出来。司马冏心中长叹了一声，将拔出一半的长剑铿然还鞘，克制着自己的悲愤点了点头："多谢公孙长史提点，我这就去了。"说着他再不耽误，驰马直奔廷尉狱而去。

此刻廷尉府外还有几个禁军士兵看守，见司马冏跑马前来，纷纷上前阻拦问询。司马冏心急如焚，哪里有心思和他们掰扯，当即抽出长剑大喝一声："我乃堂堂齐王，挡我者死！"就硬闯进了廷尉府中。

　　司马冏从未进过廷尉府,更不知道牢狱设在何处,只能下了马沿着房屋一路搜索过去。正毫无头绪之际,他忽然听见一阵嘤嘤的哭声,寻声过去一看,却是一个老狱卒正蹲在墙角,抱着头低声呜咽。

　　"老人家别哭了。我且问你,潘岳潘主簿现在何处?"司马冏好不容易逮着个人,又怕自己一身杀气吓坏了他,尽量压制住满腔焦急,温言细语地问。

　　"你……你是来救潘主簿的吗？"老狱卒抬眼望着衣着不凡的司马冏,尽管不知道他是谁,却也猜得到来人身份尊贵。见司马冏点了点头,老狱卒就像盼到救星一般,蓦地跪下痛哭道:"求求贵人赶紧去救潘主簿吧!他以前在这里做廷尉平时,对我们都再好不过,上次我儿子得了重病,还是他家杨夫人亲自去我家治好的……这样的好人,怎么命就这么惨呢……"

　　"到底怎么回事,你说清楚!"司马冏见老狱卒说话缠夹不清,心中更加焦虑,双手扶住老狱卒的肩膀,直将他扯了起来。

　　"方才宫里来了一群常侍,将潘主簿押进了狱中,又搬了许多刑具进去。"老狱卒被司马冏一吼,脑子果然清醒了些,"我不放心,就在外面偷看了一下,就看见他们……他们对潘主簿用刑……我不忍心看,却一点办法也没有,只好跑到这里来哭……潘主簿那样神仙似的人,那群阉人也下得去手……"说到后来,老狱卒语声哽咽,咕哝着再也听不清楚。

　　"他们把潘主簿关在哪里,你快带我去!"还不等老狱卒说完,司马冏已经一把抓住他,几乎是脚不沾地提着往前走去。

　　有老狱卒带路,这一次司马冏轻而易举就闯进了关押潘岳的牢房。待到一眼瞥见被直挺挺吊在正中满身浴血的身影,司马冏只觉得心痛得裂成了两半。他再也按捺不住,冲上去两拳挥开了挡在前面的两个内侍,随即腰中长剑出鞘。剑光闪处,悬吊潘岳的绳索应声而断。在潘岳的身子砸向地面之前,司马冏已一把托住了他,轻轻放他靠坐在墙角一堆干燥的稻草上。

这一连串动作在电光火石间爆发，将董猛和他的几个手下吓得蒙了。然而董猛毕竟跟随贾南风历练多年，反应最快，当即大声喝道："来者何人？我们奉旨审案，你想抗旨不成？"

司马冏没有理会董猛，迅速地检查了一下潘岳的伤势。只见他后背上血肉模糊，连带胳膊上也有数道鞭痕，哪怕司马冏小心避开伤处，斜靠在墙上时也压到了数条血槽，疼得潘岳冷汗如雨而下。司马冏强忍心中绞痛，转过头对气急败坏的董猛冷笑了一声："圣旨在哪里，拿给本王看看。"

"我们奉的是天子和皇后口谕！"董猛出宫匆忙，哪里有纸质的圣旨，只能如此回答。

"潘主簿是朝廷命官，没有明发的圣旨，岂是中贵人可以刑责加身的？"司马冏站起身，抱着手臂挡在潘岳身前，"这样吧，中贵人若要奉旨审案，本王就在此旁听，听听到底有什么人证物证，可以证明潘岳的罪行。"

"我等奉旨审理的是机密要案，就算是齐王殿下，也不方便知道。"董猛平素没见过几面司马冏，只恍惚记得这位少年藩王体弱多病、深居简出，因此便摆出了皇后宠臣的谱，决心将他吓倒。

"他们说我与太后杨氏有私，但那张诗笺，我是写给……写给夫人杨氏的……"潘岳喘息了一阵，眼前黑雾渐渐消散，终于伸手攥住了司马冏的衣摆，艰难地开口。

"什么诗笺？"司马冏见董猛手中果然握着一张带着墨迹的纸，顿时伸手夺过。董猛生怕撕坏了这罪证，不敢用力硬抢，只得任司马冏拿过去细看，口中着急地叮嘱："殿下小心些，撕坏了可吃罪不起！这是在太后宫里搜出来的。潘岳若真是写给他妻子，又怎么会送进了太后宫中？可见他就是在抵赖……"

"是不是抵赖,只要问问潘杨氏夫人就知道了。"司马囧看完那封情诗与落款,心中渐渐有了数,"于情于理,若潘岳这首诗真是为太后所写,杨夫人决计不会知晓诗中的内容。这么简单的办法,中贵人不会想不到吧?"

"我也有此提议,奈何他们不肯……"潘岳斜靠在墙上,面露苦笑。从董猛的态度他已经可以猜到,董猛所求的,并非事实的真相,而是早已设定好的供词。否则,他们又拿什么去扳倒永宁宫中名正言顺的太后?

"潘岳说他的夫人现在秦王府中。这三更半夜的,谁敢去叨扰秦王?"董猛色厉内荏地反驳道。

"事关太后清誉,你们就是如此敷衍塞责的吗?待到明日我上书朝廷揭明缘由,只怕中贵人之罪要惹犯众怒,连皇后也保不住你!"司马囧见董猛脸色一变,知道自己这个王爵终归还是有些用处,转头朝一个内侍呵斥道,"去秦王府请杨夫人前来,现在就去!人证不到,本王看谁还敢擅自用刑!"说着他一把抽出腰间长剑,盘膝坐在了潘岳身边。

董猛虽然内心愤恨,奈何司马囧身份贵重,他一个做奴婢的无法与之正面抗衡。于是他只能朝旁边那名手下挤了挤眼睛,大声吩咐道:"赶紧去秦王府请杨夫人!"

司马囧看见了董猛的眼色,心中一动:"慢着!"他忽地一指一直守候在牢门外的老狱卒,"你和他一起去!"

"那就一起去,动作快些!"董猛料不到司马囧竟如此精明,顿时有些泄气。

虽然戳穿了董猛的把戏,司马囧却高兴不起来。此刻公孙宏应该已经找到了楚王司马玮,可事关太后杨芷,只怕连司马玮也无法置喙。那么就算杨容姬出来作证,能够挽回皇后贾南风的杀心吗?他担忧地转头去看潘岳,见他伤痛失血之下面色苍白,连嘴唇都干枯发白,不由心中一痛:"快找大夫来!"

"殿下,我现在……嫌疑未明,还是在押囚犯,断无深夜传唤大夫的规矩……"潘岳不愿司马冏再得罪董猛和他身后代表的贾皇后,喘息着虚弱一笑,"殿下不必担心,我并无大碍……倒是你表叔夏侯湛为了救我中箭,现在还生死未卜……"

"好,我一得机会马上去探听夏侯表叔的情况。"司马冏安慰了一下潘岳,随即又高声吩咐,"那就拿一碗水来!"

这一次,司马冏的命令终于得到了回应,一个小内侍见董猛点头,果然打了一碗水,递到潘岳面前。

潘岳方才流了太多的冷汗和鲜血,早已渴得狠了,奈何双臂被吊得酸痛不已,却是连一碗水也接不过来。司马冏见那小内侍笨手笨脚,心中恼恨,一把夺过水碗,凑到潘岳唇边,喂他喝了下去。随后潘岳疲惫地靠着墙壁闭目养神,司马冏则横剑坐在他身边,一副生人勿近的姿态。

董猛见司马冏以齐王之尊亲自服侍潘岳,不由暗暗咋舌,满心只盘算着如何将这尊瘟神送走。然而看样子司马冏是铁了心杵在这里,董猛无计可施,只能在桌案后坐下,东张西望想搜寻和自己同来的金真天师孙秀。那孙秀却从一进廷尉狱就不知躲到哪里去了。

过了良久,那前往秦王府的小内侍和老狱卒终于返回,然而他们身后,并没有杨容姬。

感觉到潘岳强行撑起的身体又蓦地委顿下去,司马冏心中一痛,耳听董猛已然问道:"让你们去请杨夫人,人呢?"

"启禀齐王殿下,董常侍,小人确实前往秦王府,奈何杨夫人不肯前来。"那名小内侍躬身回答。

"你们说清自己的来意了吗?"董猛故意问。

"说了,说潘主簿卷进了一件要紧的案子,需要杨夫人到廷尉府作证。"那小内侍每说一句,憨厚的老狱卒就点一下头,让司马冏无法怀疑他在说谎。

"杨夫人的原话,究竟是怎么说的?"司马冏感觉到潘岳的呼吸比方才粗重了些,担心他说话劳神,连忙代他问道。见小内侍又要开口,司马冏蓦地打断了他,用手指着老狱卒道:"你来说。"

"杨夫人先是说夜深不便外出,小人便磕头哀求,说若她不来,潘主簿有性命之忧……"那老狱卒抬起衣袖,擦了擦通红的眼睛,语声渐渐有些滞涩,"最后她嫌小人聒噪,就说与潘主簿已经签下了和离文书,因此潘主簿不论发生什么事情,都与她无关……"

"唔……"老狱卒话音未落,潘岳的胸口猛地一抽,一口血顿时呕了出来,吓得司马冏一把扶住了他,方才还耀武扬威的齐王顿时变成了手足无措的孩子。

"我走之后,你没有牵扯女色就好,否则我跟你一刀两断,绝不会再回来了!"杨容姬临别前的话又在耳边响起,让潘岳浑身发冷,如坠冰窟。难道她也相信,他和太后杨芷之间缠杂不清,所以真的履行诺言,对他再也不管不顾了吗?不,不会的。以他对阿容这么多年的了解,就算她心里再恼他恨他,也绝不会置他的性命于不顾。

"我没事……"潘岳轻轻拍了拍司马冏的手,借着他的力道坐直了身体。吐出这口在胸中憋闷了太久的血气,他的思路仿佛也顺畅了不少,紧盯着老狱卒问,"这些话……你是亲眼看着夫人说的吗?"

"秦王府规矩大,小人们是隔着珠帘向夫人回话的。"老狱卒迟疑了一下,又补充道,"夫人曾经给我儿子看过病,因此小人记得她的声音,虽然隔得远,应该不会错。"

"我明白了。"潘岳唇边露出了一个浅浅的笑容,身子重新斜靠下去。见司马冏依然满脸焦急,眉峰紧紧地锁在了一起,潘岳低声朝他宽慰道:"既然不是亲见,想必就是秦王安排了会口技的俳优冒充她。你杨婶婶,绝不会说出这样的话……方才,是我一时迷了心窍……"

"肯定是冒充。我家里原来就蓄养过两个会口技的俳优,模仿什么声音都惟妙惟肖！后来我们搬离齐王府，许多旧人就留给了秦王。"司马囧使劲点着头。"那现在该怎么办？"他知道挽救潘岳的唯一希望都寄托在了杨容姬身上，可现在杨容姬被秦王司马柬所困，又如何将她接出来呢？

"山奴，只能麻烦你了……"潘岳望着司马囧焦虑的神色，微微一笑，"进秦王府，你轻车熟路……"

"对啊！"司马囧蓦地一拍脑袋，暗道自己愚蠢。秦王府就是当初的齐王府，他假扮父亲司马攸的鬼魂去吓唬秦王一家时，可不是正大光明从秦王府大门进去的。

"若是阿容她……她真的对我有什么误会，也请你代我澄清……"潘岳急喘着，又不放心地叮嘱，"就说潘岳这一生，宁死也不会负她！"

"好，我这就亲自去秦王府'请'杨婶婶！可是，这里怎么办……"司马囧原本已豁然起身，目光却在触及潘岳满身的鞭痕时凝滞了。

"我还撑得住，他们暂时……也不敢让我死。"潘岳轻轻推了推司马囧，"把你杨婶婶请到，才是真正救我的办法。"

"好，我去！"司马囧闭了闭眼，强行切断黏在潘岳身上的视线，忽而长剑一挥，一下子将董猛逼到了墙上。

"殿下，这……这是何意……"董猛万料不到司马囧毫无征兆地朝自己发难，只觉得脖子边那股凉意浸入骨髓，带动得他的腿肚子都抽起筋来，"殿下有话好说，有话好说……"

"我要你发誓，我未将杨夫人请来之前，不许再对潘岳用刑。否则你必死在我的手上！"司马囧用剑刃轻轻刮了刮董猛的脖子，吓得他面如土色。他赶紧将这句誓言重复了一遍，"我发誓，若是殿下回来之前我再对潘岳用刑，日后必死于殿下手中！"

"记住就好！"司马囧说完，"唰"地收回长剑，又向瑟缩在一旁的老狱卒吩咐了一声："你速到齐王府传我命令，叫董艾带人到秦王府门口接应，事成本王重重有赏！"说完，疾步夺门而去。

见司马囧果真走了，董猛摸了摸脖子，终于长出一口气。他想要站直身体，却发现手足酸软得没有一点力气，瞪眼朝几个小内侍骂道："没眼色的东西，还不过来扶我一把？"

"我来吧。"随着一声轻笑，一双手忽然伸过来扶住了董猛的手臂，帮他缓缓坐在席垫上。董猛转头一看，不禁又喜又怨，"天师，方才你到哪里去了？"

"一直在隔壁观望。"金真天师孙秀指了指墙上的一条缝隙，"董常侍奉旨审案，所以在下一直不敢进来打扰。"

"那现在为什么又来了呢？"想起方才自己一个人对付司马囧的窘迫，董猛没好气地问。

"来为董常侍排忧解难啊。"孙秀看了一眼斜倚在墙角紧闭双眼的潘岳，眼底露出了一丝阴狠，"皇后还在宫中翘首以待，董常侍难道就这么浪费时间吗？"

"你想做什么？"董猛惊讶地问。在宫中摸爬滚打了几十年的老内侍不能理解，这件事与孙秀并无什么干系，为何他却如此热衷？

"太后在永宁宫就是祸患。她在一时，皇后就一时不得安稳。所以哪怕有齐王作梗，我们做臣子的也应做好分内之事。"孙秀见董猛不由自主地点了点头，嘴角露出一丝狞笑，"董常侍应该知道，河滩里捡到的蚌壳肉味鲜美，里面还藏着晶莹的珍珠。然而要撬开那紧闭的蚌壳却十分困难，就像现在潘岳的嘴一样。不过只要放进锅里一蒸，再严密的蚌壳也会乖乖打开。这是因为持续不断地加热，火候到了，珍珠也就到手了。"

"天师的意思是……"董猛盯着孙秀近在眼前的俊美妖异的脸，有些恍惚地问。

"方才董常侍的火候还没到，所以一无所获，现在就由我替董常侍动手吧。反正齐王是逼你发誓，又没有逼我。"孙秀说完，见董猛懵懂地点了点头,便放开他的胳膊站起身来。

扫了一眼伺立在一旁的几个内侍,孙秀嘴角的笑容瞬间凝结,冷冷地吩咐:"把潘岳拖过来,先杖二十,让他清醒清醒!"

当司马冏再一次跨上马匹在洛阳城街头狂奔时,他看见东方的天空翻出了一线细细的亮光,预示着这漫长的一夜终于要过去,也让他心中的焦灼稍稍平复。他驰马跑到昔日太后羊徽瑜所居的宏训宫旧址,连马匹都顾不得拴,就熟门熟路地扒住墙头,翻进了这座早已废弃的宫殿中。

宏训宫与昔日的齐王府,也就是今日的秦王府,比邻而建。只要翻过一座宫墙,就能进入秦王府内宅的宜心园内。司马冏从出生起就在这两座宫府间穿梭,一草一木都了如指掌,轻而易举就进入了秦王府的宜心园内。

宜心园地处偏僻,平时少人来往,只有一个老仆袁伯住在小屋内看守。司马冏是袁伯看着长大的。哪怕因为齐王府被迫改成秦王府,袁伯也随之成了秦王府的家仆,但他对司马冏这份暗藏的忠心依然执着。

此刻天还未大亮,所有人几乎都仍在睡梦中。司马冏跑到袁伯独居的小屋前,轻轻敲了敲门。老年人睡眠轻浅,袁伯立刻便醒了过来。

"殿下出什么事了?"袁伯看司马冏神色憔悴得可怕,身上还沾染着来历不明的血渍,不由大惊失色。自从潘岳揭穿了司马冏假扮司马攸鬼魂的事后,司马冏就再也不曾到过这里。

"我没事。你快告诉我,檀奴叔叔家的杨夫人具体住在哪里?"司马冏急切地问。

"杨夫人自进王府来,一直住在王妃院子的厢房里。"袁伯话还没有说完,司马冏已经一溜烟地跑远了。

司马冏自然知道秦王正妃应该住在何处,只挑近道向内宅深处跑去。他无暇像以前那样隐藏行踪,因此当他跑进秦王妃宅院时,早已惊动了秦王府诸多仆从侍女,护院的府兵也抄起兵刃,乌泱泱地追来了一片。

"我乃齐王司马冏,有急事求见!"司马冏知道跑不掉,索性站在院子里大声自报家门。

"齐王不避嫌疑登堂入室,究竟所为何事?"随着一声略带愠怒的质问,一个人影从正房门内走了出来,府兵、仆从和侍女们顿时齐齐跪倒下去。秦王司马柬治军严厉,家中仆从也颇有行伍之风。

"小王擅闯秦王内宅,确实罪孽深重,只望秦王殿下允我一事,要杀要剐,悉听尊便。"司马冏早对秦王司马柬憋了一肚子的气,却有求于他不便发作,只能深深一躬,掩饰自己满脸的不忿。

"有什么事情,我们到前厅里去说。"司马柬只匆匆披了一件外袍,显然是睡梦中被惊醒的。他拢了拢衣襟,率先迈步朝外走去。

司马柬是武帝皇子,年纪又比司马冏大了十来岁,论地位论年龄,司马冏都只有乖乖听话的分儿。然而司马冏好不容易到了这里,哪里肯走,索性豁出去一般高声叫道:"我不是来找秦王殿下,而是来找潘岳潘主簿之妻杨夫人的!杨婶婶,檀奴叔叔现在身陷囹圄,倍受苦楚,唯有你出头作证方可昭雪冤情。你若听得见我说的,就快跟我一起走吧!"

"齐王殿下,你擅闯内宅当众喧哗,可还有一丝身为宗室的体统吗?"司马柬怒喝。然而他平素不以言辞见长,根本无法阻止司马冏。情急之下,司马柬拔过一个府兵的佩刀,随手指向仍在大声呼喊的司马冏:"你闭嘴,否则别怪本王不客气!"

"我确实没有体统,但秦王殿下昨夜让人冒充杨婶婶,拒绝为含冤入狱的潘岳作证,这又是什么体统?"司马冏奔劳一夜,心急如焚,此刻早已将尊卑生死一概抛之脑后。他熬了一夜的双眼通红如火,紧盯着司马柬的刀尖,竟然冲着它迈上了一步又一步,那毫不畏惧的悲愤神色让司马冏蓦地一愣，竟无言以对。

"齐王殿下方才所说，可是真的吗？"忽然，一个清冷的声音从院子的另一角传出。虽然声音并不大，却如炸雷一般让秦王司马冏一震，手中佩刀当啷掉在了地上。"都退下！"司马冏阴沉着脸吩咐了一声，顷刻之间院子里的下人走得干干净净，只剩下司马冏、司马冏和杨容姬，远远站成了一个三角。

"我再请问一遍秦王殿下，方才齐王所说，可是真的？"杨容姬知道司马冏不善言辞。但他虽然没有回答嘴唇却颤抖得厉害，杨容姬顿时猜到了答案。

"檀郎现在情况如何？山奴，你这就带我去见他！"杨容姬无暇与司马冏分辩对错，只走到司马冏身边，急切请求。

"果然不愧是我的杨婶婶，再乱的事情也能一下子抓住头绪。"司马冏暗赞了一声，领着杨容姬就往外走去。

"且慢！"秦王司马冏蓦地拦在杨容姬面前，满脸的不可置信，"你不是早与潘岳和离了吗？他如今不管卷进什么案子，都与你再无关系，你何必要蹚进浑水之中？"

"殿下如何知道我与潘岳离异了？"杨容姬警惕地问。

"我……我命王妃偷偷看过你的行李，里面有一张和离文书……"司马冏似乎触及了某种隐秘的心思，竟面红耳赤起来，"所以，我以为……"

"殿下说的，是这个吗？"杨容姬从怀中取出一张纸，忽然唰唰几下撕得粉碎，"王妃看得不够仔细，这张文书上我始终没有签字画押，所以也从没有生效过。自始至终，我都是潘岳的妻子！"

"你……你可知道昨夜三杨府邸杀人如麻，而潘岳又是杨骏的死党。我这是在保护你的安全！"司马冏见杨容姬神色冷峻，根本没有将自己的担忧放在心上，不由得又急又气，"不管怎样，没有我的命令，你们根本出不了这个秦王府！"

"秦王殿下是想逼我恨你吗？"杨容姬见平素敦厚的司马繇被逼到了这个地步，心中也是恻然，"其实秦王殿下应该恨我才对。檀郎一直反对我与秦王府交往，甚至说过他宁死也不会求秦王援手。是我心中别有所图，想要借秦王权势为檀郎谋一条后路。既然是我利用你在先，秦王殿下不怪罪我已是仁至义尽。从今以后，无论我是死是活，是荣是辱，都请殿下不要再为我操心了。"

"不，我怎么可能……"

"秦王殿下不必再说了。如今檀郎处境危险，我在此多耽误一刻他就多受一刻折磨，恕我不能再回应殿下的话了。"杨容姬心中惦记潘岳，不想再和秦王司马繇缠夹不清。她匆匆对司马繇福了一福，随即跟着司马囧头也不回地往秦王府大门而去。

"杨姐姐，原来跟他相比，我真是一点分量也没有啊……"望着杨容姬义无反顾的背影，司马繇跟跄了一步，喃喃着闭上了眼睛。

有老狱卒传话，此刻董艾早已带了车马在秦王府门口恭候。司马囧于来路上已将大致情形向杨容姬述说了一遍，此刻也顾不得避嫌和杨容姬同坐一车，焦急问道："杨婶婶，那首诗果真是檀奴叔叔写给你的吗？"

"独悲安所慕，人生若朝露。绵邈寄绝域，眷恋想平素。"杨容姬随口背诵了两句，"那诗笺上写的，确定是这首吗？"

"对，就是这一首！"司马囧方才只是在狱中匆匆一瞥，并未将诗句背下，此刻听杨容姬一开口，顿时大喜过望，"只要杨婶婶向皇后背诵出这首诗，就可以证明檀奴叔叔与太后并无苟且之事了！"

"咱们现在是在往皇宫去吗？"杨容姬忽然问。虽然初得知潘岳的境遇时惊骇万状，但她很快恢复了平素的宁定清醒，因为她知道，丈夫的命运，此刻已经落在了她的肩上。只要她一着不慎，潘岳就是身败名裂，万劫不复。

"是。我已经压制住那阉人董猛，不许他再折磨檀奴叔叔。不过那阉人也做不了主。所以如今最要紧的，是釜底抽薪，直接向皇后讨得释放的命令。"司马冏解释。

"说得是。不过若只是当庭背诵，并不足以说服皇后。毕竟她想针对的不是檀郎，而是太后。"说完，她忽地抬起眼睛直视司马冏，"山奴，去皇宫之前，先回一趟我家！"

"杨婶婶是有确实的证据吗？"司马冏惊喜地问。

"这首诗是我未出嫁前，檀郎寄到我荆州娘家的。那些年往来的书信，我全都整理好压在装嫁妆的箱子底层里，连檀郎都不知道。"杨容姬见司马冏面露喜色，也笑着点了点头，"只要那些箱子没被人动过，我就可以找出来。这样的铁证，可比我口头背诵有力多了！"

"糟糕，昨夜禁军想要查抄你家，也不知道睿儿那孩子最后挡没挡住……"司马冏一念及此，慌忙掀开车帘大声命令，"马上去延熹里潘宅，越快越好！"

董艾得了主人命令，死命抽打拉车的马匹，没过多久就冲进了延熹里。司马冏嫌侧面的车窗中看不清情况，猫着腰掀开了正前方的门帘，一眼便看见半夜聚集在此的禁军士兵们扛着武器，没精打采地坐在地上。而那个斜靠在潘家大门前，张着嘴巴睡得人事不知的孝服少年，不正是琅琊王司马睿是谁？

看到司马睿滑稽的模样，司马冏又是好气又是好笑。他旁边的杨容姬显然比他紧张得多，才一下车就奔上台阶挽住了司马睿的肩膀，心疼地道："睿儿，辛苦你了！"

司马睿被杨容姬吵醒，呆愣愣地揉了揉眼睛，才蓦地认出了眼前的人。"师母，你们终于来了！我……我没有让他们进去！"因为太过激动，司马睿又有些口吃起来。

"睿儿，多亏了你，才得保住救你老师的证据。"杨容姬诚心诚意地向司马睿道了谢,推开门走进久违的家,径直前往潘岳和自己的寝房。让她欣慰地是,房内每一件东西都和自己离开时毫无二致,明显是潘岳刻意保持下来的。

打开装嫁妆的箱子,杨容姬从最底层翻出了一沓书信,从中抽出一封打开看了看,欣喜地道:"就是它了。"

司马冏斜斜扫过去,只见那陈旧的信纸上果然写着杨芷处一模一样的诗句,而信的落款分明写着泰始二年,恰正是二十年前晋朝初建时的年号。他一颗悬着的心总算彻底放了下来,欣喜道:"有婶婶这封信为证,任谁也不能把脏水泼到檀奴叔叔身上了!"

"我们立刻去皇宫!"杨容姬将信纸贴身放好,和司马冏匆匆走出寝房。见司马睿依然撑着苍白的小脸坐在门口和禁军对峙,杨容姬又是感激又是心疼:"睿儿不必在这里守着了,这样不眠不休的,要是累出病来可怎么好?反正檀郎问心无愧,他们要搜,就让他们搜吧。"

"不,这里是我求学的地方,我才不舍得他们去糟蹋。"司马睿固执地道,"师母和齐王哥哥快去吧,睿儿没用,只能在这里等你们的好消息了。"

杨容姬和司马冏不敢耽误,又急忙驾车朝宫城赶去。好在比起来路的忐忑,他们此刻的心情明显轻松了不少。到得宫城外的大司马门外,昨夜驻守在这里的楚王司马玮麾下士兵已大多散去,倒是长史公孙宏,一直抻着脖子等待齐王府的马车到来。

"董艾派人给下官送了消息,所以就在这里等候齐王殿下。"公孙宏显然也是一宿没睡,两个眼袋肿得发青,一见司马冏就跟抓住了救命稻草一般,"昨夜楚王殿下带下官去为安仁说情,却被皇后绵里藏针训斥了一顿,让我们没有证据就不要妄言。齐王殿下如今可找到证据了吗?"

"幸不辱命。"司马冏笃定地点了点头,脸上露出开心的笑容来。待到杨容姬也下了车,与公孙宏互相见了礼,司马冏就到大司马门处向值守黄门通禀，说要求见天子和皇后，又让董艾悄悄给那黄门塞了不少财物。

他们满怀欣喜地在宫门处等候召见，那黄门却如同黄鹤一般，飞走之后就杳无音信，让众人的心都一点点凉了下去。一直等到太阳都升起了老高，那黄门才黑着脸出来，无精打采地回复说："皇后昨夜处理要务，今日身子倦怠，让齐王改日再来。"

"此话当真？"司马冏眼看负责抓捕侍中傅祇、尚书武茂等杨骏党羽的宗室和将领在宫中进进出出，那句"身子倦怠"显然是一句托词，不由追问，"中贵人可提到，本王是为潘岳一案的证据而来吗？"

"提了。就因为这个，皇后差点命人打了我的板子。"回想起方才贾南风阴鸷的目光，小黄门站在艳阳下依然打了个寒战，"齐王殿下回去吧，求您别再为难奴婢了。"说着，掏出荷包中的礼物，就要还给司马冏。

"皇后这样做，难道是存心要置檀郎于死地吗？"杨容姬万料不到最后等来的是这样一个结果，情急之下就想去敲设在宫门处的登闻鼓，却被公孙宏一把拦住："嫂夫人且住！这登闻鼓虽然可以上达天听，但敲鼓之人必先受三十重杖。只怕嫂夫人还未得见天颜，就香消玉殒了！你让我日后向安仁如何交代？"

"可若不冒死一搏，檀郎就断无生机了！"想起司马冏提到潘岳在狱中的光景，虽只是一笔带过，她不敢问，司马冏不忍说，但以杨容姬的聪慧也猜得到真相有多么残酷。一念及此，哪怕杨容姬再坚强再克制，也忍不住五内如焚，终于用衣袖捂住面孔，痛哭失声。

"罢了，我还有一个法子，可以见到皇后！"一筹莫展之际，司马冏伫立良久，终于攥紧拳头下定了决心，"杨姊姊，如果你不怕擅闯宫禁之罪，就跟我来吧！"

第 十 四 章

血　祭

愊抑失声，迸涕交挥。非子为恸，吾恸为谁？

——潘岳

　　廷尉狱的牢房地上没有石板，也没有青砖，只有一片潮湿的黑泥。自东汉以来，不知多少犯人的泪水、汗水和血水渗透进这片泥地中，让这方寸之地带着污浊、阴森和阴魂不散的冷意。

　　温裕和卫宣的血汗，应该也渗透在这片泥土之中吧。当身体被粗暴地拖倒，潮湿的泥土腥气扑进口鼻直冲肺腑时，潘岳的脑海中忽然闪过这两个人最后的面容。他们都是死在自己的手上。那如今自己切身体会着他们当时的痛苦和绝望，温裕与卫宣的灵魂是不是也站在这牢房的某一处静静地看着自己呢？

　　"不要以为有齐王撑腰就可以心存侥幸，潘岳，你是逃不掉的。"那个毒蛇般的声音又响了起来，这一次却是近在咫尺。潘岳吃力地睁开双眼，正看见一个人弯着腰得意地凝视着狼狈匍匐的自己。

　　原来，是孙秀。

　　如同黑暗中遭遇强光，潘岳蓦地垂下眼，紧紧抿住了嘴唇。脑海中一些掩埋多年的记忆沉渣泛起，穿越二十年漫长的时光，渐渐与现实串联在一起，勾勒出真相的轮廓。

　　"老实招供吧，否则我保证接下来的一切，你根本承受不起。"孙秀俊美阴柔的面孔上，不可思议地混杂着兴奋、痛恨与期待的表情。

　　"让我衔冤自污，我才承受不起。"潘岳冷冷地回应。

"你知道我是谁吗？"孙秀见潘岳反应平淡，心下一阵失落，情不自禁地问出这句话，声线中有旁人难以觉察的颤抖。

"不认得。"潘岳虚弱地伏在地上，头也不抬地回答。

"撒谎！你记忆力惊人，连小时候遇见的董常侍都认得，怎么可能不记得我？"孙秀尖声高叫起来。这二十年来，他日日幻想着将潘岳踩在脚下的情形。甚至可以说，他所做的一切，都是靠着对潘岳的恨意来支撑。可对方一句轻飘飘的"不记得"，就要将他所有的痛苦、拼搏和期待都尽数抹杀吗？

"天师原来和潘主簿是故交？"董猛忽然惊讶地问。

"故是故人，交情却半分没有。"孙秀咬牙回答了这一句，立时有些后悔自己的失态。为什么在别人面前都可以做出一副神仙高士的模样，而潘岳轻飘飘一句话，却可以让自己忘却了所有伪装，将深藏的真面目暴露于人前？

"那潘主簿为何说不记得金真天师？"董猛又转向潘岳问。

"有些人自然会记得，但有些装神弄鬼不知廉耻的东西……"潘岳顿了顿，冷笑出声，"记着只会成脑子里的垃圾，自然是要尽早倒掉！"

"死到临头，你还逞此口舌之利！"孙秀大怒，狠狠一脚踢在潘岳肋下，气急败坏地喊道，"给我打，打到他招供为止！"

眼看两个执刑的内侍抡起刑杖，一左一右地朝着潘岳的臀腿处打去，孙秀攥着拳头僵立在原地，牙齿咬得咯咯作响。先前董猛审讯潘岳时，他原本想要随同观看，却发现自己不知为什么竟生出一股畏惧，就像离家太久的游子近乡情怯，他也害怕二十年后重逢潘岳时，对方会是怎样的反应。于是孙秀就躲到了隔壁，透过石墙的缝隙观看着发生在潘岳身上的一切。当他看到长鞭呼啸着咬开潘岳身上的皮肉时，他胸口上的三道鞭痕也附和着叫嚣起来，痛得他不得不顺手抄过一碗凉水直泼上去，才稍稍掩下胸腑间烈火焚身一般的炽烈。不过这焚身之痛虽然难熬,内中却又混杂着十二分的舒爽快意,让孙秀恨不得亲自动手,揪住潘岳的头发扳起潘岳的脸孔,听那张形状完美的嘴唇里吐出谄媚讨饶的话语。

这是他期待了二十年的场景。他多等待一刻,就是将那即将登顶的快意延长一刻。所以从内心深处,孙秀甚至希望潘岳能更倔强一些,能够在他猫捉耗子一般的报复中多支撑一段时间。

如孙秀所愿,潘岳果然在苦苦支撑。沉重刑杖带来的疼痛如同一条狂暴的毒蛇,从他的皮肉蹿入血脉,癫狂舞动,让他被死死压制的身体骨节都挣得咯咯作响。而毒蛇的尖牙,则正咬住了他的心脏,让他呼吸不畅,眼前发黑,全身犹如被浸入了沸腾的油锅,恨不得被一把火烧死了干净。

终于,当臀腿上高肿的肌肤如同干旱的土地一般皲裂开来,血珠便争先恐后地随着刑杖的起落抛洒而下,让受刑之人再也无法吞咽下惨痛的哀鸣。这哀鸣落在孙秀耳中,却仿佛山谷中流水潺湲、茂林间百鸟啁啾,让他全身每一个毛孔都说不出得熨帖舒畅。

“今日之耻,来日必定百倍奉还!”二十年前那个被赶出琅琊内史府的少年天师,就是这样发誓的吧。三鞭贯体的疼痛,冰块烙脸的耻辱,还有那回荡在耳边鄙薄轻蔑的口吻,是孙秀永远不能平息的噩梦。他等了那么久,拼了那么久,甚至献出了难以启齿的代价,才终于换来了今天这快意恩仇的一幕。只可恨这其中的艰辛,潘岳根本不会知晓,也根本不屑于知晓。

“常侍,天师,人犯晕过去了。”执刑的内侍几杖打下,见潘岳连本能的挣动都微弱下去,终于发现了异样。

孙秀蹲下身,拂开潘岳披散下来的汗湿的头发,托起了他的下颌。那张水洗过一般毫无血色的脸上双眼紧闭,牙齿紧紧地咬着发白的嘴唇。一道冷汗从额间滑落下来,顺着挺直的鼻梁流经嘴唇,带着几丝鲜艳的嫣红滑下下颌,最终滴在孙秀的掌心之中,让他的心没来由地轻轻一颤。

"拿水泼醒他!"仿佛是要掩饰心中莫名的慌乱,孙秀一把甩开潘岳,站起身吩咐道。

冰冷的井水当头泼下,潘岳的眼睫如同秋蝉的翅膀般无力地颤动几下,终于缓缓睁开。尽管已经极度虚弱,他还是在视线对上孙秀的身影时,艰难地将头微微侧开,就仿佛多看孙秀一眼,都会多玷污一分自己的眼睛。

"潘主簿,你还是招了吧。"董猛心惊胆战地等了半天,不见齐王司马冏回来,胆子渐渐壮了起来,"你看,天都快亮了齐王也没回来,肯定是找不到对你有利的证据。所以你再这样扛下去,又有什么意义呢?"

见潘岳依然咬着牙一言不发,董猛无奈地看了一眼孙秀,竟有些求援的意思。

孙秀在潘岳面前蹲下,将他受刑时深深插入泥地的手指抬起,用指尖抹去上面的污渍。潘岳厌恶地想要抽回手,然而剧痛之下太过虚弱,只能勉强侧过头充满恨意地盯着孙秀。

见潘岳的眼神终于濒临失控,孙秀得意地笑了笑,一把将潘岳的手掼在地上。他挪了挪脚步让自己蹲得更舒服一点,眼神紧紧地捕捉着潘岳的双目:"怎么,还在等着你心爱的杨容姬来救你?"

潘岳的嘴唇颤抖起来,略有些涣散的眼眸挣扎着想要避开孙秀,却如同被网罗罩住的鸟儿,强行被孙秀凝聚在一起。他的眼睫上沾着水珠,脆弱得轻轻一抖就碎掉了,然后沿着白玉一般的脸颊滑落,仿佛示弱的泪水。

孙秀的心弦再一次兴奋得颤动起来。在他的记忆中,潘岳永远是傲慢、强势和高高在上的,何曾有过如此单薄软弱的模样?他只觉全身的血液都沸腾了起来,眼中闪烁的光亮也如夜间的磷火一般越烧越旺。

"夫妻本是同林鸟,大难当头各自飞。这句话,你肯定听说过吧。"孙秀的语调有些变了,变得有些诡异的诱惑,仿佛一根细细的草茎直拂人心中最隐秘的地方,"你一心盼着杨容姬来这里证明你的清白,却不知道她此刻已经攀上了秦王这根高枝,快活得根本懒得搭理你了。"

"不……不会……"潘岳的瞳孔蓦地缩了缩,脸上露出了痛苦的表情。一滴泪水从他发红的眼角滑落下来,砸在地上摔得粉碎。

"会,当然会!"孙秀伸手卡住潘岳的下颌,步步紧逼,"你是倾国倾城的檀郎又如何? 一个男人,原本就不该只凭一副皮囊幸存于世! 杨容姬她是聪明人,知道你生得再美,也抵不过秦王天潢贵胄的身份。她有什么必要为了你抛却秦王给予的荣华富贵,冒着连坐的风险与你再续前缘? 你永远等不到她来了,她永远不会来了! 这一点,你自己心中其实明白得很! "

"对啊,杨夫人不会来了!你拒不招供,除了给自己招罪,什么好处也没有。"董猛见潘岳的表情渐渐由难以置信变成了绝望死寂,也赶紧劝道,"赶紧写下供状,你的苦就到头了! "

"好,我写……"潘岳直勾勾地怔了半晌,终于认命般垂下眼,微不可闻地道。

"好好好,快拿纸笔过来! "董猛一听潘岳要招,顿时喜出望外,也不顾孙秀的冷眼, 颠颠地凑到了潘岳面前。他原本想让人将潘岳搀起,却见潘岳由肩至膝血肉模糊,略动一动便虚弱得又要晕过去,赶紧殷勤问道:"潘主簿若是不方便起身,就这样趴着写可好? "

潘岳略点了点头,董猛便将毛笔蘸好墨汁,小心地塞进潘岳手中,又帮他把面前的纸张边角压好。潘岳用左手手肘奋力撑起上身,咬牙忍过一阵剔骨沥髓般的眩晕,终于艰难地回过右臂,缓缓地在供纸上写了下去。

潘岳提笔在供纸上写时,董猛一直在旁边看着。他读书不多,恍惚觉得潘岳写的很多字他都认识,串在一起却不太明白什么意思,便不敢出声打扰。好在潘岳力气有限,所书不长,不过寥寥数行就支撑不住伏倒在地,几滴染血的冷汗洒在纸张上,晕染出一小片淡红的斑痕。

"潘主簿写完了吗?"董猛不放心地问了一句,见潘岳低低"嗯"了一声,便拾起供状走到孙秀身边:"天师看看,这上面写的什么?"

孙秀方才被董猛打断,心中耿耿,却碍于对方主审不便发作。此刻见董猛示弱,便接过供状,细细辨认,见上面竟然是一首四言诗:"绾发绾发,发亦鬓止。日祗日祗,敬亦慎止。靡专靡有,受之父母。鸣鹤匪和,析薪弗荷。隐忧孔疚,我堂靡构。义方既训,家道颖颖。岂敢荒宁,一日三省。"

"这究竟什么意思?和杨太后的奸情有关吗?"董猛见孙秀看得认真,急切地问。皇后贾南风命他尽快审出潘岳供词,如今一夜过去,董猛一心要回宫去复旨。

"这首诗哪里是什么供词,分明就是潘岳的狡辩!"孙秀一边看一边冷笑,"你别看他这首诗用词古奥,卖弄文采,其实里面就只有一个意思——他潘家家风严谨,持身清正,绝不会做出任何有违道义的事情,更不可能与杨太后通奸了!"说到这里,孙秀蓦地一惊,随手扔下供词走到潘岳身边,恨恨地伸脚踩住他的手指,用力一蹍,"原来,方才你都是装的!"

"哈哈哈,这么多年了,你还是……还是没有一点长进……"潘岳咬牙咽下痛呼,用最大的力气冷笑道,"我早说过,你这摄心术……只能去骗愚夫愚妇,永远……上不得台面!"

"胡说,那么多达官贵人都信我的法术,凭什么你偏偏不信?"孙秀看着潘岳满是嘲讽的笑容,与二十年前一模一样。原来哪怕如今他沦落成泥,自己上达天听,这份从骨子里生出的鄙视和轻蔑,却从未变更过!想到这里,孙秀暴怒欲狂,随手抄起一旁的鞭子,劈头盖脸地朝着潘岳直抽下去。

"所以杨太后,也着了你的道吧!"潘岳无力躲避,却依然在鞭影中放声笑道。

"天师,天师住手!"董猛见孙秀喧宾夺主,心中早有不满,听潘岳此言更生疑虑。他连忙命手下内侍止住孙秀,面上却不露声色地问,"现在怎么办? 我总不能拿这份供状去回禀皇后吧。"

"还能怎么办,继续审呗。"孙秀抛下染血的鞭子,阴沉沉地扫过堆放在牢房一边的刑具,"咱们一样样给他试过去,看他能嘴硬到几时! "

司马囧带着杨容姬赶到南城时,阳光已亮得有些刺目了。冰室的杂役们已经开始上工,蓦地见到齐王府宽大华美的马车风驰电掣般停在门前,不禁都有些怔忡。

"姊姊跟我来!"司马囧半点不敢耽搁,扶着杨容姬跳下马车,径直就往冰室内库奔去。他来不及去寻马敦,只指着地窖入口对董艾和其余齐王府家奴吩咐:"给本王打开! "

两个家奴掀开沉重的木板,一股浓烈的寒意顿时扑面而来。董艾见司马囧扶着杨容姬就往下走,正想劝一句"臣给殿下寻件厚衣服来",还没开口就被司马囧一把推开:"所有人带上兵刃,都跟本王下去! "

看管冰室的都是蕞尔小吏,从没见过王府的排场,当即都吓得只顾着递上照明的火把,却哪里敢多问半个字。

司马囧心急如焚,即使身处冰窖,竟一时觉不出冷来,只顾扶着脚下打滑的杨容姬,沿着迷宫般的巨大冰块绕到了地窖尽头。随后,司马囧指着面前一堵封筑的冰墙,对董艾等人吩咐:"把它砸开! "

董艾也没料到司马囧命人带武器前来竟是这样的用途,当下不敢多问,只和其余家奴一起挥起刀剑,用力砍在冰墙之上。一时间钢铁铿锵,碎冰飞溅,让杨容姬不得不用袖子遮住了头脸。

　　幸而这堵冰墙的角落不久前曾被人破开又重新封上，远不似其他地方那样牢固。没过多久，董艾等人就劈出了一个半人高的洞口。

　　"火把给我。"司马冏取过一个家奴手上燃烧的火把，猫着腰钻进了洞中。

　　"殿下，臣陪你去吧！"董艾见那冰洞后深不可测，也不知通往何处，焦急地尾随上去。

　　"除了我和杨婶婶，谁都不许跟着，违者一律处死！"司马冏难得咆哮了一声，将董艾等人吓得一颤。"我们走后，你们堵上洞口，也不用在这里守着，自己回齐王府去吧。"司马冏顿了顿，又温言补充道。

　　"那太妃要是问起来……"

　　"太妃若问起，你就说我大仇已报，现在是报恩的时候了。"司马冏说完，和杨容姬躬身钻过冰洞，消失在无尽的黑暗中。

　　冰墙后封住的密道，司马冏已经不是第一次走了。上次在潘岳的安排下，他正是通过这条密道，神不知鬼不觉地进入武帝司马炎的含章殿，假扮父亲司马攸的鬼魂逼出了司马炎的真实想法。司马炎弥留之际的发泄话语，给年轻的司马冏造成了巨大冲击，也无形中给他增加了敢作敢为的勇气，不再像父亲活着时那样瞻前顾后、万事求全。

　　这条建于东汉时的密道从洛阳城南直达北部宫城，距离并不短。因此当杨容姬屡屡显露疲态的时候，司马冏只当她是女子体弱，并没有多想。杨容姬性格坚韧，心中又担忧潘岳安危，更是强撑着力气往前走。待到行至密道尽头时，她已是满头大汗，心慌气短，连自己都有些诧异身体怎会突然虚弱至此。

　　密道的出口设在一处不起眼的偏殿中，处于后宫和接待朝臣的太极殿中间。司马冏和杨容姬商量了一下，猜测如今杨骏余党未曾肃清，皇后贾南风势必在太极殿中坐镇，便孤注一掷钻出密道，向太极殿方向走去。

　　若是平日,他们未作乔装便在宫中行走,势必很快会被识破身份,捉拿问罪。幸而如今事态非常,因为杨骏一案宫中往来人等繁杂了许多,司马囧又是宗室藩王,竟顺利地混过几道宫门,径直到达了太极殿前。

　　到了这个地方,司马囧和杨容姬再有天大的胆子,也不敢再往里闯了。于是两人俱在殿外台阶下端正跪好,由司马囧大声禀告:"齐王司马囧有十万火急之事,请皇后拨冗一见!"

　　贾南风一夜未眠,却又心挂董猛那边的进展不肯回内宫就寝,只抽空伏在案上小憩。正迷糊之间,忽听殿外有人叫嚷,不禁随手将身边一盏水盂拂到地上,恼怒地问:"是何人大胆喧哗?"

　　"启禀皇后,是齐王司马囧说有要事求见。"一个内侍慌不迭地跪下回答。

　　"齐王?"贾南风想起不久前也听过这个名字,不禁怒道,"若他还是为潘岳说情来的,就撵出宫去!"

　　"齐王说,他有人证物证呈于皇后,所以……"内侍以头触地,小心地回禀。然而还不待他说完,贾南风就冷笑着问:"谁是人证?"

　　"据说是潘岳之妻杨氏,现正与齐王一起在殿外跪候。"

　　"杨容姬?她居然还敢来见我?"想起十余年前自己费尽心机,却还是让杨容姬成功离宫嫁给潘岳为妻,贾南风心头泛酸,将袖中手帕撕扯了半晌,终于道,"让他们进来!"

　　"是。"内侍知道这位贾皇后心思多变、喜怒无常,慌忙应了一声出去了。

　　过了没多久,司马囧和杨容姬走进殿来,恭敬地朝贾南风施礼。此刻的贾南风穿着黑底纹绣的大袖深衣,头上戴着黄金镶嵌白珠的珠松首饰,将她枯瘦的身体衬托得雍容华贵,端坐上位即使不开口,也自有一股凛然威势。

　　冷冷地看着司马囧和杨容姬拜伏的身影,贾南风并没有叫平身,也没有说一个字,殿中的气氛竟比冰室地窖内还要寒冷。这样被刻意晾了一阵,司马冏到底年轻沉不住气,率先开口道:"启禀皇后,关于在杨太后殿内搜出潘岳诗笺一事……"

"这些流言蜚语,却不知齐王是何处听来的?"贾南风不待司马冏说完就打断了他,随即闲闲地剔起了指甲。

"臣昨夜至廷尉狱,亲眼看见常侍董猛对主簿潘岳讯拷甚烈,于心不忍,故而冒死求见皇后,并呈上潘岳无罪的证据,请皇后开恩一览!"司马冏说着,猛地磕下头去。而杨容姬也从怀中取出一封书信,双手高举托于头顶。

"讯拷甚烈"四个字让贾南风的心微微一颤,点了点头。守候在一旁的内侍疾步跑下去,接过杨容姬奉上的书信,恭敬地交给了贾南风。

贾南风打开那封信,眼神随着一行行熟悉的字迹越来越凝缩。终于,她"啪"的一声将书信拍在案上,挑剔地道:"即使有这封信,那为何潘岳亲笔所写的诗笺,会出现在太后的寝殿中?"

司马冏张了张口,一时不知该如何回答。而跪在他旁边的杨容姬虽然明知贾南风对自己有莫名的敌意,还是不得不出声回答:"二十年前的旧诗出现在太后殿内,其中必有隐情。因为事关太后,恳请皇后亲自询问潘岳,或可寻获线索。"

"你们既已呈上证据,如何处置,本后自有决断。"贾南风虽然有十年未见杨容姬,但对她的厌恶却一成不变。"现在该你们说说,没有谕旨,你们是如何进到宫中的?"贾南风忽然话锋一转,语气陡然凌厉。

"臣等情急之下擅闯宫禁,请皇后降罪!"司马冏知道该来的迟早要来,不敢抵赖,连忙叩头请罪。

"擅闯宫禁自然要罚,那就罚齐王回府禁足三月,闭门思过。至于你……"贾南风的眼神居高临下地俯视着杨容姬,原本针对杨芷的满腔嫉恨因为刚才那封书信而尽数转移到杨容姬身上,"你比不得齐王可以议功议故、议亲议贵，所以罪名无法减免——着罚入永巷充为苦役一年。你可服气？"

"皇后使不得！"司马囧乍听此言，惊得几乎要跳起来，"是臣带她偷偷入宫的，要罚就罚臣吧！"

"齐王殿下，你能带我谒见皇后，为檀郎鸣冤，我已经感激不尽了。"杨容姬轻轻扯了扯司马囧的衣袖，朝他诚恳地笑了笑，随即平静地向高高在上的贾南风叩头谢恩，"妾擅闯宫禁，罪无可赦，谢皇后责罚。"说着，她站起身，顺从地跟着宫人往外走去。

"杨婶婶！"司马囧知道贾南风心如铁石，一旦做下决定就不会更改，不由失声唤道。永巷乃是囚禁犯罪宫女的所在，一入永巷便须身着囚衣，项戴铁枷，日夜舂米不休。杨容姬出身世家，如何经受得起？

"齐王殿下不必担心，妾相信以皇后之圣明，绝不会任由檀郎蒙冤，也绝不会放过任何欺瞒栽赃之人。"杨容姬说完，遥遥向端坐在远处、衣饰端严的贾南风望了一眼，随即消失在太极殿层层的台阶之下。

寺人监董猛走进太极殿西堂的时候，贾南风已经端坐在正中高榻之上。而她的面前，垂下了一袭黑色的薄纱帘，让跪在堂前的人抬头望去，只能看到一个模糊的剪影。纱帘旁涂金狻猊香炉口中袅袅喷出的龙脑香，则为这位宫中的实际掌权者增添了几分尊贵和神秘。

"潘岳那里，审得怎么样？"待董猛行礼完毕，贾南风当先开口问道。

"奴婢罪该万死，潘岳至今矢口否认与太后杨氏有私。"董猛从袖子中取出一张纸笺，双手托起，"奴婢拿到的，只有潘岳这份自辩的供状。"

"你自己拿进来，不用别人传来传去的。"贾南风此言一出，让董猛顿时放下了悬起的心。即使耗费一夜都没有取得潘岳认罪的口供，皇后也并没有想象中的那样恼怒。

董猛钻进纱帘，跪在贾南风脚边，将那张纸笺高高奉上。贾南风接过纸笺,第一眼看到的是白纸上几点带着殷红血色的水痕,不由眉心轻轻皱了皱。

"启禀皇后,潘岳百般抵赖不肯招供,所以奴婢不得已就用了刑。"董猛偷觑着贾南风的神色,忙不迭地解释。

"嗯。"贾南风不置可否,只是看完了手上的供状,随手放在一旁,"潘岳人呢?"

"就在殿外。"董猛期期艾艾地回答。

"让他进来,我亲自问话。"贾南风说到这里,见董猛神色古怪,心中纳罕,"怎么了?"

"奴婢有罪,昨夜一心想早点拿到口供为皇后分忧,用刑时下手重了些,恐怕有污皇后清目。"董猛叩头回禀。

"董常侍真是个人精,都说了是为我分忧,我还怎么怪罪你?"贾南风浅浅一笑,轻轻踢了董猛一脚,"别磨蹭了,把人带进来。"

董猛应了一声"是",猫着腰钻出纱帘,走出西堂外。过了一会儿,两个小内侍便架着一个颀长的人影走进堂内,只一放手,那人便无力地倒在地板上,又拼命用双臂将上半身支了起来,声音喑哑地道:"臣潘岳……见过皇后……"

"怎么全身都湿了?"贾南风见董猛又猫着腰钻了进来,冷冷地问。

"因为皇后要亲审,所以将他清理了一下。"董猛缩了缩脖子,迟疑着补充,"而且泼一些冷水,他也可以清醒地回答皇后的提问。"

贾南风没有理会,只是静静地望着纱帘外那个艰难跪起的身影,似乎可以看到新鲜的血迹从他的衣衫内缓缓渗出,混合着他头发上滑下的水珠,一点一点打在太极殿西堂擦得锃亮的松木地板上。渐渐地,这个身影和洛水边掷果盈车的少年重合起来,和景云亭外踏雪而来的书生重合起来,和潘宅黑夜里决绝离开的无情背影重合起来,就仿佛一瞬间划过二十年的岁月,让贾南风顷刻间有些恍惚。

然而她毕竟做了十多年的太子妃，如今也历尽艰险成了掌握实权的皇后，这恍惚只是让她的心略略一软，便又重新坚硬如钢。见潘岳只是虚弱地跪伏在地，似乎连大声鸣冤的力气也没有了，贾南风终于开口道："潘主簿，你说那首诗是你写给妻子杨氏，而非太后杨氏的，有何凭证？"

"臣少年时随父亲到琅琊赴任，因思念未婚妻杨氏，故而……作下此诗，并将它附于信后，寄到荆州杨府……此事，有臣妻杨容姬可以做证。"潘岳此刻暗暗感谢方才兜头泼下的凉水，让他于精疲力竭的昏沉中还能榨出几丝清明。

"信中内容，你可还记得？"贾南风的眸光，穿透纱帘直落在潘岳脸上，似乎不肯放过他任何一点细微的表情变化。

"臣当年书信，此刻想必已不可求。不过信中所写，臣侥幸还记得几句。"潘岳低弱却清晰地回答。

"说吧，还记得什么？"贾南风的口气，隐隐和缓起来。

"余客居琅琊，山川失色，饮食无味，一心之所系者，唯邙山之誓而已。日间百无聊赖，神思昏昧，每至暮时，则虔心默祷，以期……"潘岳一口气背到这里，声音越发低弱，手臂一沉伏倒在地。就在贾南风打算让人上去查看时，潘岳却又支撑着跪起，喘息着接下去，"以期与子精魂俱脱羁绊，迢递千里相逢梦中。昨夜偶有所感，喜不自胜，乃作《内顾诗》一首赠子，为祝为祈，为念为思。"

"潘主簿果然才思通神，二十年前的信件，到如今居然还能背得几乎一字不差。"贾南风望着手中那封陈旧的书信，似乎是被那一个个墨字刺痛了眼睛，双目轻轻闭了闭。

"情之所钟，历久弥新。"潘岳淡淡地笑了笑，"那首诗，皇后希望臣背诵出来吗？"

"不必了！"贾南风蓦地提高了声音。她忽然无法想象，如果潘岳当着自己的面亲口背出"不见山下松,隆冬不易故。不见涧边柏,岁寒守一度"
这样情深意切的誓言,她心中的嫉妒之火会不会突破压制,骤然爆发。

"我且问你,就算这首诗是你为杨容姬所写,又怎会出现在太后手
中？"贾南风将杨芷处搜出的诗笺与杨容姬呈上的书信做了一下对比,
惊讶地发现不仅笔迹相同,就连纸张和墨色都毫无二致。很显然,它们
几乎是在同一时间书写完成的。

"请皇后赐臣⋯⋯一碗水⋯⋯"潘岳忽然答非所问。

"给他一碗水。"贾南风怔了怔,转头吩咐董猛。

"是。"董猛只当潘岳说得口渴了,便赶紧让小内侍打了一碗水递给
潘岳。潘岳身子晃了晃,颤抖着双手捧起水碗,却蓦地将水迎头倒了下
去。"请恕臣⋯⋯失仪⋯⋯"他艰难地放下髹漆水碗,双手撑地喘息了一
阵,眼前黑翳终于渐渐消散,神思重新清明起来。

"现在可以说了吗？"贾南风的手指暗暗揪住了座下的蜀锦软垫,不
露声色地问。此刻的潘岳,就仿佛一只被烈火焚烧过的凤凰,羽毛焦黑,
血肉模糊,只轻轻一碾就会扑倒在地与尘泥融为一体。然而就算是落魄
至此,他体内的凤凰精魂却越发璀璨夺目。这倾倒众生的力量,与美貌
无关,反倒是越历经沧桑,越动人心弦。

"臣斗胆,敢问密报太后殿内有此诗者,是不是琅琊孙秀？"身上的刑
伤痛得火烧火燎,身体更是虚弱得随时都会晕倒,但是潘岳却狠狠地用
手指抠住腕上的伤口,让自己的叙述能够更加清晰明了。他苦苦支撑了
那么久,就是为了盼来这最后的机会。

"孙秀？"贾南风一时没有反应过来,幸而董猛在一旁提醒:"就是金
真天师。"

"与孙秀何干？"贾南风情不自禁地挺直了腰背。

"臣在琅琊时,曾与孙秀有旧怨。因此臣怀疑此番事件,孙秀乃是始
作俑者。"潘岳沉声回答。

"照奴婢昨夜的观察,金真天师果然与潘主簿有宿怨。"见贾南风问询般盯住自己,董猛赶紧用只有他和贾南风听得见的声音回答。他在宫中摸爬滚打几十年,早练出了一副察言观色的好本事,连忙撇清自己道:"潘主簿身上刑伤,大部分就是孙秀所为。"

"你指证孙秀,可有凭据?"贾南风心中明白了些什么,继续问潘岳。

"没有凭据。但臣只是奇怪,孙秀与臣结怨后消失了二十年,为何今日突然现身?他擅长用巫术蛊惑人心,当年又有窃取臣诗稿的便利,因此要布下这个局陷害臣并非难事。"潘岳答到这里,忽然想起与孙秀结怨已有二十年。那人隐忍二十年至今才得爆发,此等心机真是令人毛骨悚然。

见贾南风又朝自己望过来,董猛灵光一现,赶紧低声道:"奴婢看那孙秀是有些不对。他原本一副清高淡薄的高人模样,偏偏潘主簿一对他露出厌恶不屑之色,他就控制不住地暴怒失常,连奴婢都瞒不过去。"

"潘岳故意激怒他,明显就是做给你看的。你却现在才回过味来。"贾南风瞪了一眼董猛。

"奴婢愚钝,现在才明白潘主簿拼着多受苦楚,也要暗示孙秀不可告人的用心。"董猛一副将功赎罪的表情,"这个孙秀着实可恶,那奴婢现在就去把他抓起来?"

贾南风抬起手,止住了董猛,却仍是对着纱帘外的潘岳问:"你觉得孙秀做下此局,只是为了害你?这手笔,也太大了些。"

"臣何德何能,能因一己私怨连累堂堂太后?"潘岳低咳了两声,胸中一股悲愤之意直冲上来,"孙秀以巫术见长,惯会使用摄心术掌控人心,钻营取巧。他的野心,绝不仅限于踏入宫闱,做一个御用术士。皇后若是存疑,可以询问太后,看她是不是每见孙秀,就会对他言听计从,从无怀疑。"

"摄心术?"贾南风第一次听到这个词,疑惑地顿了顿。

"奴婢想起来了,孙秀有一阵子的眼神,确实很不寻常。"董猛抚了抚胸口,想起自己轻而易举就被孙秀夺去了主审权,不禁有些后怕。

"潘主簿的话虽有道理,但空口无凭,不足以治孙秀之罪。"贾南风沉思了片刻,最终敷衍般答了这句话,对董猛吩咐,"派人送潘主簿回去。"

"皇后,臣还有话说!"虽然知道自己的冤情已经昭雪,但潘岳心中耿耿,强撑住一口气道,"孙秀布下此局,绝非只为挟私报复臣一人。他既得太后信任,又出首太后向皇后邀功,明显是期冀获取皇后信任,好实现他不可告人的野心。如今朝廷动荡方平,正是百废待兴之时,绝不可让孙秀这种小人有机可乘,再行蛊惑人心之事!"

"你放心,我还没有太后那么愚蠢。"贾南风笑了笑,对董猛吩咐,"你找个借口,将孙秀礼送回赵王那里。以后没有宣召,断不许他再到洛阳来。"

"皇后,那孙秀做下此局,明显是利用皇后报复潘主簿。"董猛一听大急,压低了声音规劝,"如今有两个选择,一是皇后将计就计坐实了潘岳和太后的私情,一举除掉太后;二是干脆杀了孙秀,看以后谁还敢欺瞒利用皇后。"

"孙秀是赵王司马伦心尖上的人,如今我们刚刚依靠宗室除掉了杨骏,断不能与驻守邺城重地的赵王再起龃龉。以后想个法子,把他们一伙都远远赶到穷乡僻壤去就是了。"贾南风知道董猛对自己忠心耿耿,难得耐下性子解释。

"皇后圣明!"董猛虽然心中疑惑贾南风为什么不选择最干净利落的第一种做法,却不敢再问,躬身钻出纱帘,对潘岳笑道,"恭喜潘主簿洗脱冤屈,这便请回家休养吧。只是老奴先前对潘主簿无礼,还望潘主簿不要怪罪。"这个在宫中修炼出的老人精,明显感觉到了贾南风对潘岳的不同寻常,立刻示起好来。

"董常侍不计前嫌秉公执法,潘岳非但不会怨恚,反倒心怀感激。"潘岳说出这句话,伸手撑住董猛递过来的手臂,缓缓站起身来。全身虽疼得锥心刺骨,他的唇角却终于勾起宽慰一笑:这一局,他终于赢了。惨胜。

在董猛的安排下,一个小内侍驾来一辆车,在宫门口将潘岳送进了车内,甚至还贴心地送了他一领外袍,借以遮盖被鞭杖抽破的衣衫。虽然潘岳疲惫得随时都想昏睡过去,但他还是努力保持着自身的清醒,向驾车的小内侍请求道:"中贵人一会儿到了延熹里,能否直接将下官送到夏侯侍郎家中?"想起夏侯湛昨夜中的那一箭,潘岳心头一直不安,却苦于无人可以打听。幸而夏侯湛和他家相距不远,等他确认了夏侯湛状况,再回家休养不迟。

车行颠簸,将潘岳身后鞭伤杖伤震得生疼。疲惫到了极处,脑子却亢奋得无法停歇,翻来覆去的都是自己和夏侯湛近三十年交往的情景。夏侯湛作为齐献王司马攸的表哥,出身豪门,家资巨富,平素最喜华服美食。因为姿容俊美又文采飞扬,因此被洛阳人将他与潘岳称为"双璧",乃是文坛一段佳话。由于身为齐王党,夏侯湛仕途不顺,闲暇之余只能寄情于诗文,与潘岳颇多诗赋唱和。因此哪怕在潘岳最孤独、最绝望的时候,他也相信世上自己并不是孤身一人。他们因为司马攸而结为同盟,结为知己。温润的夏侯湛就仿佛无处不在的空气,低调内敛,却无可或缺。

潘岳记得夏侯湛曾经写诗分别称赞过管仲和鲍叔牙这对朋友。他说管仲:"堂堂管生,忘存兴仁。仁道在己,唯患无身。包辱远害,思济彝伦。心寄鲍子,动成生民。"又说鲍叔牙:"绸缪敬叔,二人同心。厥芳犹兰,其坚如金。遥遥景迹,君子攸钦。"诗成之后,夏侯湛将它们送给潘岳过目,不用多说一句,潘岳也知道这其中包含的,是对自己和夏侯湛共同的勉励。如今三杨已死,司马衷长成,他和夏侯湛的目标也算告一段落,只望夏侯湛和自己一样熬过此劫,未来扶助司马衷实现其父遗愿,又可携手砥砺。

"潘主簿,到了。"就在潘岳心绪纵横之际,马车缓缓停下。驾车的小内侍钻进车厢来扶潘岳,却奇怪地问出一句话:"潘主簿,夏侯府这个样子,你确定要进去吗?"

此言一出,潘岳本能地觉得哪里不对,顾不得伤口迸裂,疾步扑下车来。只一抬头,他便明白了小内侍神色古怪的原因——几个夏侯家家仆正搭着梯子,在府门口悬挂报丧的白幡。

"多谢中贵人,你可以回去了。"潘岳定定地望着那刺目的白色,将手臂从小内侍的手中抽了出来。他似乎感觉不到身体的疼痛,就那么一步一步,独自沿着台阶走了上去。

他此刻神色惨淡,满身血痕,头发上的水还没有干透,令人望之无不大惊失色。幸而夏侯湛的家仆和他早已熟识,连忙禀报了夏侯湛之子夏侯恂,将潘岳让进了府中。

"你府中,是何人过世?"一见到夏侯恂,潘岳顾不得礼数客套,迫不及待地问。

"回禀潘世叔,家门不幸,家父于今日清晨过世了。"身着斩衰的夏侯恂"扑通"一声跪倒在潘岳面前,按照孝子的礼仪叩头哭泣道。

"我方才还看见夏侯兄的马车好好地停在外面,夏侯兄怎么会过世了?那辆马车,昨夜还去接过我的。"潘岳脑中一片空白,似乎听不懂夏侯恂的话,竟有些语无伦次。

"昨夜侄儿接到传信,匆匆赶去太师府接回父亲时,大夫就说已是回天乏术了!"夏侯恂不敢反驳潘岳,只是哭泣,"父亲辛苦挨了几个时辰,等不到潘世叔的消息,终于在今晨卯时撒手人寰了!"夏侯恂说到这里,想起夏侯湛临死时依然惦记着潘岳的安危,更是大放悲声。

"那他临终之时,可说了什么?"潘岳呆呆地问。

"父亲说他生前锦衣玉食太过奢侈,死后一定要用小棺薄葬,不必堆土为坟,植树为饰。"夏侯恂抹了一把眼泪,抽噎着又道,"父亲还说,以后他不在了,就苦了潘世叔了……"

"厚养薄葬,夏侯兄真是勘破了人生之道啊!我自愧弗如。"潘岳似乎没有听见夏侯恂所说的后一句话,面上浮起一丝恍惚的微笑,"你父亲现在何处,带我去看。"

"有父亲的遗言在,侄儿不敢遵循士大夫四日而殡的礼制,只匆匆买了一具棺木便成殓了。"夏侯恂见潘岳拔脚就往里走,迟疑着问了一句,"潘世叔,你的伤……还是先请大夫来治疗一下吧。"

"我没事,倒是夏侯兄,他一定等急了。"潘岳抛下这句话,熟门熟路就朝夏侯湛平日待客的大厅走去,而夏侯恂虽然心中忐忑,却不得不快步跟上,恪尽孝子迎宾的礼仪。

果然如夏侯恂所言,此刻装饰成灵堂的大厅正中,端端正正摆放着一具普通的棺木,棺盖还没有来得及钉上。潘岳快步走到棺木前向内一看,见夏侯湛身穿皂色深衣,头戴长冠,正闭目安详地躺在棺木之中,就连胸腹处的箭伤也被厚重的锦缎深衣覆盖,再看不出端倪。

"看来,你是打算隐瞒下你父亲的死因了。"潘岳用手使劲撑住棺沿,忽然幽幽地道。

"这也是父亲的意思。"夏侯恂连忙解释,"父亲说他是被剿灭杨骏的乱兵所伤,若是传扬出去只怕会引起不必要的猜测,不如就直接说他是夜寝时急症而亡,也算是保全家宅安宁。"

"他这样做,不仅想保全你,也想保全我。"潘岳轻轻拍了拍棺沿,轻叹一声,"夏侯兄,你从生到死,都在为旁人着想。是我愧对你啊。"

"潘世叔既然已经看过遗容,就请先休息吧。"夏侯恂眼见潘岳背后迅速洇开大片血迹,仿佛诡异的红花蔓延开放,不由心惊胆战。

"不忙。我既来吊唁夏侯兄,岂有不作诔文凭吊的道理?"潘岳抚着棺木缓缓跪倒下去,又抬起手,看了看自己依旧沾满污泥的手指。由于在牢狱内被孙秀恶意踩躏过,右手几根手指至今无法屈伸,更别提握笔写字了。

"这手上沾满污秽,断不可玷辱了夏侯兄的清名。"潘岳忽而笑了笑,自言自语,"那我就口述诔文吧,只望夏侯兄英灵不远,还能够听闻。"

潘岳情感细腻,多年来心中又常怀悲愁,因此写起哀辞诔文来情真意切,乃是天下一绝。他就像是一只生活在泥淖中的河蚌,将无法倾吐的砂石深藏体内,用深重的忧愁和高绝的文采层层包裹,最终形成一颗颗晶莹圆润的珍珠。此番为夏侯湛作诔,他痛自肺腑,只稍稍酝酿,便出口成章。

"英英夫子,灼灼其俊。飞辩摛藻,华繁玉振。如彼随和,发彩流润。如彼锦缋,列素点绚。人见其表,莫测其里,徒谓吾生,文胜则史。心照神交,唯我与子,且历少长,逮观终始。子之承亲,孝齐闵、参。子之友悌,和如瑟琴。事君直道,与朋信心。虽实唱高,犹赏尔音。"潘岳曼声吟咏着,在赞颂夏侯湛文采和品行之际,回想起两人自束发孩童到两鬓斑白,一直倾心相交生死相托,不仅泪盈于睫。

"畴昔之游,二纪于兹,斑白携手,何叹如之?居吾语汝:'众实胜寡,人恶俊异,俗疵文雅。执戟疲杨,长沙投贾。无谓尔高,耻居物下。'子乃洗然,变色易容,慨然叹曰:'道固不同。为仁由己,匪我求蒙。谁毁谁誉,何去何从?'莫涅匪缁,莫磨匪磷。子独正色,居屈志申。虽不尔以,犹致其身……"夏侯湛文采出众、风度娴雅,然而即使出身高门世家,一生依然备受打压,所以才会说出"世乱谗胜,君子道忧"这种激愤之语。这样的境遇,与潘岳同病相怜,因此潘岳此番追忆夏侯湛的志向,无异于也在阐述自己的心绪。"你的心志不是缁衣,不能够染黑,也不是磷石,不能够磨灭"这一句句的悼词,是哀悼夏侯湛,也是哀悼那个早已死去的天真光明的潘岳。

"潘世叔,你歇一歇,不要再劳心劳力了。诔文什么的,以后再写也是一样。"夏侯恂见潘岳声音早已嘶哑,一字一泪仿佛杜鹃泣血一般,不由顿首大哭道，"潘世叔你是要把心呕出来吗？若我父亲果真英灵不远，他也绝不愿看到你如此哀毁伤身！"

"快了，一切都快结束了。"潘岳微微一笑，手指蓦地抠住棺木，将胸腹间翻涌的血气勉强压下，继续吟诵道："杰操明达，困而弥亮。枢辂既祖，容体长归。存亡永诀，逝者不追。望子旧车，览尔遗衣。幅抑失声，迸涕交挥。非子为恸，吾恸为谁？呜呼哀哉！日往月来，暑退寒袭。零露沾凝，劲风凄急。惨尔其伤，念我良执。适子素馆，抚孤相泣。前思未弭，后感仍集。积悲满怀，逝矣安及？呜呼哀哉！"

念完最后的"呜呼哀哉"，潘岳仿佛失去了全部力气，颓然坐倒在地上，仿佛雕塑般再也不言不动。夏侯恂惊慌之下连忙上前查看，却见潘岳直勾勾地盯着夏侯湛的棺木，脸色白得恍如鬼魅，下身衣摆处都被血浸得透了。就在夏侯恂打算强行将潘岳送去治伤时，潘岳忽然身子一颤，毫无征兆地喷出大口鲜血，沿着棺木髹满黑漆的花纹蜿蜒而下。

"夏侯兄，我来了，你等等我。"仿佛看到夏侯湛正在前方向自己招手，潘岳的唇角露出了一丝欣喜的笑容。下一刻，他闭上眼睛，斜斜地倒了下去。

第 十 五 章

救　赎

君子之过，引曲推直。如彼日月，有时则食。

——潘岳

　　因为杨骏的倒台，永熙二年被改元为元康元年。这年四月的最后一天，洛阳城中已渐渐生出了初夏的气息，空气中弥漫着槐花的暖香，完全掩盖了三天前杨家阖族被灭的血腥气。

　　东莱王司马蕤身强体健，早早地换上了轻薄的縠纱单衫。然而当他步下马车走到延熹里的潘宅门口时，还是忍不住轻轻打了个寒战。

　　当侍从叫开大门时，司马蕤看到门后站了一个陌生的中年人，不禁微微一怔。幸而那人看得出司马蕤的身份贵重，已当先拱手行礼道："在下侍御史潘释，不知贵人……"

　　"我家殿下是……"侍从正要通报，却被司马蕤伸手一推，命他回车中等候。随即司马蕤脸上浮起微笑，以一种温文尔雅的态度躬身还礼："原来是檀奴叔叔的长兄，失礼了。小王乃东莱王司马蕤，听闻檀奴叔叔得脱大难，故而前来探望，还烦请世伯引路。"

　　"下官见过东莱王殿下，方才眼拙，还望恕罪。"潘释虽是潘岳一母同胞的兄长，才华不及弟弟的一半，性情也颇为胆小拘谨。

　　"小王虽是宗室，却从未被授予官职，也没有出众的才能，世伯不认识乃是人之常情。"司马蕤自嘲地回答。

　　"殿下过谦了。"潘释讪讪地回应着，赶紧将司马蕤往院内迎去。

　　"檀奴叔叔还好吗？"司马蕤急切地问，"小王消息闭塞，竟是今日才知檀奴叔叔经受了牢狱之灾。幸而皇后圣明，没有让他遭受冤屈。"

"冤屈是清洗了，但……唉，殿下还是自己看一看吧。"潘释引着司马蕤走进潘岳的卧室，蓦地眼眶泛红，话说不下去了。

由于门窗紧闭，室内光线颇为昏暗，而扑面而来的苦涩药味，更是让司马蕤的呼吸为之一窒。他定定神走上几步，见潘岳独自俯卧在床上，身上还盖着一层薄被。他的头侧在一边，面孔白得发青，微翕的嘴唇上没有一丝血色，却绽出道道裂口。即使昏睡不醒，他青黑的眉头依然皱在一起，从被角中露出来的一只手也紧紧握成拳头，手背上凸起道道青筋，似乎睡梦中也想努力抓住什么。

"就这样昏迷不醒，已经是第三天了。"潘释见司马蕤变了脸色，用衣袖擦擦眼角解释道，"他在廷尉狱中受了重刑，后来又因为夏侯湛的死哀毁过度，内感外伤，失血过多，现在连药都喂不进去。大夫说若是再醒不过来，就只能准备后事了。"

"这……怎么会这样？"司马蕤万料不到潘岳的情形竟是如此凶险，顿时乱了方寸，"要怎样才能让檀奴叔叔醒来？"

"不知道。但照民间流传的说法，若是有他惦记之人呼唤，说不定能将他的魂魄喊回来。"潘释见司马蕤眼神有些怔怔，不好意思地搓了搓手，"殿下见笑了，在下也是忧弟心切，随口乱说的。"

"世伯的话，其实不无道理。"司马蕤忽然道，"不知世伯能否让小王单独和檀奴叔叔说几句话，说不定能有些作用。"

"舍弟昔日与令尊最为交好，殿下的身份，在他心中必定是极重的。那就劳烦殿下了。"潘释感激地说完，躬身再拜，退了出去。

等屋内再无旁人，司马蕤走过去闩上门，这才重新走回潘岳床前。他静静地看了半晌，见潘岳自始至终没有一丝动静，蓦地开口道："檀奴叔叔你知道吗？山奴已经被下诏拜为散骑常侍，领左军将军、翊军校尉了！"

　　说出这句话,司马蘵睁大了双眼,有些期待又有些畏惧地观察着潘岳的反应。然而潘岳依旧一动不动。

　　"你听见了吗? 你为什么没有反应? "司马蘵蓦地伸手扳住潘岳的肩膀,使劲摇了摇,"你这几年来潜伏在杨骏府中,如今又几乎丢掉性命,不就是为了山奴吗? 如今他不仅得以参与朝政, 还掌握了三千禁军兵权,你不是应该满意了吗? 你为什么不醒过来,笑着看他如今多么有出息,而我却依然被弃置在尘埃中,永无出头之日。"

　　也不知是不是被司马蘵的摇动触痛了伤口,潘岳的眼睫颤了颤,发出一声低低的呻吟。这微弱的声音把司马蘵吓了一跳,像一个做错事的孩子般慌忙松开了手。

　　"檀奴叔叔,你知道我对你最早的记忆是什么时候吗? "见潘岳再没有动静,似乎又陷入黑沉沉的昏睡中,司马蘵平复了一下自己的激愤,缓缓说道,"那是山奴举行百日宴的那天,王府里来了那么多客人,比逢年过节还要热闹。我那时候才三岁, 却被母亲禁锢在我们居住的后院中,她告诫过我不要出去惹父王和王妃心烦。可是三岁的孩子哪里懂得自己是不受欢迎的存在,瞅了个空子就跑了出去,满心以为自己会和弟弟山奴一样,得到客人们的夸奖,还有各种各样的礼物。"

　　"我跑到了举行宴会的大厅,想去摸弟弟小小白白的手,却被王妃一巴掌挥开。我委屈地看着父王,希望他能为我做主。他却只是不耐烦地看我一眼,随手递给我一块糖,叫人带我回母亲的后院去。我一边哭一边把糖塞进嘴里,竟觉得那糖不是甜的,而是苦的。直到如今,嘴里都还满是那糖带来的苦味。"司马蘵的语声有些哽咽,他深深呼吸了两下,接着说下去,"或许是府中走动的人太多,我不知怎的就和送我的仆人走丢了。我一个人站在花园的围墙下,害怕得放声大哭,感觉自己被世上所有人抛弃了。直到有一个人走过来,温柔地牵住了我的手。"

　　"那个人,就是你,檀奴叔叔。"司马蘵苦笑了一下,凝视着潘岳紧闭的双眼，"这件事你肯定已经不记得了，可我却清晰地记得你当时说的每一个字。你说'海奴乖，我送你回母亲那里'。你还说'海奴这是在自己家里，所以不用害怕'。可是你怎么会知道，我在那个家里从来都是怕的，害怕母亲愁容不展的眉眼，害怕王妃指桑骂槐的讥讽，害怕父王望向山奴时慈爱的笑容。唯一让我不怕的，就是你曾经牵着我的手，送我回去。"

"可是，你后来终究也让我害怕了。"司马蕤捏了捏自己的手，似乎那上面还有小时候被潘岳牵过的余温，"为了吸引你的注意，让你意识到我和山奴一样是父亲的儿子，我做过无数愚蠢的事情。我偷爬过你的马车，故意在你面前晃来晃去，在父亲死的那一天拼命喊你，甚至在你回转洛阳后，借着酒劲侮辱你、逼迫你，还拧断过你的手腕……可是无论我做得再出格再过分，顶多换来你厌恶又无奈的一瞥。你从来不会像看山奴那样，用充满期待和赞许的目光来看我……檀奴叔叔，为什么你和父亲一样，对我从来都那么不公平？"

这个埋藏了多年的疑问从司马蕤胸腔深处迸出，却照例没有得到潘岳任何回应。过了半晌，司马蕤起伏的胸膛终于渐渐平息，语气也重归和缓："其实我也猜得出，你们偏心山奴，只是因为他更像父王，不仅长得像，连待人接物的风度也像。所以得你提点之后，我闭门苦熬数月，熟读了父亲留下的所有著作，决心以后也变成他那样的人。士别三日，当刮目相看。檀奴叔叔，等你醒来的时候，肯定会发现海奴已经脱胎换骨了！不信，我背给你听，你可一定要听啊，'臣闻先王之教，莫不先正其本。务农重本，国之大纲。当今方隅清穆，武夫释甲，广分休假，以就农业……'"

当潘岳卧室的房门再度打开之际，潘释看见年轻的东莱王脚步滞涩地从里面走了出来，眼角还带着些微的泪痕。他正想上去劝慰，司马蕤却已当先问道："除小王之外，还有什么人来探望过？"

"琅琊王和楚王长史公孙宏都来过，齐王奉旨禁足，只差董艾来看过……"潘释虽然不甚精明，却也觉察到当自己提起"齐王"时，司马蕤脸上压制不住的冷笑,便讪讪地住了口。

"齐王禁足,是因为擅闯宫禁为檀奴叔叔鸣冤吧?"司马蕤追问。

"是。"潘释不敢多说,只简短回答。

司马蕤背着手在原地踱了两步,忽然问:"檀奴叔叔还有什么惦记的事情?"

"偶尔醒来一次,却是嘱咐我去杨骏故府,给他那条叫许由的黑狗收尸。"潘释搓着手道,"我好不容易办成了这件事,偏偏他又没再醒来了。"

"那若要唤回檀奴叔叔神志,要靠谁比较好?"司马蕤又问。

"我听他梦中偶尔唤过几个人,一个是夏侯侍郎,一个是令尊齐献王,还有一个则是他的夫人。"潘释说到这里,脸上顿时一片愁云惨雾。

"夏侯表叔与我父王都已去世,杨婶婶却现在何处?"司马蕤此刻才觉察没有见到杨容姬,不由颇为惊诧。

"弟妹因为随齐王进宫申冤,以擅闯宫禁之罪被罚入永巷。"潘释叹气道,"所以别说她不能来探望檀奴,就是檀奴醒了,我们也不敢告知他真相……"

"原来如此。"司马蕤点了点头,忽然心中一亮,"杨婶婶的事情,不如我去求求皇后,或许会有转机。"

此言一出,潘释顿时大喜过望:"如此就拜托殿下了!"

"分内之事,何足挂齿。"司马蕤口中谦逊,心中却暗暗下定了决心:檀奴叔叔,如今我就让你看看,山奴能做到的事情,我一样可以!

"你刚才说,谁也上了奏疏来着?"太极殿西堂内,贾南风揉了揉眉心,斜身靠在凭几上,随手端起案边的柘浆饮了一口。

"是东莱王司马蕤。"董猛从堆积如山的奏疏中挑出一卷,双手奉给贾南风。

"东莱王?现在杨骏倒了台,什么宗室都上表来要为朝廷分忧,其实不就是想讨个实权的官职。"贾南风嗤笑了一声,见董猛还是捧着那卷奏疏不动,神色顿时有些冷下来,"董常侍这么殷勤为东莱王帮忙,是收了他多少贿赂?"

"奴婢不敢。"董猛连忙跪直身子,小心翼翼地解释,"只因这卷奏疏中提到了潘岳近况,不知皇后有没有兴趣知道。"

"潘岳不是回家养伤去了吗,还有什么事?"贾南风微微诧异,接过奏疏来打开看了看,忽然冷笑一声将奏疏抛在地上,"这个司马繇好大的胆子,竟然敢来诓骗于我!"

董猛不明白皇后怒从何来,膝行着捡起那卷奏疏,只见上面的内容是:潘岳连日昏迷不醒,恐有性命之忧。司马繇因为潘岳与亡父是故交,主动为其请医问药,却毫无成效。后来司马繇听说被杨骏杀害的仙人孙登死而复活,便亲自前往拜访,请他出手相救潘岳。孙登却说世上唯有一人能唤回潘岳的魂魄,那个人便是潘岳的妻子杨容姬。因此司马繇冒死上奏,请皇后开恩赦免杨容姬擅闯宫禁之罪,允许她回家救治丈夫,以全夫妇大节。

见董猛全神贯注地看着司马繇的奏疏,贾南风犹不解气,恨恨道:"去查!这封奏疏是不是潘岳指使司马繇写的,我给他赦免了罪名他还不知足,这就装神弄鬼来救杨容姬了!"

"启禀皇后……"董猛犹豫了一下,还是据实回答,"东莱王奏疏中所述,应是实情。"

"你怎么知道?你派人去潘岳家看过?"贾南风白了董猛一眼,却不知这难得的小动作越发坐实了董猛心中猜测,讲话也更有了底气。

"奴婢确实没有去过潘家,却突然想起一事。"董猛做出一副努力回忆的样子,"奴婢昨天恍惚听到手下几个孩儿们闲聊,说琅琊王司马睿在太医院大哭,要他们找出个给他老师潘岳救命的法子,可见潘岳的情况确实是危急的。如今的情况,皇后若是不愿潘岳就这么死了,不妨按照孙仙人的法子,让杨容姬……"

"你到底是收了司马蕤、司马睿多少贿赂,这么明目张胆地给他们说话?"贾南风漆黑深邃的目光紧紧盯住了董猛,仿佛两道利箭刺穿董猛的双眼,直抵他脑中的真实意图。

哪怕是贾南风多年的心腹,董猛也还是被这两道目光刺得遍体生寒,"扑通"一声跪倒叩头:"奴婢尽忠皇后,绝无私心!奴婢只是怕……"他突然浑身一个激灵,将后半句话咽了下去。

"怕什么?"贾南风的语气,就仿佛掐住了董猛的脖子,逼着他将吞下的话尽数吐出来。

"怕……怕……"董猛这回是真的怕了,冷汗沿着花白的两鬓直流下来。他抬头朝四周使个眼色,等太极殿西堂内伺候的宫女内侍们尽数退去,才声如蚊蚋地回答,"怕潘岳真的死了,皇后会后悔。"

"哈哈,我有什么好后悔的?"贾南风愣怔了一下,又干笑了两声。见董猛一副忠臣死谏的悲壮神色,贾南风随手抓过一支毛笔扔了过去:"起来吧,弄得好像我要杀你的头似的!"

"谢皇后!"董猛擦了擦脑门儿上的墨迹,赔笑着抬起头来。没有人比他更了解这位处于权力最高处的女人,贾南风现在最急需的,是忠心于她的臣子。所以她可以容忍自己的规劝,却不会容忍孙秀的欺瞒。

"那就让杨容姬去探望一下潘岳。"贾南风离开凭几重新坐好,又打开一卷未批阅的奏疏,用最轻描淡写的语气吩咐,"若杨容姬能唤回潘岳的魂魄就罢了,若是唤不回,告诉她这辈子就别想离开永巷了!"

故乡迷宫一般的大宅,大将军府冰冷幽暗的荷塘,这些都曾是潘岳一生中萦绕不去的阴影。然而和现在的处境相比,它们都不过是孩子的童年噩梦,相形见绌,不足挂齿。

潘岳其实也不知道自己来到了哪里。他的眼前弥漫着一片如烟如雾的红色,充塞天地,令他无处可逃。他睁大眼睛仔细去分辨那红雾,却发现它们其实是一朵朵柔嫩的花朵,疯了似的开遍了整个原野。当潘岳的脚步从它们身上踏过时,那些细弱的花瓣就会瞬间变成鲜红的浆水,汇聚进脚下泥泞的土地。

尽管每一脚踩下的时候,潘岳心中都会生出怜惜的痛意,但他依旧大步朝着原野的尽头跑去。心中有一个隐隐地念头在提醒着他,他现在急需找到一个人,一个能够将他从这片旷野中拯救出去的人。

他爬上了前方的山坡,鲜红的花朵正如瀑布一般从那里流泻而下。它们汹涌地冲击着他的身体,似乎想要阻止他登上山顶。而山顶上,则影影绰绰地站着一个人。

仿佛一个溺水呼救的人,潘岳本能地举起了双手,奋力从花朵的洪流中逆流而上。终于,他疲惫不堪地到达了山顶,看清了那个人影——是夏侯湛。他静静地站在那里,微笑着看着潘岳,胸口的箭头尚未拔出,鲜血成串地滴落在地,开出了漫山遍野嫣红、柔嫩的花。

"你还有很多事要做,不该来这里。"夏侯湛不待潘岳开口,便伸出手将他轻轻一推,顿时让他从山坡的另一面直坠下去。

就在潘岳以为自己要坠入无底深渊时, 一双手忽然接住了他。"桃符!"潘岳下意识地呼唤出声,"是你救了我吗? "

"现在没有人能救你了,只有你能救自己。"司马攸退开一步,袖手冷冷问道,"我临死时嘱托过你的三件事,宗室之强,胡人之乱,士庶之别,你可完成过一件吗? 还有我的山奴,你答应过要像对待自己的亲生儿子一样对待他,你做到了吗? "

"没有。"潘岳惭愧地低下头,又蓦地抬起,"山奴和你是父子之亲,与我却是君臣之义。你放心,我就算粉身碎骨,也会将他捧到绝顶高位,绝不辜负你匡扶天下的志愿! "

"既然如此,那你就去吧。"司马攸点了点头,转身离开,"看,有人来找你了。"

"谁,谁在找我？"潘岳追上一步,天地却骤然昏黑,竟是连司马攸的身影都看不清了。

身边所有的一切都消失了,他就仿佛一个溺水濒死的人,躺在那柔软却致命的水中,再也没有力气挣脱,也不想再挣脱。恍惚之间,一个女子的声音从很远很远的地方传来, 带着无与伦比的熟悉和亲昵:"檀郎,檀郎,我回来了,你醒醒啊！"

谁回来了,是自己一直在找寻的那个人吗？潘岳莫名地心慌起来,拼命蜷缩身体,想将自己彻底躲藏在那片黑暗中。内心隐约有一个念头如藤蔓般生长起来——当他最需要她的时候,她避而不见,音信全无。如今他终于要获得永久的安宁和平静了,她为什么又来搅乱他的心绪？

"檀郎,我知道你怨我,怨我不听你的规劝,非要寄居在秦王府中；怨我在你最痛苦最无助的时候,没有出现在廷尉狱,甚至连一句安慰的话都没有。想到你一个人独自扛下了那么多的折磨和艰难,我的心,就像刀割一样的疼……"

"别说了,别说了！我和杨太后没有私情,你哪怕有一丁点的怀疑,我都承受不了……"潘岳蜷缩在黑暗中,闭上眼睛,捂住耳朵,心中一遍遍地大声叫道。他不敢回想,当自己在廷尉狱中遭遇酷刑,却听说杨容姬拒绝为自己做证,并声明两不相干时,那一瞬间遭遇的痛苦,比肉体的疼痛更剧烈十倍。哪怕后来他不断安慰自己这并非杨容姬的本意,但那被强行压制的被冤枉、被抛弃的恐惧还是如同毒蛇,蹿入他的血脉,噬咬他的心脏,甚至逐渐侵蚀了他活下去的愿望。

独自一人在世间走下去太苦了,他再也承受不住了。就让他抛开司马攸的嘱托,抛开夏侯湛的期冀,安安静静地逃离吧。

"檀郎,檀郎,你醒醒,醒醒啊！"许是察觉了潘岳内心的变化,那个遥远的声音越发焦灼起来,"只要你醒过来, 我就会告诉你一个好消息,一个你期盼了多年的好消息！——我，我怀孕了，你就要做父亲了！"

似乎没有听懂最后一句话的意思，潘岳停止了挣扎，愣住了。

"是的，我怀孕了，在调养了这么多年以后终于怀孕了！"杨容姬的声音，隐隐含上了娇羞，"如果我推算不错，应该就是我即将离开你的那一夜……'舒而脱脱兮，无感我帨兮，无使尨也吠。'那一夜的情形，你还记得吗？"

记得，怎么会不记得。那一夜他自知前途艰险，生怕连累她而逼她离去，可是他心中却是那么的恐惧。正是这恐惧与不舍勾起了他火一般的情欲，营造出了极具癫狂的一夜，引得门外的黑狗许由也忍不住汪汪乱叫，恰正暗合了诗经中那句千古名句的意境。只是他万万料想不到，就是那一次怀着濒死之心的欢好，带来了他们期盼多年的孩子！绝处逢生，这样的欣喜太过剧烈，让他禁不住颤抖着流下了眼泪。

"檀郎，你听见了是不是？那就睁开眼睛来啊！你只有好好活着，才能亲眼看见这个孩子的到来……"

是的，他要亲眼看见他的孩子，抱着他的襁褓，给他取名，教他读书，听他奶声奶气地撒娇，看他长成玉树临风的少年郎……这些是他暗中渴慕了多年的情景，他怎么还舍得去死，怎么舍得他的孩子一出生就没有了父亲！

一股激越的力量从身体深处升起，冲破滞涩的血脉，一路通过胸腔、咽喉、颅脑，最终豁然撑开了他的双眼。

"潘主簿醒了！"一个尖厉的嗓音蓦地叫了出来。下一刻，潘岳眼中映入了一张松弛的圆脸，下巴光溜溜的，戴着内侍常用的黑冠。

有那么一瞬间，潘岳以为自己又回到了廷尉狱中，就像他先前数次被冷水泼醒一样。然而下一刻，他瞥见了熟悉的床顶和帐幔，终于确认自己已经平安回到了家中。眼看董猛殷勤地招呼太医来为自己看诊喂药，潘岳努力咽下药汁，虚弱而急切地问："董常侍，我夫人呢？"

"夫人现在暂时不便见你……"董猛尴尬地笑了笑,"不过皇后说只要潘主簿好好养病,日后必定会见到夫人的。"

"我夫人,是在皇后那里吗?"潘岳清润的眼睛动了动,忽然问。

"算是吧。"董猛不便多说,留下太医自己回宫复命去了。

虽然没有人敢将杨容姬的真实情况告诉潘岳,但他还是隐隐约约地猜到了一些。努力调养了几天过后,他虽然还是不能下床,精神却渐渐健旺了一些。偶尔听兄长潘释和来探访的宾客谈起外面的消息,潘岳知道,哪怕公孙宏已证明了自己在杨骏府中的真实身份,但由于之前得罪了许多世家,皇后贾南风还是罢去了潘岳主簿的官职,再度免为庶人。而太后杨芷,则最终因为一纸"救太傅者有赏"的帛书,被归为杨骏逆党,废太后名位,囚禁于永宁宫。

太后杨芷的命运虽然与潘岳相关,但于朝廷而言,却已经无足轻重。杨骏死后,皇后贾南风虽然召回了躲在许昌封地的汝南王司马亮,让他与菑阳公卫瓘共辅朝政,但洛阳此刻最有声望的却是号令诸侯诛杀杨骏的楚王司马玮。为了笼络禁军人心,司马亮也开始大肆封赏官职,一次性将禁军将领封侯达一千零八十一人,比当初杨骏的滥赏还要过分。

"司马亮借口矫诏、擅杀等罪行,将杀入杨骏府中的东安王司马繇免为庶人,发配辽东带方郡,这明显就是杀鸡儆猴来威胁楚王的!"一提到司马亮,楚王长史公孙宏就满腔怨愤,"那老匹夫当初被杨骏吓得落荒而逃,如今楚王首义成功,他就跑来占了太宰的位子,耀武扬威,甚至想夺了楚王的禁军兵权将他赶回封地去。别说楚王含恨,就连我们也大感不平啊!"

"司马亮已经上奏要楚王就藩了吗?"潘岳沉思着问,"皇后那边怎么说?"

"皇后不置可否,只是让群臣廷议。"公孙宏依旧愤愤不平地道,"群臣全都缄口不言,只有和司马亮沆瀣一气的卫瓘赞成。哼,两个倚老卖老的家伙,看他们还能神气多久。"

看着公孙宏咬牙切齿的模样,潘岳不禁一惊。这还是当年在河阳县那个淡薄的隐士公孙宏吗? 哪怕只是楚王帐下一名长史,公孙宏都不可避免地因权力的诱惑变得面目全非,那些首当其冲的王亲贵戚们,为了权力又会做出怎样疯狂的事情? 而身在宫中怀着身孕的杨容姬,又会遭受怎样的境遇?

越是深思,潘岳越是焦躁不安,就仿佛时光一瞬间滑入了潮热窒闷的盛夏,惊天动地的暴风雨随时都会降临。于是在太医又一次来探病之时,潘岳请他转告寺人监董猛——自己想求见皇后贾南风。

太医走后,潘岳才蓦地想起自己此刻已是庶人,根本没有求见皇后的权利。然而当第二天他从混乱的梦境中幡然醒来,却发现床边不知何时悬挂起了一层黑色的纱帘。纱帘之后,则坐着一个身材矮小的女子,哪怕穿着层层叠叠的宫装,依然显得如枯瘦的梅树,伶仃而坚硬。

"草民潘岳,见过皇后!"潘岳万料不到贾南风会亲自来到自己家中,连忙想要下床行礼。

"你伤还没好,就躺着吧。"贾南风的声音,也如同她的身影一样冷硬,"你迫不及待想见我,是想让我放杨容姬回来? "

"是。"潘岳简短地回答。

贾南风嗤笑了一声:"杨容姬擅闯宫禁,理应罚入永巷。你有什么资格来求我放了她? "

"永巷"这两个字如利刃一般,扎得潘岳一时怔住,缓了一会儿他才觉出锥心刺骨的痛来。然而他知道此刻不是方寸大乱的时候,于是定了定神,这才对贾南风回答道:"草民有几句谏言献给皇后,希望以此换取皇后对我夫人的赦免。"

"那你说吧。不过,我并不能保证,这几句话的价值能抵消杨容姬的罪。"贾南风强硬地回答。

"草民这几句话发自肺腑，无论能不能入皇后之耳，都不吐不快。"潘岳没有和贾南风争辩，只是自顾叹息了一声，"杨骏虽然已经覆灭，这洛阳城，只怕又要大乱了吧？"

"你说什么?!"这句话实在出乎贾南风的意料，让她下意识地看了看四周。幸好，屋内并无旁人，而守在外面的董猛也不会放任何人靠近。

"剿灭杨骏靠的是宗室出兵出力。皇后虽然坐镇中枢，毕竟姓贾，又是女流，而楚王年轻气盛颇得人望，俨然已是宗室新的领袖。对于皇后而言，楚王无异于是新一个杨骏。引虎驱狼之事，以皇后的才智必定不会去做，更何况这位楚王是当今天子的同胞弟弟，比杨骏离皇位更近得多。"潘岳缓缓地道。他身体尚未痊愈，这几句话说得长了，便有些心慌气短，却更显得语重心长。

"你到底要说什么？"贾南风隔着黑纱帘望着潘岳，暗暗咬牙。

"皇后故意召回汝南王司马亮和老臣卫瓘，又让他们录尚书事，赐予'剑履上殿，入朝不趋'的殊荣。这其中的深意，不就是针对楚王司马玮和他代表的那一批年轻宗室吗？"潘岳看不清贾南风的脸，索性只望着前方的虚空道，"如今汝南王倚老卖老拉拢人心贬斥楚王，司马家宗室势必又是一场鹬蚌相争，而皇后，自然就是那名得利的渔翁了。"

"你刚才说过，我姓贾，又是女流，他们司马家的人要争要斗，跟我有什么关系？"贾南风冷笑。

"当初齐献王在世时，便时常担忧宗室领兵太过强大，一旦发生内斗，几可颠覆国家之根本。"潘岳说到这里，忽然艰难地从床上滑下，双手撑地做出一个虔诚的跪姿，"所以草民恳求皇后，一切以国家社稷为重，秉持武皇帝宗室与重臣夹辅朝政互相制衡的理念，息事宁人，谋求长治久安之道。"

"息事宁人？你难道觉得，司马亮和司马玮祖孙俩的内斗，是我挑起来的吗？我一个成日困守宫中的弱女子，今日出宫还是拜齐王供出的密道之便,我能有那么大的本事?"贾南风尖刻地打断了潘岳,"你说完了吗?说完了我就走了。"

"皇后虽是女子,却比世上大多数男子都强。草民只恐皇后的目标,不但在宗室,还在对皇后干政屡屡不满的卫瓘身上……"

"住口!我知道你真正想说的是什么了!你也是想骂我牝鸡司晨,要我乖乖滚到后宫躲起来是吗?"贾南风的怒气一刹那冲了上来,"潘岳,你太让我失望了!"

"不,草民绝不是那个意思。草民只是有感于杨骏之死已伤朝廷威严,若是数月之内再起内乱,势必损伤国家元气,故而请皇后稍加退让。"潘岳伏地道。

"退让?你可知我根本没有退路,无论是司马亮、卫瓘还是司马玮掌权,我都会是在后宫幽居一生的命运!为什么只因为我生为女子,就不能角逐掌控朝政的权力?我明明可以比那些男人做得更好!"

"是,草民也相信这一点。只是想请皇后徐徐图之,切勿操之过急,再造杀孽。"潘岳诚恳地说到这里,只听到贾南风轻轻哼了一声,却是连解释都不屑为之了,不由心中一沉——原来有些事情已是弦上之箭,无法挽回了。

"不要以为你万事都可以操控。"见潘岳失力地跪坐于地不再开口,贾南风内心生出一股恶毒的快意,"你这些话全是无端臆断,本后不治你诽谤之罪已是宽宏大量。所以想要抵消杨容姬的罪,是不可能的了。"说着,她站起身来,作势往外走去。

"方才那些话是对皇后说的。可我还有一些话,想对阿时说。"看着贾南风的背影,潘岳咬一咬牙,终于抛出了这句酝酿许久的话。一瞬间,竟是面红耳赤起来。

"阿时"这两个字一出口,仿佛一刹那便将贾南风冻得僵住了。她保持着拂袖而去的姿势,脚下却像生了根一样无法挪动,好半天才低低地说了一句："难为你还记得阿时这个名字。"

"我仕途的开端，便是阿时指引的。可以说我后半生，全都活在阿时的影响下，我怎么可能忘得了呢？"潘岳感慨地回答。

"你有经天纬地之才，仕途与人生却如此坎坷，说起来，都是阿时把你推向了一个错误的开始。你不应该恨她吗？"贾南风没有回头，幽幽答道。

"那是我自己的选择，怎么会恨她呢？再说阿时说得入情入理。如果时光可以倒流，我依然还会做出同样的选择，还会成为贾司空的掾属。"潘岳发自肺腑地道。那个时候，初入仕途的自己还保持着天真的理想，以为可以一己之力弥补齐王司马攸与司空贾充的鸿沟。而阿时的建议，不过是切中了他内心的期冀罢了。

"是。就算一切重来，你还会是同样的选择。"同样地选择杨容姬做你的妻子。后一句话，贾南风并没有说出口。听潘岳半晌无言，贾南风又问："你什么时候认出我的？直到如今，你也没有见过我的真面目。"

"被董常侍带入宫面谒皇后的时候。"潘岳回答，"十几年过去，一个人的容貌或许会变化，但声音却很少改变。"

"所以你那个时候就笃定，我会相信你的辩解，甚至惩治陷害你的孙秀？"贾南风忽然冷笑道。

"皇后圣明。"潘岳僵硬地回答，"那时的草民，确实多存了几分侥幸。"

"现在又开始叫皇后了？"贾南风心中生出一股怨愤，越发讥讽地道，"我原本还以为檀郎是多么高洁的雅士，却不料也学会利用自己色相的优势了。可惜啊，你现在已经老了。"

"皇后如何看待草民，草民无话可说。"潘岳何曾受过这种讥讽，顿时羞愤得热血上涌，耳中一阵嗡鸣，说话便不再像先前那样克制，"草民想要唤起的，无非是当年纯洁少女阿时的善心。毕竟阿容也算是她少女时的故交,她绝不会忍心让阿容身怀六甲,还在永巷中充任苦役……"

"你说什么,杨容姬怀孕了?"贾南风这次终于转过身,惊讶地盯住了潘岳的身影。

"若不是因为这个未出世的孩子,只怕草民早已奔赴黄泉了。阿容和她肚子里的孩子,是将我拉回世间的唯一羁绊。"潘岳看不清贾南风的神色,却分明感受到她强烈的目光,不禁苦笑道,"即使皇后不说,草民也知道因为我在杨骏府中的劣迹,有人上书说我临时变节是为形势所迫,应将我与傅祗、武茂等杨骏党羽一起正法。这封奏疏,皇后至今还扣留着没有批复吧?"

"那你想让我如何批复?"贾南风绷着脸反问。

"如果阿容继续在永巷待下去,无论大人孩子都必死无疑。所以草民愿领死罪,只求换得他们母子的活路。反正杨骏余党已经杀了上千人,再多草民一个,也不冤枉。"潘岳惨然一笑,忽然扶着床沿踉跄着站起身来,将平素跪伏的大礼变成了躬身一揖,"这样的条件,草民没有资格和皇后去讲,就当我在求阿时吧。"

"你就这么笃定,皇后不会答应你,阿时却会?"贾南风后退了一步,心中说不清是感动,是嫉妒,还是一股莫名的恨意,故意道,"你错了,皇后会放杨容姬回来,可是阿时她,从今日起便死了!"

"草民多谢皇后恩典!"撑住床沿的手一松,潘岳扑通跪倒在地板上,深深俯首再不抬起。

贾南风的嘴角抽搐了一下,却没有说话,也没有动,正正地受了潘岳的大礼。然后,她毅然地推开房门,拂袖而去,再也不曾回头。因为她和潘岳都知道,曾经羁绊住他们的秘密丝线已经彻底断裂了,从今以后她待他不会有所不同,而他对她也不会再报以任何期待。

杨容姬回家的那天,潘岳尚不能下地行走。不过他却请哥哥潘释将自己安置在小院中的茵席上,就为了能够早一刻看见杨容姬。由于对永巷中艰苦的生活和繁重的劳作早有耳闻,潘岳这些日子来一直寝食不安。杨容姬早年在宫中沾染水银,多年来一直月事不调,难以受孕。幸而她自己精通医理,一直坚持不懈地调养,终于有了喜讯。只可惜这孩子虽然为陷入深渊的潘岳带来了生机,却也成了杨容姬的负累,让潘岳心中忧喜参半。

"师母回来了!"随着守在门口的司马睿一声欢呼,院门打开,脚步声清晰而至。下一刻,刚进门的杨容姬就被一群等候在此的亲朋好友围了起来,嘘寒问暖无微不至。早已熟络起来的东莱王司马蕤更是大声叫道:"退后些退后些,杨姊姊如今肚子里有小公子,可金贵着呢!"

"东莱王哥哥想师母生个小公子一起玩,可齐王哥哥却巴不得生的是个小姐呢。"由于齐王司马冏禁足令尚未取消,不能亲自来访,和他熟络起来的琅琊王司马睿见众人惊讶,不由笑道,"我听齐王哥哥说过,当年齐献王和老师早有约定,若是老师生了女儿,就要嫁给齐王哥哥做王妃的!"

此言一出,潘岳便是一愣,恍惚记得当初司马攸确实说过这样的话。可是时过境迁,当初的约定都成了空中楼阁,再也不可能实现。

"算了吧,杨姊姊和檀奴叔叔的女儿必然是绝世美人,山奴年长那么多岁,别耽误了人家才是。"司马蕤哼道。虽然与潘岳一家关系已经缓和,但他与司马冏母子毕竟有太多旧怨,依然无法冰释前嫌。

"睿儿,海奴,这些话以后都不要说了。齐王身份尊贵,我们家可高攀不起。若是传出去,又不知平白起什么风浪了。"杨容姬的声音,平平淡淡,却含着某种隐秘的坚持。

"我知道了……"挑起话头的司马睿有些不好意思,讪讪地往周边一望,忽而醒悟般叫道,"大家都别围着了,老师还等着呢!"

"就是就是。赶紧让檀奴见一见弟妹,他这些天呀,都等出相思病了！"潘释也难得打趣道。

此话一出，包围杨容姬的人们都笑着闪到了一旁，让潘岳的目光终于可以一览无遗地和她撞在一起。下一刻，杨容姬疾步跑到潘岳面前，虽然在众人面前拼命压制，泪水还是不受控制地汩汩而落："檀郎，你受苦了……"

"你也是……"潘岳一把抓住了杨容姬的手，定定地望着她的面容，只觉得他们仿佛相隔了漫长而苦痛的一世，如今才终于拨云见日，恍如重生。不知是因为怀孕还是因为苦役，她的脸蜡黄憔悴，瘦得颧骨都微微凸了起来，而她以往光滑柔软的手掌，此刻也粗糙得硌人。他低下头翻过她的掌心一看，果不其然磨出了茧子，手指上还布满了绽裂的血口。

传说永巷中的罪人以舂米为苦役，看来都是真的。

"我没事。"杨容姬显然看出潘岳伤势未愈，不愿引他伤心，连忙道，"我真的没事。永巷里虽苦，但胡芳妹子现在是太妃，她专程为我打点过，永巷里那几个管事怎敢不卖她的面子？"说着，她微笑着牵过潘岳的手，轻轻放在自己微微隆起的小腹上，"孩子也很好。就在昨天，他已经开始动了呢。"

"真的，真的动了！"潘岳惊喜地叫了起来，随即看向四周围观的人群，尴尬地笑着垂下头。很多年之后，当已经当上东晋皇帝的司马睿回想起这一幕，都会情不自禁地微笑起来——那是他第一次也是唯一的一次，看到自己的师父露出如此孩子气的表情，那双清澈的眼睛亮闪闪的，美好得仿佛不似人间。

虽然在永巷中吃了不少苦，但杨容姬的孕况还算稳定，回家之后多方调养，身子也一日日丰润起来。大难既平，又增新喜，潘岳只觉得岁月静好，竟是多年来难得的安宁祥和。他既被免了官职，便在家读书自娱，顺带教琅琊王司马睿读书，又给他介绍了琅琊王家的旧识王裁之子王导为友。司马睿与王导同年,两个少年一见如故,惺惺相惜,顿时成了莫逆之交,让潘岳看着颇感欣慰。

除了司马睿和司马蕤、司马囧兄弟几个宗室晚辈,时常来往潘家的还有楚王长史公孙宏。两人切磋琴艺之余,也会谈些朝廷时事,潘岳便得知除了司马亮一心想把楚王司马玮赶回封地,卫瓘也对司马玮信任的舍人岐盛十分厌恶,屡屡想要抓住他的罪证。因此楚王与司马亮和卫瓘的矛盾,已经恶化到了无以复加的地步。

八月某日的黄昏时分,公孙宏应邀来潘岳家中用晚饭,两人琢磨着夜间天气凉爽,便在院中摆出古琴,品茗论文。杨容姬虽然已经怀孕六月有余,仍然亲自下厨为公孙宏做了酥托饭,又选了一只新鲜子鸭,拔毛去头之后用火烧去腥味,再切成细细的鸭肉片。然后她命家中小婢把炉灶烧得旺旺的,用葱白、豉汁和盐将鸭肉炒得极熟,再配上花椒和姜末调味,这才端进房中。

才一进门,潘岳和公孙宏就被飘来的香味引得喝了一声彩,纷纷食指大动。公孙宏撴起一片鸭肉放进嘴中,闭目品了半晌,方才笑吟吟地道:"就凭嫂夫人这么好的手艺,我也舍不得离开洛阳了。"

"汝南王那边,又来催逼楚王就藩了吗?"这样的情景和当年司马攸的遭遇何其相似。即使潘岳觉得楚王离京有利社稷安稳,依然对那位年轻的楚王给予同情。

"看样子楚王再拒绝下去,司马亮那老匹夫就要找借口陷害楚王了。"公孙宏一提起此事就义愤填膺,口无遮拦地咒骂起司马亮来。

"楚王虽有英武之名,但到底年轻,缺乏官场经验,幸而有公孙兄等人尽力扶持,当可免祸。"潘岳正说到这里,忽而有人在外面大声道:"公孙长史是在这里吗?我家岐舍人有急事找。"

"你们这是什么规矩?再大的事情,也不该追到别人家里来!"公孙宏恼怒地应了一声,悻悻地放下筷子,穿上鞋子走入院中,"说吧,岐舍人有什么事？"

"卫瓘已经发令收捕岐舍人，幸亏消息走漏，岐舍人才相邀公孙长史共商大计。"那仆人也是心急如焚，脱口说到这里，才意识到还有外人在场，连忙一脸惊恐地住了口。

"无妨，这里都不是外人。"公孙宏对潘岳颇为信任，也不避嫌疑地问，"岐盛如果害怕卫瓘抓他，应该去求楚王庇护才对，来找我做什么？"

"岐舍人说……"虽然公孙宏已经强调过不必避讳潘岳，那仆人还是不顾礼数地凑到公孙宏耳边，用极低的声音说了几句话。他每多说一个字，公孙宏的表情就震惊一分。等那仆人说完了，公孙宏在原地愣了一会儿，才终于下定决心，对潘岳拱手告辞："安仁恕罪，我此番有要事不得不离开。嫂夫人做的煎鸭肉，只有下次再来吃了。"说着，竟是不敢多做耽搁，跟着岐盛派来的仆人急匆匆地走了。

"究竟发生了什么事情？我觉得公孙宏的神色不太寻常。"杨容姬在一旁看着，终于忍不住开口。

"此事确实不同寻常。"潘岳想起当初公孙宏随楚王起事杀杨骏时，虽然也是一念荣辱的大事，但那时的公孙宏还保持着泰山崩于前而色不变的名士风度，潇洒自若，谈笑风生，哪里像刚才那样大惊失色，甚至在离开自己家时脚步踉跄，差点被门槛绊倒。

除非，岐盛要他去商议的大事，比诛杀杨骏还要骇人听闻。那么，他们究竟要做什么呢？

回到房中，潘岳和杨容姬默默地开始吃饭，却觉得方才香喷喷的煎鸭肉此刻竟味同嚼蜡。两人静默无声，却无一例外地觉得空气骤然窒闷，竟连气都喘不过来了。忽然，潘岳一把放下筷子："不行，我得去一趟卫家。"

"去卫瓘家？为什么？"杨容姬脱口问到这里，忽然醒悟过来，"你怕岐盛和公孙宏要商议的大事，会对卫瓘不利？"

"是。"潘岳点头,"卫瓘要抓捕岐盛,岐盛不找楚王,却找公孙宏反击,你说能够压制卫瓘的,还能有谁?"

"卫瓘已是当朝太保,位极人臣,能压制他的人,只有……宫中?"杨容姬说出这个答案,自己都吓了一跳,"难道,岐盛现在是约公孙宏进宫去了?"

"要在卫瓘毫无防备的情况下打击他,自然事不宜迟。何况他们对司马亮和卫瓘积怨已久,必定早就有所商议。"潘岳说着,不再和杨容姬讨论,径直穿上了鞋子,"我现在就去卫家,提醒他们有所准备。"

"你心里,还是惦记欠了卫宣一条命吗?"杨容姬跟上来,想起当初潘岳被董猛、孙秀追捕时,卫家硬生生将他赶出府外,导致了夏侯湛的惨死,不由心疼起来。

"不仅是卫宣。"潘岳叹息道,"司马亮虽然颠顸无能,太保卫瓘却是忠直老臣、国之栋梁。杨骏刚刚败亡,这个朝廷,不能再乱了。"

"那我和你一起去。"杨容姬一把抓住潘岳的胳膊,生怕他再次撇下自己离开,"我与卫家小姐卫瓘有交。我在的话,他们不会太为难你。"

"你是有身子的人……"潘岳说到这里,却撞上了杨容姬亮晶晶的眼眸。那眼神里承载着太多的担忧和关切,让他想起前事,不忍再拒绝,"好,那你要一直跟在我身边。"

"你放心,无论再发生什么,我都不会离开你了。"杨容姬柔弱地依偎在潘岳身边,口气却无比坚定。

两个人到达卫瓘的太保府时,天色已到了掌灯时分,而卫瓘与他的四个儿子卫密、卫恒、卫岳、卫裔,女儿卫瓘及五个孙子正聚集在一起吃饭。若非看门人见潘岳满脸焦急,而杨容姬又身怀六甲,绝不会在这个时候去打扰主人。

"什么,那个潘岳又来了?"卫家二公子卫恒一听这个名字,当即讥讽道,"上次他已经被我赶出去过一次,怎么还有脸再上门来?"

"他现在一介庶人,能有什么急事?我看啊,是看见父亲执掌朝政,巴巴地赶来献殷勤吧。"

"他当初为了讨好杨骏不惜害死三哥,现在又想改投父亲门下,世上可有如此厚颜无耻之人吗?"大公子卫密、五公子卫裔也冷笑着附和。

"潘岳此人从年轻时便性格高傲,不然不会被弃置十年不得升迁。如今他能不惧羞耻去而复返,想必确实有大事要告诉我。"一直沉默不语的卫瓘忽然抬手止住了儿子们的议论,向看门人道,"让他进来吧。"

潘岳与杨容姬走进卫家厅堂时,卫恒、卫岳等人依然在埋头吃饭,就仿佛根本没有看见这个人一样。倒是寡居在娘家的卫瑾见到杨容姬,专程过来见了礼,随即引着杨容姬到内室去了。

潘岳站在堂前,向卫瓘行了一礼,卫瓘便礼节性地点了点头。整个大厅寂静无声,只有卫瓘的几个孙子停下筷子,好奇地打量着潘岳,却被卫恒轻咳一声,吓得赶紧乖乖吃饭去了。

"食不言,寝不语。卫公家风严谨,实在令人感佩。"满室尴尬之中,潘岳率先开口道,"虽然叨扰主人用膳无礼之极,但事急从权,只能请卫太保恕罪了。"

"好,潘郎君请说,老夫洗耳恭听。"卫瓘放下筷子,从侍女手中接过毛巾拭了拭口,又擦净双手,随即端坐在位子上一动不动。毕竟是经历过四朝的老臣,哪怕潘岳于他有杀子之仇,这位七十一岁的老人依然一派平和。

潘岳点点头,躬身拱手:"在下冒昧前来,其实只有一句话:事态有变,请太保早做防御。"

"你这是什么意思?"见卫瓘拈须沉吟,卫家二公子卫恒忍不住质问潘岳,"我父亲乃朝廷柱石,辅弼天子。你让他早做防御,却是为了防御谁?"

"能威胁到卫太保之人,屈指可数,何必一定要在下点明?"潘岳急道。

"潘郎君自少年起就辩才超群,老夫早有耳闻。"卫瓘终于开口,"辩者之技,往往在于先抛出一个骇人听闻的观点,达到唤起重视的目的,后面才会徐徐叙说自己心中所图。那么,潘郎君所图为何,不妨直言。"

"潘岳此行旨在提醒太保,其余别无所图!"潘岳见他们还是不相信自己,心中既急迫又憋屈,只好道,"卫公可是打算缉捕楚王舍人岐盛?"

"你怎么知道?"卫瓘脱口问出这句话,顿时意识到什么,顿了半晌终于笑道,"原来潘郎君是想告诉老夫,那岐盛要反戈一击,所以进宫去向皇后进谗言了是吗?"

"事情恐怕比太保所想还要严重……"潘岳还想再说什么,方才为他通禀的看门人忽然急匆匆地跑了进来,"老爷,大事不好了!外面忽然来了许多禁军,把府邸给团团围住了!"

"领头的人是谁?"卫瓘一惊,却立刻恢复了平静。他这一生经历过太多的风浪,早已练就了处变不惊的本领。

"是清河王司马遐。"看门人战战兢兢地回禀。

"清河王是楚王手下,谅他不会轻举妄动。"卫瓘想到这里,吩咐世子卫恒,"你出去看看。"

"是。"卫恒神色凝重地站起身,跟着看门人走了出去。过了一会儿,他重新步入厅堂,却已是满脸轻松:"刚才清河王副手荣晦宣读了圣旨,却只是要罢免父亲的官职,令交还太保印绶,并不会伤害我们一家人。"说着,他走回自己的食案,竟然又接着吃起饭来。

"圣旨果真是这样?"见卫家几位公子都露出了如释重负的神色,潘岳忍不住追问了一句。彼时崇尚名士风度,视官职为羁绊,以隐逸为崇高,因此卫恒确实不以父亲免官为大事。但是事情果真如此简单吗?

"我亲耳听荣晦朗读的圣旨,还会听错?"卫恒头也不抬地呛了潘岳一句,"潘郎君孜孜于仕途,以免官如天地倾颓,却不知对我辈而言,就算位极人臣,亦不过是蔽眼云烟而已。"

"你刚才说,和清河王同来的人是荣晦?"一直沉吟不语的卫瓘突然开口,打断了卫恒满口的风雅闲情。

"是。"卫恒连忙正色回答。

"若果真如圣旨所言倒也罢了,这些日子来处处与皇后和楚王龃龉,我也早萌生了退隐之心。"卫瓘深邃的目光闪了闪,"我只是奇怪,楚王为何要派荣晦前来?这个人以前在我麾下做过官,因为犯有过失被我斥退了,今日为何会出现在这里?"

"或许只是巧合而已……"卫恒不以为然地回答。

"依在下所虑,此事很可能是一个圈套!"潘岳打断了卫恒的话,向卫瓘拱手道,"若只是罢黜太保官位,一名小黄门足矣,为何要让清河王率领诸多禁军包围府邸?又何要派与太保有嫌隙的荣晦亲自带兵?清河王为人优柔,禁军必定是听从荣晦号令。这道圣旨,只怕有诈!"

"你竟然敢说圣旨是假的?父亲再不出去接旨,只怕那些禁军才是真要冲进来了!"卫恒怒道。

"太保府中有一千府兵,此刻应抓紧时间守住大门。哪怕僵持一夜,明早去宫中核实了圣旨虚实也好!"潘岳急切地道,"此刻最不应做的,就是束手待毙,敞开大门让荣晦等人长驱而入!"

"什么束手待毙?枉你潘岳自夸文辞出众,居然用出如此不堪之语!"卫恒黯然起身,怒目而视。显然若非卫瓘在场,他又会命人将潘岳赶出去了。

"老二,你大哥的岳父何太师就住在隔壁,你隔着院墙去跟他打听一下情况。"听到潘岳与卫恒争执,卫瓘也颇为犹豫不决。幸而他长子卫密的岳父何劭今日刚去过宫中,想必对皇后和楚王的打算会更清楚一些。

卫恒虽是卫瓘次子,却是嫡子,又被封为菑阳公世子,因此家中大小事务,卫瓘都让他去操办。此刻得了父亲吩咐,卫恒不敢怠慢,赶紧绕到后院去了。

没过多久，卫恒又转了回来，和先前一样，满脸俱是轻松之色："启禀父亲，方才已隔墙问过何太师。何太师说宫中无非是因琐事不满父亲，所以罢官而已，并无他事。"

"既然如此，我就放心了。"有亲家翁太师何劭作保，卫瓘明显松了一口气，"吩咐人打开大门，预备接旨。"

"太保不可！"潘岳情急之下大喝一声，"太师何劭向来首鼠两端。当年杨骏篡改武帝遗诏，何劭身在御榻之前却始终不发一言，唯求明哲保身而已！他的话，怎可全信？"

"何太师的话再不可信，也比你这害死我三弟之人可信得多！你一而再再而三阻止我家接旨，是想给我们招来祸患吗？"卫恒忍无可忍地怒斥。

"太保！"潘岳不理睬卫恒，只挺身拦在了卫瓘之前，"太保若一意要开门接旨，不如让我先护送一两个小公子出门暂避。就算有什么万一，也能为卫家保全一点根苗……"

"今夜我两个儿子卫璪、卫玠本来就在外面医馆看病，就不劳烦潘郎君多此一举！"卫恒断然拒绝。

"父亲、二哥，可否听我一言？"忽然，一个女子的声音响了起来，竟是方才与杨容姬避到内室的卫瓘。她显然与杨容姬密谈了许久，此刻再次出现，已经下定了决心，"今日天色已晚，无论那圣旨是真是假，都断无迫切到夜晚登门的道理。我认为父亲应该听潘郎君的建议，一切都拖延到明日早上再说。"

"妇人之见！"卫恒轻哼了一声，又瞥了一眼潘岳，用低得恰好可以听到的声音补充了一句，"小人之见！"

"父亲！"卫瓘见卫恒并不答话，知道他并不以自己的话为然，只好退一步道，"既然父亲认定圣旨没有异常，就请让我外出去照看一下阿璪和阿玠吧。如今事态复杂,这府中尚有一千府兵守卫,阿璪和阿玠却身在医馆,万一被有心人劫持,还不知会惹出什么祸事。"

"既然这样,你就去吧。"卫瓘也知道自己这么多年来宿敌不少,生怕他们趁乱加害自己两个宝贝孙儿,便点了点头。

"多谢妹妹好意,只是怕你现在无法出去。"卫恒其实也有些担心自己在外的两个幼子,神色凝重,"府外已被禁军堵塞,势必不会放府中人外出。"

"我有办法。"另一个女子的声音忽然响了起来,恰是一直不声不响的杨容姬。"阿容……"潘岳似乎猜到了杨容姬要说什么,担忧又嗔怪地瞪了她一眼,想要让她打消念头。

杨容姬朝潘岳宽慰地笑了笑,继续道:"我夫君与楚王最倚重的长史公孙宏是莫逆之交,与清河王也有数面之缘。他要携夫人出卫府,应该没有什么阻拦。所以我打算让阿瑾装扮成我的样子,随檀郎出府去迎接两位小公子。"

"那你呢?"潘岳问。

"我自有办法脱身。"杨容姬说到这里,见潘岳只是定定地看着她,无奈从袖中取出一枚小小的令牌,"这是秦王府的令牌,清河王不敢轻举妄动。"说着她不敢再看潘岳,只拉着卫瑾道,"阿瑾只需在腹中塞上一些衣物,再带上一顶帷帽,别人必定不会认出来。"

"那就这样办吧。"家主卫瓘终于下定了决心,"阿瑾随潘郎君出府,老二随我到府门口接旨。"

卫瓘既已发话,潘岳便不好再反驳什么。他眼睁睁地看着杨容姬和卫瑾重新走入内室,再出来时,卫瑾已装扮成了与杨容姬一样的孕妇,头上也带上了遮蔽容貌的帷帽。

"你自己一定要小心,否则我……"潘岳暗暗拉住杨容姬的手,声音到后面已哽咽得无法听闻。虽然对秦王司马柬的醋意已是无法掩饰,但他还是舍不得对杨容姬说出什么重话。

"你放心,小檀郎在我这里,我怎么敢有事?"杨容姬见潘岳的眼睛都急得红了,悄悄在他耳边吹了一口气,"这次确实是我不对,回去之后我给你赔罪。"

说话之间,众人已经从大厅走到了府门口。随着卫瓘一声"开门",守卫的府兵们合力撤下巨大的门闩,将酄阳公府沉重的红漆大门缓缓打开。

大门一开,门外乌压压的禁军士兵便一览无遗地堵在了门口,看得潘岳心中一颤。眼看举着圣旨的荣晦寒暄着走进了酄阳公府,潘岳赶紧对清河王司马遐施礼道:"在下与内子在此做客,不欲耽误了颁旨的大事,请殿下恩准我们回避。"

司马遐虽然也是个王爵,但一向唯唯诺诺,无所适从,便点头放行。实际主导了这次行动的荣晦听到动静,回头盯了一眼,却也惦记着自己的大事,回转头不再理会。趁他们还没有改变主意,潘岳用力搀扶着身子轻轻发抖的卫瓘,快步穿过层层叠叠的禁军队伍,终于爬上了李伯驾驶的马车。

就在这个时候,原本安静的卫府围墙之内,忽然传出了一阵异样的喧哗,紧接着便是几声惨叫。

"父亲!"卫瑾听出大事不好,情急之下就想冲出马车,却被潘岳一把捂住了嘴,使劲拉回了车厢之中。

"李伯,快走!"潘岳死死箍住不断挣扎的卫瑾,急切地朝赶车老仆叫道。

马车疯了一般地往前跑去,将早已沦陷的酄阳公府越抛越远。感觉到怀中卫瑾挣扎的幅度越来越小,潘岳终于放了手,歉疚道:"得罪了卫夫人,还望恕罪。"

卫瑾没有回答,只是紧紧闭上眼睛,成串的泪水沿着她姣好的面容缓缓滑落。到底是世家大族的女儿,风度并不逊于父兄,过了一会儿,当马车就要行驶到卫璪、卫玠看病的医馆时,卫瑾已经掩饰了悲容,恢复成平日素雅淡然的模样。

"一会儿接到两位小公子,就请卫夫人一起先到我家暂避吧。"潘岳看她强忍悲戚,心中也哀伤不已,"我一会儿会想办法去打听贵府的情况。"

"多谢潘郎君,此恩此德,无以为报。"卫瑾低头低声道。

"不用谢我,毕竟是我有愧于卫家在先。"潘岳苦笑了一声。

卫瑾低着头,看不清表情,也没有再说什么。过了一会儿,马车在医馆前停稳,卫瑾才道:"阿璪、阿玠,一个八岁,一个才六岁。一会儿潘郎君若是见到他们,请不要提家中之事。"

"好,就说是接他们去我家暂住一晚。"潘岳跳下马车,想要扶卫瑾下车,卫瑾却故意避开了他的手,自己走下车来。

进了医馆,卫璪、卫玠两个孩子听到姑姑前来,都忙不迭地跑出迎接。见潘岳跟在卫瑾身边,年幼的卫玠好奇地盯着他看了半晌,忽然问:"姑姑,他是新姑父吗?"

"别胡说,这是潘叔叔。"卫瑾羞红了脸,连忙道。

"我一直听说爷爷要给姑姑找新姑父,还以为就是他呢。"卫玠比他哥哥卫璪胆大许多,朝潘岳笑道,"潘叔叔真好看,要是你是我新姑父就好了,我就可以天天看到你啦。"

"潘叔叔不好看,我们阿玠才最好看!"潘岳见卫玠虽然才六岁,却生得骨骼清致容颜不凡,让人一见之下惊为天人。他蹲下来将卫玠抱在怀中,笑着对孩子道:"要是潘叔叔的儿子也像你这么可爱就好了。"

"我爹爹说我好看都是因为他好看,所以潘叔叔的儿子肯定也好看!"卫玠大言不惭地说出这句话,惹得一旁的卫瑾都忍不住嗔道,"你爹爹什么都好,就是自视甚高,眼珠子都长在头顶上了。"说到这里,想起卫玠的父亲、自己的二哥卫恒此刻已是凶多吉少,卫瑾赶紧偏开脸,忍下了眼中汹涌的泪意。

赶车的李伯见潘岳抱着卫玠出来,不由眼睛睁得溜圆,连手中的马鞭都差点掉下去。见潘岳不解地看他,李伯才摸了摸头不好意思地笑道:"方才见郎君抱着卫小公子,就仿佛大玉人抱着小玉人,晃得我眼睛都花了。说句不恭敬的话,别人要是不知道,肯定会把卫小公子当作郎君的亲生儿子呢。再过十年,只怕上街时掷果盈车、万人空巷的就不是郎君,而是卫小公子啦。"

"潘叔叔,什么叫掷果盈车,会很威风很高兴吗?"卫玠转过小脑袋,不解地问。

"开始会有一点点高兴,但后面更多的是麻烦。"潘岳轻叹了一声,抱着怀中比平常孩子荏弱的小身子,对这个孩子的命运忽然生出一种担忧。太过出众的容貌,对于一个男子而言,实在不能算作是幸事。

等到李伯将马车赶回潘宅,夜色已经深了,洛阳城也开始了漫长的宵禁。潘岳和卫瑾先将卫璪、卫玠安排到房中睡下,这才走出房门在庭院中坐了下来。

八月初秋,白天气候依旧炎热,但到了夜间,便生出浸人的寒凉来。潘岳想请卫瑾和孩子们一起在寝房内安歇,卫瑾却执意不肯,潘岳便只好陪着她枯坐在院中。

"现在我只想知道,荣晦手里的那封圣旨究竟是不是真的。"卫瑾望着天上皓月,心中如火炭煎熬,"宫中的意思,究竟是只想将我父亲免官,还是真的要杀死卫家满门? "

潘岳没有答言。说实话,事情到了这个份儿上,他已经分不清擅自对卫瑾一家动手的,究竟是宫中那位深藏不露的皇后,还是荣晦那个睚眦必报的小人。而处于关键位置的楚王司马玮,在听了岐盛和公孙宏的怂恿后,究竟是不是也在利用贾南风,以期达到他不可告人的目的。

从杨骏、司马亮、卫瓘到司马玮，他们一个个如波浪般兴起又倒下，归根到底，都是因为如今的天子司马衷智力低下，不仅已经无力约束权臣，甚至连一些最基本的职责如籍田仪式都无法履行。天子如此愚钝，大大损伤了臣子对皇权的敬畏之情。于是那高高在上的皇位，就成了众人追逐的彩球，你踢一脚，我挥一拳，将本应和衷共济的朝廷变成了狼奔豕突的猎场。

而这一切更深的根源，就在于武帝司马炎猜忌司马攸，一意孤行要确立嫡长子继位的铁律。想到这里，潘岳心中烦闷，忍不住握拳狠狠砸在了身边的台阶上。

"潘郎君？"卫瓘听见动静，转过头惊讶地呼了一声。

看着眼前女子娴雅的面容，潘岳掩饰般地笑了笑："没什么。我只是突然想起当今天子还是太子时，曾经传言武帝想聘卫夫人你做太子妃，却不知为何还是聘了当今皇后？"

"哦，我那时蒙先皇和皇后相招，与当今贾皇后姐妹一起进宫游玩。我一时身体不适先行告退，太子便聘了当今皇后为太子妃。"卫瓘避重就轻地回答。她自然不会告诉潘岳，她那时无意中瞥见了太子藏在花丛中偷窥的嘴脸，顿时心惊肉跳，联想起父亲常常抱怨太子不爱读书，便生出了宁可死也不当太子妃的想法。后来她终于嫁给了一个世家子弟，丈夫却不幸早逝，卫瓘便又将她接回了娘家居住，说要再为她寻一个如意郎君。可如今她再度见到了潘岳，以后还真的能再找到如意郎君吗？

"潘郎君为何想起问这个？"卫瓘心中刹那间转了千般念头，掩饰地问。

"我在想，若是当年卫夫人当了太子妃，如今这天下大势，恐怕就完全不一样了。"潘岳感慨地回答。

卫瓘蓦地愣住了。若她当年不装病退出太子妃的挑选，以武帝司马炎对她美名的评价，太子妃的位子自然不会落到贾南风的头上。那么后来诛杨骏、召楚王，连带着自己父亲的重新启用和飞来横祸，是不是都完全可以避免了？所谓天下大势实在是荒谬，她一个闺中女儿小小的私心，竟会导致了后面这些惊天动地的大事，甚至自己一家的悲惨境遇！想到这里，卫瑾只觉得整个天空都坍塌下来压住了自己，窒闷得无法喘息，终于埋头用双手掩住面孔，轻声啜泣起来。

"我明白卫夫人的感受。其实我们每一个人，都在影响着这个天下的走向。"潘岳没有试图阻止卫瑾的哭泣，只是幽幽地道，"明白了这一点未必不是好事。至少我现在知道，即使卑微如草芥，我依然可以奋力一搏，实现心中的志向。"

"潘郎君的志向，究竟是什么呢？"卫瑾心中一动，用手帕擦去眼泪问。

"我的志向……"潘岳正要开口，守门的李伯忽然惊喜地叫了起来，"是夫人！夫人回来了！"

一听杨容姬平安归来，潘岳一跃而起，立刻冲到了门外。只听马蹄嗒嗒，杨容姬骑着一匹马已经来到了门前。

"你身子那么重，怎么还骑马？"潘岳一把将杨容姬抱下马背，心疼地擦着她额头上的细汗，"是不是哪里不舒服？"

"我还好，就是卫太保一家，都被那荣晦尽数杀害了！"杨容姬说到这里，蓦地看见卫瑾从门中露出的苍白的脸，顿时止住了悲声。下一刻，卫瑾的身子一歪，软软地倒了下去。

"李伯，快送卫夫人回房歇息！"潘岳赶紧吩咐了一声。转眼见杨容姬秀眉微蹙，嘴唇紧紧抿在一处，潘岳越发心乱如麻："我就知道你在强撑！这会子是不是动了胎气？我这就去请大夫！"

"我真的没事。就算再好强，我也不敢拿肚子里的小檀郎造次。"杨容姬伸出手，轻轻抚摸着潘岳眉心的皱纹，似乎想要将它们尽数抹平，"卫家两个小公子还好吧？我就知道，不补偿卫宣的人命，你终身都不得安宁。所以我拼尽全力,也会助你完成心愿。"

将头疲惫地埋进潘岳怀中,杨容姬喃喃地道:"君子之过也,如日月之食焉。过也,人皆见之;更也,人皆仰之。我要我的檀郎,余生都能轻松自在,再不要背负什么重担。"

"好,我答应你,以后抛开一切,只为你和孩子而活。"潘岳抱着杨容姬走进院中,忽然道,"不过你也要答应我一件事。"

"什么?"杨容姬问。

"把那块秦王府的令牌,扔进火炉里去!"潘岳酸溜溜、气鼓鼓地道。

"听你的。"杨容姬笑着,毫不犹豫地回答。

第　十　六　章

放　　逐

一往何时还，千载不复生。

——潘岳

元康元年八月洛阳的这场剧变，实际上比四个月前杨骏一门的轰然倒下还要骇人听闻。就在一夜之间，原本掌管朝政的太宰汝南王司马亮和太保卫瓘一家尽数被杀。楚王司马玮麾下长史公孙宏带禁军攻打司马亮府邸，将他父子乱刃杀死。而在同一时刻，清河王司马遐和他的副手荣晦假借颁旨进入卫瓘家大门，在一千府兵尽皆放下武器之后，忽然拿出一份早已拟定好的卫家老小名单，将卫瓘阖府按图索骥，尽数绑缚斩首。卫家子孙中，只有卫瓘的两个孙子卫璪、卫玠因在外就医，幸免于难。

第二天一早，群臣纷纷得知楚王纠结三十六军，杀害司马亮和卫瓘满门的消息。由于楚王号称是奉旨行动，一些元老大臣就忍不住冲进宫中，当面质问天子司马衷为什么要颁下这样的旨意。

面对大臣的汹汹激愤，坐在帘后的皇后贾南风适时地保持了沉默，只有被推到台前的司马衷惊慌失措地回应："朕没有颁布这样的旨意，朕怎么可能杀害汝南王和卫太保？"

看着天子憨厚的脸上滚下的汗珠，太子少傅张华终于给司马衷找了一个台阶："既然没有圣旨，那楚王就是矫诏杀人，就是谋反！"

"对对对。矫诏加上杀戮大臣，罪不容诛，罪不容诛！"群臣纷纷附和。隔着黑色的纱帘，他们都看不到天子身后的皇后贾南风脸上露出了得意的微笑——鹬蚌相争,终于到了自己坐收渔利的时候了。

"楚王矫诏杀死两名辅政重臣,明显生出了不臣之心,那天子该怎么办呢?"换上一副诚惶诚恐的强调,贾南风难得地显露出她作为女性的柔弱。

"请天子和皇后放心。即使楚王真有谋反之心,他召集的洛阳三十六军却始终是忠于天子的。"司马亮与卫瓘死后,朝堂里最有声望、最有能力的大臣无疑便是张华。这位因为拥戴齐献王司马攸而被武帝司马炎冷落了多年的能臣,终于在这一天走上了领袖群侪的位置。

"三十六军被楚王蒙蔽,此刻就驻扎在洛阳城中,一旦杀进宫来,根本无法抵挡。"贾南风故作惊慌地问,"想要诛杀楚王,谈何容易?"

"皇后所言不错,三十六军将士是被楚王蒙蔽,以为是奉旨除贼,才听从楚王号令。一旦他们明白楚王矫诏行事,必定不会再跟随乱臣贼子。"张华说到这里,胸有成竹地道,"如今可命使节持驺虞幡出宫,宣布诸军放下武器各归本营,危机就可以解决了。"

"那就按照张少傅的意思试试吧。"贾南风点了点头,随即命令殿中将军王宫手持驺虞幡,出宫大喊"楚王矫诏",又令自己的表兄车骑司马贾模率领两百虎贲卫士,前往捉拿楚王司马玮。

所谓"驺虞幡",乃是画有驺虞图案的旗帜。驺虞是传说中的仁兽,虎躯猊首,白毛黑纹,不仅不杀害任何生命,只以自然死亡的动物为食,甚至连青草都不忍心践踏。晋朝立国建制,以驺虞幡为天子解兵息战的令旗。驺虞幡到处,刀枪置地,将士解甲。

果然不出张华所料,驺虞幡到处,忠心于天子的禁军纷纷放下武器,各自归营。一时之间,楚王司马玮身边除了长史公孙宏,再无旁人,就连怂恿他起兵的舍人岐盛也自己逃命去了。

"我没有矫诏,我这里有天子昨夜亲自颁发的圣旨!"见身边人马纷纷散去,楚王司马玮不甘地挥舞着手中青纸密旨,大声叫喊。

"殿下,此刻宜先自保,再徐徐向朝廷申冤!"公孙宏生怕司马玮不明不白地死在乱军之中,连忙一把将他挥舞的手臂压下,"这道密旨是证明殿下无罪的证据,一定要好好保存。"

"朝廷前来抓捕我的人已在路上,却叫我躲到哪里去自保?"司马玮料不到昨夜还殷殷托付自己的天子和皇后会骤然翻脸,心乱如麻。

"如今有一个地方,可保殿下安然无恙。"公孙宏急中生智,"请殿下速速前往秦王府暂避。秦王是天子同胞兄弟,任谁也不敢造次!"

"好,到了三哥府中,我再细细分辩冤情!"楚王司马玮点了点头,当即和公孙宏分别跨上一匹快马,不管不顾地朝着秦王司马柬的府上奔去。

司马柬原本早就要出镇关中就藩,只是因为司马亮和卫瓘强力邀请他一起辅政,才一直未能成行。然而自杨骏死后,这位天子的胞弟就深居简出,几乎不问世事,当年因为武帝的宠爱而宾客云集的门庭也骤然冷清下来。

虽然不论是外祖父杨骏满门被灭,还是司马亮、卫瓘死于非命,司马柬都紧闭大门不闻不问。但楚王司马玮毕竟是他的弟弟,危急之时含冤来奔,司马柬犹豫了一下还是将司马玮和公孙宏放入府中。听曾经不可一世的楚王一把鼻涕一把眼泪地哭诉了一番冤情,秦王司马柬接过楚王递过来的密诏,看到上面写的是:

"太宰、太保欲为伊、霍之事,王宜宣诏,令淮南、长沙、成都王屯宫诸门,废二公。"

"宫中说汝南王和卫太保要学霍光废天子?"秦王司马柬看完诏书诧异地问,"他们废了天子能立谁?"

"自然是东宫太子了。"楚王司马玮擦了擦眼泪,哽咽道,"小弟也知道卫瓘一向对天子不满,而太子又非皇后亲生,所以接到密诏就信以为真,连夜调集三十六军围攻二人府邸。谁知道……谁知道一夜过去,宫中竟然说我矫诏,要治我的死罪。三哥,三哥你一定要救救我啊!"

"此事果然有蹊跷。"秦王司马柬看着那张如假包换的密诏,对弟弟司马玮生出了几分同情,"这样吧,你先在我府中住下,我为你联系一些大臣说情。"

"多谢三哥,多谢三哥!"司马玮此刻早没了早先宗室新一代领袖的风范,和公孙宏两人忙不迭地下拜道谢,才随同秦王府的侍从到后院安顿去了。

司马玮走后,司马柬背着手在室内踱了几圈,越发笃定司马玮是中了宫中的阴谋。至于"宫中"拿主意的是自己那个憨厚的天子二哥,还是阴鸷狡猾的皇后二嫂,自然已是不言而喻。

借着岐盛、公孙宏诬告卫瓘的东风,一夜之间除掉了司马亮、卫瓘和司马玮三个掌权路上最大的劲敌,皇后贾南风这一石三鸟之计,用心之毒,行事之险,令秦王司马柬不禁打了一个寒噤。从此之后,无论宗室还是大臣之中,都再也没有了能与皇后争锋之人,那高高的皇位后实际掌控之人,已经露出了胜利的微笑。

秦王司马柬虽然在军中素有威望,名声也宽厚贤达,却少有急智。就在他还在左思右想接下去该如何行事之时,侍者忽然来报:"齐王带了五百麾下禁军,正屯驻在秦王府大门外,扬言要捉拿逃匿的反贼司马玮和公孙宏。"

"齐王怎么知道楚王在这里?"司马柬想起司马玮前脚才进府,司马冏后脚就带兵追了过来,这反应也太过神速了些。他定了定神还想说什么,门外已传来齐王司马冏豪迈的声音:"小弟擅闯秦王哥哥府邸,还请哥哥不要怪罪。"

"你上次擅闯宫禁,皇后命令你闭门思过。如今你又擅闯本王府邸,看来你并没有真心悔过。"司马柬见司马冏竟然不得自己同意就擅自进府,恼怒地揶揄了一句。

"秦王哥哥恕罪。小弟奉旨捉拿逆贼,一切从权,改日再向哥哥赔罪。"一身甲胄的司马冏虚虚施了一礼。如今他已是左军将军,手下有三千禁军可供调遣,与当年唯唯诺诺的空壳子齐王已不可同日而语。见司马㝹只是冷着脸不说话,司马冏微微一笑,举起手中一卷黄帛道:"圣旨在此,小弟这就带人去捉拿逆贼司马玮了!"

"你凭什么断定司马玮在本王府中?就算你奉旨行事,难道敢将整个秦王府抄检一遍吗?"司马㝹的脸涨得通红,怎么说他也是当今天子的同胞兄弟,一人之下万人之上,司马冏哪里来的胆子敢抄自己的家?

"小弟自然不敢妄动,只是捉拿了司马玮、公孙宏就走,绝不敢侵犯秦王府的一草一木。"司马冏说到这里,微微一笑,"秦王哥哥不必惊讶,这秦王府过去乃是齐王府,小弟自然知道外面来了贵客,会安排在何处住下。就算藏进了密室地道,只怕小弟比哥哥还熟悉机关呢。"说着,他朝手下禁军一声令下,"跟本王来!"

潘岳是被门外紧急的拍打声惊醒的。他蓦地从趴伏的桌案上惊起,脑中一时有些恍惚,连忙掀开帘子一角看了一眼里间寝房。卫璪和卫玠两个孩子在榻上睡得正香,杨容姬躺在地铺上也沉睡未醒。只有哭肿了眼睛枯坐在墙角的卫瑾也听到了敲门声,惊慌地朝潘岳望来。

"别怕,不一定是来抓你们的。"潘岳小声安慰了一下卫瑾,寻思李伯等几个仆人忙了半夜,此刻也是累得很了,便放下门帘关紧寝室房门,自己穿过庭院去应门。

"是潘郎君家吗?求求你快去救救我家老爷吧!"拍门之人想必是听到了近前的脚步声,再也忍不住地哭喊了起来。

"你家老爷怎么了?"潘岳听出此人是好友公孙宏的长随,连忙一把打开了大门。

"我家老爷,还有楚王殿下、岐盛老爷,现在都被押到东市要问斩了!"

那仆人惊慌失措地跪下哭喊道,"求潘郎君快去救救他们吧!"

"你说什么,谁要被问斩?"潘岳脑子里忽然像天地颠倒,海水漫灌,一时竟以为自己被昨夜的事惊吓糊涂了。

"是我家老爷和楚王要被问斩,监斩的便是齐王殿下!"那仆人跪在地上,不住磕头,口不择言,"潘郎君与齐王情同父子,如今只有你能救他们了!"

到了这个时候,潘岳才确定自己真的没有听错。可是昨夜明明是楚王和公孙宏他们气势汹汹地去斩杀司马亮和卫瓘的啊,怎么还没有威风半日,就被绑缚东市,行将问斩了呢?这乾坤颠倒的速度,也太过匪夷所思了。

虽然心中存了太多的谜团,潘岳还是匆匆上了那仆人驾来的马车,马不停蹄往东市赶去。二十多年前,他也曾经这样急匆匆地赶赴东市,想要救出蒙冤获罪的嵇康先生。如今时过境迁,却依稀又是同样的场景,只是那监斩之人却为何变成了视若己出的山奴司马冏?

由于这是百年来第一次当众处死天潢贵胄、正牌皇子,东市早被闻信而来的洛阳市民围了个水泄不通。幸亏潘岳找到了一个齐王府面熟的随从,那人又找到了司马冏的心腹侍从董艾,这才由几个禁军护送着潘岳,穿越层层人群走进了正中的刑场。

"檀奴叔叔,你怎么来了?"齐王司马冏原本坐在上位,此刻连忙站起身迎了过来。

"我来看看,为何现在就要处死楚王和公孙宏?"潘岳一眼瞥见楚王司马玮和公孙宏被绑缚双手跪在断头的木桩前,不禁声音都颤抖起来。

"叔叔这话就问得不对了。"司马冏故作惊讶地道,"楚王及其党羽矫诏擅杀太宰太保,灭其满门。这样的弥天大罪,难道不该问斩吗?"

"就算是弥天大罪,也断无不交付廷尉审问定罪,就直接将先帝皇子绑缚刑场的道理!"潘岳急道,"何况昨夜我就在卫瓘府中,清河王说他奉诏行事,那诏书究竟是真是假?如今为何只处斩楚王,对清河王却不闻不问?"

"我知道叔叔精通律法,但现在事急从权,又有天子谕旨,就不要追究小节了。"司马囧彬彬有礼地回答,"叔叔若是念着与公孙宏有旧,现在还可以去和他道一下别。"

见司马囧绵里藏针,潘岳只好转身朝公孙宏走去。公孙宏费力地抬起头看着他的身影,忽然咧嘴一笑道:"安仁,你知道我现在遗憾什么吗?遗憾昨天嫂夫人做的煎鸭肉我没有多吃两口,以后是再也吃不到了。"

"你们这到底是怎么回事?还有没有转圜的余地?"面对公孙宏无惧生死的名士风度,潘岳所想的却是现实中最后的努力。

"没用的。我们中了皇后的圈套,只可惜连累了楚王。"公孙宏的笑容,渐渐变为惨厉,"皇后知道卫瓘不满岐盛,就暗中派心腹积弩将军李肇联系岐盛进宫,赐予他密诏让楚王发兵攻打汝南王和卫瓘。等到我们真的按照诏书杀了司马亮和卫瓘后,皇后又翻脸不认人,非说楚王是矫诏行事,想要杀人灭口。如今,人为刀俎,我为鱼肉,还有什么转圜余地,只有一死罢了!"

正说到这里,跪在不远处的楚王司马玮忽然扭动着身子,大叫起来:"我冤枉,我冤枉!我怀中就有天子颁发的密旨,可以证明我无罪!"

"真的吗?"齐王司马囧闻信走到司马玮身边,伸手从他怀中果然掏出一卷青纸诏书来。在司马玮满含期待的眼光中,司马囧随意看了两眼诏书内容,忽然双手一分将它撕了个粉碎。

"司马囧,你大胆!你竟敢撕毁天子诏书,你这是要……"司马玮眼中几乎滴出血来,还要大声叫骂,司马囧已轻飘飘地吩咐了一声"堵上他的嘴",便头也不回地回到监斩位上去了。

"看到了吧,安仁,你潜心辅佐的这位小齐王,可是个厉害角色呢。"公孙宏见司马玮被堵上了嘴,转回头继续朝潘岳笑道,"我们刚躲进秦王府,他就带兵追了过来,很显然他在秦王府中早就设下了耳目。这次他抓住我们可是大功一件,皇后那边,更要对他青睐有加了。"

"想不到,那孩子现在竟成了这个样子……"潘岳难以置信地喃喃。

"变成这样也没什么不好,说不定还是你的幸事。你看楚王就是太过耿直,才会被贾南风借刀杀人,还连累我们丢了性命。"公孙宏说完这句话,猛地用肩头一撞潘岳,"你走吧,我可不想让你看到我身首异处的样子。对了,来日祭奠我的时候,记得带上嫂夫人做的煎鸭肉,还有你的独弦琴。"

"好,我记下了!"潘岳强忍住眼泪,用力点了点头,豁然起身就要离开。

"檀奴叔叔!"齐王司马冏见潘岳脸色惨白,脚步踉跄,似乎随时都会摔下去,连忙唤住他,"叔叔慢走,我这边派两个人送你回去。"

"齐王殿下是天潢贵胄,这一声'叔叔',草民实在担当不起。"潘岳说完,再不看司马冏一眼,蹒跚而又固执地走进了人群之中。

卫瓘家虽被灭门,但河东卫氏还有旁支在,没过多久就将卫瑾、卫璪、卫玠等人接了过去。那时候不论是潘岳、杨容姬还是卫瑾,都认为楚王既然已被明正典刑,那卫家灭门惨案的元凶右军督荣晦也应该被治罪。却不料等来等去,却等来了宫中一纸"为楚王诖误者一概不论"的诏书。按照诏书后所附名单,不仅勾结岐盛入府的积弩将军李肇无罪,协助公孙宏攻打司马亮府邸的禁军将领无罪,领兵包围卫府的清河王司马遐无罪,就连早就拟好了杀人名单、将卫家老小全部斩首的小人荣晦也赦免无罪。

"荣晦为一点小事杀害卫家满门,这样穷凶极恶之人,怎么朝堂之上就没有一个人出来声讨?"杨容姬义愤填膺地问。她此刻距离临盆之日已越来越近,身体倦怠,潘岳便每日闭门不出,只在家中照顾她的起居。

"当年卫瓘不断向武帝质疑当今天子的智识,连司空贾充都愤愤地对贾南风抱怨:'卫瓘老奴,几破汝家!'所以贾皇后对卫瓘一直恨之入骨。"潘岳叹道,"如今贾皇后掌握了实权,众位大臣自然不敢为卫瓘申冤。"

"嗯,我听卫瓘妹子说,她这些天不断给朝中重臣写信,请他们帮助昭雪自己父亲的冤案,至少也要给她父亲一个谥号。那些信却如泥牛入海,让人心寒啊。"杨容姬说到这里,似乎真的不寒而栗,"幸好你现在不在朝廷做官了,否则我的心,总是无法真正放下。"

"好,那就听你的,今后再也不做官了。"潘岳说着,忽然铺开了纸笔。

"你要写什么?"杨容姬从卧榻上支起身子,奇怪地问。

"卫夫人托我以她的名义写一封给朝廷的状纸,希望朝廷将元凶荣晦治罪,以告慰卫家满门冤魂。"潘岳回答。

"她这是要去敲登闻鼓告御状?"杨容姬大惊失色,一下子就从榻上坐了起来,"敲登闻鼓者必受三十重杖,檀郎你不会……"

"我不会。我上次受的伤还未痊愈,再受三十杖岂不是要一命呜呼了?"见杨容姬害怕得瑟瑟发抖,潘岳连忙一把将她搂在了怀中,"你放心,如今我一切都为了你和孩子,绝不会再做冒险的事情了。"

"可是,万一齐王那边……"杨容姬咬着嘴唇,担忧地问。

"齐王已经长大了,不再需要我了。"脑海中闪过司马冏在东市刑场上威风凛凛的模样,潘岳闭了闭眼,使劲摇了摇头。

"那总不会是阿瑾妹子自己去受杖吧?"刚确认了潘岳的平安,杨容姬又不禁为卫瓘担忧起来。

"卫太保四朝老臣,自然不乏仰慕他的忠贞之士。这一次去敲登闻鼓的,就是太保主簿刘繇。"潘岳见杨容姬渐渐恢复了平静,便放开她重新坐回书案前,"所以我为他们写的这封状纸,一定要入木三分,不将小人荣晦正法,我就折了这支笔,终身再不著文!"

"我信你做得到。"杨容姬知道潘岳写作之时全神贯注,不敢打扰,便起身为他关好房门,慢慢走到庭院内。正自休息之时,忽见老仆李伯犹犹豫豫地走过来,一副吞吞吐吐的模样,杨容姬便道:"檀郎在做要紧事,有什么话就对我说吧。"

"这话确实是要对夫人说。"李伯走近两步,压低了声音道,"门外来了秦王府的使者,说要请夫人去一趟。"

"这种话有什么好传的,直接告诉他们我不去!"杨容姬怒道。自从秦王司马柬自作主张,几乎害得潘岳在廷尉狱中丧命之后,杨容姬就彻底与秦王府断绝了往来,而司马柬也自知理亏,再未叨扰过她。如今平白无故的,秦王又来邀请她做什么?

"老奴知道夫人的意思,已经回绝过了。但这次的使者却说'有十万火急的大事,请夫人一定要去,而且这次去了之后,秦王就会和楚王一样,绝不会再惹夫人烦心了!'老奴看那使者哀求得可怜,只好来回禀夫人。"

"秦王这话什么意思?什么叫作'和楚王一样'?"杨容姬脱口问出这句话,忽然心脏一沉,就仿佛顷刻浸入了冰湖之中,又黑暗又森冷。她回头朝紧闭的书房门看了一眼,终于小心地站起身来,对李伯吩咐:"檀郎这一写不知要熬到什么时候,我去去就回,你暂时不要告诉他。"

见到杨容姬出来,那秦王府使者就如久旱逢甘霖一般,差一点就要跪下拜谢老天爷了。随车前来的一个秦王府侍女小心翼翼地服侍杨容姬上了车,宽大的马车便平稳地朝着秦王府行驶而去。

虽然对秦王司马柬颇为怨恨,杨容姬此刻脑海中却不断回想起初识司马柬的情形——那时候自己在宫中度日如年,常常独自在废宫遗址中忧伤独坐。而司马柬还是小小少年,因为母亲武元皇后杨艳偏爱太子司马衷,便委屈地躲到废宫里面来。他们两个人,可以说是在人生最低谷的时候相识,而她又比他大了十岁,因此即使后来司马柬做出对不起潘岳的事情,杨容姬还是像长姐对待幼弟一样,始终放不下怜惜之情。

到达秦王府门口,杨容姬见一切如常,并无禁军环伺,也无宫使等候,稍稍放下心来。她扶着侍女的手缓缓走入王府内,一路见家仆侍从井井有条,毫无变乱将至的慌张,不禁怀疑方才使者为了诓骗自己前往,故意撒了弥天大谎。

侍女并未将杨容姬领入后宅,而是带她来到了司马冏的书房。那个书房原本是齐献王司马攸所有,窗前种了一树紫藤,经过三十年的培育,已长得极为粗大繁茂。此刻已过了紫藤花期,只有浓密的枝叶沿着墙壁攀爬而上,一圈圈地将窗户环绕起来,遮蔽了暑气,也遮蔽了日光,就仿佛一座阴凉的绿色坟墓。

似乎一直在等待杨容姬的到来,秦王司马冏此刻穿着一身天青色的常服,站在书房檐下看着她。他的手中把玩着一把白玉柄匕首,恰正是当年杨容姬出宫时,还是汝南王的司马冏送给她的。后来杨容姬用这把匕首为信物,换得司马冏相助潘岳。事成之后司马冏想重新把匕首赠还杨容姬,杨容姬却坚辞不受。司马冏便只好留下匕首,日间常用它来雕刻水果自娱。

“杨姐姐,你终于来了。”看着杨容姬明显的孕态,司马冏眼中闪过一丝妒意,“孩子快要出生了吧?”

“还有一个多月。”杨容姬察觉了司马冏微妙的心思,心中有些恼怒,“秦王殿下召我来,难道就是为了问这个的吗?”

“进来坐吧。”似乎没有感知杨容姬的情绪,司马冏转身走进了书房内,“我不是很喜欢读书,这里也不常来。不过今天我选了许多地方,还是觉得这里最好。”见杨容姬果然走进来落座,司马冏挥挥手,命伺候在廊下的侍从婢女们全都远远退开。不过他并没有关门,那些人依然可以清清楚楚地看见书房内的情形。

“现在他们听不见我们说话,却又可以为杨姐姐提供人证,这样的安排,杨姐姐可满意?"司马柬看着杨容姬,目光渐渐有些凝滞。

"殿下究竟想说什么?"杨容姬被他灼灼的眼光盯得有些羞恼,用力转开脸去,"檀郎还在家中等我。殿下若还是这样拖延时间,我就告退了。"

"是啊,我确实是在拖延时间。"杨容姬的话如同冷风一样抽在司马柬脸上,让他终于从恍惚中回过神来,"不过我能够拖延的时间,也就这么多了。"

从案上取过一个鎏金错银酒壶,司马柬给自己满满斟了一杯,虚虚地朝杨容姬举了举:"这是宫里刚赐下的御酒,就不请杨姐姐共饮了。"

"慢着!"杨容姬终于发现了哪里不对劲,"这酒……为什么?"

"为什么?因为我收留过楚王?因为有大臣推举我担任辅政大臣?还是仅仅因为……"司马柬笑着看了看门外层层叠叠的斗拱飞檐,"我和齐献王一样,是天子的嫡亲弟弟?"

"这,这是谁的主意?你从来都恭敬顺从、谦逊低调,绝不与外臣结交,绝不参与任何变乱。为什么哪怕是这样退让,他们也不肯放过你?"杨容姬此刻已经笃定了酒中有毒,悲愤地质问道。

"正是看在我平素谦恭退让的分儿上,他们才没有让我死得更难堪。"司马柬轻轻晃着手中酒杯,将自己倒映在杯中的笑容全部打散,"如果我没有猜错,我死之后,还能得到朝廷举哀厚葬,甚至连谥号,大概也早拟定了'献'字,与这里的前主人齐献王一模一样。"

杨容姬捂住了嘴,拼命压制着即将冲口而出的悲泣。真是讽刺啊!当初武帝司马炎忌惮亲弟弟司马攸,用毒药将他害死在就藩半途。如今还不到十年,就轮到武帝的亲生儿子重演兄弟阋墙、同根相残的悲剧了!潘岳费尽心机让司马炎悔愧自己的选择,却哪里比得上天道昭昭,无声无息便已安排了一场轮回惨剧!只不知临死时以袖遮面的司马炎,九泉之下又该如何咀嚼自己一手酿成的苦果?

"其实,收到这壶酒的时候,我心里竟是有些高兴的。"司马柬似乎是没有胆量喝下那杯酒,看了看,又放下了,"一个人总有一些话,平时是不敢说的,反倒是死到临头,就没有什么顾忌了。杨姐姐,你知道我想说什么吗?"

"不,求殿下不要说出来!"从司马柬炽烈的眼神中,杨容姬隐隐猜到了答案。她后退一步,借着墙壁稳住自己的身形,哀求一般地道,"在我心里,秦王殿下永远是最好的弟弟。"

"好,你不让我说,我就不说了。"司马柬忽然慢慢地坐在了地上,用袖子遮住了自己的胸膛,"在别人眼中,我一生不好女色,甚至连一个孩子都没有。所以我看见杨姐姐要做母亲了,心中真是又羡慕又嫉妒。只可惜,那不是我的孩子……"说到后面,他声音渐低,竟是整个身子都佝偻了下去。

"殿下,殿下你怎么了?"杨容姬惊愕地看着司马柬的衣袖无力垂下,露出了插在胸口的半截匕首。那白玉柄上沾染了鲜血,白的愈白,红的愈红,刺得人根本睁不开眼睛。

"我从小就想……做大将军……当将军的自然要死在兵刃之下,岂有被毒酒……辱没的道理?"司马柬双手用力撑住地面,艰难地抬头朝杨容姬笑了笑,"杨姐姐,你走吧……能见你一面,我已经知足了……"

"杨婶婶身怀六甲,秦王殿下却因为一点执念,竟想死在她的面前,这也太自私了吧!"一个声音忽然从外面传了进来,意气风发,咄咄逼人。

"山奴?"杨容姬惊讶地看着走过来的少年,丰神俊秀,大袖高冠,陌生得仿佛她认错了人。

"齐王前来,是想确认我死了……好给……好给皇后报信是吗?"司马柬胸前的血已淋淋漓漓流了一地,但他却不知哪里来的力气,弯曲的脊骨一点点扳直,最终从屈辱的匍匐恢复成了坐姿,"想不到,你这样赶着讨好皇后……"

"皇后是我姨母,论忠论亲,有何不妥?"听着司马柬脊骨发出的咔咔声,齐王司马冏笑了。他状若随意地坐在司马柬面前,一眨不眨地盯着他不断惨白下去的脸:"秦王放心,你如今不幸病死,皇后会善待你的家眷,还会从宗室中给你过继一个嗣子,好保你秦王一脉祭祀不绝。"

"那就……多谢了……"司马柬想笑,却连牵动嘴角的力气也没有了,"那么……我也送给你……一个忠告……"

"哦,什么忠告?"司马冏见桌案上堆放着一盘雕刻成禽鸟模样的鲜桃,随手拿起一个在手中赏玩。

"不要搬回这个府邸……在这里面住的人……都没有好下场……"司马柬说完,最后看了一眼呆立在门口的杨容姬,终于伏在桌案上,再也没能起来。

"胡说,这是我的家,我迟早要搬回来!"司马冏显然是被这句话激怒了,狠狠地将手中桃子抛出,骨碌碌地滚到了杨容姬的脚下。

杨容姬低下头,看着那个雕刻成小鸭子模样的桃子。因为被司马冏砸在地上,小鸭子的脑袋碎了,一个翅膀也离开身体飞出老远。她呆呆地看了一会儿,忽然呻吟了一声,双手捂住腹部蜷缩下去。

"杨婶婶,你怎么了?"司马冏见杨容姬的裙下忽然浸出了鲜艳的红色,不由大惊失色,冲到门口大叫道,"快去找产婆,杨婶婶要生了!"

太极殿西堂中,一摞摞奏疏堆放在宽大的紫檀木书案旁,仿佛小山一样遮蔽了案后女子瘦小单薄的身躯。

随侍在一旁的董猛悄悄打了一个哈欠。近日来大事件层出不穷,群臣所上奏疏铺天盖地,皇后贾南风在书案后已经连续不停地看了快五个时辰了。

"皇后,膳房新进了碧粳粥,要不要……"董猛正觑个空子想开口,贾南风却蓦地轻轻一拍书案,满含怨气地赞叹了一句:"好文章!卫瑾是上哪里找了这个捉刀之人，竟逼得我不得不杀荣晦了！"

"皇后要杀荣晦？"董猛知道这些年来贾南风一直对卫瓘恨之入骨，因此荣晦公报私仇杀害卫瓘满门，贾南风完全乐见其成。

"不仅要杀荣晦，只怕还得追谥卫瓘，封荫他的子孙呢！"贾南风挑了挑精致描绘过的眉毛，轻轻耸了耸肩。董猛见状，连忙知趣地凑过去，为贾南风小心揉捏起了肩膀。见贾南风还是意犹未尽地盯着手中卫瓘的上书，董猛凑过去看了两眼，赔笑道："这就是卫夫人敲登闻鼓送上来的？听说还抄送给了所有朝廷重臣呢。"

"为了送这封上书，卫瓘的主簿刘繇挨了三十重杖，把命都丢了半条，人人都夸他忠义。"贾南风将奏疏一把甩在案上，"不过我觉得以刘繇之才，决计写不出这么好的文章。"

"皇后若是好奇，老奴就派人去私下打听打听这封上书的出处。"董猛见贾南风默许地点点头，轻手轻脚地走到外间，立刻将此事吩咐了下去。

接下来又看了一个时辰的奏疏，贾南风才终于接过了董猛捧上来的热了又热的碧梗粥。她匆匆喝了几口，忽然想起一事："那个天师孙秀还在吗？"

"还在外面候着呢，站了快五个时辰，估计也累得够呛。"董猛笑着回答。

"累死他也是活该！"贾南风骂了一句，身体放松地靠在凭几上，"让他进来吧。"

"是。"董猛知道接下来要谈的是机密大事，连忙使个眼色，将太极殿西堂内所有人都带了出去。

过了一会儿，外间独自走进一个人来。此人虽然脸色青白、嘴唇干裂，两只眼中却闪烁着咄咄的光芒。他走进西堂之后立刻五体投地，大礼参拜，体态之虔诚之恭敬，整个洛阳也无人能与之比肩："小臣孙秀，见过皇后,愿皇后千秋无期!"

"本来好好地礼送你回赵王那里,你却为何执意要求见本后?"贾南风故作糊涂,玩味地盯着孙秀谄媚的脸。

"小臣求见皇后,是为了替皇后消除祸患的。"孙秀似乎根本不记得贾南风故意晾了他几个时辰的事,一副忠心耿耿的关切神情。

"我现在还有什么祸患?"贾南风冷笑着问。

"皇后运筹帷幄,杀杨骏,诛楚王,匡扶社稷,力挽狂澜,让大晋天下重归安宁。就算伊尹霍光,也比不过皇后的功劳。"孙秀熟极而流地拍了一通贾南风的马屁,见她只听不语,终于转到了正题,"如今皇后高枕无忧,宫中却依然藏着一个祸患。虽说她现在掀不起什么风浪,可万一被有心人利用,也颇为麻烦。"

"哦,那你说要怎么办?"贾南风自然知道孙秀所指的乃是幽禁于永宁宫中,被废为庶人的太后杨芷。杨骏全家被杀之后,张华等人出于怜悯,允许杨芷的母亲庞氏入宫陪杨芷幽禁。这母女俩虽然尽力掩饰自己的存在,却是贾南风心头的一根刺。因此她哪怕再厌恶孙秀,也希望能借他的手为自己除去隐患。

"杨骏谋反,证据确凿。杨庶人既是杨骏同谋,自然不能再住在宫里,应该送到金墉城囚禁。"孙秀理直气壮地道。

"那庞氏呢?"贾南风问。

"庞氏是杨骏正妻,毫无疑问在杨家夷三族的范围内。杨庶人都获罪出宫,庞氏自然只能领死。"孙秀不假思索地回答。

"那杨氏去往金墉城内又会如何?"贾南风的手,暗暗地抓住了座下的软垫。

"金墉城条件简陋,缺衣少食,所以会发生什么,与皇后已经无关了。"孙秀笑着回答,"小臣愿为皇后分忧。"

"杨氏毕竟是先帝册封的皇后,若是到了九泉之下向先帝哭诉,那又怎么办？"贾南风终于问出了心中最担忧的问题。她谁都不怕,唯独忌惮屡屡想废黜她的武帝司马炎。正因为害怕武帝显灵降罪,她才迟迟不敢对杨芷下手。

"当日魏文帝曹丕杀甄夫人,为防止甄夫人死后向魏武帝曹操申冤,就请术士作法,以发遮面,以糠塞口。甄夫人死后果然从未作祟。"孙秀此次有备而来,早已揣摩好了贾南风的心思,"小臣不才,恰好精通此道,必定让皇后再无后顾之忧。"

"既然这样,这件事就交给你处置吧。"贾南风点了点头,"做得干净些,不要落人口实。"

"是。"孙秀喜上眉梢,连忙答应着叩头离开。

"皇后真的要让孙秀去处理永宁宫的事情？"董猛见贾南风直直地凝视着孙秀的背影,试探着问,"孙秀若是办成了此事,铁定会来请求皇后封赏的。"

"赏啊,怎么不赏？"贾南风冷笑一声,衣袖一拂坐正了身子,"总有些事情,我不能脏了自己的手。他愿意代劳,我何乐而不为？既然他要为自己和主子赵王讨赏,就赏他们离开邺城,到西北去对付作乱的胡人吧！"

"皇后巾帼不让须眉,想要利用皇后的人,势必都会搬石头砸了自己的脚！"董猛赔笑着赞颂了几句,忽然道,"对了,方才去探查的人已经回禀,替卫瑾撰写那封状纸的人,果然另有其人。"

"是谁？"贾南风猛地回头,盯住了董猛的脸。就是这张状纸,让她不得不下诏杀荣晦、封卫瑾,实在是憋屈至极。

"是——潘岳。"董猛缩了缩脖子,小心回答。

"哗啦"一声贾南风一把将桌案上的奏疏全掀到了地上,吓得董猛的脖子又缩进了三分。从得知潘岳的名字时董猛已经知道,在皇后心中,谁都可以帮卫瑾写这封状纸,却唯独不能是潘岳。

"他是自恃有才,以为一支笔就可以颠倒乾坤了吗？"贾南风怒极反笑,"那我就让他清楚,他自己的命运,还掌握在我的手上!传旨,任命潘岳为长安令,即刻启程赴任!"

"是!"董猛将缩进去的脖子又抻了出来,赶紧领旨照办。不知为什么,老内侍的心中竟闪过一丝庆幸:只要潘岳远远地离开了洛阳,皇后的脾气就不会这样喜怒无常了。

任命潘岳为长安令的圣旨到达时,潘岳正抱着杨容姬产下的男婴,又是喜又是忧地盯着杨容姬紧闭的产房。

"檀奴叔叔放心,方才大夫已经说过了,杨婶婶只是太过疲惫,多休养些时日就好了。"闻信赶来的东莱王司马蕤体贴地安慰道。自从发现潘岳与送杨容姬归来的司马囧起了嫌隙,司马蕤就越发殷勤往来,一心要取代司马囧在潘岳心中的地位。

"对了,我还为小公子请来了一位乳母,叔叔看看合不合适。"见潘岳面上忧色不减,司马蕤又赶紧道。

"多谢海奴了。你婶婶突然早产,一切都措手不及,幸亏有你在此照应。"潘岳感激地道。

"这都是我应该做的。小公子早产体弱,正应该让有经验的妇人来照顾。"司马蕤关切地回答。

说话间,李伯果然领了一个干净伶俐的妇人过来,从潘岳手中接过了小猫儿一般的婴儿。只看到第一眼,那乳母便皱起了眉头:"王爷,老爷,请恕奴婢直言。这位小公子不仅早产,先天也颇弱,想必在娘胎里就受了一些煎熬。"

"那到底妨不妨事?"司马蕤赶紧问。

"日常小心照顾,不可吹风,不可受惊受凉,慢慢调养应该不妨事。"乳母动作熟练地抱着婴儿,退到一边喂奶去了。

"不妨事就好。反正叔叔现在无官一身轻,可以成日在家陪着婶婶和小公子。"司马繇安慰着，而潘岳的脸色，也渐渐舒缓起来。这是他盼了多年的孩子，用"喜极欲狂"几个字来形容毫不为过。虽然孩子是早产，但潘岳也不曾太过担心，毕竟孩子身体虽然羸弱些，也大多可以平安地长大成人。

"对了，我来的路上遇见山奴，他说奉旨去处理秦献王的丧礼，分身乏术，请檀奴叔叔见谅，还说以后要专程来为小公子送贺仪呢。"司马繇偷眼打量着潘岳，故意说。

"我一介草民，怎么敢劳动齐王大驾？"潘岳不咸不淡地扔下这句话，径自到里间探望杨容姬去了。

司马繇的脸色露出了几分得意笑容，有意无意瞥了一眼潘家的院墙。他不知道齐王府现在还有没有人窥伺潘家的动静，如果有就更好，正好让司马冏知道，他也有争不过自己的时候。

"圣旨到！"忽然，门外响起了内侍特有的尖细嗓音，"潘岳速来接旨！"

"草民潘岳恭领圣旨。"潘岳料不到此刻骤然降下圣旨，连忙从里屋走到庭院中，跪下听旨。

"天子诏云，兹尔潘岳，文才卓著，治能超群。呼冤卫公，赤忱可嘉。故征潘岳为长安令，即日启程赴任，不得有误。望尔勤谨爱民，不负天子厚恩。"那朗读圣旨的内侍念完了，双手一合，笑吟吟地道，"恭喜潘郎君，赶紧接旨谢恩吧。"

"敢问中贵人，所谓'即日启程'，所指为何？"潘岳没有接旨，却只是望着那内侍问。

"'即日'自然是越快越好，十天时间，应该足够郎君一家收拾行装了吧？"那内侍假笑着回答。

"可是我夫人刚刚生产，就算等上十天，婴孩也尚未满月，怎么可能经得起千里颠簸？"潘岳朝那内侍拱手道，"中贵人稍待，在下这就草拟一份陈情奏表,请中贵人代为回复朝廷。"

潘岳自认为自己这封奏表入情入理,足以打动朝中负责官吏任免的大臣。然而两天之后,他收到的回复措辞却更为严厉:即日启程,限一个月内到达长安赴任,否则以违旨论处。而他辞官不受的申请,也被断然驳回。

"对了,朝廷还特意说了,长安乃关中重地,为示守土之志,潘郎君务必携家眷赴任。"传诏的内侍板着脸强调。

"臣领旨。"潘岳双手接过任命诏书,只觉这薄薄一卷青纸竟逾千斤之重。现在他终于明白了,那个躲在"朝廷"两个字背后的,究竟是怎样一个决绝的人。她告诉他"阿时死了",就再也不会对他心存同情。她变本加厉地施压,只是要让他后悔莫及。

"要不,我单独去向皇后求求情?"终于,在杨容姬的卧榻边,潘岳沉重地道。

"不,不要去求她!"杨容姬明白这么多年来贾南风对自己的嫉恨,也明白一旦潘岳低头,就是走上一条不归之路,最终会一点一点匍匐到尘埃中去,万劫不复。"檀郎,我和孩子没关系的。虽然习俗里不到满月不能出门,但我自己略通医术,我会好好照顾自己和孩子的。"

"可是洛阳到长安千里迢迢,行程艰辛,我实在是担心……"潘岳看着褓褓中的儿子,吃了十几天的奶水,依然瘦弱得跟小猫儿一样。这孩子在娘胎中便已跟着母亲受够了苦,如今还怎么能承受跋山涉水的长途煎熬?

"记得我年少时就说过,要拥有天下最好的夫婿,势必要付出天下最高昂的代价。"杨容姬伸手抓住潘岳冰冷的手,凑到嘴边轻轻地呵着气,"檀郎,我当初既然决定嫁给你,就早已做好了承担一切的准备。只要我们一家人在一起,无论什么苦我都甘之如饴。"

"好,我明白了。我不会去求她。"潘岳慢慢俯下身,靠在杨容姬的身边,伸手搂住她,也搂住了她身边儿子小小的褓褓,"以后无论经历什么,我们都一块儿承担。"

就在潘岳准备离京的十日之内,洛阳城中发生了几件大事。一是迁居金墉城的前太后杨芷被活活饿死,下葬时不仅披发遮面,口塞米糠,棺木内外还贴满了各种镇压的符咒;二是卫瓘一家被杀的冤案终于昭雪,凶手荣晦斩首并夷三族,天子司马衷下诏追赠卫瓘假黄钺、兰陵郡公,追谥成公,并让他幸存下来的孙子卫璪承袭了郡公爵位;三是镇守了邺城十五年的赵王司马伦被迁为征西将军,北上关中应对氐、羌兵乱。

这些消息传到潘岳耳中,就仿佛暴雨之后水面上残存的涟漪,已然无法触及他古井一样漠然的内心。十日期限一到,他便携带生产后未满一月的杨容姬和儿子,乘坐老仆李伯所驾的马车,驶出了洛阳西明门,前往长安赴任。

司马蕤、司马睿等人闻信,都早早赶到西明门外长亭相送。卫瑾也特意带着侄儿卫玠一同在此等候。小卫玠嚷嚷着要看小弟弟,潘岳便只好将他抱上马车,放他钻进了遮蔽得密不透风的车厢之中。

"此次前来,不仅要拜谢潘郎君为我阖家昭雪的恩情,也是向潘郎君和杨姐姐做最后的告别。"卫瑾憔悴的脸上努力绽放出一点笑容,"我就要远嫁到江东去了,恐怕此后再无相见之期。"

"远嫁?"潘岳惊愕地问。虽然那个时候女子改嫁乃是常事,但卫瑾要离开洛阳远赴江东,在中原士族女子中仍是异数。

"是的,洛阳这个地方,我再也不想待了。"卫瑾苦笑着回答。

"倒也是。"潘岳点了点头,却不知该说什么来安慰她,只好道,"那就愿卫夫人日后琴瑟和鸣,白头偕老。"

"多谢了。"卫瑾低下头,轻轻应道。她并不知道与未来夫婿相处如何,但她却知道,这世上要找到像面前这样才貌性情的男子,已是不可得了。

"姑姑,姑姑,你骗人!"突然,六岁的小卫玠一头从车厢内钻了出来,一迭声地抱怨。

"怎么了?"卫瑾一下子收敛了心中愁绪,抬头看着马车上玉雕般的小人儿。

"你说潘叔叔的儿子和我一样好看,可是我刚才看见他皱巴巴红彤彤的,哪里好看了?姑姑你就是骗人嘛。"卫玠跳下马车,气鼓鼓地叫道。

"刚出生的孩子都是这样,以后就会变了。"卫瑾将卫玠抱在怀中,柔声道,"你潘叔叔此去一任四年,等到四年以后他们回来洛阳,小弟弟肯定就变得可爱极了!"

"真的吗?"卫玠转头盯住潘岳,"那潘叔叔回来的时候,记得要带小弟弟给我看哟。不带的是小狗,好不好?"

"好。"潘岳摸了摸卫玠毛茸茸的小脑袋,心中沉沉地叹了一口气。

"刚才有人来报,山奴刚下了朝,要赶着来送檀奴叔叔呢。"司马蕤忽然凑过来道。

"既然这样,我们就先启程了。"潘岳朝送行的各位亲朋好友拱手告别,踏上了马车。

"老师,你不想和齐王哥哥说句话吗?"十五岁的司马睿忍不住问。

"没有什么好说的。他如今心愿得偿,以后好自为之吧。"潘岳说完,驾车的李伯长鞭一挥,拉车的马儿便撒开四蹄向西奔去。

等到一身朝服的司马冏快马加鞭赶到西明门外时,他能看见的只剩下西天的一片烟尘。

"殿下,还追吗?"陪同他前来的董艾上气不接下气地问。

"算了,他不想见我。"司马冏用力把手中马鞭甩出老远,努力平息着剧烈起伏的胸膛。"檀奴叔叔,我知道你怨我。但你不是我,怎会知道我的难处？就像你竟然一直体察不到我父亲深藏的雄心。"他轻轻一拨马缰,掉头朝洛阳城走回,心中暗暗发誓,"有朝一日,我一定会让你心甘情愿来辅佐我!"

潘岳确实是故意在躲避司马冏。这个孩子的野心就像在土地中蛰伏了多年的根茎,一旦冒头就不可遏制地生长。而潘岳的感受,就仿佛全心全意期待着一株兰草,却等来了肆意蔓延的藤蔓,而那藤蔓上还遍布着扎人的小刺。这太过强烈的对比,竟让他有些莫名的恐惧。也许司马冏的选择并没有错,但潘岳还是无法承受那酷似司马攸的身体里深藏着始料未及的狠绝。照这样下去,未来的司马冏究竟是治世之能臣,还是乱世之奸雄?

然而潘岳很快就没有心思去惦记司马冏的前途了。由于旅途艰苦,行车颠簸难得休息,刚出生的儿子开始不停地啼哭,就算是夜间也不得安息。司马蕤推荐的乳母不肯离开洛阳,杨容姬只能亲自给孩子喂奶,心神憔悴难以安枕。潘岳无奈之中只能彻夜抱着孩子在简陋的驿馆中走来走去,轻声哄他入睡。两个人初为父母,又是这样颠沛流离的场景,都有些力不从心。只有这个时候才知道,以前能闭目宽心地一觉睡到天亮,便已是莫大的幸福了。

先天不足加上环境日日变化,孩子渐渐变得低咳不止,发烧不退。潘岳着急地看过几次大夫,大夫的说辞几乎都一模一样:"小公子本不足月,心肺薄弱,如今长途奔波,更是时时惊悸。劝郎君找个地方安顿下来,慢慢调养到周岁,或可活命。"

此刻他们已经行至半途,早已退无可退。潘岳与杨容姬商量过后,唯有硬起心肠吩咐李伯加快赶路,早一日到得长安,孩子才能早一日得救。

这一天,杨容姬因为夜间太过疲累,靠在车壁上沉沉睡了过去。潘岳抱着孩子坐在一边,照例无助地看着他烧得小脸通红、低低喘咳,却除了用蘸水的毛巾轻轻擦拭别无他法。过了一会儿,孩子的喘咳渐渐停止,眼睛也闭了起来,潘岳只当他终于睡着,心中略略舒了一口气。然而再过一阵,他觉得不对劲,轻轻摸了摸孩子的小脸,却发现孩子的身体已经凉了。

胸口如被重锤敲击,潘岳一时间只觉得连气也喘不过来了。他无措地抱着襁褓僵了一会儿,慢慢低下头,将嘴唇凑到孩子花瓣一样柔嫩的口鼻边,却再也感觉不到他轻轻的呼吸。

抬起头,潘岳看到杨容姬依然靠在车壁上,睡颜深沉而宁静。想起她很多天没有像现在这样睡一场好觉,潘岳心中发痛,抱着孩子猫起腰,在她的眼睛上轻轻印上了一个吻。杨容姬蒙眬中觉得痒,伸手去揉,就像是一只憨态可掬的小松鼠,与她平日的清冷淡雅截然不同。潘岳知道自己再看下去会忍不住痛哭失声,便吩咐李伯停下马车,自己抱着襁褓中的孩子走了下去。

此地是新安县地界,因为距离县城还远,路边荒无人烟,只有横生的灌木和荒草。潘岳让李伯找来一把柴刀,在灌木丛中劈出了一块小小空地,又挖了一个半人深的坑。

"郎君,你是打算把小公子埋在这里?"李伯用袖子使劲擦着眼睛,泣不成声,"前方有一处名为千秋亭,不如把小公子葬在那里,以后也可回来寻找。"

"不用找了。"潘岳将襁褓中的孩子轻轻放入坑底,目不转睛地盯着他终于舒展开的小脸,"他托生到我家,我却未能尽到为父亲的责任,愧对于他。我不回来寻他,是愿他走得无牵无挂,尽早忘了这一世的颠沛苦痛。"说着,他捧起一抔土,狠心地撒在了襁褓上。

李伯过来帮忙撒土,却没撒几下就哭得不能自持,远远躲开去放声大哭。潘岳撑着将土坑填平,又拢起一个小小的坟包,终于脱力地靠坐在坟包边,蓦地弯下腰去。

放开捂住嘴的手,他不无意外地看到了手心殷红的血迹,随即不着痕迹地在土地上抹去。跟跄着站起身,潘岳东张西望了一阵,终于折下了一根树枝,走到一片略平坦的泥地前。

以树枝为笔,以泥地为纸,他手臂如飞,在泥地上刻画出了一个个字迹。仿佛只有这样,他才能将心中郁积的忧伤倾泻而出,而不至于化为喷洒而出的心头热血。

马车再一次辘辘启动,向着落日方向的长安行去。深深的车辙边,是潘岳留在泥地上的那首《思子诗》:

> 造化甄品物,
>
> 天地代虚盈。
>
> 奈何念稚子,
>
> 怀奇陨幼龄。
>
> 追想存仿佛,
>
> 感道伤中情。
>
> 一往何时还,
>
> 千载不复生。

就在潘岳以为诸事已了,心灰意冷奔赴长安之际,千里之外的下邳城中,却是一派歌舞升平的奢靡景象。

"石监军在洛阳的时候,不知是不是认识洛阳檀郎?"酒意蒙眬中,石崇听到有人在自己耳边笑道。

"认识,自然认识!"石崇睁开醉眼,也斜盯住同样酒意盎然的徐州刺史高诞。自从离开洛阳后,石崇先是任南中郎将,荆州刺史,后来又调任征虏将军,监徐州诸军事,因此与徐州刺史高诞成了同僚。两人同居下邳一城,无事时经常相互宴请,酒酣耳热之际称兄道弟,也算无话不谈。

"是吗？那就太好了！"高诞吃酒发热,将敞开的衣襟又往两边拉了拉,嘻嘻笑道,"那檀郎潘岳,是否果真如传说中一样貌美惑人？"

"那是当然！"石崇平素在高诞面前就常常显摆自己在洛阳的见闻,借以获取碾压乡巴佬的优越感,当即拍着胸脯大声道,"檀郎天下第一美男子的名声可不是吹出来的。不信,改天我带你们去他家,亲眼瞧瞧！"

"连阅人无数的石监军都这么说,我倒是真想亲眼见见他。"高诞的笑容中,明显泛起了猥琐的兴奋,"怪不得不论齐王、杨骏还是当今皇后,都被他迷得神魂颠倒的……"

"你在说什么？"石崇眼睛一竖,腾地坐直了身子。

高诞显然没有注意到石崇的变化,自顾满脸暧昧地说:"别的就不说了,单是这次潘岳附逆杨骏,原本是应该一同处斩的,皇后却为何偏偏赦免了他?我听说有个叫作阎缵的官儿气不过,上书列举潘岳辅佐杨骏的几大罪状,极力要求处死他,皇后却轻飘飘扣住奏疏不理,还把潘岳任命到长安当官去了。要说潘岳和皇后没有什么勾搭,我还真不信了……"

"高刺史说这些话无中生有,不怕皇后怪罪吗？"石崇冷冷地问。

"咳,我们俩天高皇帝远的,说说又有什么?"高诞觉得石崇有点怪怪的,但酒意上头,脑子还没想清楚,嘴巴已管不住地张开来,"你想想,皇后正是如狼似虎的年纪,偏偏潘岳又美名卓著,干柴烈火,容不得……"

高诞话还没说完,忽然听到一声脆响,整个脸顿时被打得一偏。他勉强睁开肿起来的眼睛,恰好看见石崇活动了一下刚撤回的拳头,再度在他另外一边脸上又来了一拳！

"啊呀！"高诞惨叫一声,吐出嘴里两颗被打落的牙齿,捂住脸鬼哭狼嚎起来,"石崇,你他妈疯了吗？"

"老子没疯。老子打的就是你这种嚼舌根的小人！"石崇站起身,气不过地又是一脚踢过去,却被吓醒了的众人一把拖住。

"石崇,我好歹也是和你平级的朝廷命官,你竟敢公然殴打我！我要上书朝廷,治你的罪!"高诞捧着肿得猪头一样的脸,气急败坏地叫道。

"好啊,你去告吧,随便你!"石崇挣开两旁的从人,凑到高诞面前,龇出一排尖利的牙齿,"实话告诉你吧,潘岳是本监军的好兄弟。如果当初不是他借故将我谪出洛阳,我早就给杨骏那老东西陪葬了!如今他就算再落魄,也轮不到你们这些小人议论他的品貌操行的地步!你就算给他提鞋,老子都觉得不配!"说完,石崇迅雷不及掩耳地踢出一脚,将正想扑上来的高诞踹了个大马趴,这才冷哼了一声,背着手嚣张地走出了饮宴大厅。

冷风如刀,顷刻间平复了石崇上涌的酒气和血气。他朝西方长安方向望了望,想起潘岳在新作《西征赋》中所写的"夭赤子于新安,坎路侧而瘗之。亭有千秋之号,子无七旬之期。虽勉励于延吴,实潜恸乎余慈"几句话,不禁悲从中来。他无法想象,好不容易才盼到这个孩子的潘岳夫妇,将经历怎样的锥心刺骨之痛,才能平复这得而复失的悲伤。

如今武帝已死,杨骏败亡,天下隐隐为皇后贾南风一人所把持。表面上看河清海晏,天下太平,但石崇却知道,一切还没有结束。只要痴愚的司马衷还占据着天子宝座,皇权的尊严就永远会被践踏在脚下,那暗中窥视的眼神,又不知多添了几双。

然而,这不也正是英雄的用武之地吗?石崇根本不在乎丢掉徐州监军的位子,他所追寻的一切,都在洛阳,都在那天下权力的中心。至于潘岳,他既然身负经天纬地之才,就更不可能被人忽略。石崇相信,总有一天,他和潘岳能够在洛阳重逢,而天下风云,就在他们的翻覆之中。

"安仁,我等你。"石崇的脸上浮现出期待的笑容,大踏步往前走去。

归路,正长。

年表

（本卷）

---

286 （晋武帝太康七年）
- 潘岳回洛阳，任尚书度支郎

---

287 （晋武帝太康八年）
- 夏侯湛回京为中书侍郎

---

288 （晋武帝太康九年）
- 潘岳任廷尉平
- 胡奋去世

---

289 （晋武帝太康十年）
- 潘岳免官
- 杨骏取代杨珧，大权独揽
- 刘渊为北部都尉
- 陆机兄弟入洛阳
- 晋武帝封所有皇子为王

---

290 （晋惠帝永熙元年）
- 本年四月司马炎驾崩，司马衷即位
- 五月潘岳任杨骏太傅府主簿
- 刘渊为五部大都督
- 司马睿袭爵琅琊王

---

291 （晋惠帝元康元年）
- 三月杨骏被楚王司马玮所杀
- 夏侯湛逝世
- 潘岳被除名为民
- 司马玮杀卫瓘、汝南王司马亮，旋被斩
- 秦王司马柬逝世

人物介绍

（本卷）

潘岳	·即潘安,著名文学家和美男子,太傅杨骏府中主簿。
杨容姬	·潘岳之妻,擅长医术,潘岳一生的爱人和知己。
司马冏	·司马攸嫡子,继任齐王,假扮病弱,实则野心勃勃。
司马蕤	·司马攸庶长子,封东莱王,性格直率粗鲁。
石崇	·天下第一富豪,潘岳好友。
司马炎	·晋武帝,晋朝开国皇帝,司马攸胞兄。
夏侯湛	·中书侍郎,潘岳好友。
杨芷	·晋武帝司马炎继后,前皇后杨艳族妹,后被废而死。
杨骏	·杨芷之父,封太傅,执掌朝政,后败亡。
孙秀	·五斗米道天师,潘岳死敌,赵王司马伦麾下谋士。
司马柬	·晋武帝司马炎之子,封秦王,壮年而卒。
贾南风	·皇后,权臣贾充之女,晋惠帝司马衷之妻。
贾荃	·齐献王司马攸遗孀,司马冏之母,贾南风同父异母长姐。

人物关系图（本卷）

杨珧	杨济		庞氏
	兄弟		夫妻

司马睿	夏侯湛	温裕	公孙宏	马敦	石崇		

杨骏

父女

师生　　　　　　　　　好友　　　　　　　　　主僚

潘岳

兄弟	夫妻	死敌		世交	叔侄
潘释	杨容姬	孙秀		司马冏（山奴）	
	师徒	主僚			
	孙登	司马伦			

主僚	母子	父子	异母	兄弟
董艾	贾荃	司马攸	司马蕤	（海奴）
		夫妻	父子	

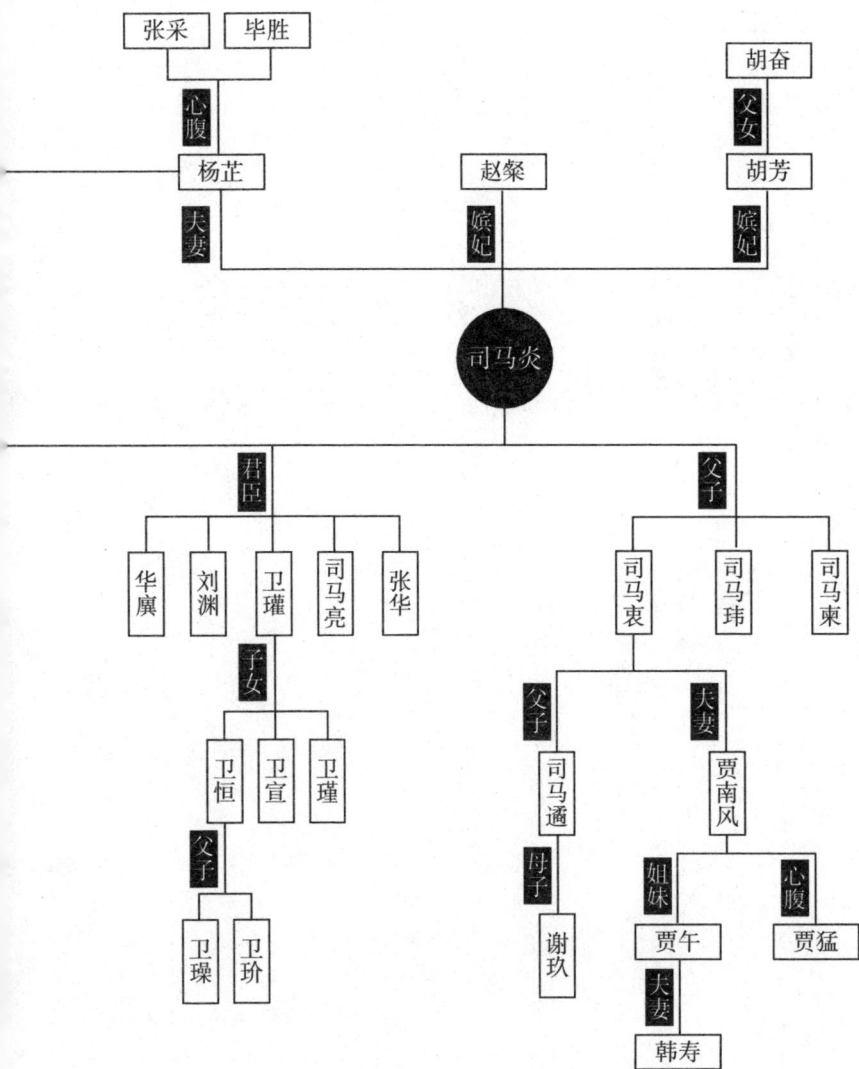

张采 — 毕胜
心腹
杨芷
夫妻

胡奋
父女
胡芳
嫔妃

赵粲
嫔妃

司马炎

君臣
华廙 刘渊 卫瓘 司马亮 张华
子女
卫恒 卫宣 卫瑾
父子
卫璪 卫玠

父子
司马衷 司马玮 司马柬
父子
司马通
母子
谢玖

夫妻
贾南风
姐妹
贾午
夫妻
韩寿
心腹
贾猛